배당연습

부동산경매

배당연습

· 낙찰사례 분석과 해설 ·

전종형 지음

좋은땅

금융기관에서 채권관리를 담당하고, 비로소 부동산경매를 알게 되었다. 대여금 사건의 재판과 경매신청, 입찰 참여 등의 직접 또는 간접경험은 경매사건의 부실채권에 투자하는 사업을 시작하게 하였다. 거액의 투자손실도 경험하고, 소액을 투자하여 대박을 경험하기도 하였다. 투자손실과 투자이익이 발생하면 그 원인이 무엇인지 복기해 보았다. 그렇게 지난 10년의 짧지 않은 기간에 축적한 경험으로 이 책을 집필하였다. 부실채권 투자와 인연을 맺은 게 2013년이고, 경매사건에 응용하려고 사례분석을 통한 배당받을 채권의 순위 등 배당과 권리분석에 관한 시중에 나와 있는 책을 살펴본 게 2014년이니 사례분석에 관한 책을 구상한 시기도 그쯤일 것이다. 가십거리가 아닌 실전에 응용할 수 있는 책을 만들고 싶었다. 그때부터 10년이 흘러 메모들을 모아 원고 쓰기를 마치고 세상에 내놓아도 되는 책인지 생각해 보면서 몇 달 동안 붙들고 있었다. 이 책의 특징은 아래와 같다.

첫째, 채권자들과 부실채권 투자자는 경매되는 물건의 배당에 더 관심을 가진다. 이러한 투자자와 부동산 소유자는 기왕에 매각될 물건이라면 고가로 매각되기를, 부동산 투자자는 저가에 매입하기를 바란다. 양자 간에 양면성이 있다. 어찌 되었든 부동산경매에서 배당을 이해하면 권리분석은 덤으로 얻는 지식이 된다.

둘째, 낙찰사례 중심으로 내용을 전개하였다. 매각되는 물건의 권리분석과 매각대금이 배당되는 과정을 반복해서 학습한다. 이러한 접근은 부실채권 투자자에게는 매입할 채권의 선택과 투자할 자금의 규모 및 예상이익을, 부동산 투자자에게는 부동산의 가격수준을 추정하게 해 준다.

셋째, 경매법원의 매각공고에서 경매정보를, 매각물건명세서에서 임차인의 권리 및 낙찰자가 인수해야 하는 권리를, 인터넷등기소에서 열람한 등기사항전부증명서상의 관련 권리와 각 채권액을 Excel 프로그램에 옮겨 적고 채권자들에게 배당되는 배당금을 산정하였다. 최근 몇 년간 부동산의 가격변동이 심했기 때문에 투자자 관점에서 최근에 매각된 사례를 선정하여 수록하였다. 사례 중에는 필자가 투자한 경매사건과 유사한 사례가 다수 포함되어 있다.

부동산에 관한 최고학부의 부동산학과에 경매교육 과정이 개설되어 있지만, 대부분 민사집행법을 중심으로 강의한다. 필자도 대학에서 부동산경매와 부실채권 투자론 과목을 강의하면서 여러 가지 사정으로 돈이 되는 경매의 기술에는 접근하지 못하였다. 부동산경매는 필연적으로 온갖 법률 지식과 감정평가, 부동산학, 행정법, 경제학, 토지경제학, 풍수지리, 부동산개발, 부동산금융 등에 관한 공부와 경험이 필요하다. 모든 학문이 그렇듯이 처음 접하게 되면 용어는 생소하고 책의 내용은 따분하다. 어렵고 재미없다. 책의 내용 상당 부분이 경매를 처음 접하는 독자에게는 부담이 된다는 것도 부정할 수 없다. 반드시 책의 목차 순서로 읽어 나가지 않아도 되며 독자께서 흥미를 느끼는 장을 먼저 읽어도 무방하다. 법률전문가의 영역까지 접근하지 않아도 된다. 민법과 민사집행법에 관한 깊은 지식 없이도 관심 경매사건과 유사한 낙찰사례를 찾아서 읽다 보면 어느 순간 이해가 되고 스스로 부동산상의 권리와 배당분석을 할 수 있는 단계에 도달해 있음을 알게 된다. 부동산 경매투자의 목표는 이익에 있고 관련 이론의 습득은 경매위험을 줄이기 위함에 있다. 흑묘백묘론, 꿩 잡는 것이 매다.

법원은 경제적으로 어려운 상황에 처한 개인의 빚 청산을 목적으로 경매절차를 진행하며 매각대금을 채권자들에게 배당한다. 배당분석을 통해서 채권자들에게 배당되는 금액과 낙찰자가 인수해야 하는 금액이 얼마인지 알게 되면 NPL투자와 부동산투자를 확신하게 된다. 법원의 경매법정은 상설시장이다. 이곳에서 매각되는 모든 부동산은 투자가치가 있다. 부동산의 미래가치를 예측하고 투자하는 용기와 그 가치를 발굴하는 능력은 학습으로 준비된다.

6

부실채권매입사업을 하면서 경험한 수익모델은 이 책에 넣지 못하였다. 수익과 손실이 발생한 사례를 통해서 부동산시장 동향과 함께 시계열분석을 하고 투자할 시점을 판단한다. 그 시점마다 투자할 지역과 부동산 유형을 선택하는 방법을 모색해 볼 계획이다. 이 책의 검증을 통해서 부족한 점도 보완할 계획이다. 이 책은 독자들에게 140여 건의 다양한 경매사건을 경험하게 해 준다.

2024년 1월
천안 섬여정사에서
전 종 형

차례

제1장

경매신청과
절차의 진행

부동산에 대한 집행

1. 집행청구권

일반적으로 채권은 특정인이 특정인에 대하여 특정의 행위를 청구하는 권리로 정의된다. 채무자가 채무이행을 제대로 이행하면 채권은 만족을 받아 소멸하게 되지만 이행하지 않는 때에는 그 이행을 청구하도록 하고 급부의 실현을 위해 채권자에게 여러 가지 권리가 부여된다.

채권은 법률행위(계약)와 법률의 규정(사무관리·부당이득·불법행위)에 의해서 발생한다. 계약은 당사자 간에 합의로 발생하는 경우이고, 나머지 세 가지는 당사자의 의사와 무관하게 민법이 일정한 이유에서 채권이 발생하는 것으로 정한 것이다. 채권은 채권자가 채무자에게 일정한 행위를 청구하는 것을 내용으로 하는 권리이고, 채무란 채무자가 채권자에게 일정한 급부를 하여야 하는 의무이다. 이와 같은 채무를 채무자가 이행하지 아니하는 때에는 채권자가 채무자에게 그 이행을 청구할 수 있도록 하고, 국가에 대해 판결을 구하는 소권과 강제집행을 청구하는 집행청구권이 인정된다.

2. 담보권의 실행

담보권의 실행이란 목적물의 교환가치로부터 채무를 변제받음으로써 채권의 만족을 실현하는 것이다. 담보목적물을 매각해서 현금화하여 채무의 변제를 받는 것이 담보권의 전형적인 실행방법이고, 담보권의 성격이나 합의에 따라 담보물 가액에서 피담보채권액 등을 빼고 남은 금액을 채무자에게 지급함으로써 담보물의 소유권을 넘겨받는 방식도 가능하다. 채권자가 어떤 방법을 선택하든지 목적물의 교환가치를 파악하기 위하여 감정평가를 하고, 그 담보물권을 경매하여 그 대금에서 우선변제를 받는 모습으로 실현된다. 그 모습이 저당권과 질권에 적용된다. 법정담보물권인 유치권은 목적물의 유치를 통해서 채권의 변제를 담보함에 있고, 유치권은 변제받기 위하여 유치물을 경매할 수 있다. 경매는 사법상의 이행청구권을 강제적으로 실현하는 수단이다.

3. 경매의 종류

가. 강제경매와 임의경매

채권자가 채무자에 대하여 가지는 확정판결 등 집행권원에 기초하여 채무자 소유의 일반재산을 강제적으로 매각하는 것이 '강제경매'이고, 근저당권과 질권에 기초하여 설정된 담보물에 대해 경매가 이루어지는 것을 '임의경매'라고 한다.

임의경매에 관하여도 강제집행에 관한 규정이 준용되지만, 양자는 차이가 있다. 강제경매에서는 집행을 할 수 있는 일정한 권원이 있어야 하지만, 임의경매는 담보권에 내재하는 환가권에 기초하여 경매신청권이 인정되므로 따로 집행권원이 필요 없고 경매실행시 담보권의 존재를 증명하는 서류(등기사항전부증명서)를 제출하면 된다. 강제경매는 확정판결 등 집행권원에 기초하여 이루어지는 것이어서, 경매의 절차가 완결이 된 경우에는 실체상의 청구권이 없거나 무효·소멸된 때에도 매수인은 목적물을 취득한다. 즉 강제경매에는 공신력이 있다. 이에 대해 임의경매는 담보권에 이상이 있으면 경락의 효력에 영향을 미치게 되고, 따라서 경매의 공신력은 부정되는 것이 원칙이다.

경매를 신청할 권한이 없는데도 경매가 진행된 경우, 즉 위조된 약속어음증서에 기해 강제경매가 진행되거나(대법원 1991. 10. 11. 91다21640 판결), 구건물 멸실 후에 신건물이 신축되었고 구건물과 신건물 사이에 동일성이 없는 경우 멸실된 구건물에 대한 근저당권설정등기는 무효이며 이에 기초하여 진행된 임의경매절차에서 신건물을 경락받았다 하더라도 그 소유권을 취득할 수 없다(대법원 1993. 5. 25. 92다15574 판결). 경락인이 강제경매절차를 통하여 부동산을 경락받아 대금을 완납하고 그 앞으로 소유권이전등기까지 마쳤으나, 그 후 강제경매절차의 기초가 된 채무자 명의의 소유권이전등기가 원인무효의 등기이어서 경매부동산에 대한 소유권을 취득하지 못하게 된 경우, 이와 같은 강제경매는 무효라고 할 것이므로 경락인은 경매채권자에게 경매대금 중 그가 배당받은 금액에 대하여 일반 부당이득의 법리에 따라 반환을 청구할 수 있고, 민법 제578조 제1항, 제2항에 따른 경매의 채무자나 채권자의 담보책임은 인정될 여지가 없다(대법원 2004. 6. 24. 선고 2003다59259 판결).

나. 담보권실행을 위한 경매와 유치권경매

임의경매는 전세권, 질권, 저당권 등 담보물권이 가지는 우선변제권을 실현하기 위해 하는 '실질적 경매'와 단순히 물건을 금전으로 현금화하기 위해 경매의 수단을 이용하는 데 지나지 않은 '형식적 경매'로 나뉜다. 민사집행법은 전자를 '담보권실행경매', 후자를 '유치권 등에 의한 경매'로 규정하고 있다. 담보권과는 무관하게 법률에서 경매를 할 수 있는 경우로 정한 것이 있다. 민법 제269조 제2항(공유물분할의 방법으로의 경매), 제490조(공탁에 적당하지 않은 목적물의 경매), 제1037조(상속재산의 경매), 집합건물의 소유 및 관리에 관한 법률 제45조(구분소유권의 경매) 등이 그러하다. 이들 규정에 의한 경매는 현금화하는 것이 완료되는 것이며 채권의 만족을 위한 절차를 밟지 않는다. 이러한 경매도 경매의 형식은 담보권실행을 위한 경매의 예에 의하므로 형식적 경매라고 한다.

4. 민사집행법 제3편 담보권실행을 위한 경매

가. 담보권실행을 위한 경매

담보권실행을 위한 경매에서는 그 매각 대상에 따라 부동산, 선박, 자동차, 건설기계, 항공기, 유체동산, 그 밖의 재산권으로 나누어 경매절차를 진행한다. 그 실행절차는 강제경매와 마찬가지로 경매신청, 압류(경매개시결정), 현금화(매각), 배당으로 진행된다.

(1) 경매신청

부동산을 목적으로 하는 담보권을 실행하기 위한 경매신청을 함에는 담보권이 있다는 것을 증명하는 서류를 제출해야 한다. 담보권설정계약서는 제출할 필요가 없다. 담보권을 승계한 경우에는 이를 증명하는 서류(예컨대, 근저당권이전등기 서류)를 제출해야 한다. 부동산경매는 그 부동산이 소재하는 곳의 지방법원이 관할한다.

(2) 경매개시결정

경매신청이 그 요건이 충족되었는지를 집행법원에서 심리하여 경매개시결정을 한다. 따라서 경매신청의 단계에서 피담보채권의 존재나 이행기의 도래를 증명할 필요는 없다. 경매개시결정이 내려지면 등기사항전부증명서상에 압류등기(임의경매, 강제경매)가 기입되며 직권으로 채무자에게 송달한다. 압류개시결정이 채무자에게 송달된 때 또는 압류등기가 된 때 중에서 먼저 이루진 때에 그 효력이 생긴다. 담보권의 승계에 기초한 경매개시결정이 있고 그 결정을 부동산 소유자에게 송달할 때에는 담보권의 승계를 증명하는 서류의 등본을 붙여야 한다. 소유자에게 그 사실을 알리고 불복의 기회를 주기 위해서이다.

(3) 현금화 절차

민사집행법은 부동산의 환가 내지 현금화를 매각이라고 한다. 매각은 다음과 같은 절차를 거친다. ① 법원은 감정인에게 부동산을 평가하게 하고, 그 평가액을 참작하여 최저매각가격을 정한다. ② 부동산매각은 매각기일에 하는 '호가경매', 매각기일에 입찰 및 개찰하는 '기일입찰', 입찰기간 이내에 입찰하게 하여 매각기일에 개찰하는 '기간입찰'로 한다. 매각방법이 정해지면 법원은 매각기일과 매각결정기일을 정하여 이를 공고하고, 그에 따라 매각이 진행된다. ③ 법원은 매각결정기일에 매각의 허가 여부를 결정하고, 매각허가결정이 확정되면 법원은 대금지급기한을 정하여 대금을 낼 것을 명한다.

(4) 배당절차

매각대금이 지급되면 법원은 배당절차를 밟아야 하고, 매각대금으로 배당절차에 참가한 모든 채권자를 만족하게 할 수 없는 때에는 민법·상법 그 밖의 법률에 의한 우선순위에 따라 배당하여야 한다.

⑸ 대금완납에 의한 부동산 소유권취득

매수인의 부동산취득은 담보권소멸로 영향을 받지 않으며, 잔금납부 즉시 소유권을 취득한다. 그 밖의 내용에 대하여는 강제경매의 규정이 준용된다.

나. 유치권 등에 의한 경매

민법 제322조 제1항은 유치권자는 채권변제를 받기 위하여 경매할 수 있다고 규정하고 있지만 우선변제권이 없으므로, 유치물을 금전으로 현금화하여 생긴 대금은 유치권자에게 교부되어야 한다. 이 경우 유치권자는 그 금전을 채무자에게 반환해야 할 채무와 채무자에 대한 자신의 채권을 상계하여 사실상 우선변제를 받는다. 이것은 상계에 적용되는 것으로 우선변제권은 아니다.

5. 강제경매의 신청

민사집행의 신청은 서면으로 하여야 한다. 신청서에는 정해진 사항을 적어야 하고, 또 소정의 서류와 인지를 첨부하여야 한다. 신청서에는 ⓐ 채권자와 채무자 및 법원의 표시, ⓑ 부동산의 표시, ⓒ 경매의 이유가 된 일정한 채권, ⓓ 집행할 수 있는 일정한 집행권원, 기타 대리인에 의하여 강제경매신청을 하는 경우는 대리인의 이름과 주소를 적어야 한다.

가. 경매신청의 접수

채권자가 경매신청서에 소정의 서류를 첨부하여 민사집행의 신청을 하는 때에는 부동산의 감정료, 매각수수료, 현황조사비 등의 각종 수수료와 송달료 등 민사집행에 필요한 비용으로 법원이 정하는 금액을 미리 내야 한다. 경매신청서가 법원에 접수되면 법원사무관 등은 신청서의 기재사항이나 첨부서류가 법정의 요건을 구비하고 있는지, 소정의 인지가 첨부되어 있는지 검토하여 흠이 있으면 그 보정을 촉구하고, 접수에 따른 사건번호를 부여하여 접수하여야 한다. 이러한 비용은 공익비용에 해당하여 배당절차에서 0순위로 배당된다.

나. 경매개시결정

경매신청이 그 요건을 충족하였는지를 집행법원의 사무를 처리하는 사법보좌관이 이를 심리하여 경매개시결정을 한다. 경매개시결정을 한 때는 그 사유를 등기사항전부증명서에 기입할 부동산 소재지 관할 등기공무원에게 등기촉탁을 하게 된다. 등기사항전부증명서에 경매개시결정등기가 기입되면 압류의 효력이 발생하고 경매절차가 진행된다. 이미 강제경매 개시결정이나 임의경매 개시결정이 있는 부동산에 대하여 다른 강제경매신청을 할 수 있다. 이 경우 법원은 다시 경매개시결정을 하고 경매절차는 먼저 개시결정을 한 집행절차에 따라 진행한다(민사집행법 제87조).

다. 집행할 수 있는 일정한 집행권원

'집행권원'이란 일정한 사법상의 이행청구권의 존재 및 범위를 표시하고 그 청구권을 인정한 문서를 말한다. 따라서 집행권원에는 집행당사자 및 집행의 내용과 범위가 정해져야 한다. 집행당사자가 확정되어야 하고, 급부의무를 내용으로 함을 요하며, 그 급부의 내용은 가능·특정·적법하여야 강제이행을 할 수 있다.

집행대상물의 범위도 집행권원에 표시된 금전채권의 집행에 있어서는 집행권원에 특별한 규정이 없는 경우 채무자의 전 재산이 집행의 대상이 된다. 이러한 집행권원의 종류에는 민사집행 판결(확정된 종국판결, 가집행선고가 있는 종국판결, 외국판결에 의한 집행판결)과 민사집행법상 판결 이외의 집행권원(항고로만 불복할 수 있는 채권, 가집행선고가 내려진 재판, 확정된 지급명령, 공정증서, 소송상 화해조서, 청구인의 인낙조서, 민사집행법 이외의 법률에 규정된 집행권원(중재판정에 대한 집행판결, 파산채권표, 회생채권자 및 회생담보권자표, 비송사건 절차 비용의 재판, 비송사건절차법상 과태료 재판에 대한 검사의 명령)이 있다.

강제경매를 신청함에 있어서는 집행권원의 집행력 있는 정본을 법원에 제출하며, 그 정본의 사본을 근거로 하여서는 강제경매를 개시할 수 없다. 강제집행의 속행요건이므로 집행절차가 끝날 때까지 이를 반환하여서는 아니 된다.

6. 강제경매의 대상

강제경매의 대상은 부동산이다. 경매에서 부동산은 토지 및 그 정착물, 부동산과 동일시되는 권리를 말한다. 매각부동산이 법률의 규정에 의하여 압류가 금지되어 있으면 경매할 수 없다. 학교법인이 학교 교육에 직접 사용하는 교지, 교사 등 재산은 매도하거나 담보제공 할 수 없다. 그러나 단순히 주무관청의 허가가 없으면 처분할 수 없는 재산, 예컨대, 학교법인의 기본재산, 사찰 소유의 부동산에 대한 주무관청의 허가는 경매개시요건이 아니고 매수인의 소유권취득요건이다.

가. 토지, 건물

(1) 토지

토지에 정착된 공작물 중에서 독립된 부동산으로 취급할 수 없는 것(예컨대, 돌담, 다리, 교량 등)은 토지와 일체가 되어 하나의 부동산으로 취급되며 독립하여 강제경매의 대상이 되지 아니한다.

경매의 대상이 된 토지 위에 생립하고 있는 채무자 소유의 미등기 수목은 토지의 구성부분으로서 토지의 일부로 간주되어 토지와 함께 경매되는 것이므로 그 수목의 가액을 포함하여 경매할 대상 토지를 평가하여 이를 최저경매가격으로 공고하여야 하고(대법원 1976. 11. 24. 자 76마275 결정), 다만 입목에 관한 법률에 따라 등기가 된 입목이나 명인방법을 갖춘 수목의 경우에는 독립하여 거래의 객체가 되므로 부동산으로 취급하고, 독립하여 강제경매의 대상으로 된다.

(2) 공유지분에 대한 강제경매

토지의 공유지분도 독립하여 강제경매의 대상이 된다. 공유부동산의 지분에 대한 강제경매의 경우 채무자인 공유자 이외에 공유자 전원의 성명, 주소 및 채무자가 가지는 지분비율을 적어야 한다. 그 이유는 다른 공유자에게 강제경매 개시결정 사실을 통지하여야 하고 또 최저매각가격은 채무자 지분에 대해서 정해지기 때문이다. 다만 집합건물에서 대지권 취지의 등기가 되지 아니한 대지사용권으로서의 토지 공유지분은 전유부분과 분리하여 처분이 가능하도록 규약으로 정하여진 경우가 아닌 한 건물과 독립하여 강제경매의 대상이 되지 아니한다(집합건물법 제20조).

(3) 건물

건물은 항상 토지로부터 독립된 부동산으로 취급되므로 강제경매의 대상이 된다. 건물의 공유지분, 구분소유권도 독립하여 강제경매의 대상으로 한다. 독립된 부동산으로서의 건물이라고 하기 위해서는 최소한의 기둥과 지붕 그리고 주벽이 이루어지면 된다(대법원 2001. 1. 16. 2000다51872 판결). 그러나 건축 중에 있는 건물로서 사회통념상 아직 독립된 부동산으로 볼 수 없고 분리가 가능하다면 개개의 건축자재나 공작물을 유체동산 압류방법에 따라 집행할 수밖에 없을 것이다. 만일 채무자가 이 집행을 무시하고 건축공사를 계속하여 경매할 시점에 이르러 건물이 성립되어 독립된 부동산이 되는 단계에 이르면 집행관은 유체동산 집행으로서의 경매 등을 더 이상 속행할 수 없다(대법원 1994. 4. 12. 자 93마1933 결정).

건물이 증축된 경우에 증축부분이 독립된 부동산인지 아니면 기존건물에 부합되었는지 여부는 증축부분이 기존건물에 부착된 물리적 구조뿐만 아니라, 그 용도와 기능면에서 기존건물과 독립한 경제적 효용을 가지고 거래상 별개의 소유권의 객체가 될 수 있는지의 여부 및 증축하여 이를 소유하는 자의 의사 등을 종합하여 판단하여야 한다(대법원 1996. 6. 14. 94다53006 판결).

나. 미등기부동산

(1) 미등기토지

미등기부동산이라 하더라도 채무자 소유이면 강제경매를 할 수 있다. 미등기부동산에 관하여 경매개시결정을 하면 등기관이 직권으로 소유권보존등기를 하고 경매개시결정등 기를 하게 된다. 미등기부동산에 관한 경매를 신청할 때는 즉시 채무자의 명의로 등기할 수 있음을 증명하는 서류, 즉 채무자의 소유임을 증명하는 서면과 부동산의 표시를 증명하는 서면을 붙여야 한다. 채무자 소유의 부동산이 무효의 원인에 의하여 제3자의 명의로 등기되어 있는 경우에는 그 등기명의를 채무자에게 회복한 후가 아니면 부동산 자체에 대한 강제경매를 신청할 수 없다.

(2) 미등기건물

1) 일반적인 집행 방법: 미등기건물에는 무허가건물과 아직 사용승인을 받지 못하였으나 사회통념상 이미 건물의 실체를 갖추고 있는 신축건물이 있다. 토지에 대한 저당권자가 민법 제365조에 의하여 그 지상의 미등기건물에 대하여 토지와 함께 경매를 청구하는 경우에는 지상 건물이 채무자 또는 저당권설정자의 소유임을 증명하는 서류로서 부동산등기법 제131조 소정의 서면을 첨부하여야 한다(대법원 1995. 12. 11. 95마1262 판결).

2) 민사집행법 제81조 제1항 2호 단서에 따른 집행 방법: 적법하게 건축허가나 건축신고를 마친 건물이 사용승인을 받지 못한 경우에만 부동산의 집행을 위한 보존등기를 할 수 있게 함으로써 경매를 가능하게 한 것이다. 무허가건물은 그 대상이 아니다. 법원이 미등기 건물에 대한 소유권 처분제한의 등기를 촉탁함에 따라 경료된 보존등기는 오직 경매절차만을 위한 등기이므로 매각대금을 납부한 매수인 앞으로의 이전등기를 포함한 일체의 등기는 금지된다는 견해가 있으나 이러한 등기도 통상의 보존등기와 그 효력이 다르지 않으므로, 그 이후의 등기가 금지되는 것이 아니다. 또 경매신청이 유효하게 취하되거나 경매절차의 취소결정이 확정됨으로써 경매절차가 종료되었다고 하여 채권자가 그 보존등기의 말소를 촉탁할 것은 아니다.

민사집행법 제81조(첨부서류)

① 강제경매신청서에는 집행력 있는 정본 외에 다음 각호 가운데 어느 하나에 해당하는 서류를 붙여야 한다.

1. 채무자의 소유로 등기된 부동산에 대하여는 등기사항증명서

2. 채무자의 소유로 등기되지 아니한 부동산에 대하여는 즉시 채무자 명의로 등기할 수 있다는 것을 증명할 서류. 다만, 그 부동산이 등기되지 아니한 건물인 경우에는 그 건물이 채무자의 소유임을 증명할 서류, 그 건물의 지번·구조·면적을 증명할 서류 및 그 건물에 관한 건축허가 또는 건축신고를 증명할 서류

다. 공장재단, 광업재단

공장재단법에 의한 공장재단, 광업재단저당법에 의한 광업재단은 1개의 부동산으로 취급되어 강제경매의 대상이 된다.

라. 광업권, 어업권

광업권, 어업권은 법률상 부동산으로 취급되므로 이들은 강제경매의 대상이 된다. 그러나 공동광업권자의 지분은 다른 공동광업권자의 동의가 없으면 처분할 수 없으므로 그 지분은 강제경매의 대상이 되지 아니한다.

마. 소유권보존등기 된 입목

소유권보존등기 된 입목은 부동산으로 취급되므로 강제경매의 대상이 된다.

바. 지상권

금전채권에 기초한 강제집행에서 지상권 및 그 공유지분은 부동산으로 본다. 지상권은 부동산의 공유지분과 마찬가지로 부동산 자체는 아니지만, 부동산을 목적으로 하는 권리로서 등기의 대상이 되므로 부동산집행의 대상이 된다. 부동산에 대한 용익물권 중 지역권은 요역지의 소유권에 부종하며, 요역지와 분리하여 처분할 수 없으므로 독립하여 부

동산집행의 대상이 되지 아니한다. 저당권은 피담보채권에 부종하므로 피담보채권과 분리하여 따로 강제집행의 목적대상이 될 여지는 없다. 등기된 전세권 중 존속기간이 만료되지 않은 전세권에 대하여는 전세권 자체에 대하여는 민사집행법 제250조 제1항에 의한 그 밖의 재산권에 대한 집행방법에 의하고, 존속기간이 만료되거나 합의 해지된 전세권에 대하여는 전세금반환채권에 대하여 압류 및 추심명령 또는 전부명령을 받아 집행한다. 반면, 전세권에 설정된 저당권의 실행은 부동산매각절차에 따른다.

사. 자동차, 건설기계, 항공기

자동차, 건설기계 및 항공기는 실체법상으로 동산임에는 틀림이 없으나 그 특수성에 비추어 등록된 자동차와 건설기계에 대한 강제집행은 부동산에 대한 강제경매의 규정에 따르고, 등록된 항공기에 대한 강제집행은 선박에 대한 강제집행의 예에 따라 실시한다.

7. 집행법원

부동산에 대한 강제집행은 그 부동산이 있는 곳의 지방법원이 관할하고 있다(민사집행법 제79조 제1항, 제268조). 법률 또는 민사집행 규칙에 따라 부동산으로 보거나 부동산에 관한 규정이 준용되는 것에 대한 강제집행은 그 등기 또는 등록을 하는 곳의 지방법원이 관할한다. 이 관할은 전속관할이므로 당사자의 합의로 다른 법원을 관할법원으로 정할 수 없으며 또한 변론관할도 생길 수 없다.

부동산이 여러 지방법원의 관할구역에 있는 때에는 각 지방법원에 관할권이 있으나 이 경우 법원이 필요하다고 인정한 때에는 사건을 다른 관할 지방법원으로 이송할 수 있다(민사집행법 제79조 제2항).

8. 강제경매에서 매각의 성질

사법상의 매매설과 공법상의 처분설이 있다. 사법상의 매매설은 경매를 매수인 또는 집행관과 소유자인 채무자 간의 매매라고 보는 견해로서, 그 근거로 민법 제578조 담보책임을 들고 있다. 공법상의 처분설은 집행관은 국가기관으로서 경매처분을 하여 사법상의 권리관계를 설정하는 것이라고 보는 견해로서, 공용징수와 유사한 것으로 취급되어 매수인은 목적물을 원시취득 한다고 본다. 사법상의 매매설이 통설이다. 판례도 미성년자의 매수신청을 무효라고 보거나(대법원 1969. 11. 19. 69마989 결정), 매수인의 선의취득을 인정함으로써(대법원 1998. 3. 27. 97다32680 판결) 간접적으로 사법상의 매매설을 지지하고 있고, 매매의 일종이라고 판시한 것(대법원 1991. 10. 11. 91다21640 판결)도 있다.

새 매각과 재매각

제1항 새 매각

1. 개념

새 매각이란 매각실시 결과 매수인이 결정되지 않았기 때문에 다시 기일을 지정하여 실시하는 절차이다. 재매각이란 매각허가결정이 확정되어 매수인이 결정되었음에도 그자가 대금을 지급하지 않았기 때문에 실시하는 절차이다. 새 매각을 진행해야 할 경우로는 ① 매각기일에 허가할 매수가격의 신고가 없는 경우, ② 매각기일에 법원이 최고가매수신고인에 대하여 매각을 허가할 수 없는 사유로 매각을 불허하거나 매각허가결정이 항소심에서 취소된 경우, ③ 매수가격 신고 후에 천재지변, 그 밖에 자기가 책임질 수 없는 사유로 부동산이 현저히 훼손된 사실 또는 부동산에 관한 중대한 권리관계가 변동되어 최고가매수신고인이나 매수인의 신청으로 매각불허가결정을 하거나 매각허가결정을 취소한 경우 등이 있다.

2. 허가할 매수가격의 신고가 없는 경우

1) 허가할 매수가격의 신고가 없이 매각기일이 최종적으로 마감된 때에는 법원은 최저매각가격을 상당히 낮추고 새 매각기일을 정하여야 한다(민사집행법 제119조). 매각기일

이 적법하게 열린 경우에 한하므로 적법한 매각기일의 공고가 없었던 경우나 매각기일이 변경된 경우에는 최저매각가격을 낮출 수 없다.

2) 매수가격의 신고가 전혀 없었던 경우는 물론 신고한 매수가격이 최저매각가격에 미달하는 경우 및 민사집행법 제113조에 따른 적법한 매수보증을 제공하지 아니하여 적법한 매수신고라고 볼 수 없는 경우도 포함한다. 새 매각으로 진행하는 경우 법원은 민사집행법 제91조 제1항의 우선권을 해하지 아니하는 한도에서 최저매각가격을 상당히 낮출 수 있다.

3) 법원은 매각절차의 진행과정과 이해관계인의 이해를 형량하여 자유재량으로 최저매각가격을 저감할 수 있다(대법원 1969. 1. 9. 자 68마981 결정). 1회 저감액이 3할 정도라 하여도 위법은 아니지만(대법원 1966. 12. 17. 자 66마1027 결정), 합리적이고 객관적인 타당성을 구비하지 못할 정도로 과격하게 가격을 낮추는 최저매각가격절차는 위법하여 무효이다(대법원 1994. 8. 27. 94마1171 결정). 경매실무는 종전 최저매각가격에서 20% 또는 30% 저감된다. 매각회차가 진행될수록 저감율에 따라 아래와 같이 그 격차는 커진다.

매각횟수별 저감 누적율

구분	1차	2차	3차	4차	5차	6차
20%	100.00%	80.00%	64.00%	51.20%	40.96%	32.77%
30%	100.00%	70.00%	49.00%	34.30%	24.01%	16.81%

공매의 경우 유찰에 따른 최저매각가격이 감정가의 50% 이하 수준까지 내려가게 되면 재공고를 통해 다시 공매가 진행된다. 경매의 경우에는 최저매각가격의 하한선에 대한 규제 또는 유찰횟수에 대한 규제가 없기 때문에 가격이 끝없이 낮아질 수 있다. 유찰횟수가 높은 부동산일수록 대부분 경매위험을 내포한다.

4) 새 매각기일에도 매수가격의 신고가 없으면 매수가격의 신고가 있을 때까지 순차적으로 최저매각가격의 저감 및 새 매각기일 지정절차가 되풀이될 수 있다. 계속 저감한 결과 압류채권자에 우선하는 부동산상의 부담과 집행비용을 변제하고 남을 가망이 없는 경

우 민사집행법 제102조의 절차를 취하여야 한다.

5) 법원은 사유 발생일로부터 1주일 안에 직권으로 새 매각기일과 매각결정기일을 지정·공고하여야 한다.

3. 매각불허가를 한 경우

1) 매각불허가로 새 매각을 실시하는 경우에는 최저매각가격을 저감할 수 없다. 집행법원이 매각기일에 민사집행법 제121조 소정의 매각허가에 대한 이의사유가 있음을 이유로 이해관계인의 이의신청에 따라 또는 직권으로 매각불허가결정을 한 경우에 그 사유가 종국적으로 매각을 불허하거나 일시 정지하여야 할 사유가 아니고, 다시 매각을 허용할 수 있는 때에는 직권으로 새 매각기일을 정하여야 한다.

2) 경매의 일시적인 정지사유가 있어서 매각이 불허된 경우에는 그 사유가 해소되어야 새 매각기일을 정할 수 있다. 매각허가결정이 있었으나 항고에 의해서 취소되고 다시 경매를 실시할 경우 또는 매각허가결정이 확정되어 대금지급까지 마친 후에 추후 보완항고에 의하여 매각허가결정이 취소된 경우에도 새 매각을 명하여야 한다.

4. 부동산의 훼손이나 권리변동으로 매각불허가 한 경우

1) 다시 감정인에게 감정평가를 하게 하여 최저매각가격 결정부터 새로 한 후 새 매각기일을 지정한다. 다만 부동산에 대한 중대한 권리관계의 변동을 사유로 매각허가결정이 취소된 경우 반드시 재감정을 실시해야 하는 것은 아니고, 필요한 경우에 하여야 한다.

2) 매수가격신고 후에 천재지변, 그 밖에 자기가 책임질 수 없는 사유로 부동산이 현저히 훼손된 사실이 있는 경우에는 최고가매수신고인은 매각허가에 대한 이의신청 및 매수인이 대금을 낼 때까지 매각허가결정의 취소신청을 할 수 있다. 법원이 매각불허가결정 또는 매각허가결정을 취소한 경우에는 새 매각기일을 지정한다. 경매목적물이 없어진 경우에는 매각절차를 취소하여야 한다.

5. 매각허가에 대한 이의사유

매각허가에 대한 이의사유는 민사집행법 제121조에 열거된 것에 한정되므로 그 외의 사유에 기하여 이의를 진술할 수 없다. 법원은 이의신청이 정당하다고 인정한 때에는 매각을 허가하지 아니한다. 법원은 매각결정기일에 출석한 이해관계인에게 매각허가에 관한 의견을 진술하게 하여, 이를 참고로 하는 외에 직권으로 매각허가 여부의 재판을 한다. 매각허가결정 또는 불허가결정은 확정되어야 효력이 있다.

민사집행법 제121조(매각허가에 대한 이의신청사유)

매각허가에 관한 이의는 다음 각호 가운데 어느 하나에 해당하는 이유가 있어야 신청할 수 있다.

1. 강제집행을 허가할 수 없거나 집행을 계속 진행할 수 없을 때
2. 최고가매수신고인이 부동산을 매수할 능력이나 자격이 없는 때
3. 부동산을 매수할 자격이 없는 사람이 최고가매수신고인을 내세워 매수신고를 한 때
4. 최고가매수신고인, 그 대리인 또는 최고가매수신고인을 내세워 매수신고를 한 사람이 제108조 각호 가운데 어느 하나에 해당되는 때
5. 최저매각가격의 결정, 일괄매각의 결정 또는 매각물건명세서의 작성에 중대한 흠이 있는 때
6. 천재지변, 그 밖에 자기가 책임을 질 수 없는 사유로 부동산이 현저하게 훼손된 사실 또는 부동산에 관한 중대한 권리관계가 변동된 사실이 경매절차의 진행 중에 밝혀진 때
7. 경매절차에 그 밖의 중대한 잘못이 있는 때

판례 **민사집행법 제129조 제1항, 제2항에 의한 부동산매각허가결정에 대한 즉시항고를 제기할 수 있는 이해관계인의 범위**

민사집행법 제129조 제1항, 제2항에 의한 부동산매각허가결정에 대한 즉시항고는 이해관계인, 매수인 및 매수신고인만이 제기할 수 있고, 여기서 이해관계인이란 같은 법 제90조

각호에서 규정하는 압류채권자와 집행력 있는 정본에 의하여 배당을 요구한 채권자, 채무자 및 소유자, 등기부에 기입된 부동산 위의 권리자, 부동산 위의 권리자로서 그 권리를 증명한 자를 말하고, 경매절차에 관하여 사실상의 이해관계를 가진 자라 하더라도 위에서 열거한 자에 해당하지 아니한 경우에는 경매절차에 있어서의 이해관계인이라고 할 수 없다 (대법원 2005. 5. 19. 자 2005마59 결정).

판례 **매각허가결정에 대하여 즉시항고를 제기하는 항고인이 2인 이상인 경우, 항고인별로 민사집행법 제130조 제3항에 정한 '매매대금의 10분의 1에 해당하는 금전 또는 유가증권' 을 공탁하여야 하는지 여부(한정 적극)**

민사집행법 제130조 제3항은 "매각허가결정에 대하여 항고를 하고자 하는 사람은 보증으로 매각대금의 10분의 1에 해당하는 금전 또는 법원이 인정한 유가증권을 공탁하여야 한다."고 규정하고 있는바, 위 규정의 입법 취지는 매각허가결정에 불복하는 모든 항고인에 대하여 보증금을 공탁할 의무를 지움으로써 무익한 항고를 제기하여 절차를 지연시키는 것을 방지하고자 하는 데에 있는 점, 매각허가결정에 대한 항고는 이해관계인이 매각허가에 대한 이의신청사유가 있는 경우 등에만 할 수 있는데, 그 이의에 대하여 민사집행법 제122조는 다른 이해관계인의 권리에 관한 이유로 이의를 신청하지 못한다고 규정하고 있는 점, 민사집행법 제90조에서 경매절차의 이해관계인이 될 수 있는 사람을 제한적으로 열거하고 있는 점, 복수의 항고인이 매각허가결정에 대하여 항고를 제기하는 경우 항고장을 함께 제출하는지 별도로 제출하는지라는 우연한 사정에 따라 제공할 보증의 액이 달라지는 것은 불합리한 점 등을 종합하여 보면, 매각허가결정에 대하여 즉시항고를 제기하는 항고인이 2인 이상인 경우에는, 그들이 경매절차에서의 이해관계의 기초가 되는 권리관계를 공유하는 등의 특별한 사정이 없는 한, 항고인별로 각각 매각대금의 10분의 1에 해당하는 금전 또는 유가증권을 공탁하여야 한다고 봄이 상당하다(대법원 2006. 11. 23. 자 2006마513 결정).

제2항 매각불허가와 매수신청보증의 반환

1. 매각불허가결정을 하여야 할 경우

가. 이해관계인의 이의가 정당하다고 인정할 때

법원은 매각결정기일에 출석한 이해관계인의 매각허가에 대한 이의가 정당하다고 인정한 경우에는 매각을 허가하지 않는다.

나. 직권으로 매각불허가 할 사유가 있을 때

매각결정기일에 이해관계인의 매각허가에 대한 이의가 없더라도 법원이 직권조사의 결과 민사집행법 제121조에 열거된 이의사유가 있다고 인정되는 때에는 직권으로 매각을 허가하지 아니한다. 다만 같은 법 제121조 제2호, 제3호의 경우에는 능력 또는 자격의 흠이 제거되지 않은 때에 한한다(민사집행법 제123조 제2항). 따라서 농지취득자격증명이 추후 보완된 경우와 같은 경우에는 불허가결정을 하여서는 아니 된다.

다. 과잉매각되는 때

여러 개의 부동산을 매각하는 경우에 한 개의 부동산의 매각대금으로 모든 채권자의 채권액과 집행비용을 변제하기에 충분하면 다른 부동산의 매각을 허가하여서는 아니 된다. 각 채권자의 채권이란 경매신청채권자와 그에 우선하는 선순위 채권자는 물론이고 배당요구채권자 중 경매신청채권자와 같은 순위로 배당받을 채권자의 채권도 포함한다. 압류가 경합된 경우 압류채권자의 채권도 포함된다. 그러나 경매채권자보다 후순위채권은 포함되지 아니한다. 그러므로 경매채권자가 우선권이 없는 일반채권자인 경우에는 배당요구를 한 모든 채권자의 채권이 포함된다. 채권액의 산정은 각 채권자가 배당요구의 종기까지 집행법원에 제출한 채권신고서와 증빙서류에 의한다. 우선채권자가 근저당권부 채권자인 경우 현존채권액이 기록상 밝혀지지 않으면 채권최고액을 그 채권액으로 볼 수밖에 없다.

2. 매각불허 후의 절차

가. 민사집행법 제123조에 의한 매각불허의 경우

1) 종국적 장애에 의한 불허가의 경우: 법원은 이의신청이 정당하다고 인정한 때에는 매각을 허가하지 아니한다. 예컨대, 매각부동산이 멸실되었거나 집행취소사유가 있어 불허결정이 선고된 경우에는 그 불허결정이 확정되면 경매신청 자체를 포함한 이 이후의 절차는 소멸하여 매각절차는 종결되어야 한다. 경매실무에서는 종국적 사유가 있는 경우에는 곧바로 재판 없이 매각절차를 취소하여야 하는 경우인지 이미 행한 집행처분까지 취소해야 하는 경우인지에 따라 경매개시결정을 취소하고 경매신청을 기각하거나 또는 매각절차를 취소한 다음, 그 결정정본을 원인증서로 첨부하여 말소촉탁 하고 있다.

2) 종국적 불허가가 아닌 경우: 민사집행법 제123조에 의하여 매각을 불허하는 경우에 그 불허가가 종국적으로 매각을 불허할 사유에 기인한 것이 아니고, 다시 매각을 명하여야 할 경우(예컨대, 민사집행법 제121조 제2호 내지 제7호의 이의사유가 있는 경우 또는 집행정지결정이 제출되었다가 그 정지결정이 실효된 경우)에는 매각불허가결정이 확정된 후 직권으로 새 매각기일을 정한다. 같은 법 제121조 제6호의 사유(부동산의 현저한 훼손이나 중대한 권리관계의 변동)에 의하여 매각불허가결정을 하고 새 매각기일을 열게 된 때에는 법원은 최저매각가격의 결정부터 새로 하여 경매를 속행한다.

나. 과잉매각을 이유로 매각부동산의 일부를 매각불허 한 경우

과잉매각을 이유로 민사집행법 제124조 제1항에 의하여 여러 개의 부동산 중 일부에 대하여 매각불허가결정을 한 경우에는 그 불허가결정이 확정되더라도 허가된 부동산에 대한 매각대금이 납부될 때까지는 그대로 두었다가 대금이 완납된 후 매각 불허된 부동산에 대하여 경매개시결정등기의 말소를 촉탁한다.

다. 민사집행법 제127조에 의한 매각불허의 경우

민사집행법 제127조 제1항의 규정에 의하여 매각허가결정을 취소한 때에는 재평가를 명하여 최저매각가격부터 새로 정하여 경매를 속행한다. 다만 매각부동산의 훼손이 심하여 부동산으로서의 존재를 상실한 때에는 같은 법 제96조 제1항에 의하여 매각절차를 취소하고, 이 취소결정이 확정되면 경매개시결정등기의 말소를 촉탁한다. 말소촉탁 시에는 위 매각절차취소결정을 등기원인으로 한다.

3. 매수신청보증의 반환

매각을 허가하지 아니한 결정이 확정된 때에는 매수인과 매각허가를 주장한 매수신고인은 매수에 관한 책임이 면제되므로 즉시 보증금반환청구권이 생긴다. 매수신청의 보증제도는 진지한 매수의사가 없는 사람의 매수신청을 배제하여 매각의 적정성을 보장하기 위한 제도여서 매수인이 대금지급기한까지 그 의무를 완전히 이행하지 아니하여 진행되는 재매각절차에서는 전의 매수인은 매수신청의 보증을 돌려줄 것을 요구하지 못한다(대법원 2008. 9. 12. 자 2008마1112 결정).

4. 집행정지결정 정본이 제출된 경우

매각기일 종료 후 매각허가결정 선고 전에 민사집행법 제49조 제2호에 정한 집행정지결정 정본이 집행법원에 제출된 경우에는 같은 법 제121조 후단에 해당하므로 매각불허가결정을 하여야 한다(대법원 2009. 3. 12. 자 2008마1855 결정). 매각허가결정이 있고 난 뒤에 같은 법 제49조 제2호의 서류가 제출된 경우에는 매수인은 매각대금을 낼 때까지 매각허가결정의 취소신청을 할 수 있다.

1. 의의

매각허가결정 후라도 아직 확정 전이면 민사집행법 제121조 제6호에 규정된 사실이 밝혀진 경우에는 매수인은 즉시항고를 제기하여 집행법원 스스로의 경정에 의하여 구제받을 수 있다. 부동산의 현저한 훼손이나 중대한 권리관계의 변동을 간과하여 매각허가결정이 되고 매수인도 이를 모르고 즉시항고를 제기하지 않아 매각허가결정이 확정이 된 경우에는 민사집행법 제127조 제1항에 의하여 매각허가결정의 취소신청을 할 수 있다.

취소신청의 방식에는 특별한 제한이 없고 서면 또는 말로 할 수 있다. 민사집행법 제127조 제1항에 의하여 매각허가결정을 취소한 때에는 법원은 최저매각가격결정부터 새로 정하여 경매를 속행한다.

2. 신청시기

1) 매각허가결정 확정 후 매각대금을 납부할 때까지는 매수인은 매각허가결정의 취소를 신청할 수 있다. 매수인이 대금납부를 하지 않으면 훼손된 상태에서 다시 평가하여 재매각을 실시한다.

2) 매수인이 대금납부를 한 후에는 그 훼손이 대금납부 전에 생긴 것이라 하더라도 감액 신청하는 것은 별론으로 하고 같은 법 제127조 제1항에 의한 매각허가결정의 취소신청을 할 수 없다.

3. 취소신청사유

매수가격신고 후 민사집행법 제121조 제6호의 사유, 즉 천재지변, 그 밖에 자기가 책임을 질 수 없는 사유로 부동산이 현저하게 훼손된 사실 또는 부동산에 관한 중대한 권리관계가 변동된 사실이 경매절차의 진행 중에 밝혀진 때 이의를 신청할 수 있다.

가. 현저한 훼손

매수가격을 신고하기 전에 부동산에 현저한 손상이 생긴 경우에는 법원은 다시 평가를 한 다음 최저매각가격을 변경하여 매각을 실시한다. 만약 위와 같은 절차를 거치지 않은 재매각은 매각불허가사유에 해당된다. 현저한 훼손이어야 하므로 그 손상의 정도가 경미한 경우에는 위와 같은 신청을 할 수 없다. 이 경우에는 특별한 사정이 없는 한 감정인에게 감정보완형식으로 그 사유의 타당성을 조사하게 한 후 이를 바탕으로 신청을 기각하거나 매각허가를 취소하는 결정을 하여야 한다. 현저한 훼손인가의 여부는 사회적 내지 경제적 견지에서 평가될 성질의 것이다. 부동산에 물리적 훼손이 없는 경우라도 부동산의 교환가치가 감소된 때에는 같은 법 제121조 제6호, 제127조의 규정이 적용된다고 할 것이고, 또한 부동산의 훼손이 매수가격의 신고 전에 있었던 경우라도 그 훼손 및 이를 간과한 것이 자기가 책임질 수 없는 사유로 인한 것인 때에도 위 규정이 적용된다(대법원 2001. 8. 22. 자 2001마2652 결정).

나. 중대한 권리관계의 변동

매수인이 소유권을 취득하지 못하거나 인수할 권리가 변동되는 것과 같은 중대한 권리관계의 변동을 말한다. 담보권의 실행을 위한 부동산경매절차에서 주택임대차보호법 제2조에 정한 대항요건을 갖춘 임차권보다 선순위의 근저당권이 있는 경우에는, 낙찰로 인하여 선순위 근저당권이 소멸하면 그보다 후순위의 임차권도 선순위 근저당권이 확보한 담보가치의 보장을 위하여 그 대항력을 상실한다. 그러나 낙찰로 인하여 근저당권이 소멸하고 낙찰자가 소유권을 취득하게 되는 시점인 낙찰대금지급기일 이전에 선순위 근저당권이 다른 사유로 소멸한 경우에는, 대항력 있는 임차권의 대항력이 소멸하지 아니한다. 선순위 근저당권의 존재로 후순위 임차권의 대항력이 소멸하는 것으로 알고 부동산을 매수하였으나, 그 이후 선순위 근저당권의 소멸로 인하여 임차권의 대항력이 존속하는 것으로 변경됨으로써 매각부동산의 부담이 현저히 증가한 경우에는, 매수인으로서는 같은 법 제127조 제1항에 의하여 매각허가결정의 취소신청을 할 수 있다.

> **판례** 매각허가에 대한 이의신청사유를 규정한 민사집행법 제121조 제6호에서 말하는 '부동산에 관한 중대한 권리관계의 변동'의 의미
>
> 매각허가에 대한 이의신청사유를 규정한 민사집행법 제121조 제6호에서 말하는 '부동산에 관한 중대한 권리관계의 변동'이라 함은 부동산에 물리적 훼손이 없는 경우라도 선순위 근저당권의 존재로 후순위 처분금지가처분(내지 가등기)이나 대항력 있는 임차권 등이 소멸하거나 또는 부동산에 관하여 유치권이 존재하지 않는 것으로 알고 매수신청을 하여 매각허가결정까지 받았으나 그 이후 선순위 근저당권의 소멸로 인하여 처분금지가처분(내지 가등기)이나 임차권의 대항력이 존속하는 것으로 변경되거나 또는 부동산에 관하여 유치권이 존재하는 사실이 새로 밝혀지는 경우와 같이 매수인이 소유권을 취득하지 못하거나 또는 매각부동산의 부담이 현저히 증가하여 매수인이 인수할 권리가 중대하게 변동되는 경우를 말한다(대법원 2005. 8. 8. 자 2005마643 결정).

제4항 **재매각**

---

1. 의의

재매각은 매수인이 대금지급기한 또는 민사집행법 제142조 제4항의 다시 정한 기한까지 대금지급의무를 이행하지 아니하였고, 차순위매수신고인이 없는 때에는 법원이 직권으로 다시 실시하는 매각을 말한다.

> **민사집행법 제138조(재매각)**
>
> ① 매수인이 대금지급기한 또는 제142조 제4항의 다시 정한 기한까지 그 의무를 완전히 이행하지 아니하였고, 차순위매수신고인이 없는 때에는 법원은 직권으로 부동산의 재매

각을 명하여야 한다.

② 재매각절차에도 종전에 정한 최저매각가격, 그 밖의 매각조건을 적용한다.

③ 매수인이 재매각기일의 3일 이전까지 대금, 그 지급기한이 지난 뒤부터 지급일까지의 대금에 대한 대법원규칙이 정하는 이율에 따른 지연이자와 절차비용을 지급한 때에는 재매각절차를 취소하여야 한다. 이 경우 차순위매수신고인이 매각허가결정을 받았던 때에는 위 금액을 먼저 지급한 매수인이 매매목적물의 권리를 취득한다.

④ 재매각절차에서는 전의 매수인은 매수신청을 할 수 없으며 매수신청의 보증을 돌려줄 것을 요구하지 못한다.

2. 재매각의 요건

1) 매수인이 매각대금 지급의무를 완전히 이행하지 아니하였을 것
2) 매수인이 대금지급기한 또는 민사집행법 제142조 제4항의 다시 정한 기한까지 대금 지급의무를 이행하지 아니하였을 것
3) 차순위매수신고인이 없을 것
4) 의무불이행이 재매각명령시까지 존속할 것

3. 재매각의 대상과 절차

가. 재매각 대상

매수인에게 매각이 허가되지 않았던 부동산이 재매각의 대상이 된다. 다만 여러 개의 부동산에 대한 매각실시를 하였으나 민사집행법 제124조의 과잉매각이 되어 일부 부동산에 대하여만 매각에 부칠 수 있는데, 이 경우의 매각은 재매각이 아니므로 전의 매수인의 매수금지의 문제는 생기지 않는다.

나. 재매각명령

재매각의 요건이 구비되면 그 사유 발생일로부터 1주 안에 직권으로 재매각을 명하여야 한다. 재매각명령에 대하여는 이해관계인이 집행에 관한 이의신청으로서 불복할 수 있다.

다. 재매각절차

종전에 정한 최저매각가격, 그 밖의 매각조건을 적용한다. 재경매는 종전의 경매절차를 속행하는 것으로서, 민사소송법 제648조 제2항에 의하여 재매각명령 후 최초의 재매각기일에 적용되는 최저경매가격 기타 매각조건이라 함은 전 경락인이 최고가매수신고인으로 호창받은 경매기일에서 정하여졌던 최저경매가격 기타 매각조건을 가리킨다(대법원 1998. 10. 28. 자 98마1817 결정). 전의 매수인이 최고가매수신고인으로 호창을 받은 매각기일에 있어서 정하여졌던 그 매각조건에 따라 매각을 실시하여야 한다. 재매각 직전의 매각기일에 있어서의 최저매각가격을 저감하여 이를 재매각에 있어서의 최저매각가격으로 하여서는 아니 된다.

4. 재매각절차에서 전의 매수인에 대한 효과

재매각절차에서 전의 매수인은 매수신청을 할 수 없다. 전의 매수인은 매수신청의 보증을 돌려줄 것을 요구하지 못하며, 이 규정에 의하여 매수인이 돌려줄 것을 요구할 수 없는 보증은 배당할 금액에 포함된다. 재매각명령 후 매각절차가 취소되거나 경매신청이 적법하게 취하된 경우에는 매각절차의 속행이 없어진 결과가 되므로 전의 매수인은 매수신청 보증의 반환을 청구할 수 있다. 이중경매의 경우에는 후행사건마저 취소 또는 취하되어야 반환을 청구할 수 있다. 재매각으로 들어간 후 최저매각가격을 저감한 결과 남을 가망이 없어 경매를 취소한 경우에도 전의 매수인은 보증금을 반환받을 수 있다.

5. 재매각절차의 취소

매수인이 재매각기일의 3일 이전까지 경락대금, 그 지급기한이 지난 뒤부터 지급기일까지의 대금에 대한 지연이자, 절차비용을 지급한 때에는 재매각절차를 취소하여야 한다. 집행법원은 재매각절차를 취소한 경우에는 즉시 배당기일을 지정하고 배당기일의 통지를 한다.

경매신청의 취하

1. 의의

경매신청의 취하란 강제경매나 임의경매에서 경매를 신청한 집행채권자가 채무자와 채무변제에 관한 합의, 담보제공, 사정변경 등으로 강제경매 개시결정이 선고된 강제집행 대상 부동산에 대한 집행을 하지 아니할 것을 요청하는 절차이다. 경매신청자가 경매신청행위를 철회하는 것으로 더 이상 경매가 진행되지 않고 종결된다. 집행채권자의 취하서가 법원에 접수되면 등기사항전부증명서에 기 경료된 경매개시결정등기는 법원의 촉탁 신청으로 말소된다. 취하는 강제집행을 신청한 집행채권자만이 할 수 있다. 채무자나 소유자, 물상보증인 등은 경매신청을 취하할 수 없다.

2. 취하의 시기 및 요건

가. 매각기일 전까지의 취하

경매신청 후 매각기일에 적법한 매수의 신고가 있기까지는 경매신청인의 취하서 제출로 임의 취하가 가능하다. 취하는 집행법원에 대하여 하여야 하므로 매각허부결정에 대한 즉시항고가 있어 기록이 항고법원에 송부된 후에는 항고법원에 취하서를 제출하여야 한다. 이 경우에 ① 취하서 2부, ② 채무변제 또는 채무변제를 유예하는 채권자의 승낙서, ③ 신청채권자 인감증명서, ④ 채무자나 소유자가 채권자의 위임을 받아서 취하서를 제출하는 경우 위임장 등이 필요하다.

나. 매각기일 후의 취하

매수의 신고가 있은 뒤에 경매신청의 취하는 위 취하서와 최고가매수신고인의 취하동의서 및 인감증명서를 첨부하여야 효력이 생긴다. 그러나 합의가 되지 않아서 취하동의서를 받지 못한 경우에는 임의경매절차와 강제경매절차에서 취하의 방식을 달리한다.

(1) 강제경매의 취하

채무의 변제 또는 변제공탁을 하고, 최고가매수신고인의 취하동의서를 받지 못한 경우에는 청구이의의 소와 함께 집행절차정지신청서를 집행법원에 제출하는 방법으로 할 수 있다. 즉 강제집행을 불허한다는 판결과 강제집행정지결정을 받아서 집행법원에 신고해야 취하가 된다.

(2) 임의경매의 취하

채무자는 피담보채권의 변제 또는 변제공탁을 하고 청구이의의 소에 준하는 이의신청이나 즉시항고와 함께 집행절차정지결정을 받아서 집행법원에 제출하는 방법으로 그 취소를 구할 수 있다. 최고가매수신고인의 취하동의서를 받지 못한 경우에는 임의경매신청의 원인이 된 청구채권을 변제하고 담보권설정등기를 말소한 다음 말소된 등기사항전부증명서를 첨부해서 경매개시결정에 대한 이의서를 집행법원에 제출하는 방법으로 할 수 있다.

채무자가 경락인의 대금완납 이전에 채무를 변제하여 담보권을 소멸시켰다 하더라도 이를 근거로 이의신청을 하고 나아가 경매절차를 지키지 아니하여 경락인이 경락대금을 납부하기에 이르렀다면 이로써 경락인은 경매목적물의 소유권을 취득하게 된다(대법원 1992. 11. 11. 자 92마719 결정).

(3) 다른 채권자 등 이해관계인의 동의

다른 채권자 등 이해관계인의 동의는 요하지 아니한다. 또한 직전의 경매절차에서 대금지급기한까지 경락대금 납부의무를 이행하지 아니하여 재매각절차를 야기한 전 매수인도 경매취하의 동의권자에 해당하지 아니한다(대법원 1999. 5. 31. 자 99마468 결정).

다. 재매각명령 후의 취하

매수인이 대금지급기한까지 대금을 지급하지 아니하고 차순위매수신고인이 없거나 차순위매수신고인도 대금을 지급하지 아니하여 재매각명령을 한 후에 경매신청인이 경매신청 자체의 취하로써 경매절차를 종결시키고자 하는 경우, 원래의 대금지급기한까지 그 의무를 이행하지 아니하여 재매각절차를 야기한 전 매수인은 경매신청 취하에 대한 동의권자에 해당하지 아니한다(대법원 1999. 5. 31. 자 99마468 결정).

3. 이중경매신청의 취하

이중경매신청이 된 때에는 선행사건의 압류채권자가 신청을 취하하여도 후행사건에 따라 절차가 계속 진행된다. 다만 속행에 의하여 매각조건에 변동이 생기는 경우와 매각조건에 변동이 없는 경우에 따라 처리를 달리한다.

가. 후행사건의 경매취하

선행사건 최고가매수신고인의 동의 없이 자유롭게 후행사건의 경매신청을 취하할 수 있다.

나. 선행사건의 경매취하

(1) 선행사건 취하로 매각조건에 변동이 생기는 경우

민사집행법 제105조 제1항 3호(등기된 부동산에 대한 권리 또는 가처분으로서 매각으로 효력을 잃지 아니하는 것)의 기재사항에 변동이 생기는 때에는 최고가매수신고인의 취하동의서를 받아야 한다. 예컨대, 주택임차권이 선행사건과 후행사건 사이에 등기된 경우 선행사건이 취하되면 주택임차권이 선순위가 되어 인수되는 것으로 권리변동이 발생하고, 후행사건에 의해 다시 매각해야 한다. 결국 최고가매수신고인은 선행사건 취하로 그 지위를 잃게 되므로 최고가매수신고인을 보호할 필요가 있다. 선순위 근저당권의 존재로 후순위 임차권의 대항력이 소멸하는 것으로 알고 부동산을 낙찰받았으나 그 이후 선순위 근저당권의 소멸로 인하여 임차권의 대항력이 존속하는 것으로 변경됨으로써 낙찰부동산의 부담이 현저히 증가하는 경우에는 낙찰인으로서는 민사집행법 제127조 제1항의 유추적용에 의하여 낙찰허가결정의 취소신청을 할 수 있다(대법원 1998. 8. 24. 자 98마1031 결정).

(2) 선행사건 취하로 매각조건에 변동이 없는 경우

매각조건에 변동이 없는 경우에는 다시 매각할 필요가 없으므로, 최고가매수인 등은 취하에 의하여 아무런 영향을 받지 않게 된다. 후행경매사건이 배당요구종기 전에 신청된 경우에는 민사집행법 제105조 제1항 3호(등기된 부동산에 대한 권리 또는 가처분으로서 매각으로 효력을 잃지 아니하는 것)의 기재사항에 변동이 생기지 아니하는 때에는 최고가매수신고인의 취하동의서를 받지 않아도 된다.

후행경매사건이 배당요구종기 후에 신청된 경우에는 집행법원은 새로이 배당요구의 종기를 정하는 절차를 밟아야 하는 등 절차가 지연되고 복잡해짐으로써 최고가매수신고인의 이익을 해할 우려가 있으므로 최고가매수신고인의 취하동의서를 받아야 한다.

다. 취하할 수 있는 자

경매신청을 취하할 수 있는 자는 경매신청인이다. 강제경매의 경우에는 경매절차가 개시된 후에 포괄승계이건 특정승계이건 간에 승계인이 승계집행문을 부여받아 이를 집행법원에 제출할 때까지는 종전의 집행채권자가 취하할 수 있고, 그 이후에는 승계인이 취하할 수 있다.

임의경매의 경우에는 승계집행문제도가 없는바, 임의경매절차가 개시된 후에 경매신청의 기초가 된 담보물권이 대위변제에 의하여 이전된 경우에는 그 사실이 법원에 신고되기 전이라도 대위변제자가 경매신청인의 지위를 승계하므로, 종전의 경매신청인이 한 취하는 효력이 없다(대법원 2001. 12. 25. 자 2001마2094 결정).

4. 취하서 제출시기

취하서의 제출은 경매개시결정에서부터 낙찰자의 잔금납부 전까지 할 수 있다. 매수인이 대금을 납부한 때에는 목적부동산의 소유권이 매수인에게 이전되기 때문에, 그 후의 취하는 허용되지 아니하고 배당절차를 속행하면 된다. 강제경매절차의 매각기일에 최고가매수신고인이 결정된 후에는 최고가매수신고인과 차순위매수신고인의 동의가 없으면 집행채권자라 하더라도 경매신청을 취하할 수 없다. 취하서에 동의를 요구하는 자들은 집행채권자와 채무자 및 강제집행 대상 부동산의 소유자이다.

5. 취하사유

가. 채무자의 채무변제

채무자가 채권자에게 모든 채무금액 또는 일부 채무금액을 변제하고 채권자와 합의를 통해 경매를 취하해 달라는 협상을 한 후 채권자가 신청하는 경우이다. 즉 채무자가 경매집행비용을 비롯한 채권의 원리금을 변제하고 변제증서를 제출하면 채권자가 경매취하 신청을 하게 된다.

나. 집행을 면하기 위한 담보의 제공(공탁)

공탁은 여러 목적으로 행하여진다. 즉 질권자의 제3채무자에 대한 그 변제금액의 공탁 청구, 매매목적물의 보관과 관련된 이용, 강제집행목적물을 공탁하여 그 목적물의 관리와 교부를 공탁절차에 따르게 할 목적으로 행하여지기도 한다.

민법 제487조 이하에서 정하는 공탁은 채권의 소멸원인으로서의 변제공탁을 의미한다. 채권자가 변제를 받지 않거나 받을 수 없는 때에는 변제자는 채권자를 위하여 변제의 목적물을 공탁하여 그 채무를 면할 수 있다. 변제자가 과실 없이 채권자를 알 수 없는 경우에도 공탁할 수 있다. 변제공탁의 실익은 채무자가 채권자의 협력 없이 채무를 면하는 데 있다.

다. 채무변제의 유예에 대한 합의

신청채권자로부터 변제유예를 받았음을 원인으로 한 임의경매 개시결정에 대한 이의신청의 경우, 경락대금 완납시까지는 이의신청을 할 수 있고, 매수의 신고가 있은 후에도 그 이의신청에 최고가매수신고인 등의 동의를 필요로 하지는 않는다 할 것이므로, 변제유예의 사실이 인정된다면 그 이의신청이 신의칙에 반하거나 권리남용에 해당하는 경우와 같은 특별한 사정이 없는 한 이를 인용하여야 한다(대법원 2000. 6. 28. 자 99마7385 결정).

경매절차의 정지와 취소

1. 매각절차의 정지

경매의 정지와 취소사유로는 ① 담보권의 등기가 말소된 등기사항증명서(1호), ② 담보권등기를 말소하도록 명한 확정판결의 정본(2호), ③ 담보권이 부존재하거나 소멸하였다는 취지의 확정판결의 정본(3호), ④ 담보권을 불실행 또는 경매신청을 취하하겠다는 취지의 서류 또는 피담보채권의 변제수령증서·변제유예증서(4호), ⑤ 담보권실행을 일시정지 하도록 명한 재판의 정본(5호) 등이 제출되었을 때를 들 수 있다. ①, ②, ③의 각 경우 및 ④의 경우 가운데 그 서류가 화해조서의 정본 또는 공정증서의 정본인 경우에는 경매법원은 경매절차를 취소하여야 하며, ⑤의 경우에는 그 재판에 따라 경매절차를 취소하지 아니한 때에만 이미 실시한 경매절차를 일시적으로 유지해야 한다. 이에 해당하는 문서가 법원에 제출되면 매각절차를 정지해야 한다. 별도로 정지결정을 요하지 아니하며, 경매신청인에게 통지해야 하는 것도 아니다.

가. 강제경매의 경우

1) 채무자 또는 경매목적물의 소유자는 매수인이 매각대금을 납부하기 전까지 경매신청권자의 청구채권(원금과 이자) 전액, 경매예납금, 집행비용을 변제공탁 하고 변제공탁서 사본을 첨부하여 청구에 관한 이의의 소를 제기함과 동시에 강제경매절차에 대한 강제집행정지신청을 하여 법원으로부터 강제집행정지결정문을 받아 집행법원에 제출하여 청구에 관한 이의의 소의 판결시까지 강제경매절차를 정지시킬 수 있다. 청구이의의 소를

제기한 것만으로는 경매절차를 정지시킬 수 없기 때문에 그 확정판결을 기다리는 동안 경매절차가 진행되는 것을 차단하기 위하여 반드시 강제경매집행정지결정문을 경매법원에 제출해야 한다.

2) 이후 청구에 관한 이의의 소에서 승소, 확정판결문을 받아 집행법원에 제출하게 되면 집행법원은 직권으로 경매개시결정기입등기의 말소를 촉탁하여 경매개시결정등기가 말소됨으로써 경매가 취소된다.

나. 임의경매의 경우

1) 채무자나 소유자는 신청채권자의 피담보채권을 변제하고 담보권말소등기에 필요한 서류를 교부받아 담보권말소등기를 한 후, 저당권이 말소된 등기사항전부증명서를 첨부하여 경매개시결정에 대한 이의신청서를 제출함과 동시에 경매절차정지신청서를 법원에 제출하여 정지시킬 수 있다.

2) 이후 이의신청을 받은 집행법원은 채권자와 채무자를 심문한 후 그 결과에 따라 직권으로 경매개시결정기입등기의 말소를 촉탁하여 경매개시결정등기가 말소됨으로써 경매가 취소된다.

3) 경매신청채권자가 채무자 또는 소유자의 피담보채권의 변제수령을 거부하는 경우 강제경매의 경우와 같이 변제공탁 하는 방법으로 해야 한다. 경매실행비용과 채권의 원금과 이자를 변제공탁 하고, 청구이의의 소에 준하는 채무이의의 소를 제기하고 경매절차 집행정지신청을 하여 그 결정문을 받아서 반드시 경매법원에 제출하여야 한다.

> **민사집행법 제49조(집행의 필수적 정지·제한)**
>
> 강제집행은 다음 각호 가운데 어느 하나에 해당하는 서류를 제출한 경우에 정지하거나 제한하여야 한다.
>
> 1. 집행할 판결 또는 그 가집행을 취소하는 취지나, 강제집행을 허가하지 아니하거나 그 정지를 명하는 취지 또는 집행처분의 취소를 명한 취지를 적은 집행력 있는 재판의 정본
> 2. 강제집행의 일시정지를 명한 취지를 적은 재판의 정본

3. 집행을 면하기 위하여 담보를 제공한 증명서류

4. 집행할 판결이 있은 뒤에 채권자가 변제를 받았거나, 의무이행을 미루도록 승낙한 취지를 적은 증서

5. 집행할 판결, 그 밖의 재판이 소의 취하 등의 사유로 효력을 잃었다는 것을 증명하는 조서등본 또는 법원사무관 등이 작성한 증서

6. 강제집행을 하지 아니한다거나 강제집행의 신청이나 위임을 취하한다는 취지를 적은 화해조서의 정본 또는 공정증서의 정본

2. 매각절차의 취소

가. 의의

민사집행법 제266조 제1항 1호 내지 3호의 서류의 경우와 4호의 화해조서의 정본 또는 공정증서의 정본인 경우에는 집행법원은 이미 실시한 매각절차를 취소하여야 한다(민사집행법 제266조 제2항).

매각절차를 취소하는 경우에는 정지의 경우와는 달리 경매의 신청인과 상대방(채무자와 소유자)에게 고지하여야 하며, 그 주문례는 '별지기재 부동산에 대한 매각절차를 취소한다.'라는 형식으로 한다. 위 취소결정에는 즉시항고를 할 수 없다. 취소결정이 있으면 법원사무관 등은 즉시 경매개시결정등기의 말소를 등기관에게 촉탁하여야 한다.

나. 경매절차의 취소시기

매각대금의 납부에 의하여 매수인은 부동산의 소유권을 취득한다. 대금납부 후에는 정지·취소문서가 제출된다 하더라도 매수인의 소유권취득에 영향을 주지 못하며, 배당절차도 그대로 진행된다. 따라서 낙찰자가 경락잔금을 납부하기 전까지 취소할 수 있다.

다. 부동산의 멸실 등으로 말미암은 경매취소

부동산이 없어지거나, 매각 등으로 말미암아 권리를 이전할 수 없는 사정이 명백하게 된

때에는 법원은 강제경매의 절차를 취소해야 한다. 부동산의 멸실, 채무자의 소유권 상실(목적부동산의 소유권이전), 경매개시결정 후 가등기의 본등기 이행 등이 이에 해당한다.

경매절차의 취소는 법원 직권으로 하며, 당사자는 신청권이 없다. 취소결정이 확정되면 법원사무관 등은 경매신청기입등기의 말소등기를 촉탁한다.

라. 남을 가망이 없을 경우의 경매취소

법원은 최저매각가격으로 압류채권자의 채권에 우선하는 부동산의 모든 부담과 절차비용을 변제하면 남을 것이 없겠다고 인정한 때에는 압류채권자에게 이를 통지하여야 한다.

압류채권자가 통지를 받은 날부터 1주일 이내에 위의 부동산상의 부담과 절차비용을 변제하고 남을만한 가격을 정하여 그 가격에 맞는 매수신고가 없는 때에는 자기가 그 가격으로 매수하겠다고 신청하면서 충분한 보증을 제공하지 아니하면 법원은 경매절차를 취소하여야 한다. 다만 압류채권자가 통지를 받은 날로부터 1주일 이내에 최저매각가격으로 압류채권자의 채권에 우선하는 부동산의 모든 부담과 절차비용을 변제하고 남을 것이 있다는 사실을 증명한 때에는 법원은 경매절차를 속행하여야 한다.

이중경매와 절차의 진행

1. 의의

강제경매 또는 임의경매를 개시하는 결정을 한 부동산에 대하여 다른 경매신청이 있는 때에는 법원은 다시 경매개시결정을 하고, 먼저 경매개시결정을 한 집행절차에 따라 진행한다(민사집행법 제87조 제1항). 따라서 이미 개시결정을 한 부동산에 대하여도 이중의 개시결정이 허용되고, 다만 현금화 절차는 먼저 개시결정을 한 집행절차에 따라 실시한다.

한편, 경매신청을 한 부동산에 대하여 아직 경매개시결정을 하지 아니하였는데, 다른 경매의 신청이 있는 경우에는 여러 개의 경매신청을 병합하여 1개의 경매개시결정을 한다. 이 경우는 공동경매에 해당한다. 여러 명의 채권자가 각각 경매신청 하거나 하나의 또는 소유자별로 각각 경매신청이 된 여러 개의 부동산에 대하여 일괄경매를 함에 있어서는 각 사건의 병합결정이 필요하다.

2. 이중경매개시결정의 요건

가. 이미 경매개시결정이 되어 있을 것

이미 개시결정이 되어 있음을 요하나 그 개시결정의 효력이 발생하였는지는 여부를 묻지 않는다. 강제경매신청이 경합되는 경우뿐 아니라 임의경매신청과 강제경매신청이 경합되는 경우에도 민사집행법 제87조 제1항이 준용된다.

나. 경매신청의 요건을 구비할 것

뒤에 한 경매신청도 독립하여 강제경매신청의 제 요건 즉 강제집행의 요건, 강제집행 개시의 요건 등을 구비해야 한다. 뒤에 한 경매신청이 임의경매신청인 경우 임의경매신청의 제 요건을 구비해야 한다.

다. 부동산이 동일한 채무자의 소유일 것

매각절차 진행 중에 매각부동산의 소유자가 변경되고 그 새로운 소유자의 채권자가 그 부동산에 관하여 경매신청을 한 경우에는 서로 독립한 경매신청이어서 민사집행법 제87조가 적용될 여지가 없다.

가압류 후에 채무자의 목적물을 제3자에게 양도한 경우에 있어서 제3자에 대한 채권자가 매각절차를 개시한 후에 가압류채권자가 본 집행으로서 경매를 신청한 때에도 같은 법 제87조가 적용될 여지가 없다. 이 경우에는 오히려 선행의 매각절차는 사실상 정지되고 가압류채권자의 신청에 기한 집행절차에 따라 경매가 진행된다.

3. 이중경매신청을 할 수 있는 시기

매각허가결정 선고 후에도 먼저 한 경매신청이 취하되거나 그 절차가 취소되는 경우도 있으므로 매수인이 대금을 완납하여 그 부동산의 소유권이 채무자로부터 매수인에게 이전될 때까지는 이중경매신청을 할 수 있다(대법원 1972. 6. 21. 자 72마507 결정).

4. 이중경매개시결정 절차

이미 개시결정 된 부동산에 대하여 다른 채권자로부터 이중경매신청이 있으면 이를 접수하고 별책으로 기록을 만든 다음 선행사건 판사에게 배당하고, 선행의 경매사건 기록과 끈으로 연결하여 두고 보존도 그 기록과 함께 한다. 개시결정의 형식과 내용, 송달과 통지는 본래의 개시결정과 똑같다. 후행사건으로 절차를 속행하면서 이중경매신청에 기한 경매개시결정을 채무자에게 송달함이 없이 매각절차를 진행하였다면 그 경매는 무효이다 (대법원 1995. 7. 11. 자 95마147 결정). 또한 이해관계인에게 이중경매신청이 있음을 통지하여야 한다. 이중경매신청인도 경매신청시에 압류등기에 필요한 비용과 송달료를 예납하여야 하며, 매각절차가 뒤의 개시결정에 의하여 속행되는 경우에는 공익비용으로 계산된다.

5. 이중경매개시결정의 효력

가. 효력

(1) 선행사건 기준

이중경매개시결정도 통상의 개시결정과 마찬가지로 채무자에게 그 결정이 송달되거나 경매개시결정등기가 되면 압류의 효력이 생긴다. 그러나 매각절차는 먼저 개시결정을 한 선행사건의 집행절차에 따라 진행하여야 한다. 따라서 이해관계인의 범위, 매각기일의 통지, 이의, 항고 등의 적부 등도 선행의 경매사건을 기준으로 정하여야 한다.

(2) 이중경매에서 남을 가망의 판단기준

강제경매개시 후 압류채권자에 우선하는 저당권자 등이 경매신청을 하여 이중경매개시결정이 되어 있는 경우에는 절차의 불필요한 지연을 막기 위해서라도 민사소송법 제616조 소정의 최저경매가격과 비교하여야 할 우선채권의 범위를 정하는 기준이 되는 권리는 그 절차에서 경매개시결정을 받은 채권자 중 최우선순위 권리자의 권리로 봄이 옳다(대법원 2001. 12. 28. 자 2001마2094 결정).

(3) 선행사건에서의 배당요구의 효력

이중경매를 신청한 채권자도 선행경매사건의 배당요구의 종기까지 경매신청 한 경우에는 배당에 참가할 수 있으나, 그 후에 경매신청 한 경우에는 배당에 참가할 수 없다. 이중경매신청을 배당요구로 본다면 배당요구는 신청에 의하여 효력이 발생하는 것이므로, 경매신청서 접수시를 의미한다.

나. 선행사건이 취하되거나 취소된 경우

(1) 선행사건의 배당요구의 종기까지 경매신청 한 경우

후행절차는 선행절차의 속행이라는 성격을 가지므로 선행매각절차의 결과는 후행한 매각절차에서 유효한 범위에서 그대로 승계되어 이용된다. 후행사건에서는 나머지 절차만 속행하면 된다.

이중경매신청이 있는 사건에서 선행사건이 그 절차가 취하되거나 취소되어 후행사건으로 경매절차가 진행된 결과 민사집행법 제87조 제3항 전문에 의하여 배당요구의 종기를 새로이 정한 경우에는 가장 뒤에 도래한 것이 배당요구의 종기가 된다(대법원 2002. 8. 13. 선고 2000다61466 판결). 이중경매신청자도 선행사건의 배당요구종기까지 경매를 신청한 경우에는 배당에 참가할 수 있다. 따라서 주택임차인이 선행사건의 배당요구의 종기까지 배당요구를 하고, 그때까지 대항력(주택의 인도 및 주민등록)을 유지하였으나, 배당요구의 종기 이후에 이사를 한 경우 그 후 선행사건이 취소·취하된 다음 후행사건에서 다시 배당요구의 종기를 정하였다면 그 임차인은 우선변제권을 행사하지 못한다.

이 후행절차는 후행압류권자를 위한 매각절차이므로 압류에 대항할 수 있는 권리의 범위는 강제경매의 경우에는 이중경매개시결정에 의한 압류의 발효시점을 기준으로 하고, 임의경매의 경우에는 저당권설정등기 시점을 기준으로 한다. 따라서 선행사건의 압류와 후행사건의 압류 사이에 새로운 용익권의 설정이 있으면 매각물건명세서에 기재하고, 최저매각가격도 다시 정한다. 그 사이에 담보권설정이 있으면 남을 가망이 있는지도 다시 심사하여야 한다. 선행의 압류와 후행의 압류 사이에 등기부에 기입된 이해관계인이 생긴 때에는 채권신고를 최고하여야 하고, 가등기권자에게도 권리신고의 최고를 하여야 한다.

(2) 배당요구의 종기 이후에 이중경매를 신청한 경우

이중경매신청이 있는 사건에서 선행사건이 그 절차가 취하되거나 취소되어 후행사건으로 경매절차가 진행되는 경우 뒤의 경매개시결정이 배당요구의 종기 이후의 신청에 의한 것인 때에는 집행법원이 새로이 배당요구의 종기를 정하여야 한다. 이 경우 이미 채권신고 및 배당요구를 한 사람에 대하여는 고지 또는 최고를 하지 아니한다.

(3) 매각허가결정이 선고된 후 선행사건이 취소된 경우

선행사건에서 이미 매각허가결정이 선고된 후에 선행사건이 취소된 경우에, 후행사건에 의하여 매각절차를 계속 진행하는 경우라면 그 절차에서 선행사건에서의 매수인 등은 그 지위를 상실하지 않고 매각허가결정은 여전히 유효하다. 반면 후행사건에 의하여 계속 진행할 경우 민사집행법 제91조 제1항의 규정에 어긋나기 때문에 매각절차를 계속 진행할 수 없고, 그 결과 새로 매각해야 하는 경우에는 선행사건에서의 매각허가결정의 효력이 실효된다.

다. 선행사건의 매각절차가 정지된 경우

(1) 이중경매개시결정 후의 정지의 통지

먼저 개시결정을 한 매각절차가 정지된 때에 뒤의 경매개시결정(배당요구의 종기까지 행하여진 신청에 의한 것에 한한다)에 기초하여 절차를 계속하여 진행하려면 제일 먼저 법원은 신청에 따라 뒤의 경매개시결정에 기초하여 절차를 계속 진행한다는 취지의 결정을 하여야 하는데, 이 신청권은 뒤의 경매개시결정에 관한 압류권자만이 갖는다. 이 신청에 대한 재판에 대하여는 즉시항고를 할 수 있으므로, 신청인과 상대방인 채무자에게 고지하여야 하며, 신청을 기각하는 결정은 신청인에게만 고지하면 된다.

따라서 이중경매개시결정이 있은 후 먼저 개시결정을 한 경매절차가 정지된 경우에 뒤의 개시결정에 관한 압류채권자에게 그 취지를 통지함으로써 뒤의 압류권자로 하여금 절차속행에 관한 신청권을 행사할 수 있는 기회를 줄 필요가 있다. 이중경매신청이 배당요구의 종기까지 행하여진 신청에 한한다. 배당요구의 종기 이후에 신청을 한 압류권자는 절차속행의 신청권이 없기 때문에 그 사람에게는 위 통지를 할 필요가 없다.

(2) 후행사건의 진행

법원은 신청에 따라 결정으로 뒤의 경매개시결정에 기초하여 절차를 계속 진행할 수 있다. 배당요구의 종기까지 행하여진 신청에 의한 경우에만 절차를 속행할 수 있도록 한 것은 정지사유가 해소될 수 있는 상태에서 다시 배당요구의 종기를 정하는 절차를 진행하는 것은 매각절차를 지나치게 불안정하게 하는 것이기 때문이다. 후행절차로 속행하고 있는 중에 선행절차의 정지사유가 해소된 경우에는 경매실무에서는 후행사건으로 진행하기도 한다.

6. 이중경매신청의 취하

선행사건이 정지·취소되기 전까지는 후행사건의 집행절차는 잠정적인 것에 불과하므로, 후행사건의 경매신청인은 선행 매각절차에서의 최고가매수신고인의 동의 여부와 관계없이 경매신청을 취하할 수 있고, 그 취하 후 선행 매각절차가 정지·취소 또는 취하되면 이후의 모든 절차를 정지 또는 종료하여야 한다.

임의경매절차가 개시된 후 경매신청의 기초가 된 담보물권이 대위변제에 의하여 이전된 경우에는 경매절차의 진행에는 아무런 영향이 없고, 대위변제자가 경매신청인의 지위를 승계하므로, 종전의 경매신청인이 한 취하는 효력이 없다(대법원 2001. 12. 28. 자 2001마2094 결정).

법정매각조건과 일괄매각

1. 의의

매각조건이란 법원이 부동산을 매각하여 그 소유권을 매수인에게 이전시키는 데 있어서 지켜야 할 조건, 즉 경매의 성립과 효력에 관한 조건을 말한다. 모든 매각절차에서 공통적으로 적용되는 매각조건을 법정매각조건이라 하고, 법정매각조건 중에서 공공의 이익이나 경매의 본질에 관계되지 않으며 이해관계인 전원의 합의에 의해서 또는 법원의 직권으로 변경한 조건을 특별매각조건이라 한다.

특정의 매각절차가 법정매각조건에 의거하여 실시되는 경우에는 매각기일에 그 매각조건의 내용을 관계인에게 알릴 필요가 없으나 특별매각조건이 있는 경우에는 집행관이 매각기일을 게시할 때 그 내용을 고지하여야 하고, 특별매각조건으로 매각한 때에는 매각허가결정에 그 조건을 적어야 한다. 개별매각은 법정매각조건은 아니므로 법원은 자유재량으로 분할매각을 할 것인지 일괄매각을 할 것인지 결정할 수 있다(대법원 1964. 6. 24. 64마444 결정).

2. 법정매각조건

법정매각조건 중 주요한 것을 보면 다음과 같다.

1) **경매이익의 존재**: 우선채권을 변제하고 남을 것이 있는 등 압류채권자 입장에서 그 매각을 실시할 이익이 있는 경우가 아니면 매각하지 못한다.

2) **최저매각가격 미만의 매각불허**: 강제경매에 있어서는 미리 결정·공고한 최저매각가격 미만의 가격으로는 매각을 허가할 수 없다. 이 조건은 이해관계인의 합의로도 변경할 수 없다.

3) **매수신청인의 의무**: 매수신청인은 대법원규칙이 정하는 바에 따라 집행법원이 정하는 금액과 방법에 맞는 보증을 집행관에게 제공하여야 한다.

4) **매수인의 대금지급의무와 그 지급시기**: 매수인은 대금지급기한까지 매각대금을 지급하여야 한다.

5) **매수인의 소유권취득 시기**: 매수인은 매각대금을 다 낸 때에 매각의 목적인 권리를 취득한다.

6) **매수인이 인도청구를 할 수 있는 시기**: 매수인은 대금을 낸 후 6월 이내에 인도명령을 신청하여 인도를 받을 수 있다.

7) **소유권취득 시기 등**: 매각대금이 지급된 경우에 매수인 앞으로 소유권이전등기 및 매수인이 인수하지 아니한 부동산 위의 부담의 말소등기는 법원사무관 등의 촉탁에 의하여 하며, 그 비용은 매수인이 부담한다.

8) **부동산 위의 담보권, 용익권의 소멸과 인수**

9) **공유지분매각의 경우의 최저매각가격결정, 통지받은 다른 공유자의 우선매수청구권**

10) **매수인의 자격**: 농지매각의 경우 매수인 자격에 제한이 있다.

3. 분할매각과 일괄매각

가. 의의

1) 여러 개의 부동산이 경매에 부쳐지는 경우, 분할매각(개별매각)은 1개의 경매사건에서 각 부동산별로 매각하는 방법이고, 일괄매각은 1개의 경매사건에서 여러 개의 부동산을 일괄하여 매각하는 매각방식이다. 채권자가 채무자의 부동산에 근저당권을 설정하면서 여러 개의 부동산을 공동담보로 제공받은 경우에 경매를 신청하면서 분할매각 또는 일괄매각을 신청한 경우에 발생한다. 일괄매각의 결정이 없어도 당연히 일괄매각 하여야

하는 경우도 있다. 대지권등기가 되어 있는 집합건물, 공장저당법에 의한 저당권의 실행으로 매각이 이루어지는 경우가 이에 해당된다.

2) 하나의 사건번호에 여러 개의 물건이 있는 경우 분할하여 한 개의 물건씩 경매를 진행한다. 일괄매각으로 진행되는 경우는 하나의 사건번호에 여러 개의 물건을 일괄하여 매각한다. 따라서 입찰자는 사건번호와 물건번호를 기재하고 그 부동산에 대한 응찰가격과 입찰보증금을 기재하여야 한다. 공고된 여러 개의 부동산 전체를 입찰받고자 할 경우 그 경매사건의 각 부동산 물건번호와 입찰가격을 기재한 각각의 입찰표를 작성하여 한 장의 입찰봉투에 넣어도 된다. 다만 배당에 있어서는 여러 개의 물건이 모두 매각된 후 매각대금이 모두 완납되어야만 하나의 사건번호에 의해 배당기일이 지정된다.

3) 임차인은 배당기일까지 매수인의 점유 인도 요구를 거절할 수 있다. 이 경우 임차인의 점유는 잔금 납부 시점부터 부당이득반환청구의 대상이 될 것이다.

나. 분할매각(원칙)

1) 민사집행법은 여러 개의 부동산을 경매하는 경우에 1개 부동산의 매각대금으로 각 채권자에게 변제하고 그 집행비용에 충분한 때에는 다른 부동산에 대한 매각을 허가하지 아니하고 있다.

2) 법원은 이해관계인의 합의가 없어도 일괄경매를 명할 수 있고 또 일단 일괄경매를 정한 것을 분할경매로, 분할경매를 정한 것을 일괄경매로 정할 수 있다. 경매부동산을 분할경매 하는 것은 법정매각조건이 아니며 법원은 자유재량에 의하여 분할경매 할 것인지 일괄경매 할 것인지 결정할 수 있다(대법원 1964. 6. 24. 자 64마444 결정).

3) 매각실시 전 단계에서는 부동산의 최저매각가격과 각 채권자의 채권 및 집행비용을 비교하여 그중 일부 부동산만 매각하여도 그 채권 등의 변제에 충분하다는 점이 명백한 경우에 한하여 그 부동산에 대하여만 매각을 명하고 나머지 부동산에 대하여는 매각명령을 유보함이 상당하다.

다. 일괄매각

(1) 의의

1) 일괄매각의 결정은 법원이 직권으로 할 수 있을 뿐 아니라 이해관계인의 신청에 의하여도 가능하다. 당사자도 일괄매각을 신청할 수 있으나 법원을 구속하지는 않는다. 비록 저당권자의 신청에 의하더라도 직권으로 하기 때문에 고지할 필요는 없다.

2) 여러 개의 부동산이 그 상호 간의 위치, 형태, 이용관계 등 여러 면에서 객관적, 경제적으로 관찰하여 유기적 일체성이 인정되는 경우에는 일괄하여 경매함이 오히려 고가로 매각될 수 있고 또 사회경제상의 관념에서도 유리한 경우가 있을 수 있으므로 법원은 신청채권자의 신청이나 법원 재량에 의하여 일괄경매를 명할 수 있다. 최저매각가격에 미치는 영향, 각 부동산의 이용방법, 우선채권자의 이익 등 사정을 종합적으로 고려하여 판단할 것이다.

3) 이해관계인 전원의 합의에 의하여 일괄경매신청이 있으면 법원은 이를 존중함이 타당하다. 일괄경매신청이 있으면 사건명부에 접수하여 등재하고 이를 경매신청사건기록에 시간적 접수순서에 따라 가철하며, 인지첨부를 요하지 아니한다.

4) 이해관계인의 신청이 없다면 법원으로서는 통상 현황조사가 된 후 일괄매각이 상당한지 판단할 수 있게 되므로 일괄매각결정은 현황조사보고서가 제출되고 나서 최저매각가격결정 후나 그 결정과 동시에 하는 것이 보통이다. 일괄매각의 결정은 반드시 공고하여야 한다.

(2) 일괄매각과 감정평가

1) 감정평가에 관한 규칙은 감정평가는 대상물건마다 개별로 하여야 한다고 규정하고, 둘 이상의 대상물건이 일체로 거래되거나 대상물건 상호 간에 용도상 불가분의 관계가 있는 경우에는 일괄하여 감정평가 할 수 있다고 규정하고 있고, 경매실무 역시 일괄매각의 경우에는 원칙적으로 평가를 할 때에도 여러 개의 매각목적물을 일괄평가 하고 최저매각가격도 일괄하여 결정하여야 한다고 보고 있다.

2) 일괄매각이 되는 여러 개의 목적물 전체를 일괄평가 한 가액은 개별매각을 전제로

개별평가 한 가액을 합산한 것보다 고액으로 되는 것이 일반적이고, 일괄매각을 하는 주된 이유도 바로 여기에 있는 점, 통상 채권자들이 일괄매각을 신청하면서 일괄매각 하면 매각이 용이하고 매각가격이 고액이어서 채권회수가 쉽다는 것을 이유로 드는 것이나, 일괄매각의 경우 맹지에 따른 감가요인 등을 고려하지 않아도 되는 점 등을 감안하여 보면, 일괄매각을 하면서도 개별매각을 전제로 감정평가를 하는 것은 위법하다.

3) 경매실무상 경매개시를 한 직후에 바로 감정평가를 명하는 관계로 개별매각을 전제로 평가가 된 이후에 매각명령과 함께 매각기일 등을 지정하면서 일괄매각결정을 하는 경우가 많아 이 부분이 문제가 될 소지가 있다.

4) 경매에서 최저매각가격제도를 채택하고 있는 이유는 부동산이 그 실세보다 훨씬 저가로 매각되게 되면 이해관계인의 이익을 해치게 되므로 공정 타당한 가격을 유지하여, 부당하게 싼 가격에 매각되는 것을 방지함과 동시에 매수신고를 하려는 사람에게 기준을 제시함으로써 매각이 공정하게 이루어지도록 함에 있다(대법원 1994. 11. 30. 자 94마1673 결정, 대법원 1995. 7. 29. 자 95마540 결정). 이는 집행당사자나 기타 이해관계인의 이익을 보장하기 위한 것으로 법정매각조건이며 이해관계인 전원의 합의에 의하여도 바꿀 수 없다.

5) 최저매각가격은 적정한 현금화의 전제가 되는 중요한 매각조건의 하나이어서 그 결정에 중대한 잘못이 있을 때는 매각허가에 대한 이의신청사유가 된다. 특별한 사정이 없는 한 감정평가액이 최저매각가격이 되므로 감정평가에 하자가 있으면, 설령 여러 차례 유찰되어 저감된 가격에 낙찰이 된다고 하더라도 그 출발에 절차상의 하자가 있는 이상, 그 하자가 치유된다고 할 수는 없을 것이다.

(3) 일괄경매 허용·불허 여부

1) 일괄경매를 하는 것보다 분할경매 하는 것이 고가로 매각할 수 있으리라고 예측되는 경우에는 일괄경매를 할 수 없다. 그러나 이와 반대로 분할경매 하는 것보다 일괄경매를 하는 편이 현저히 고가로 매각할 수 있음이 명백한 경우에는 분할경매를 할 수 없고 일괄경매를 하여야 한다. 따라서 토지와 그 지상 건물이 동시에 경매되거나 토지와 건물이 하

나의 기업시설을 구성하고 있는 경우(대법원 1963. 12. 31. 자 68마1406 결정), 또는 2필지 이상의 토지의 경매로서 분할경매에 의하여 일부의 토지만이 경락되게 되면 나머지 토지가 맹지가 되어 현저히 값이 내려가게 되는 경우 과잉경매 여부를 가릴 것 없이 일괄경매를 하여야 한다.

2) 압류채권자가 다르거나 소유자가 다르더라도 일괄경매 하는 데 아무런 지장이 없는 경우, 예컨대, 남편소유의 토지와 그 지상의 처 명의 건물, 법인대표 소유의 토지와 그 지상의 법인소유 건물 등에 관하여도 각 그들이 압류채무자인 한 일괄경매가 가능하다.

3) 각 부동산마다 저당권 등의 권리가 다르다거나 그 순위가 다른 때에도 일괄매각 할 수 있다. 다만 위와 같은 경우에는 각 부동산별로 매각대금과 집행비용을 확정할 필요가 있으므로 일괄하여 최저매각가격을 정하는 외에 각 부동산별로 최저매각가격을 정하여 놓을 필요가 있다.

4) 과잉경매의 경우 일괄경매가 허용되지 아니한다. 즉 매각대금으로 각 채권자의 채권과 집행비용을 상환함에 충분한 경우에는 수 개의 부동산을 일괄매각 하는 것은 허용하지 아니한다. 그러나 토지와 그 지상 건물을 동시에 경매하는 경우에는 설사 과잉경매에 해당하더라도 토지와 건물의 경제적, 사회적인 용도와 효용으로 보아 예외적으로 일괄경매를 인정함이 상당하다(대법원 1967. 3. 31. 자 67마781 결정).

5) 과잉매각금지에 위반하여 매각허가결정을 한 경우에는 이 결정에 의하여 불이익을 입은 이해관계인은 즉시 항고할 수 있다. 집행법원이 이를 무시하고 매각허가를 한 경우, 또는 과잉매각금지를 부당하게 적용하여 매각을 허가하지 아니한 경우에 채무자 또는 채권자 및 매수신고인 등이 각 그 결정에 대하여 즉시항고 할 수 있다.

6) 일괄매각 한 여러 개의 부동산 중 일부에 대하여 매각불허가사유가 있으면 전체에 대하여 매각불허를 하여야 한다(대법원 1985. 2. 8. 84마카31 결정).

판례 **2개 이상의 경매목적 부동산에 대하여 일괄경매결정을 하여야 하는 경우**

경매목적 부동산이 2개 이상 있는 경우 분할경매를 할 것인지 일괄경매를 할 것인지 여부는 집행법원의 자유재량에 의하여 결정할 성질의 것이나, 토지와 그 지상 건물이 동시에 매각되는 경우, 토지와 건물이 하나의 기업시설을 구성하고 있는 경우, 2필지 이상의 토지를 매각하면서 분할경매에 의하여 일부 토지만 매각되면 나머지 토지가 맹지 등이 되어 값이 현저히 하락하게 될 경우 등 분할경매를 하는 것보다 일괄경매를 하는 것이 당해 물건 전체의 효용을 높이고 그 가액도 현저히 고가로 될 것이 명백히 예측되는 경우 등에는 일괄경매를 하는 것이 부당하다고 인정할 특별한 사유가 없는 한 일괄경매의 방법에 의하는 것이 타당하고, 이러한 경우에도 이를 분할경매 하는 것은 그 부동산이 유기적 관계에서 갖는 가치를 무시하는 것으로서 집행법원의 재량권의 범위를 넘어 위법한 것이 된다(대법원 2004. 11. 9. 자 2004마94 결정).

⑷ 일괄매각시 무잉여 판단기준

1) 일괄매각의 경우에는 일괄매각이 결정된 전체 매각대상물을 기준으로 무잉여를 판단한다. 여러 개의 부동산을 동시에 매각하는 경우에는 각 부동산에 대하여 남을 가망이 있는지 여부를 심사해야 한다. 그러나 여러 개의 부동산에 관하여 일괄매각의 결정을 한 경우에는 일괄매각의 결정을 한 이상 여러 개의 부동산을 전체로서 1개의 부동산으로 보아야 하므로, 여러 개의 부동산 중 일부에 관하여 그 부동산 자체만을 매각한다면 남을 가망이 없는 경우라도, 전체 부동산의 매각대금에서 배당받을 수 있다면 남을 가망이 없다는 이유로 민사집행법 제102조의 경매취소절차를 실시할 필요가 없다.

2) 민법 제365조에 의한 일괄경매(저당지상의 건물에 대한 경매청구권)를 한 경우 압류채권자가 대지의 매각대금에서 우선변제를 받을 수 있는 한 건물의 매각대금에서 배당받을 것이 전혀 없다고 해도 경매를 속행한다. 압류채권자는 민법 제365조 단서에 따라 건물의 매각대금에서는 변제를 받을 수 없지만, 전체 매각대금 중 토지부분에 대한 매각대금에서 배당받을 수 있기 때문이다(대법원 1998. 4. 28. 자 97마 2935 결정).

⑸ 일괄매각과 공유자 우선매수청구권

일괄매각의 경우 그 일부분에 대한 공유권을 근거로 일괄매각 대상물건 전체에 대하여 우선매수청구권을 행사할 수 있는지 여부에 관하여 다양한 견해가 있지만, 집행법원이 일괄매각결정을 유지하는 이상 매각대상 부동산 중 일부에 대한 공유자는 특별한 사정이 없는 한 매각대상 부동산 전체에 대하여 공유자의 우선매수권을 행사할 수 없다(대법원 2006. 3. 13. 자 2005마1078 결정).

(6) 민법 제365조의 일괄매각

1) 민법 제365조에 의한 일괄매각의 요건은 일반적으로, ① 토지에 대하여 저당권설정 당시에 그 지상에 건물이 없을 것, ② 저당권설정 후에 설정자가 당해 토지에 건물을 건축하였을 것, ③ 경매신청시에 토지와 지상 건물의 소유자가 동일할 것 등이다. 저당권자가 토지에 대하여 경매를 신청한 후에 그 지상 건물에 대하여도 토지의 매각기일 이전까지 일괄매각의 추가신청을 할 수 있고, 이 경우 집행법원은 두 경매사건을 병합한다.

2) 나대지를 목적으로 저당권을 설정한 후 그 설정자가 그 토지상에 건물을 축조한 때에는 저당권자는 그 토지와 함께 건물에 대하여도 경매신청이 가능하다. 이 경우는 저당권설정자가 건물을 축조하여 소유하고 있는 경우에 한한다(대법원 1994. 1. 24. 93마1736 결정, 대법원 1999. 4. 20. 99마146 결정). 다만 저당권자는 건물의 경매대가로부터는 우선변제를 받을 권리가 없다. 이 경우 그 건물이 미등기인 때에는 그 건물의 표시는 경매신청서에 첨부한 부동산 소유증명서의 표시와 부합하도록 표시하여야 한다.

3) 나대지에 근저당권이 설정된 후 건축된 건물의 일부가 인접한 다른 대지에 걸쳐 있는 경우에 건물의 상당부분이 근저당권이 설정된 대지 위에 건립되고 있고 그 건물 전체가 불가분 일체로서 소유권의 객체를 이루고 있다면 위 대지의 근저당권자는 건물 전부에 대하여 민법 제365조 규정에 의한 경매청구권을 행사할 수 있다(대법원 1985. 11. 12. 85다카264 판결).

4) 토지를 목적으로 저당권을 설정한 후 그 토지에 건물을 축조한 경우, 저당지상의 건물에 대한 일괄경매청구권은 저당권설정자가 건물을 축조한 경우뿐 아니라 저당권설정자로부터 저당토지에 대한 용익권을 설정받은 자가 그 토지에 건물을 축조한 경우라도 그 후 저당권설정자가 그 건물의 소유권을 취득한 경우에는 저당권자는 토지와 함께 그 건물에 대하여 경매를 청구할 수 있다(대법원 2003. 4. 11. 선고 2003다8350 판결).

판례 민법 제365조 소정의 일괄경매청구권의 취지 및 저당권설정자로부터 저당토지에 대한 용익권을 설정받은 자에 의하여 축조된 건물의 소유권을 저당권설정자가 취득한 경우 일괄경매청구가 허용되는지 여부(적극)

민법 제365조가 토지를 목적으로 한 저당권을 설정한 후 그 저당권설정자가 그 토지에 건물을 축조한 때에는 저당권자가 토지와 건물을 일괄하여 경매를 청구할 수 있도록 규정한 취지는, 저당권은 담보물의 교환가치의 취득을 목적으로 할 뿐 담보물의 이용을 제한하지 아니하여 저당권설정자로서는 저당권설정 후에도 그 지상에 건물을 신축할 수 있는데, 후에 그 저당권의 실행으로 토지가 제3자에게 경락될 경우에 건물을 철거하여야 한다면 사회경제적으로 현저한 불이익이 생기게 되어 이를 방지할 필요가 있으므로 이러한 이해관계를 조절하고, 저당권자에게도 저당토지상의 건물의 존재로 인하여 생기게 되는 경매의 어려움을 해소하여 저당권의 실행을 쉽게 할 수 있도록 한 데에 있다는 점에 비추어 볼 때, 저당지상의 건물에 대한 일괄경매청구권은 저당권설정자가 건물을 축조한 경우뿐만 아니라 저당권설정자로부터 저당토지에 대한 용익권을 설정받은 자가 그 토지에 건물을 축조한 경우라도 그 후 저당권설정자가 그 건물의 소유권을 취득한 경우에는 저당권자는 토지와 함께 그 건물에 대하여 경매를 청구할 수 있다(대법원 2003. 4. 11. 선고 2003다3850 판결).

남을 가망이 없는 경우의 경매취소

1. 의의

1) 담보권실행을 위한 경매에서는 강제경매와 마찬가지로 압류채권자의 채권에 우선하는 부동산상의 모든 부담과 집행비용을 변제하고 남는 잉여가 없으면 경매를 계속해서 실시할 수 없다는 잉여주의가 적용된다. 매각부동산의 매각대금으로 집행비용과 선순위 부동산상의 모든 부담을 변제하고도 남을 것이 있는 경우 경매를 허용하고, 신청채권자의 채권을 변제받을 가망이 없다고 판단할 때 무잉여를 이유로 경매를 직권으로 취소하게 된다.

2) 민사집행법 제102조에서 말하는 압류채권자의 채권에 우선하는 부동산상의 모든 부담이라 함은 매각대상 부동산의 매각대금에서 압류채권자에 우선하여 변제받을 수 있는 채권으로서 당해 매각절차에서 밝혀진 것을 말한다. 이에 해당하는 것으로는 ① 저당권, ② 전세권, ③ 가등기담보권, ④ 국세, 지방세, 산업재해보험료, 지방자치단체의 사용료, 수수료 등 공과금, ⑤ 임금채권 등 노무관계로 인한 채권, ⑥ 임차보증금, ⑦ 제3취득자의 비용청구 등이 그것이다.

3) 이때 잉여와 무잉여를 판단하는 기준은 당해 매각절차에서 법원이 정한 최저매각가격이 된다. 이 최저매각가격을 기준으로 집행비용과 신청채권액을 변제하고 남는 금액이 없다고 판단할 때 무잉여를 이유로 경매를 직권으로 취소하게 된다. 이는 우선채권자나 압류채권자를 보호하기 위한 규정이다(대법원 1987. 10. 30. 자 87마861 결정).

2. 무잉여로 경매취소가 적용될 경우

무잉여로 경매취소가 적용되는 경우로는, ① 매각절차의 시초부터 최저매각가격에 미달하는 경우, ② 시초에는 최저매각가격이 우선채권총액을 상회하였으나 매각기일에 매수신고가 없어 새 매각에 있어서 최저매각가격을 저감한 결과 최저매각가격이 우선채권총액에 미달하는 경우, ③ 압류가 경합된 경우 먼저 개시결정을 한 경매신청이 취하되거나 매각절차가 취소되어 뒤의 개시결정에 의하여 경매가 진행되는 경우에 뒤의 경매신청인에 대한 관계에서의 우선채권총액이 최저매각가격을 초과하는 경우, ④ 매수인이 대금지급기한에 대금을 납부하지 아니하여 재매각을 하게 되는 경우에도 최저매각가격과 전의 매수인이 제공한 보증금의 합계액이 우선채권총액을 넘지 않을 때 등과 같이 최저매각가격결정시부터 매각결정기일 종료시까지 사이에 어떤 사유에 의해서이든 압류채권자의 채권에 대한 우선채권총액이 최저매각가격을 상회하는 경우에는 경매개시결정을 취소한다. 다만 신청채권자에게 잉여가망이 있는 금액으로 매수할 기회를 준 후 취소한다.

3. 무잉여경매 취소

가. 무잉여 여부의 판단

1) 근저당권의 경우에는 근저당권자의 신고액이나 집행당사자가 증명하는 피담보채권금액을 우선채권액으로 하되 이러한 실제의 채권액이 밝혀지지 아니하는 한 등기된 채권최고액을 우선채권액으로 한다.

2) 매각기일 이전에는 최저매각가격과 집행비용을 합산한 금액을 기준으로 판단한다. 매각기일 이후에는 최고가매수신고가격과 집행비용을 기준으로 판단한다.

3) 강제경매개시 후 압류채권자에 우선하는 저당권자 등이 경매신청을 하여 이중경매개시결정이 되어 있는 경우에는 절차의 불필요한 지연을 막기 위해서라도 민사집행법 제102조 소정의 최저매각가격과 비교하여야 할 우선채권의 범위를 정하는 기준이 되는 권리는 그 절차에서 경매개시결정을 받은 채권자 중 최우선권리자의 권리로 봄이 옳다(대

법원 2001. 12. 28. 2001마2094 결정).

4) 선행 경매신청채권자를 기준으로 하여서는 잉여의 가망이 없더라도 후행 경매신청채권자가 저당권자 등으로서 선행 경매신청채권자보다 우선하는 권리를 가진 자라면, 후행 경매신청채권자의 채권을 기준으로 잉여의 가망 여부를 판단하고 잉여의 가능성이 있으면 선행 경매절차를 그대로 진행하여야 한다. 후행 신청채권에도 무잉여가 적용될 경우에만 경매절차를 취소한다.

5) 부동산임의경매 신청채권자가 경매절차 진행 중에 신청채권과 별개의 선순위채권 및 근저당권을 양수받은 경우에도 선순위 근저당권의 피담보채권액을 선순위 채권액의 계산에 포함시켜 민사집행법 제102조에 따른 잉여 여부를 계산하여야 한다(대법원 2010. 11. 26. 자 2010마1650 결정).

나. 법원의 조치

1) 법원은 최저매각가격으로 압류채권자의 채권에 우선하는 부동산상의 모든 부담과 집행비용을 변제하면 남을 가망이 없겠다고 인정될 때에는 남을 가망이 없다는 취지를 압류채권자에게 통지하여야 한다.

2) 압류채권자가 위 통지를 받은 날로부터 1주일 내에 최저매각가격으로 압류채권자의 채권에 우선하는 부동산의 모든 부담과 집행비용을 변제하고 남을 것이 있다는 것을 증명(예: 변제증서, 채권포기서의 제출 등)한 때에는 법원은 경매절차를 속행하여야 한다. 우선채권을 넘는 가격으로 매수하는 자가 없을 경우에는 스스로 매수할 것을 신청하고 충분한 보증을 제공하지 않는 한 매각절차를 취소하여야 한다. 위 기간 경과 후에도 경매절차 취소 결정이 있기 전에 매수신청 및 보증제공이 있으면 경매절차를 취소하지 말고 속행하여야 한다(대법원 1975. 3. 28. 자 75마64 결정).

3) 압류채권자가 매수신청을 한 경우에 그 매수신청금액 이상의 가격이 아니면 매각허가가 되지 않는다는 점에서 매수신청가격은 최저매각가격의 의미를 가지므로, 압류채권자로부터 매수신청이 있었다는 취지 및 그 매수신청금액을 매각기일의 공고에 기재함이 상당하다.

4) 최고가매수신고가격이 무잉여에 해당되면 매각불허가결정 선고를 하고, 그 결정에 대해 즉시항고가 없다면 매각불허가결정을 확정하고 경매절차를 취소한다.

5) 신청채권자가 경매를 취하하는 경우에는 특별한 사정이 없는 한 압류로 인한 소멸시효 중단의 효력은 물론, 첫 경매개시결정등기 전에 등기되었고 매각으로 소멸하는 저당권을 가진 채권자의 채권신고로 인한 소멸시효중단의 효력도 소멸한다.

6) 경매절차가 취소되면 촉탁으로 경매개시결정등기를 말소한 후 경매절차를 종료한다.

다. 무잉여경매 취소·취하의 효력

경매신청이 취하된 경우 특별한 사정이 없는 한 압류로 인한 소멸시효 중단의 효력은 물론, 첫 경매개시결정등기 전에 등기되었고 매각으로 소멸하는 저당권을 가진 채권자의 채권신고로 인한 소멸시효 중단의 효력도 소멸한다. 경매신청이 취소된 경우 압류로 인한 소멸시효 중단의 효력이 소멸하지 않고, 첫 경매개시결정등기 전에 등기되었고 매각으로 소멸하는 저당권을 가진 채권자의 채권신고로 인한 소멸시효 중단의 효력도 소멸하지 않는다(대법원 2015. 2. 26. 선고 2014다228778 판결).

4. 채권자의 매수신청과 보증의 제공

가. 매수신고가 있는 경우

1) 압류채권자가 매수신청을 함에 있어 보증제공은 현금이나 법원이 인정하는 유가증권에 의한 경매예납금으로 예납하고, 법원보관금영수증을 매수신청서와 함께 집행법원에 제출하면 된다.

2) 매수신청의 보증금액은 경매실무에서는 매수신청금액에서 저감된 최저매각가격을 공제한 차액이 보증액이 된다. 통상 최저매각가격의 10분의 1을 매수신청의 보증액으로 법원에 제공하는 경우와 구별된다.

3) 매각기일에 압류채권자의 매수신청금액 이상의 액으로 매수가격의 신고가 없으면 그 신고가격이 최저매각가격을 초과하더라도 매각허가를 하여서는 아니 되므로, 집행관

은 특별매각조건이 있는 경우에 준하여 압류채권자의 매수신청금액을 고지하고 매수가
격신고를 최고하여야 한다.

4) 위 금액 이상의 매수가격의 신고가 없는 경우에는 압류채권자가 매각기일에 출석하
였는지 여부를 불문하고 압류채권자를 최고가매수신고인으로 하여 그 이름과 가격을 부
른 후 매각기일을 종결한다고 고지하여야 한다. 채권자는 민사집행법 제113조의 매수신
청의 보증을 제공할 필요가 없다. 이미 신청한 보증이 매수신청의 보증이 되기 때문이다.

5) 최고가매수신고가격이 압류채권자의 매수신청금액과 동액인 경우에는 매수신청인
이 최고가매수신고인으로 된다. 더 높은 가격으로 매수신고 한 사람이 나오면 압류채권
자의 매수신청은 그 효력을 잃게 된다. 압류채권자는 매각기일에 출석할 필요가 없으며,
매각기일까지 매수신고를 철회하고 보증금의 반환을 청구할 수 있다.

나. 매수신고가 없는 경우

압류채권자가 남을 가망이 없다는 통지를 받고 1주 이내에 적법한 매수신청 및 보증제
공이 없을 때에는 법원은 결정으로 매각절차를 취소한다.

5. 무잉여를 간과하고 경매절차를 진행한 경우

1) 무잉여사건이 경매가 진행되어 매각금액으로 경매신청권자에게 일부라도 배당될 수
있는 경우 매각을 허가하게 되지만, 매각금액으로 보아도 무잉여에 해당하면 법원은 매각
을 불허가하게 된다. 이 사실을 간과하고 매각을 허가해도 매각허가에 대한 이의사유가
된다.

2) 최저매각가격이 무잉여에 해당하고 최고매수신고가격도 무잉여에 해당하나 ① 신청
채권자가 경매신청비용이라도 회수하기 위해 경매절차를 취소하지 말 것을 요청한 경우,
② 집행법원이 무잉여사실을 간과하고 매각허가결정을 선고한 후 이해관계인인 채권자
또는 신청채권자의 즉시항고가 없어 매각허가결정이 확정되고 낙찰자가 매각대금을 납
부하였다면 무잉여를 이유로 그 확정의 효력 및 낙찰자의 소유권취득을 부정할 수 없다.

3) 최저경매가격이 압류채권자의 채권에 우선하는 채권과 절차비용에 미달하는데도 불구하고 경매법원이 이를 간과하고 민사소송법 제616조 소정의 조치를 취하지 아니한 채 경매절차를 진행한 경우에, 최고가매수신고인의 매수가액이 우선채권총액과 절차비용을 초과하는 한 그 절차 위반의 하자가 치유되지만, 그 매수가액이 우선채권총액과 절차비용에 미달하는 때에는 경매법원은 경락을 불허가하는 결정을 하여야 하며, 경매법원이 절차를 그대로 진행하였다고 하여 매수가액이 우선채권총액과 절차비용에 미달함에도 불구하고 그 법 조항 위반의 하자가 치유된다고는 할 수 없다(대법원 1995. 12. 1. 자 95마1143 결정).

4) 민사소송법 제616조 규정은 압류채권자가 집행에 의하여 변제를 받을 가망이 전혀 없는데도 불구하고 무익한 경매가 행하여지는 것을 막고 또 우선채권자가 그 의사에 반한 시기에 투자의 회수를 강요당하는 것과 같은 부당한 결과를 피하게 하기 위한 것으로서 채권자나 압류채권자를 보호하기 위한 규정일 뿐 채무자나 그 목적부동산 소유자의 법률상 이익이나 권리를 위한 것이 아니므로 채무자 겸 경매목적물의 소유자는 이에 위반한 경락허가결정에 대하여 다툴 수 있는 이해관계인이 아니다(대법원 1986. 11. 29. 86마761 결정).

제2장

배당분석의 기초

배당요구와 배당요구의 종기

1. 의의

배당요구는 집행절차에 참가하여 자기채권의 만족을 구하는 것으로 경매 중인 부동산의 매각대금에서 변제를 받으려는 집행법상의 행위로서 채권(이자, 비용, 그 밖의 부대채권을 포함한다)의 원인과 액수를 적은 배당요구신청서를 제출하는 것이다. 즉 압류채권자 이외의 채권자가 매각절차에 참가하여 자기채권의 만족을 구하는 제도이다. 그 이후 실권효를 적용하는 이유는 다양한 이해관계인이 참여하는 경매절차에서 법률관계를 명확하게 하고 불측의 손해를 막기 위한 것이다. 등기사항전부증명서에서 확인되지 않고, 집행관의 현황조사에서도 그 내용을 알 수 없거나 경매가 진행 중인 사실을 점유자가 알지 못하여 권리신고와 배당요구를 하지 못하는 경우 배당받을 수 없기 때문에 배당요구를 해야 배당을 받을 수 있는 채권자는 배당요구의 종기까지 반드시 배당요구신청서를 제출하여야 불이익이 발생하지 않는다.

배당요구는 다른 채권자의 강제집행절차에 편승하는 종속적 행위라는 점에서 이중경매신청행위와 차이가 있다. 권리신고는 집행법원에 권리를 증명하는 것으로 권리신고를 함으로써 이해관계인이 된다. 민사집행법은 배당요구를 하지 않더라도 배당에 참가할 수 있는 채권자와 배당요구를 해야 배당에 참가할 수 있는 채권자를 구분하여 취급하고 있다.

2. 민사집행법상 이해관계인

민사집행법상 이해관계인은 제90조(경매절차의 이해관계인)에 규정하고 있다.

민사집행법 제90조(경매절차의 이해관계인)

경매절차의 이해관계인은 다음 각호의 사람으로 한다.

1. 압류채권자와 집행력 있는 정본에 의하여 배당을 요구한 채권자

2. 채무자 및 소유자

3. 등기부에 기입된 부동산 위의 권리자

4. 부동산 위의 권리자로서 그 권리를 증명한 사람

따라서 경매절차에 관해 사실상의 이해관계를 가진 자라 하더라도 위 조항에 열거한 자에 해당하지 않는 경우에는 경매절차의 이해관계인이라 할 수 없다(대법원 2004. 7. 22. 선고 2002다52312 판결).

선행사건의 배당요구종기 이후에 설정된 후순위 근저당권자로서 선행사건의 배당요구종기까지 아무런 권리신고를 하지 아니한 이중경매신청인은 선행사건에서 이루어진 낙찰허가결정에 대하여 즉시항고를 제기할 수 있는 이해관계인이 아니다(대법원 2005. 5. 19. 자 2005마59 결정).

가. 압류채권자와 집행력 있는 정본에 의해 배당을 요구한 채권자

압류채권자란 경매를 신청한 채권자를 말한다. 그러나 가압류권자는 경매절차에서 이해관계인에 해당하지 않는다(대법원 1968. 5. 13. 자 68마367 결정, 대법원 2004. 7. 22. 선고 2002다52312 판결). 따라서 가압류권자는 이해관계인으로서 가지는 여러 가지 권리가 인정되지 않는다. 다만 가압류권자는 해당 경매절차에서 배당에 참여할 수 있다. 즉 경매기입등기 전의 가압류권자는 배당요구를 하지 않아도 배당을 받을 수 있고, 경매기입등기 후의 가압류권자는 배당요구를 해야 배당받을 수 있다. 집행력 있는 정본을 가진 채권

자라 하더라도 배당을 요구하지 않은 경우에는 이해관계인이 아니다(대법원 1999. 4. 9. 선고 98다53240 판결). 집행력 있는 정본 없이 배당을 요구한 경우에도 이해관계인이 되지 못한다. 경매부동산에 대한 가처분권자도 민사집행법상 소정의 이해관계인이 아니다(대법원 1994. 9. 30. 자 94마1534 결정).

나. 채무자 및 소유자

채무자는 집행채무자(압류등기 당시의 소유자인 채무자)를 말하고, 소유자는 경매개시결정기입등기 당시 해당 부동산의 소유자를 말한다. 채무자와 소유자의 구별은 임의경매에서 의의를 가진다. 강제경매의 경우에는 채무자가 소유자인 경우이다. 따라서 임의경매에서 채무자와 소유자가 다른 경우에는 양자를 구별해서 표시해야 한다.

다. 등기부에 기입된 부동산 위의 권리자

경매개시결정기입등기 당시에 이미 등기부에 나타난 자를 말하며 용익물권자(지상권자·지역권자·전세권자)와 담보권자(저당권자) 등이 이에 해당한다(대법원 1999. 11. 10. 자 99마5901 결정). 이 외에도 환매권자·가등기담보권자·공유지분에 대한 부동산 강제경매에서 다른 공유자는 이해관계인이다(대법원 1998. 3. 4. 자 97마962 결정). 등기부에 기입된 부동산 위의 권리자도 이해관계인에 포함된다. 따라서 토지등기부에 등기를 하지 않은 임차인은 이해관계인이 될 수 없다(대법원 1996. 6. 7. 자 96마548 결정). 그러나 건물등기가 있는 토지임차인과 주택의 인도와 주민등록을 마친 주택임차인은 이해관계인이다. 예고등기는 등기부에 기입된 등기이기는 하지만 실질적인 권리가 아닌 주의적인 등기에 불과하므로 이해관계인이 아니다.

라. 부동산 위의 권리자로서 그 권리를 증명한 자

부동산 위의 권리자는 경매개시결정기입등기 이전에 해당 부동산에 대해 등기 없이도 제3자에게 대항할 수 있는 자이다. 경매개시결정기입등기 이후에 권리를 취득한 자는 포함하지 않는다. 유치권자, 법정지상권자, 건물등기가 있는 토지임차인(민법 제622조), 주택의 인도와 주민등록을 마친 주택임차인(주택임대차보호법 제3조) 등이다. 예외적으로 경매개시결정기입등기 이후에 해당 부동산을 취득한 제3취득자(대법원 1964. 9. 30. 자 64마525 결정)도 부동산 위의 권리자에 포함한다. 이러한 권리자들은 부동산 위에 위와 같은 권리를 가지고 있다는 것만으로 당연히 이해관계인이 되는 것은 아니며 반드시 경매법원에 그 권리를 증명한 자만이 비로소 이해관계인이 된다(대법원 1999. 8. 26. 자 99마3792 결정). 주택임차인의 경우 집행관의 현황조사 결과 임차인으로 조사·보고되어 있는지 여부와 상관없이 스스로 집행법원에 그 권리를 증명하여 신고하지 아니한 이상 이해관계인이 될 수 없다(대법원 1999. 8. 26. 자 99마3792 결정).

마. 이해관계인의 권리

민사집행법상 이해관계인은 경매절차에서 자신의 권리를 보호할 수 있는 여러 가지 권리를 행사할 수 있다. 대표적인 권리로는 ① 경매개시결정에 대한 이의신청권 및 즉시항고권, ② 경락허가결정에 대한 즉시항고권, ③ 부동산에 대한 침해방지신청권, ④ 이중경매신청이 있으면 법원으로부터 그 통지를 받을 권리, ⑤ 일괄매각결정신청권, ⑥ 매각기일과 매각결정기일을 통지받을 수 있는 권리, ⑦ 최저매각가격 외의 매각조건에 대한 변경에 관해 합의할 수 있는 권리, ⑧ 직권에 의한 매각조건의 변경에 대해 즉시항고 할 수 있는 권리, ⑨ 경매기일에 출석하여 매각기일조서에 기명날인 할 수 있는 권리, ⑩ 매각기일에 매각허가에 대해 진술할 수 있는 권리, ⑪ 배당기일의 통지를 받을 권리, ⑫ 배당기일에 출석하여 배당표에 관한 의견을 진술할 수 있는 권리, ⑬ 배당기일에 출석하여 배당에 대한 합의를 할 수 있는 권리 등이 있다.

3. 배당요구를 할 수 있는 채권자

배당받을 채권자와 배당요구종기까지 반드시 배당요구를 할 채권자의 범위에 관하여 민사집행법 제88조(배당요구), 제148조(배당받을 채권자의 범위), 제217조(우선권자의 배당요구)에서 규정하고 있다.

민사집행법 제88조(배당요구)

① 집행력 있는 정본을 가진 채권자, 경매개시결정이 등기된 뒤에 가압류를 한 채권자, 민
법·상법, 그 밖의 법률에 의하여 우선변제청구권이 있는 채권자는 배당요구를 할 수 있다.

민사집행법 제148조(배당받을 채권자의 범위)

제147조 제1항에 규정한 금액을 배당받을 채권자는 다음 각호에 규정된 사람으로 한다.

1. 배당요구의 종기까지 경매신청을 한 압류채권자

2. 배당요구의 종기까지 배당요구를 한 채권자

3. 첫 경매개시결정등기 전에 등기된 가압류채권자

4. 저당권·전세권, 그 밖의 우선변제청구권으로서 첫 경매개시결정등기 전에 등기되었고
매각으로 소멸하는 것을 가진 채권자

민사집행법 제217조(우선권자의 배당요구)

민법·상법, 그 밖의 법률에 따라 우선변제청구권이 있는 채권자는 매각대금의 배당을 요
구할 수 있다.

우선변제청구권이 있는 채권자로는 ① 주택임대차보호법과 상가건물임대차보호법이
적용되는 임차권 중 등기가 되지 않은 임차권자의 보증금채권자, ② 임금채권자, ③ 조세
기타 공과금채권자, ④ 대위변제자의 배당요구채권자 등이 이에 해당한다. 경매개시결정
이 등기된 뒤에 근저당권설정등기를 마친 자는 배당요구를 하여야 배당받을 수 있는 채권
자에 해당하고, 경매개시결정기입등기는 병합된 최초 사건을 기준으로 판단할 뿐 비록 선
행 경매절차가 무잉여에 해당하더라도 경매절차개시결정이 취소되지 않은 이상 최초 사
건에 해당하므로, 최초 사건의 경매개시기입등기 전에 근저당권설정등기를 마치지 않은
근저당권자는 경매절차에서 배당요구를 하여야 배당을 받을 수 있다(울산지방법원 2011.
4. 14. 선고 2010가합2967 판결).

4. 배당요구의 시기와 종기

집행법원은 경매개시결정에 따른 압류의 효력이 생긴 때에는 절차에 필요한 기간을 고려하여 배당요구를 할 수 있는 종기를 첫 매각기일 이전으로 정하여 공고하고 있다. 즉 배당요구의 시기는 압류의 효력발생시이고, 그 종기는 첫 매각기일 이전의 날 중에서 법원이 정한 때이다. 배당요구의 종기는 등기완료통지 후 3일 이내에 정하도록 되어 있다. 따라서 배당요구는 경매개시결정일부터 첫 매각기일 이전까지 할 수 있다. 다만 경매개시결정을 한 경매신청이 취하되거나 그 절차가 취소된 때에는 경매개시결정이 배당요구의 종기 이후의 신청에 의한 것인 때에는 집행법원은 새로이 배당요구를 할 수 있는 종기를 정할 수 있다. 임차인이 배당요구의 종기까지 배당요구를 하지 않아서 배당에서 제외된 경우, 임차인은 후순위 채권자를 상대로 부당이득반환청구를 할 수 없다. 자기보다 후순위 채권자로서 배당을 받은 자를 상대로 한 별도의 소송에서 부당이득반환청구를 하는 것도 허용되지 않는다.

공매절차에서는 늦어도 매각대금이 완납되어 압류재산이 매수인에게 이전되기 전까지 성립, 확정된 조세에 관해서만 교부청구를 할 수 있고, 그 이후에 성립, 확정된 조세채권은 설령 배분계산서 작성 전까지 교부청구를 하더라도 압류재산 매각대금 등의 배부대상에 포함될 수 없다(대법원 2016. 11. 24. 선고 2014두4085 판결). 그러나 부동산매각절차에서는 배당요구의 종기까지 교부청구를 해야 한다.

민사집행법 제247조(배당요구)

① 민법·상법, 그 밖의 법률에 의하여 우선변제청구권이 있는 채권자와 집행력 있는 정본을 가진 채권자는 다음 각호의 시기까지 법원에 배당요구를 할 수 있다.

1. 제3채무자가 제248조 제4항에 따른 공탁의 신고를 한 때

2. 채권자가 제236조에 따른 추심의 신고를 한 때

3. 집행관이 현금화한 금전을 법원에 제출한 때

② 전부명령이 제3채무자에게 송달된 뒤에는 배당요구를 하지 못한다.

③ 제1항의 배당요구에는 제218조 및 제219조의 규정을 준용한다.

민사집행법 제248조(제3채무자의 채무액의 공탁)

① 제3채무자는 압류에 관련된 금전채권의 전액을 공탁할 수 있다.

② 금전채권에 관하여 배당요구신청서를 송달받은 제3채무자는 배당에 참가한 채권자의 청구가 있으면 압류된 부분에 해당하는 금액을 공탁하여야 한다.

③ 금전채권 중 압류되지 아니한 부분을 초과하여 거듭 압류명령 또는 가압류명령이 내려진 경우에 그 명령을 송달받은 제3채무자는 압류 또는 가압류채권자의 청구가 있으면 그 채권의 전액에 해당하는 금액을 공탁하여야 한다.

④ 제3채무자가 채무액을 공탁한 때에는 그 사유를 법원에 신고하여야 한다. 다만, 상당한 기간 이내에 신고가 없는 때에는 압류채권자, 가압류채권자, 배당에 참가한 채권자, 채무자, 그 밖의 이해관계인이 그 사유를 법원에 신고할 수 있다.

민사집행법 제236조(추심의 신고)

① 채권자는 추심한 채권액을 법원에 신고하여야 한다.

② 제1항의 신고 전에 다른 압류·가압류 또는 배당요구가 있었을 때에는 채권자는 추심한 금액을 바로 공탁하고 그 사유를 신고하여야 한다.

5. 배당요구종기의 연기

집행법원은 '특별히 필요하다고 인정되는 경우'에는 배당요구의 종기를 연기할 수 있다. 그 결정은 집행법원의 재량에 속한다(대법원 2013. 7. 25. 선고 2013다204324 판결). 위 종기를 준수하지 못한 데에 귀책사유가 있는지 여부, 위 종기를 준수하지 못한 기간의 크기, 채권자 등 이해관계인이나 경매절차에 미치는 영향 등을 고려하여 특별히 필요하다고 인정하는 경우에 한하여 배당요구의 종기를 연기할 수 있고, 위와 같은 사유로 배당요구 종기 연기신청을 인용하거나 기각하는 집행법원의 결정은 위 조항에 따른 재량에 의한 것이다(대법원 2008. 6. 12. 자 2008그72 결정).

경매실무상 감정평가나 현황조사가 배당요구종기까지 완료되지 않은 경우, 경매개시결정등기의 촉탁 또는 채무자에 대한 경매개시결정의 송달, 공고·고지·최고절차가 누락되거나 지연되어 절차상의 하자를 보완하기 위하여 상당한 기간이 필요한 경우, 회생절차에 따른 금지명령으로 강제집행을 하거나 가압류결정을 받지 못한 경우, 우선변제권을 가진 채권자(최우선변제권자인 임차인이나 근로자, 근로복지공단의 체당금채권 등)를 보호하기 위하여 필요한 경우도 배당요구종기 연기가 가능한 경우로 보고 있다. 이미 배당요구 또는 채권신고를 한 사람에 대하여는 새로 정하여지거나 연기된 배당요구의 종기를 고지할 필요가 없다.

6. 배당요구의 방법

배당요구를 할 경우 배당요구신청서에는 집행력 있는 정본 또는 그 사본, 그 밖에 배당요구의 자격을 소명하는 서면을 첨부하고 채권의 원인과 액수를 기재하여야 하는바, 이 경우 '채권의 원인'은 채무자에 대하여 배당요구채권자가 가지는 원인채권을 특정할 수 있는 정도로 기재하면 충분하다. 다만 집행력 있는 정본에 의하지 아니한 채권이 어느 것인가를 특정할 수 있을 정도로 그 채권에 관한 구체적인 표시가 필요하다(대법원 2008. 12. 24. 선고 2008다65242 판결).

채권자별 배당요구시 첨부서면

구분	첨부서류
집행권원이 있는 채권자	집행력 있는 판결정본, 지급명령정본, 이행권고결정
가압류권자	가압류결정정본, 가압류등기가 된 등기사항전부증명서
주택임차인	임대차계약서, 주민등록등본, 보증금계산서
상가건물임차인	임대차계약서, 사업자등록현황서 등본, 보증금계산서
임금채권자	확정판결, 체불임금 등 사업주 확인서, 근로감독관청의 확인서, 근로소득원천징수부

임차인이 직접 강제경매를 신청한 경우에는 당연히 배당에 참가할 수 있는 채권자이기 때문에 배당요구를 하지 않아도 배당받을 수 있다(대법원 2013. 11. 14. 선고 2013다27831 판결). 주택임대차보호법에 의하여 우선변제청구권이 인정되는 소액임차인의 소액보증금반환채권은 현행법상 민사소송법 제605조 제1항에서 규정하는 배당요구가 필요한 배당요구채권에 해당된다(대법원 2002. 1. 22. 선고 2001다70702 판결). 만약, 임차인이 배당을 받아야 함에도 배당을 받지 못하고 배당을 받을 수 없는 사람이 배당을 받은 경우 임차인은 배당을 받은 사람에게 부당이득반환청구권을 가진다(대법원 2019. 7. 18. 선고 2014다206983 판결). 소액임차인이 이해관계인으로서 권리신고를 한 경우에도 다시 배당요구를 해야 하나, 제출된 서류가 권리신고나 배당요구의 어느 한쪽 취지로 볼 수 있는 서면이 제출된 때에는 배당받을 수 있다.

배당요구를 하지 않아도 배당받을 수 있는 채권자가 아니면 배당요구의 종기까지 배당요구를 하여야 배당받을 수 있게 되며, 그때까지 배당요구를 하지 않은 경우에는 선순위 채권자라도 경매절차에서 배당을 받을 수 없게 된다. 임금채권 등 우선변제권이 있는 채권자라도 배당요구종기까지 배당요구를 하지 않으면 매각대금으로부터 배당받을 수 없다.

7. 배당요구 할 수 있는 채권

집행채무자에 대한 채권으로 이행기가 도래한 채권이어야 한다(가압류채권은 예외). 집행을 받을 사람이 일정한 시일에 이르러야 그 채무를 이행하게 되어 있는 때에는 그 시일이 지난 뒤에 강제집행을 개시할 수 있다(민사집행법 제40조 제1항). 경매절차진행 중에 해당 부동산의 소유권이 제3자에게 이전되는 경우 신청채권자 이외의 자는 그 시점 이후에는 배당을 요구할 수 없다.

8. 배당요구 없이 배당이 되는 채권자

배당요구가 없어도 배당이 되는 채권자로는, ① 배당요구종기까지 경매신청을 한 압류채권자, ② 선행사건의 배당요구종기까지 중복경매 신청한 압류채권자, ③ 첫 경매개시결정등기 전에 등기된 가압류채권자, ④ 첫 경매개시결정등기 전에 등기된 우선변제권자, ⑤ 저당권, 전세권, 담보가등기, 임차권, 그 밖의 우선변제권으로 경매신청등기 전에 등기되었고 매각으로 소멸하는 채권을 가진 채권자, ⑥ 최고기간까지 신고한 담보가등기권자, ⑦ 배당요구 한 최선순위 전세권자, ⑧ 종전 등기사항전부증명서상의 권리자: 재개발, 재건축사업 시행결과 공급된 부동산을 매각할 때 종전 부동산에 기입되어 있던 부담등기의 권리자, ⑨ 국세, 지방세 등 공과금채권자로서 압류의 효력발생 전에 당해채권에 기하여 교부청구·압류한 자, ⑩ 경매기입등기 전에 등기된 임차권등기명령권자 등이 있다.

위의 채권자들은 경매개시결정등기 당시 등기사항전부증명서의 기재로 집행법원이 확인이 가능하거나 집행기록에 의해 확인이 가능한 채권자들이다.

9. 배당요구의 효력

가. 효력

배당요구신청서가 법원에 접수되면 효력이 발생한다. 배당받을 권리, 배당기일을 통지받을 권리, 배당표에 대한 의견을 진술할 권리, 매각결정기일에 매각허가에 대해 의견을 진술할 권리, 매각허가 여부의 결정에 대해 손해를 볼 경우 즉시항고를 할 수 있는 권리 등이 있다. 신청서에 적힌 내용과 첨부서류에 의하여 배당요구의 형식적 요건을 심사하고, 적법한 배당요구가 있는 때에는 3일 이내에 직권으로 이해관계인에게 그 취지를 통지한다. 일반채권자가 다른 채권자의 경매신청에 의하여 진행된 경매절차에서 그 배당요구종기 전에 집행력 있는 집행권원 정본에 기하여 배당요구를 한 경우 그 배당요구에는 압류에 준하는 효력이 있고, 원인채권의 지급을 확보하기 위하여 어음이 수수된 당사자 사이에서 채권자가 어음채권을 피보전권리로 하여 채무자의 재산을 가압류함으로써 그 권리를 행사한 경우에는 그 원인채권의 소멸시효를 중단시키는 효력이 있다(대법원 2002. 2. 26. 선고 2000다25484 판결).

나. 배당요구신청서 부제출의 효과

배당요구가 필요한 채권자가 배당요구의 종기까지 배당요구를 하지 아니한 때에는 배당을 받을 수 없고(대법원 2002. 1. 25. 선고 2001다11055 판결), 압류채권자나 배당요구한 채권자도 경매신청 또는 배당요구 당시 채권의 일부 금액으로 압류 또는 배당요구 한 경우 배당요구의 종기 이후에는 배당요구 하지 아니한 채권을 추가하여 확장할 수 없다. 배당요구는 채권자가 경매절차에 참가하여 채권의 만족을 구하는 절차일 뿐, 확정된 배당표에 의한 배당의 실시로 실체법상 권리가 확정되는 것이 아니므로(대법원 2011. 2. 10. 선고 2010다90708 판결), 채권자가 경매절차에서 배당요구를 하지 않아 배당을 받지 못하게 되더라도 그로써 채권자의 채권이 실체법적으로도 소멸한다고 볼 수 없다(대법원 2021. 7. 21. 선고 2017다35106 판결). 배당요구가 필요한 배당요구채권자가 실체법상 우선변제청구권이 있다 하더라도 적법한 배당요구를 하지 아니하여 배당에서 제외된 경우, 배당받은 후순위 채권자를 상대로 부당이득의 반환을 청구할 수 없다(대법원 2002. 1. 22. 선고 2001다70702 판결).

다. 배당요구의 철회

경매절차에서 배당요구를 한 채권자는 이를 자유롭게 철회할 수 있으나, 배당요구에 따라 매수인이 인수하여야 할 부담이 바뀌는 경우에는 배당요구의 종기가 지난 뒤에 이를 철회하지 못한다(민사집행법 제88조 제2항). 위와 같이 배당요구의 철회를 일정한 경우에 제한한 법의 취지는, 주택임대차보호법에 정한 소액임차인 등 경매부동산의 매수인에게 대항할 수 있는 배당요구채권자가 함부로 배당요구를 철회하게 되면 당초 매각대금에서 보증금 등을 회수하리라고 예상하였을 매수인으로서는 경락대금 외에 보증금 등의 인수라는 예기치 못한 부담을 떠안게 되는바, 이러한 위험을 방지하여 매수인을 보호하고자 하는 것이다(서울서부지방법원 2007. 6. 5. 선고 2006가단87708 판결).

매각물건명세서

1. 제도의 취지

민사집행법 제105조는 매각물건명세서에 관한 규정을 두고 있다. 매각되는 부동산의 현황과 권리관계 분석에 필요한 정보를 쉽게 얻을 수 있으므로 매수희망자가 반드시 확인해야 한다.

제105조(매각물건명세서 등)

① 법원은 다음 각호의 사항을 적은 매각물건명세서를 작성하여야 한다.

1. 부동산의 표시

2. 부동산의 점유자와 점유의 권원, 점유할 수 있는 기간, 차임 또는 보증금에 관한 관계인의 진술

3. 등기된 부동산에 대한 권리 또는 가처분으로서 매각으로 효력을 잃지 아니하는 것

4. 매각에 따라 설정된 것으로 보게 되는 지상권의 개요

② 법원은 매각물건명세서 · 현황조사보고서 및 평가서의 사본을 법원에 비치하여 누구든지 볼 수 있도록 하여야 한다.

위와 같이 민사집행법 제105조에서 집행법원으로 하여금 매각물건명세서를 작성하여 현황조사보고서 및 평가서의 사본과 함께 법원에 비치하여 누구든지 볼 수 있도록 규정하고 있는 취지는 경매절차에 있어서 부동산 현황조사 및 매각물건명세서의 작성은 입찰대

상 부동산의 현황을 되도록 정확히 파악하여 일반인에게 그 현황과 권리관계를 공시함으로써 매수희망자가 입찰대상 물건에 필요한 정보를 쉽게 얻을 수 있게 하여 예측하지 못한 손해를 입는 것을 방지하고자 함에 있다(대법원 2004. 11. 9. 자 2004마94 결정).

2. 매각물건명세서의 기능

매각물건명세서는 집행법원이 감정인이 작성한 감정평가서와 집행관이 조사한 현황조사서 등을 토대로 작성한다. 해당 경매사건에 관한 정보가 제공되므로 권리분석에서 중요한 기초자료이다.

매각물건명세서의 기재는 이중경매의 경우, 먼저 된 매각절차가 정지된 때 뒤의 매각절차에 따라 속행할 것인가의 표준이 된다. 즉 먼저 경매개시결정을 한 매각절차가 정지된 때에 그 매각절차가 취소되면 민사집행법 제105조 제1항 3호의 기재사항(등기된 부동산에 대한 권리 또는 가처분으로서 매각으로 효력을 잃지 아니하는 것)이 바뀔 때에는 같은 법 제87조 제2항(먼저 경매개시결정 한 경매신청의 취하 또는 그 절차의 취소와 뒤에 경매개시결정 한 매각절차의 속행 규정)에 불구하고 뒤의 경매개시결정에 의하여 절차를 속행하여서는 아니 된다.

3. 권리분석과 배당의 관계

권리분석이란 경매사건의 부동산에 관하여 등기사항전부증명서에 공시된 권리와 임차인을 포함한 공시되지 않은 등기사항전부증명서 이외의 권리 중 소멸하는 권리와 인수하는 권리를 파악하는 것이다. 즉 낙찰자가 부동산 등기사항전부증명서상 등기된 권리 중 인수하는 권리와 소멸하는 권리를 파악하고, 매각물건명세서에 나타나는 임차인의 권리와 유치권과 법정지상권 등 매각대금 이외에 낙찰자가 부담해야 하는 금액 여부를 분석하는 활동이다. 소멸하는 권리는 매수인이 낙찰을 받은 부동산에 관하여 집행법원이 소유권이전등기촉탁을 하면서 말소할 등기명세서를 작성하고 법원이 부동산의 소재지 관할

등기관에게 소유권이전등기 촉탁서를 발송하면 소유권이전등기를 하면서 말소하게 된다.

말소기준권리는 등기사항전부증명서상에 기입된 내용만을 기준으로 판단한다. 법원은 매각물건명세서에 그 기준이 되는 최선순위 설정일과 권리를 기재한다. 따라서 인수하는 권리는 매각대금 이외에 추가로 낙찰자가 부담해야 하는 금전채권 및 기타 권리 등의 위험이 매각물건에 존재하므로 이를 부담으로 입찰하여야 한다. 반면 소멸하는 권리는 낙찰자가 추가로 부담하지 않는 것이다.

광의로는 이들 권리자 등이 배당절차에서 배당받게 되는 배당금액을 파악하고, 자기보다 후순위 채권자들이 배당이의의 소로 삼을 가능성과 배당예상액을 분석하고 인수되는 금액을 파악한다. 이러한 권리와 배당분석은 매각물건명세서와 경매진행정보 및 등기사항전부증명서에 의해서 분석하고 판단한다.

4. 매각물건명세서의 작성

매각물건명세서는 집행법원의 인식을 기재한 서면에 불과하고 재판이 아니므로 그 작성행위는 일종의 사실행위에 속한다. 따라서 법관(사법보좌관)의 서명 또는 기명날인은 필요치 않으나, 다만 법원이 작성하였음을 명백히 하기 위하여 그 서면의 우측 상단에 법관(사법보좌관)이 날인을 한다. 매각물건명세서 사본의 비치는 매각기일(기간입찰의 방법으로 진행하는 경우에는 입찰기간의 개시일)마다 그 1주일 전까지 하여야 하므로, 1주일 전까지 작성하여 그 원본을 경매기록에 가철하여야 하고, 다른 문서의 내용을 인용하는 방법(예컨대, 현황조사보고서 기재와 같음)으로 작성하여서는 아니 된다. 법원은 매각물건명세서를 작성할 때는 필요하다면 이해관계인 그 밖의 참고인(예컨대, 임차권을 주장하고 있는 자로서 그 점유 취득시기 등이 불명확한 자, 현황조사를 실시한 집행관 등)을 심문할 수 있다.

5. 매각물건명세서의 기재사항

가. 기재사항

해당 경매부동산에 대한 ① 사건번호, ② 매각물건 번호, ③ 작성일자, ④ 담임법관, ⑤ 부동산 및 감정평가액과 최저매각가격의 표시, ⑥ 최선순위 설정, ⑦ 배당요구종기, ⑧ 부동산의 점유자와 점유권원, 점유할 수 있는 기간, 차임 또는 보증금에 관한 관계인의 진술 및 임차인이 있는 경우 배당요구 여부와 그 일자, 전입신고일자 또는 사업자등록신청 일자와 확정일자의 유무와 그 일자, ⑨ 등기된 부동산에 관한 권리 또는 가처분으로 매각허가에 의하여 그 효력이 소멸되지 아니하는 것, ⑩ 매각허가에 의하여 설정된 것으로 보는 지상권의 개요, ⑪ 비고란 등이 기재된다.

나. 매각기일 1주일 전에 열람 제공

현행 민사집행법이 시행되기 전에는 해당 경매부동산을 담당하는 집행법원을 방문하여 매각물건명세서를 볼 수 있었다. 지금은 대법원경매정보와 사설경매정보에서 인터넷 검색을 통해서 온라인으로 열람이 가능하다.

다. 매각물건명세서의 작성 · 비치

매각물건명세서의 원본은 경매기록에 순서에 따라 철하고, 그 사본을 만들어 집행관의 현황조사보고서, 감정인의 감정평가서를 사건별로 분철한 후 경매계사무실 등 적당한 곳에 일반인이 열람할 수 있도록 비치한다.

라. 관계자의 진술

집행관의 현황조사보고서 또는 감정인의 감정평가서 등에 의하여 매각부동산의 점유자와 그 점유권원(임차권 또는 전세권 등), 점유할 수 있는 기간(임대차기간 등), 차임 또는 보증금에 관한 관계인의 진술(액수, 선급 여부 등)과 임차인이 있는 경우 배당요구 여부와 그 일자, 전입신고일자 및 확정일자의 유무와 그 일자를 기재한다.

채무자가 목적물을 전부 점유하고 있는 경우에는 점유의 권원이라든가 점유기간 등은 기재할 필요가 없으나 채무자가 점유자라는 사실만은 이를 그대로 기재한다. 현황조사보고서와 다른 내용의 권리신고나 배당요구가 있는 경우(예컨대, 보증금의 액수, 점유개시시기 등)에는 신고내용대로 기재한다. 인수 여부가 불분명한 임차권 등 물적부담에 관한 주장이 제기된 경우에는 임대차 기재란 또는 물적부담 기재란에 주장되는 임차권 등 물적부담의 내용을 기재하고 대항력만 인정되는 상가건물임차인이 있는 것으로 파악된 경우 매각물건명세서의 점유관계란에 그 내역을 기재한다.

경매실무는 경매개시결정등기 전에 등기된 전세권자나 임차권등기권자 등은 권리신고(배당요구)를 하지 않은 경우에도 등기사항전부증명서상의 내용을 기재한다.

6. 매각물건명세서에서 확인해야 할 사항

가. 부동산의 표시

매각목적물인 부동산을 표시한다. 등기사항전부증명서상의 부동산표시를 그대로 표시하되, 그 표시와 현황이 다른 경우에는 현황도 병기한다. 미등기건물이 있음을 표시한 경우에는 그것이 경매목적물에 포함됨을 전제한 것으로 보게 되므로 목적물에서 제외하는 경우에는 그 취지를 명확히 하여 매수희망자들로 하여금 그 취지를 알 수 있도록 하여야 한다. 감정평가액과 최저매각가격을 함께 표시한다.

나. 최선순위 설정

매각목적물에 설정된 최선순위 저당권설정일자(또는 압류등기, 가압류등기, 담보가등기, 배당요구종기까지 배당요구 한 전세권등기일자)를 기준으로 임차인의 매수인에 대한 대항력 여부가 결정된다. 최선순위 설정일자 이후의 권리는 인수되지 않는다. 매수인이 예기치 않게 임차보증금을 인수하여야 하는 불이익을 받지 않도록 하기 위하여, 최선순위 설정일자를 기재하고 그 일자보다 먼저 전입신고를 마치고 거주하고 있는 임차인의 보증금은 매수인이 인수하는 경우가 생길 수 있다는 주의 문구를 기재한다.

토지에 대하여 1순위 저당권이 설정되고, 그 후 임차인이 대항력을 갖춘 다음 건물에 1순위 저당권이 설정된 경우 건물의 매수인에게 대항할 수 있는지 여부는 건물만을 기준으로 하므로, 이 경우의 임차인은 건물의 매수인에게 대항할 수 있다. 최선순위 저당권설정일자를 기재할 때 토지와 건물의 일자가 다를 때에는 모두 기재하고, 매각부동산이 여러 건인 경우에 설정일자가 다르면 모두 기재한다. 매각부동산의 지분별로 최선순위 권리의 설정일자가 다른 경우에도 이를 모두 기재한다.

다. 임차인(점유자)의 전입신고 일자와 사업자등록 일자

주택과 상가건물의 점유자에게 대항력과 최우선변제권 및 우선변제권을 가지는지 판단할 수 있는 정보가 표시되어 있다. 최선순위 설정일자보다 앞의 권리는 인수되고, 그 이후의 권리는 인수되지 않는다.

라. 배당요구 여부

선순위 임차인이 배당요구의 종기까지 배당요구를 하였는지 판단할 수 있는 정보가 기재된다. 배당요구 하지 않으면 낙찰자에게 인수된다. 확정일자를 갖춘 임차인이 배당요구의 종기까지 배당요구를 하고 보증금 전액이 배당되면 인수되지 않지만, 미배당보증금은 낙찰자에게 대항할 수 있다.

마. 등기된 부동산에 관한 권리 또는 가처분으로 매각허가에 의하여 그 효력이 소멸되지 아니하는 것

(1) 등기된 부동산에 관한 권리 또는 가처분으로서 매각으로 그 효력을 잃지 않고 매수인에게 인수되는 것

1) 매각목적물에 설정된 최선순위 (근)저당권, (가)압류, 배당요구 한 전세권, 담보가등기 등을 기준으로 판단하여 등기된 부동산에 관한 권리 또는 가처분으로서 매각으로 그 효력을 잃지 않고 매수인에게 인수되는 것을 매각물건명세서에 기재한다. 예컨대, 저당권·압류채권·가압류채권에 대항할 수 있는 지상권·지역권·전세권 및 등기된 임차권

(단 전세권 중 배당요구 한 것은 제외) 등을 기재한다.

2) 가처분의 경우에는 가처분의 내용과 집행연월일을 기재하면 되고 피보전권리까지 기재할 필요는 없다. 가처분 중에서 주의할 것은 토지소유자가 건물의 소유자를 상대로 건물을 철거하고 토지를 인도하라는 내용을 피보전권리로 하여 가처분을 한 경우에는 그 가처분이 건물에 관한 경매개시결정등기 또는 담보권설정등기 이후의 것이라도 매각으로 말소되지 않으므로 매각물건명세서에 반드시 기재를 하여야 한다.

3) 예고등기도 부동산에 관한 권리관계를 공시하는 등기가 아니므로, 매각물건명세서에 기재하지 않는다(대법원 2001. 3. 14. 자 99마4849 결정). 예고등기제도는 2011. 10. 13. 부동산등기법이 개정되면서 폐지되었다. 등기된 부동산상의 부담이 매각으로 효력을 잃지 않고 매수인에게 인수될 것인지 여부가 불분명한 경우에는 불분명하다고 기재한다.

4) 공익사업을 위한 토지 등의 취득 및 보상에 관한 법률에 따라 토지수용 또는 사용재결을 원인으로 하는 구분지상권설정등기 또는 구분지상권이전등기를 경료한 경우에는 그보다 먼저 마쳐진 강제경매개시결정의 등기, 근저당권 등 담보물권의 설정등기, 압류등기, 가압류등기 등에 기하여 경매 또는 공매로 인한 소유권이전등기의 촉탁이 있는 경우에도 이를 말소할 수 없으므로 매각물건명세서에 반드시 매수인에게 인수되는 것으로 기재하여야 한다.

5) 근저당권 등 담보권설정의 목적인 토지 위에 차후 용익권설정 등으로 담보가치가 저감하는 것을 막기 위해 채권자 앞으로 지상권을 설정한 경우 담보권이 소멸하면 지상권도 목적을 잃어 함께 소멸하므로(대법원 2014. 7. 24. 선고 2012다97877, 97888 판결) 위와 같은 지상권은 비록 최선순위라고 하더라도 매수인이 인수할 권리로 기재하지 않는다.

⑵ 매수인에게 대항할 수 있는 등기된 임차권 등

1) 매각물건명세서 양식에 '등기된 부동산에 관한 권리 또는 가처분으로서 매각에 의하여 그 효력이 소멸되지 아니하는 것'을 기재하는 란이 있고, 민사집행법 제105조 제1항에서 이러한 권리관계를 직접 적도록 규정하고 있으므로, 매수인에게 대항할 수 있는 임차권은 보증금이 전액 변제되지 않는 한 말소되지 않고, 매수인이 인수하게 됨을 적어야 한다.

2) 매각물건명세서에 기재할 대상은 매수인에게 대항할 수 있는 임차인 중 보증금이 전액 변제되지 않은 자에 한하지만 매각절차 진행 중에는 보증금 전액의 변제를 받을지 여부를 판단할 수 없으므로 일단 대항력 있는 등기된 임차권자가 있으면 매각물건명세서에 '매수인에게 대항할 수 있는 임차인이 있음(임대차보증금 000만원, 전입일 20 . . , 확정일자 20 . . .), 배당에서 보증금이 전액 변제되지 않으면 잔액을 매수인이 인수함.'이라고 기재하기도 한다.

3) 경매실무상 매수인에게 대항할 수 있는 임차인의 경우는 그 임차권의 내용이 비록 등기기록에 공시되었다 하여도 매각물건명세서에 기재하며, 매수인에게 대항할 수 있는 임차인이 경매개시결정등기 후에 임차권등기를 한 다음 권리신고를 하는 경우 '배당요구 여부'란에 권리신고 여부를 기재(20 . . . 권리신고 등)한다.

(3) 배당요구 하지 않은 최선순위 전세권

매각으로 인하여 소멸되지 않는 최선순위 전세권의 경우 전세권자가 배당요구를 하지 않으면 매수인이 그 전세권을 인수하여야 하므로, 그 취지를 적어야 한다. 최선순위 전세권자가 전세권에 기해 배당요구를 하지 않고 임차인으로서의 지위에 기해 배당요구를 하였다면 전세권에 관하여는 배당요구가 있는 것으로 볼 수 없으므로 매각물건명세서에 '전세권은 매각으로 소멸하지 않고 매수인에게 인수된다.'는 취지를 기재해야 한다.

최선순위 전세권자의 채권자가 채권자대위권이나 추심권한에 기하여 전세권에 대한 배당요구를 한 때에는 채권자대위권 행사의 요건을 갖추었다거나 전세금반환채권에 대하여 압류 및 추심명령을 받았다는 점과 아울러 전세권이 존속기간의 만료 등으로 종료하였다는 점에 관한 소명자료를 배당요구의 종기까지 제출하여야 한다. 위와 같은 소명자료를 배당요구의 종기까지 제출하지 않을 경우에는 적법한 배당요구가 없었다고 보아 최선순위 전세권이 소멸하지 않으므로 그 취지를 적어야 한다.

바. 매각허가에 의하여 설정된 것으로 보는 지상권의 개요

매각물건명세서에는 매각에 따라 설정된 것으로 보게 되는 지상권의 개요를 적어야 한다. 토지가 매각목적물이 되어 지상권을 부담하게 되는 경우는 물론, 건물이 매각목적물이 되어 지상권을 취득하게 되는 경우에도 모두 기재의 대상이 된다. 매각물건명세서에 기재할 것은 지상권의 '개요'이므로 '이 사건 물건을 위하여 그 대지에 법정지상권이 성립함.' 또는 '지상 건물을 위하여 이 사건 토지의 대지 부분에 법정지상권이 성립함.'이라는 식으로 간결하게 기재하면 된다.

토지의 일부에 대해서만 법정지상권이 성립하는 경우에는 그 뜻을 기재하면 되고, 구체적으로 그 범위를 특정해서 표시할 필요는 없다. 지상권이 설정된 것으로 보게 될 가능성은 있으나 확실히 밝혀지지 않는 경우에는 '별지 도면 표시 미등기건물을 위하여 이 사건 토지의 대지 부분에 지상권이 설정된 것으로 보게 될 여지가 있음.' 또는 '법정지상권이 성립할 여지가 있음.' 등 그 취지를 그대로 기재한다.

사. 비고란

법정지상권, 유치권, 분묘기지권 등 등기사항전부증명서상 나타나지 않는 권리가 기재되고, 인수될 권리도 기재된다. 유치권은 매수인에게 인수되는 권리이지만 등기된 부동산에 관한 권리가 아니다. 다만 유치권자라고 주장하는 자가 점유하고 있는 경우에는 유치권의 존부와 관계없이 점유자로 기재한다. 경매실무상 유치권신고서가 제출되었는데 그 성립 여부가 불명확한 경우 매각물건명세서 비고란에 유치권신고 내용의 요지와 그 성립 여부가 불명확함을 기재하고 있다.

대항력만 인정되는 상가건물임차인이 있는 것으로 파악된 경우 비고란에도 '임차인 ○○○는 대항력 있는 임차인으로서 매수인에게 인수됨.' 등의 형태로 기재한다. 인수 여부가 불분명한 임차권 등 물적부담에 관한 주장이 제기된 경우에는 비고란에 '○○○가 주장하는 임차권은 존부(또는 대항력 유무)가 불분명함.'이라고 기재한다.

아. 작성일자

현황조사보고서와 감정평가서 및 이해관계인으로부터 접수한 서류를 기준으로 경매계가 매각물건명세서를 작성한 일자다. 중대한 변경이 있는 경우 재작성되기도 한다.

7. 매각물건명세서의 정정

매각물건명세서 작성은 재판이 아니라 일종의 집행처분에 불과하므로 그 기재에 잘못이 있거나 변동이 생겼으면 비치한 후에라도 직권으로 정정할 수 있다. 정정이 매각기일 1주일 이전에 행해졌다면 그대로 매각절차를 진행할 수 있으나, 위 정정·변경이 매각물건명세서 사본이 비치된 이후에 이루어졌고, 정정·변경된 내용이 매수신청에 영향을 미칠 수 있는 사항(예컨대, 대항력 있는 임차인의 추가)이면 매각기일을 변경하여야 한다. 위 정정, 변경이 매각물건명세서 사본이 비치되기 전에 이루어져 당초에 통지·공고된 매각기일에 매각을 실시하는 경우에도 집행관은 매각기일에 매각실시 전에 정정·변경된 내용을 고지해야 한다. 전자화된 매각물건명세서의 경우 새로 작성하는 매각물건명세서의 비고란에 정정·변경된 내용을 기재한다.

8. 열람을 위한 비치

가. 비치방식

매각물건명세서가 작성되면 그 원본은 경매기록에 순서에 따라 철하고, 그 사본을 만들어 집행관의 현황조사보고서, 감정인의 감정평가서 사본과 일괄 편철하여 매각기일 또는 입찰기간 개시일 1주 전까지 집행과 사무실 등에 비치하여 매수희망자가 손쉽게 열람할 수 있게 하여야 한다. 다만 현황조사보고서에 첨부한 주민등록표 등·초본은 비치하지 않는다.

법원은 전자적으로 작성되거나 제출된 매각물건명세서, 현황조사보고서 및 감정평가서의 기재내용을 전자통신매체로 열람하게 하거나 그 출력물을 비치함으로써 그 사본의 비치에 갈음할 수 있다. 3~4회의 매각기일 및 매각결정기일을 일괄하여 지정한 경우에도 매각물건명세서는 매각기일마다 1주일 전까지 작성하고 이를 비치하여야 한다. 법원은 상당하다고 인정하는 때에는 매각물건명세서, 현황조사보고서 및 감정평가서의 기재 내용을 전자통신매체로 공시함으로써 그 사본의 비치에 갈음하는 경우 매각물건명세서 등의 사본이 비치된다는 사실을 매각기일 공고내용 중에도 포함시켜야 한다.

나. 비치기간

매각물건명세서 사본은 매각기일(기간입찰의 방법으로 진행하는 경우에는 입찰기간의 개시일)마다 그 1주일 전까지 비치하되, 각 매각기일까지 계속 비치하며, 매각대금이 납부되면 적당한 방법으로 이를 폐기한다.

다. 열람

매각물건명세서 사본은 매각기일마다 그 1주일 전까지 비치하고 열람할 수 있게 하여야 한다. 비치기간 중에는 누구라도 또 집무시간 내에는 언제라도 무료로 자유로이 열람할 수 있다. 그러나 비치문서의 복사는 허용하지 않는다.

9. 매각물건명세서에 흠결 또는 중대한 하자

매각물건명세서의 작성에 중대한 하자가 있는 때에는 매각허가에 대한 이의 및 매각허가결정에 대한 즉시항고의 사유가 된다. 중대한 하자의 경우 법원에서는 매각불허가결정을 내린다. 잘못된 기재 또는 오류가 있는 매각물건명세서를 신뢰하여 낙찰받은 후 이 사실을 발견하였다면 이를 이유로 매각불허가신청을 하고 납부한 입찰보증금을 반환받을 수 있다.

최선순위 근저당권자보다 먼저 대항력을 갖추었으나 확정일자를 부여받지 않아 경락대금에서 배당받지 못하고 경락인이 임대인의 지위를 양수해야 하는 임차인과 그 부동산의 소유자가 부자관계에 있다는 사실을 입찰물건명세서에 기재하지 않은 것이 민사소송법 제633조 제6호 소정의 '입찰물건명세서의 작성에 중대한 하자가 있는 때'에 해당하지 않는다(대법원 2000. 1. 19. 자 99마7804 결정).

입찰기일까지 입찰물건명세서에 입찰목적물인 주택의 임차인의 전입신고일자가 저당권설정일자보다 앞선 일자로 잘못 기재되어 있어 임차인이 대항력을 갖춘 것처럼 보이게 되었는데 임차인이 입찰기일까지 배당요구를 하지 않은 경우, 일반 매수희망자들은 그 주택을 낙찰받을 경우 임대인으로서의 지위를 승계하게 될 것으로 생각할 것이므로, 그러한 입찰물건명세서상의 하자는 매수희망자들이 매수의사나 매수신고가격을 결정함에 있어 중대한 영향을 미치는 중대한 하자에 해당한다(대법원 1999. 9. 6. 자 99마2696 결정). 예컨대, 2013년 서울 다세대의 경우 임차인 박○○의 전입일이 2012년 12월로 표기되어 있어야 했는데, 2010년 12월로 표기되어, 대항력 여부에 중대한 영향을 미쳤으므로 중대한 하자로 불허가 사유에 해당되어 불허가결정을 하였다.

최선순위 설정

1. 최선순위 설정

매수인이 낙찰받은 부동산에 관하여 법원이 소유권이전등기 촉탁서를 부동산 소재지 관할 등기소에 발송하면 그 부동산 소유자로 등기하게 된다. 촉탁을 하면서 말소할 등기 명세서를 작성하는데, 말소의 대상이 아닌 등기는 매수자가 인수해야 하는 부담이 된다. 말소기준권리보다 앞에 등기된 권리는 매수인이 인수하고, 말소기준권리보다 후에 등기 된 권리는 소멸하므로 등기사항전부증명서상 말소되는 등기인지 인수되는 등기인지 구 분하는 기준이 되는 권리이다.

말소기준권리는 등기사항전부증명서상에 기입된 내용만을 기준으로 판단하며 매각물 건명세서의 '최선순위 설정'란에 기재된다.

2. 경매개시결정의 등기

경매개시결정등기는 집행권원에 의한 '강제경매'와 '담보권실행에 의한 임의경매'가 있 다. 임의경매에는 근저당권이 존재한다. 따라서 임의경매기입등기는 말소기준권리가 되 지 않는다. 강제경매는 다른 말소기준권리가 없는 경우에 한하여 말소기준권리로 작용한 다. 경매절차가 완료되면 경매기입등기는 그대로 존치시킬 이유가 없으므로 말소촉탁등 기의 대상이다. 경매개시결정등기 이후에 경료된 소유권이전, 저당권설정, 임차인 등의 권리는 경매실행으로 소멸된다(대법원 1990. 4. 10. 자 선고 90다카 2403 결정).

해당 부동산에 경매개시결정등기가 기입되면 제3자에 대하여 압류가 되었다는 공시를 함으로써 제3자가 그 등기 이후에 권리를 취득하더라도 경매신청인이나 낙찰자에게 대항할 수 없다.

3. 인수하는 권리

집행법원이 매각하는 물건에 관한 매각물건명세서를 작성하면서 말소기준권리에 관하여 '최선순위 설정'란에 표시한다. 말소기준권리보다 선순위 권리는 집행법원에 납부한 매각대금 이외의 매수인이 인수해야 하는 부담이 된다. (근)저당권, 담보가등기, 압류, 가압류, 경매기입등기 중 최선순위 권리가 말소기준권리가 된다.

부동산을 일괄매각 하는 경우, 각 물건마다 최선순위 권리가 다를 경우가 있다. 예컨대, 근저당권이 매각물건 1번 부동산에는 1순위 설정이지만, 2번 부동산에는 2순위로 설정된 경우, 건물등기에는 1순위이지만 토지등기에는 2순위 설정인 경우에는 적용되는 말소기준권리가 다르다. 등기사항전부증명서에서 조사할 수 있는 권리를 요약하면 아래 표와 같다.

선순위 권리의 소멸 여부

권리의 종류		말소 기준 권리 여부	인수/소멸	비고
지상권		×	인수	
지역권		×		
등기된 임차권		×		
환매권		×		
가등기	소유권이전청구권	×		매매원인
	담보가등기	○	소멸	금전채권
(근)저당권		○		
압류		○		
경매개시결정기입등기		○		
가압류		○/×	인수/소멸	본 압류로의 이행/배당
가처분		○/×		후순위가처분도 존재
전세권		○/×		경매신청/배당요구

4. 말소의 대상이 되는 부동산의 부담 범위

(1) 저당권설정등기 등

저당권, 담보가등기 등은 압류채권자보다 선순위라도 매각으로 소멸되므로, 각 등기는 말소촉탁의 대상이 된다. 설정등기 후에 소유권의 변동이 있어도 저당권자나 가등기담보권자는 모두 배당받을 수 있고 모두 말소의 대상이 된다. 담보가등기가 경료된 부동산에 대하여 경매 등이 행해진 때에는 담보가등기는 그 부동산의 매각으로 소멸되나, 권리신고가 되지 않아 담보가등기인지 소유권이전청구권가등기인지 알 수 없는 경우에는 일단 순위보전을 위한 가등기로 보아 그 가등기가 최선순위이면 매수인에게 그 부담이 인수되므로 말소하여서는 안 되고, 그 가등기보다 선순위의 담보권이나 또는 가압류가 있으면 함께 소멸한다.

(2) 용익물권등기, 임차권의 등기

지상권, 지역권, 전세권 및 등기된 임차권 중 저당권, 압류채권, 가압류채권에 대항할 수 없는 경우에는 매각으로 소멸되므로 말소촉탁의 대상이 된다. 그 밖의 권리는 매수인에게 대항할 수 있으므로 소멸되지 아니하고 존속하나, 전세권의 경우 전세권자가 배당요구하면 매각으로 소멸되므로 말소촉탁의 대상이 된다.

특별법의 적용을 받는 임차권등기는 원칙적으로 말소촉탁의 대상이 되지만, 최선순위의 대항력과 우선변제권을 겸유한 임차인이 경매절차에서 보증금 전액에 관하여 배당요구를 하였으나 대항력 있는 보증금 중 일부라도 변제받지 못한 경우에는, 대항력 있는 보증금 중 경매절차에서 반환받을 수 있었던 금액을 공제한 잔액에 관하여 매수인에게 대항하여 이를 반환받을 때까지 임대차관계의 존속을 주장할 수 있으므로 이 경우에는 말소촉탁을 할 수 없다.

(3) 소유권이전등기 · 가등기

압류의 효력발생 후에 제3자 명의로 마쳐진 소유권이전등기는 매수인에게 대항할 수 없으므로 말소촉탁의 대상이 된다. 소유권이전청구권보전의 가등기도 마찬가지다. 그러나 압류의 효력발생 전에 마쳐진 것은 매수인에게 대항할 수 있으므로 소멸되지 아니하고 존속한다. 매각으로 소멸하는 선순위 담보가등기는 말소촉탁의 대상이 된다.

⑷ 가압류등기

압류의 효력발생 전에 가압류등기를 한 가압류권자는 당연히 매각대금으로부터 배당받을 수 있으므로 가압류등기는 매각으로 소멸한다. 압류의 효력발생 후에 등기한 가압류권자는 매수인에 대항할 수 없으므로 매각에 의하여 소멸한다.

⑸ 가처분등기

압류의 효력발생 후에 된 처분금지가처분등기는 매수인에 대항할 수 없으므로 말소촉탁의 대상이 되고, 압류의 효력발생 전에 된 가처분등기는 말소되지 아니한다. 다만 압류의 효력발생 전에 된 가처분등기라 할지라도 그보다 선순위로서 매각으로 소멸하는 담보권, 압류, 가압류등기가 존재하는 경우에는 말소의 대상이 된다. 또 토지소유자가 그 지상건물 소유자에 대한 건물철거·토지인도청구를 보전하기 위하여 건물에 대한 처분금지가처분을 한 때에는 매각으로 인하여 소멸되지 아니한다.

민법 제365조의 규정에 의한 토지저당권자의 일괄매각청구에 의하여 진행된 경매절차에서 토지 및 지상 건물이 매각된 경우, 토지에 설정된 저당권의 효력은 지상 건물에 미치지 아니할 것이므로, 토지를 목적으로 저당권을 설정한 자가 그 토지에 건물을 축조하여 소유권보존등기까지 마친 상태에서 그 건물만에 관하여 처분금지가처분등기가 된 경우에, 이와 같은 가처분등기는 매수인이 인수해야 하는 부담으로 선순위의 저당권, 압류, 가압류 등이 없는 한 말소촉탁의 대상이 되지 않는다.

⑹ 국세체납처분에 의한 압류등기

국세체납에 의한 공매와 강제경매 또는 임의경매절차는 각자 독자적으로 진행할 수 있고, 양 절차 중 먼저 진행된 절차에서 소유권을 취득한 자가 진정한 소유자로 확정되고,

매각 후의 배당에서 국세는 우선적으로 변제되어야 하므로 압류등기에 관계된 국세를 우선변제 하고 그 압류등기를 말소하여야 한다. 지방세의 경우도 마찬가지다.

(7) 예고등기

예고등기는 권리에 관한 공시를 목적으로 하는 등기가 아니므로 부동산의 부담으로 되지 아니하여 말소촉탁의 대상이 아니다. 예고등기제도는 부동산등기법이 2011. 4. 12. 법률 제10580호로 전부개정 되어 2011. 10. 13.부터 시행되면서 폐지되었다, 그 개정문에서 예고등기를 폐지한 이유를 아래와 같이 설명하고 있다.

"예고등기는 본래 등기의 공신력이 인정되지 아니하는 법제에서 거래의 안전을 보호하기 위하여 인정되는 제도이나, 예고등기로 인하여 등기명의인이 거래상 받는 불이익이 크고 집행방해의 목적으로 소를 제기하여 예고등기가 행하여지는 사례가 있는 등 그 폐해가 크므로 이를 폐지함(현행 제4조, 제39조, 제170조 및 제170조의2 삭제)."

그럼에도 불구하고 위 개정 법률 부칙 제3조(예고등기에 관한 경과조치)는, '이 법 시행 당시 마쳐져 있는 예고등기의 말소절차에 관하여는 종전의 규정에 따른다.'고 규정하여, 예고등기 말소에 관한 한 종전규정(제170조, 제170조의2)이 계속 적용된다. 그리고 위 부칙 제3조는 2020. 2. 4. 법률 제16912호로 부동산등기법이 일부 개정되면서(2020. 8. 5. 시행) 아래와 같이 개정되었다.

"법률 제10580호 부동산등기법 전부 개정법률 부칙 제3조 제목 외의 부분을 제1항으로 하고, 같은 조에 제2항을 다음과 같이 신설한다. ② 제1항에도 불구하고 법률 제16912호 부동산등기법 일부 개정법률의 시행일까지 말소되지 아니한 예고등기는 등기관이 직권으로 말소한다."

(8) 사용승인을 받지 아니한 건물이라는 취지의 말소 여부

사용승인을 받지 아니한 미등기건물에 관하여 경매개시결정을 한 법원의 압류촉탁에 의하여 건물의 보존등기를 한 경우에는 등기부 중 표시란에 당해 건물이 사용승인을 받지 않은 건물임을 적어야 하는데, 이 경우에 건축법상의 사용승인이 이루어지더라도 사용승인을 받지 아니한 건물이라는 취지의 말소는 예고등기와 마찬가지로 부동산의 부담이 되지 아니하므로 말소촉탁의 대상이 되지 아니하고, 단지 그 건물 소유권의 등기명의자가 그에 대한 말소등기를 신청할 수 있다.

(9) 매각목적물이 일부지분인 경우 전체에 대한 선순위 부담의 말소

부동산 전체에 대하여 최선순위의 근저당권이나 가압류가 있는데 그 근저당권자나 가압류권자가 아닌 다른 채권자의 경매신청에 의하여 경매가 개시되었고 매각대상이 일부지분인 경우에, 최선순위 근저당권자나 가압류권자에게 배당할 금액에 관하여 선순위 근저당권자나 가압류권자는 채권최고액이나 청구금액 전액에 대하여 우선적으로 배당받고, 다른 권리자와의 관계는 대위문제로 해결해야 한다는 것이 다수설이나 이 경우에도 무잉여의 경우가 많으므로 최선순위 근저당권이나 가압류를 매수인이 인수하도록 특별매각조건을 정하는 경우가 있다.

(10) 최선순위 담보권이 말소되는 경우 후순위 등기의 말소 여부

근저당설정등기, 지상권설정등기, 가등기가 순차로 기입되고, 강제경매에 의한 매각허가결정이 확정된 후 매각대금을 지급하였으나, 그 배당기일 전에 채무자의 임의변제에 따라 근저당설정등기가 말소된 경우에도 위 지상권설정등기 및 가등기는 말소촉탁의 대상이 된다.

그러나 매수인이 소유권을 취득하는 시점인 매각대금지급 전에 선순위 근저당권이 다른 사유로 소멸한 경우에는, 위 지상권설정등기 및 가등기는 말소촉탁의 대상이 되지 않는다. 이 경우 매수인은 대금을 낼 때까지 매각허가결정의 취소신청을 할 수 있다.

(11) 화의법·회사정리법·파산법상의 등기

적법하게 진행된 강제집행이나 임의경매 또는 별제권 행사에 의한 경매절차에서 매각으로 인한 소유권이전등기촉탁과 함께 회사정리절차상의 보전처분등기나 정리절차개시결정의 기입등기의 말소 또는 파산등기의 말소를 촉탁한 경우에도 말소촉탁 하여야 할 것이다.

5. 경매개시결정등기의 말소

매각이 완결되면 경매개시결정등기는 필요 없게 되므로 법원사무관 등은 직권으로 그 등기를 말소촉탁 한다.

소멸주의와 인수주의

1. 의의

부동산에 관한 담보권실행을 위한 경매에 있어서는 부동산 위에 존재하는 제한물권 등의 부담은 매수인이 인수하는 것(인수주의)이 아니라 매각으로 소멸하는 것이 원칙(소멸주의)이다.

형식적 경매의 경우에도 현금화를 위한 형식적 경매와 청산을 위한 형식적 경매로 나누어 청산을 위한 형식적 경매의 경우에는 매각대금으로 당해 부동산 위에 담보권이 있는 채권자를 포함하여 당해 재산으로부터 변제받을 수 있는 모든 채권자에 대하여 일괄하여 변제할 것을 궁극적인 목적으로 하는 것으로서 당해 부동산 위의 부담도 변제 등으로 소멸시키는 것이 오히려 경매의 목적에 부합하는 것이라 하여 소멸주의 적용을 긍정해야 할 것이다. 유치권에 의한 경매도 마찬가지로 목적 부동산상의 권리를 소멸시키는 것을 법정매각조건으로 하여 실시된다. 매각물건명세서에 유치권을 인수하게 된다는 취지의 기재를 하는 매각조건 변경을 통해서 매수인이 인수하도록 정할 수 있다. 이를 전제로 배당요구종기의 결정이나 채권신고의 최고, 배당요구, 배당절차를 진행한다.

압류채권자의 권리에 우선하는 담보권, 용익권 등의 부담이 경매대상 부동산에 존재하는 경우, 그 부담에 관한 입법상의 기본원칙으로 ① 매각으로 모두 소멸하게 하여 순위에 따라 만족을 얻건 그렇지 않건 매수인이 부담이 없는 부동산을 취득하도록 하는 소멸주의와 ② 부담을 유지한 상태 그대로의 부동산을 매수인이 취득하게 하는 인수주의로 나뉜다. 양자는 각각의 장단점이 있다.

2. 소멸주의

소멸주의는 부담의 존속(경매가 계속될 염려)을 없게 하여 매수인의 지위를 안정적으로 하고, 현금화를 쉽게 해 주지만, 담보물권자에게 그 의사에 반하는 시기에 반드시 전액을 변제받지 못하더라도 투하자본을 회수하도록 강제하고, 매수인이 부담해야 할 매각대금이 크다는 문제가 있다.

3. 인수주의

1) 인수주의는 우선하는 권리자의 지위에 변함이 없고, 본인의 의사에 반하는 채권의 회수를 강제당하는 것도 없으며, 부동산금융의 안정과 활성화에 도움이 되고, 일시에 거액의 지출을 피할 수 있는 반면에, 매수 후에 권리관계가 복잡하게 되는 것을 피할 수 없고, 인수된 담보권이 실행될 위험을 수반한다.

2) 형식적 경매에서 인수주의를 취하는 경우에는 매각기일의 공고나 매각물건명세서에 부동산의 부담이 소멸하지 않음을 기재하여 매수신청인 등이 강제경매나 임의경매의 경우처럼 당연히 소멸하는 것으로 판단하지 않도록 하여야 한다.

3) 소멸주의에 따른 경매절차에서는 우선채권자나 일반채권자의 배당요구와 배당을 인정하므로 그 절차에서 작성된 배당표에 대하여 배당이의의 소를 제기하는 것이 허용되지만, 인수주의에 따른 경매절차에서는 배당요구와 배당이 인정되지 아니하고 배당이의의 소도 허용되지 아니한다(대법원 2014. 1. 23. 선고 2011다83691 판결).

4. 민사집행법의 규정

1) 민사집행법은 법정매각조건으로서 우선변제권이 있는 담보물권에 관하여는 소멸주의를 취함과 동시에 잉여주의도 취하고 있다. 즉, 저당권은 그 설정 시기가 압류등기 전이든, 후이든 불문하고 모두 매각에 의하여 소멸한다. 그러나 압류채권자의 채권에 우선하

는 채권에 관한 부동산의 부담을 매수인에게 인수하게 하거나, 매각대금으로 그 부담을 변제하는 데 부족하지 않다는 것이 인정된 경우가 아니면 그 부동산을 매각하지 못한다.

2) 지상권·지역권·전세권 및 등기된 임차권(임차권등기명령에 의하여 임차권등기를 한 임차인도 포함)은 저당권·압류채권·가압류채권에 대항할 수 없는 경우에는 매각으로 소멸하지만, 최선순위 저당권, 압류, 가압류채권을 기준으로 소멸되는 최선순위 저당권보다 뒤에 등기되었거나 대항력을 갖춘 임차권은 함께 소멸하고, 매수인에게 대항할 수 없다.

3) 민사집행법은 최선순위 전세권자가 배당요구를 한 경우에 한하여 소멸하는 것으로 규정하고 있다, 공매절차에서는 대항력 있는 전세권자가 배분요구를 하였는지와는 무관하게 매각으로 인하여 소멸하지 않고 매수인에게 인수된다.

4) 유치권에 의한 경매도 강제경매나 담보권실행을 위한 경매와 마찬가지로 목적부동산 위의 부담을 소멸시키는 것을 법정매각조건으로 하여 실시되고 우선채권자뿐만 아니라 일반채권자의 배당요구도 허용되며, 유치권자는 일반채권자와 동일한 순위로 배당받을 수 있다고 보아야 한다. 다만 집행법원은 부동산 위의 이해관계를 살펴 위와 같은 법정매각조건과는 달리 매각조건변경결정을 통하여 목적부동산 위의 부담을 소멸시키지 않고 매수인으로 하여금 인수하도록 정할 수 있다(대법원 2011. 6. 15. 자 2010마1059 결정).

민사집행법 제91조(인수주의와 잉여주의의 선택 등)

① 압류채권자의 채권에 우선하는 채권에 관한 부동산의 부담을 매수인에게 인수하게 하거나, 매각대금으로 그 부담을 변제하는 데 부족하지 아니하다는 것이 인정된 경우가 아니면 그 부동산을 매각하지 못한다.

② 매각부동산 위의 모든 저당권은 매각으로 소멸된다.

③ 지상권·지역권·전세권 및 등기된 임차권은 저당권·압류채권·가압류채권에 대항할 수 없는 경우에는 매각으로 소멸된다.

④ 제3항의 경우 외의 지상권·지역권·전세권 및 등기된 임차권은 매수인이 인수한다. 다만 그중 전세권의 경우에는 전세권자가 제88조에 따라 배당요구를 하면 매각으로 소멸된다.

⑤ 매수인은 유치권자에게 그 유치권으로 담보하는 채권을 변제할 책임이 있다.

제5절
압류와 법정기일

1. 압류

압류는 금전채권의 실행을 위해 집행기관이 확정판결 그 밖의 집행권원에 기하여 채무자재산의 처분을 금하는 강제집행의 첫 단계이다(민사집행법 제83조·188조·223조). 민사집행법·민사소송법 및 국세징수법에서의 압류는 본안의 소를 의미하는 본안판결 후의 법률적인 효력을 부여한다. 경매실무는 국가기관이 집행한 압류에는 본안소송의 절차를 거치지 않더라도 사실상 본안판결 후의 법률적인 효력을 부여한다.

2. 경매개시결정의 등기

가. 강제경매개시결정의 시기와 내용

집행법원은 경매신청의 요건이 구비되었다고 판단하면 강제경매개시결정을 한다. 개시결정은 경매신청서 접수일로부터 2일 이내에 하여야 한다. 채권자가 신청하는 경매신청에 대한 재판은 경매절차를 개시한다는 것과 그 부동산의 압류를 명하는 사항을 기재한 경매개시결정으로 한다.

법원은 경매개시결정을 한 때는 지체 없이 그 사유를 등기사항전부증명서에 기입할 부동산 소재지 관할 등기공무원에게 등기촉탁을 하게 된다. 경매개시결정의 등기가 등기사항전부증명서상에 기입되면 특별한 사정이 없는 한 채무자에 대한 송달도 있는 것으로 일응 추정되며(대법원 1992. 4. 28. 선고 91다46700 판결), 압류의 효력이 발생하고 경매절차가 진행된다. 경매개시결정은 비단 압류의 효력을 발생시키는 것일 뿐만 아니라 경매절차의 기초가 되는 재판이어서 그것이 당사자에게 고지되지 않으면 효력이 있다고 할 수 없고 따라서 따로 압류의 효력이 발생하였는지 여부에 관계없이 경매개시결정의 고지 없이는 유효하게 경매절차를 속행할 수 없다(대법원 1991. 12. 16. 자 91마239 결정).

나. 경매개시결정에 의한 압류의 효력

1) 강제경매개시결정에 의한 압류의 효력은 집행법원의 경매개시결정이 채무자에게 송달되거나 등기사항전부증명서상에 경매개시결정등기가 기입된 날 중 빠른 날에 발생한 것으로 본다.

2) 압류의 효력이 생기면 경매를 신청한 때로 소급하여 집행채권에 관하여 시효중단의 효력이 생긴다. 압류에는 처분금지효가 있으나, 처분금지에 위반되는 채무자의 처분행위는 경매신청채권자에 대하여서만 대항할 수 없을 뿐이다. 즉 처분제한의 효력은 상대적 효력만을 갖는다. 따라서 압류 후의 채무자의 처분행위는 당사자 간에는 유효하고 압류채권자가 행하는 집행절차와의 관계에서만 효력이 없게 된다.

3) 집행신청의 취하나 매각절차의 취소가 있으면 다른 압류채권자가 없는 한 그 처분제한의 효력은 소멸하고 채무자가 한 처분행위는 유효하게 된다. 경매개시결정에 따른 압류의 효력은 매각대금의 교부 또는 배당, 경매신청의 취하 등으로 집행이 종료되면 당연히 소멸한다. 목적물이 멸실되면 그에 대한 압류의 효력이 소멸한다.

4) 경매신청기입등기로 인한 압류의 효력은 부동산 소유자에 대하여는 압류채권자에 대한 관계에 있어서 부동산의 처분을 제한하는 데 그치는 것일 뿐 그 밖의 다른 제3자에 대한 관계에 있어서까지 부동산의 처분을 금지하는 것이 아니므로 부동산 소유자는 경매절차 진행 중에도 경락인이 경락대금을 완납하여 목적부동산의 소유권을 취득하기 전까지는 목적부동산을 유효하게 처분할 수 있는 것이고 그 처분으로 인하여 부동산의 소유권을 취득한 자는 그 이후 집행법원에 그 취득사실을 증명하여 경매절차의 이해관계인이 될 수 있음은 물론 배당 후 잉여금이 있는 경우에는 부동산 소유자로서 이를 반환받을 권리를 가지게 되는 것이다(대법원 1992. 2. 11. 선고 91누5228 판결).

판례 경매개시결정에 대한 이의신청 관련 판례들

① 강제경매개시결정에 대한 이의신청은 경매개시결정에 관한 형식적인 절차상의 하자에 대한 불복 방법이기 때문에 강제경매의 기초가 된 채무명의의 실체적 권리관계에 관한 사유를 경매개시결정에 대한 이의의 원인으로 할 수는 없다(대법원 1991. 2. 6. 자 90그66 결정). ② 경매절차의 진행에 관한 경매법원의 결정에 대하여 집행에 관한 이의를 신청하려면, 원칙적으로 그와 같은 경매법원의 결정에 대하여 법률상의 이해관계를 가져야만 할 것인바, 장차 경매절차에서 응찰할 예정이라는 사유만으로는 그 경매절차에 관하여 법률상 이해관계를 가진다고 할 수 없어 집행에 관한 이의를 신청할 적격이 없다(대법원 1999. 11. 17. 자 99마2551). ③ 강제경매개시결정에 대한 이의신청은 경매개시결정에 관한 형식적인 절차상의 하자에 대한 불복방법이기 때문에 실체적 권리관계에 관한 사유를 경매개시결정에 대한 이의의 원인으로 주장할 수 없다고 할 것인바(대법원 1994. 8. 27. 자 94마147 결정 등 참조), 이 사건 강제경매개시결정의 집행권원인 확정판결, 조정조서 또는 집행력 있는 약속어음 공정증서에 의한 채권이 재항고인에 대한 것이 아니라 재항고인의 전 이사장인 이무용 개인에 대한 것이라는 주장은, 실체적 권리관계에 관한 주장으로서 경매개시결정에 대한 적법한 이의사유가 될 수 없으므로, 이 부분 재항고 이유의 주장도 이유 없다(대법원 2004. 9. 8. 자 2004마408 결정). ④ 신 경매법에서는 이해관계인은 경락허가결정이 확정된 후에도 경락대금 완납시기까지는 저당채무의 변제 등 실체상 이유로도 그 변제 등 사유 발생 시기의 경락허가결정 확정 전후에 구애됨이 없이 이의신청을 할 수 있으며, 동 이의신청은 집행정지의 효력이 없고 경매법원의 민사소송법 484조 2항의 규정에 준한 집행정지가 없음으로 인하여 경매절차가 그대로 진행되어 경락인이 경락대금을 납부한 때에는 채무자 또는 소유자는 위 이의신청사유의 존부, 이의신청사실의 유무에 불구하고 그 경락인에 대하여 그의 소유권취득을 다툴 수 없다(대법원 1964. 5. 20. 자 63마152 전원합의체 결정).

3. 체납조세 등에 의한 압류

가. 당해세의 의의

체납조세의 압류는 당해세와 당해세 이외의 조세로 구분된다. 당해세는 경매물건에 직접 부과되는 세금이다. 체납조세의 압류는 말소기준권리가 된다. 해당 경매사건에서 당해세인지 여부와 그 금액은 이해관계인이 아니면 확인할 수 없다.

당해세란 해당 경매목적물 그 재산에 대하여 부과된 국세(상속세, 증여세, 재평가세) 및 지방세(재산세, 자동차세, 종합부동산세, 도시계획세, 공동시설세)와 그 가산금을 말한다. 당해세는 전세권, 저당권으로 담보되는 채권보다 우선 징수한다.

그 재산에 대하여 부과된 국세(당해세)란 담보목적물을 취득하는 사람이 장래 그 재산에 대하여 부과될 것을 상당한 정도로 예측할 수 있는 것으로서 오로지 당해 재산을 소유하고 있는 것 자체에 담세력을 인정하여 부과되는 국세만을 의미하는 것으로 보아야 한다(대법원 2007. 2. 22. 선고 2005다10845 판결). 따라서 위에서 열거된 것 이외에는 당해세 이외의 조세로 보아야 한다. 이에 해당하는 조세로 양도소득세, 취득세, 등록세, 부가가치세, 법인세 등이 있다.

나. 조세채권의 우선권

당해세는 특별법에 의한 최우선변제권(소액임차인, 임금채권)보다는 후순위로, 담보물권 및 대항력을 갖춘 확정일자부임차인보다는 선순위로 인정되어 배당된다. 당해세라 하더라도 경매개시결정등기일 이후에 조세채권의 법정기일이 도래한 경우에는 우선변제권을 주장할 수 없다.

체납기관인 세무서 및 시·군·구가 체납조세에 관한 우선변제권을 행사하기 위해서는 배당요구종기일까지 교부청구 하여야 한다. 다만 경매개시결정등기 이전에 이미 체납처분에 관한 압류등기가 경료된 경우 교부청구를 하지 않더라도 당연히 배당된다(대법원 2002. 1. 25. 선고 2001다11055 판결, 2002. 5. 8. 선고 2000다21154 판결). 법정기일에 관계없이 근저당권에 우선하는 당해세에 관한 조세채권이더라도 배당요구종기까지 교부청구 한 금액만을 매각대금에서 배당받을 수 있다. 당해세에 대한 가산금 및 중가산금의 경우, 교부청구 이후 배당기일까지의 가산금 또는 중가산금을 포함하여 지급을 구하는 취지를 배당요구종기 이전에 명확히 밝히지 않았다면, 배당요구종기까지 교부청구 한 금액에 한하여 배당받을 수 있다(대법원 2012. 5. 10. 선고 2011다44160 판결).

금전 집행절차에서 다수의 채권자가 경합하게 되어 매각대금으로 배당절차에 참가한 모든 채권자를 만족하게 할 수 없는 때에는 법원은 민법·상법, 그 밖의 법률에 따른 우선순위에 따라 배당하게 된다.

다. 압류선착주의

국세기본법 제36조 제1항과 지방세법 제34조 제1항이 채택하고 있는 이른바 압류선착주의의 취지는 다른 조세채권자보다 조세채무자의 자산상태에 주의를 기울이고 조세징수에 열의를 가지고 있는 징수권자에게 우선권을 부여하고자 하는 것이고, 이러한 압류선착주의의 입법취지와, 압류재산이 금전채권인 경우에 제3채무자가 그의 선택에 의하여 체납처분청에 지급하는지 집행법원에 집행공탁을 하는지에 따라 조세의 징수액이 달라지는 것은 부당하다는 점을 고려하여 보면, 압류선착주의는 조세가 체납처분절차를 통하여 징수되는 경우뿐만 아니라 구 민사소송법(2002. 1. 26. 법률 제6626호로 개정되기 전의 것)에 의한 강제집행절차를 통하여 징수되는 경우에도 적용되어야 한다(대법원 2003. 7. 11. 선고 2001다83777 판결).

4. 법정기일

법정기일이란 세금의 발생 시점 즉 세금이 공시된 것으로 볼 수 있는 시점을 말하며 경매나 공매사건에서 세금을 배당(배분)하는 기준이 된다.

국세기본법 제35조(국세의 우선)은 국세 및 강제징수비와 지방자치단체의 징수금은 다른 공과금이나 그 밖의 채권에 우선하여 징수한다고 규정하고 있다. 국세 및 지방세의 법정기일은 각 조세의 종류마다 다르다. 조세채권은 등기사항전부증명서의 압류일이 아닌 법정기일(신고일, 납세고지서의 발송일, 납세의무의 확정일) 기준으로 배당순위가 결정된다. 따라서 입찰희망자는 등기사항전부증명서의 압류일과 경매사건의 문건접수내역에서 세무서 등 교부채권자가 배당요구를 하였는지 검토하여야 한다.

세법(국세기본법 제35조 제2항)에서 '법정기일'이란 다음 중 어느 하나에 해당하는 기일을 말한다고 규정하고 있다.

① 과세표준과세액의 신고에 의하여 납세의무가 확정되는 국세(중간예납 하는 법인세와 예정신고 납부하는 부가가치세 및 소득세를 포함한다)에서 신고한 세액에 대하여는 그 신고일

② 과세표준과 세액을 결정·경정 또는 수시부과 결정하는 경우에는 고지한 세액에 대하여는 그 납세고지서의 발송일

③ 원천징수의무자 또는 납세조합으로부터 징수하는 국세와 인지세에 있어서는 그 납세의무의 확정일

④ 제2차 납세의무자(보증인을 포함한다)의 재산에서 국세를 징수하는 경우에는 납부통지서의 발송일

⑤ 양도담보자산에서 국세를 징수하는 경우에는 납부통지서의 발송일

⑥ 납세자의 재산을 압류한 경우에 그 압류와 관련하여 확정된 세액에 대하여는 그 압류등기일 또는 등록일

가산금의 법정기일은 국세기본법 제35조 제1항 3호 (다)목의 규정을 유추하여 가산금 자체의 납세의무가 확정되는 때, 즉 납부고지에서 고지된 납부기한을 도과한 때로 보아야 한다(대법원 2010. 12. 9. 선고 2010다70605 판결). 양도소득세 납세의무자가 구 국세기본법 제45조의3 제1항에 따른 기한 후 과세표준신고서를 제출하더라도 납세의무는 관할 세무서장이 양도소득과세표준과 세액을 결정하는 때에 비로소 확정되므로, 그 세액에 관한 법정기일은 기한 후 과세표준신고서의 제출일이 아니라 납부고지서의 발송일이라고 해석함이 타당하다(대법원 2012. 8. 30. 선고 2010다88415 판결). 농어촌특별세의 납세의

무는 관할세무서에 과세표준과 세액을 신고하는 때에 확정되는 것이므로, 그 신고한 세액에 관하여는 국세기본법 제35조 제1항 3호 (가)목의 규정에 따라 저당권 등의 피담보채권과의 우선순위를 결정하는 법정기일도 그 신고일이 된다. 종합부동산세 납세의무자가 그 과세표준과 세액을 신고한 후 이를 납부하지 아니하여 과세관청이 신고한 사항에 관하여 아무런 경정 없이 신고한 세액에 자진납부에 따른 공제세액만을 합산한 세액을 납부하도록 고지한 것은 확정된 조세의 징수를 위한 징수처분에 불과하므로, 그 고지한 세액의 법정기일은 여전히 납세의무자의 신고일로 보아야 한다(대법원 2010. 12. 9. 선고 2010다70605 판결).

5. 조세채권의 배당순위

부동산에 관한 경매개시결정이 등기된 뒤에 체납처분에 의한 압류등기가 마쳐진 경우에는 조세채권자인 국가로서는 경매법원에 배당요구의 종기까지 배당요구로써 교부청구를 하여야만 배당을 받을 수 있다(대법원 2002. 9. 27. 선고 2002다22212 판결). 민사집행법 제145조는 매각대금의 배당에 관하여 규정하고 있다. 매각대금이 지급되면 법원은 배당절차를 밟아야 한다.

납세기관은 체납자의 부동산을 국세나 지방세의 체납을 이유로 압류할 수 있다. 압류등기는 매각으로 소멸하며 말소기준권리가 된다. 낙찰자가 체납조세를 인수하는 경우는 없다. 체납조세로 인하여 임차인이 배당순위에서 밀려 미배당보증금을 낙찰자가 인수할 수 있다. 이 경우 조세채권의 배당순위가 상승한다고 하여 그 압류가 최선순위설정권리로 인정되는 것은 아니다. 매각물건명세서에 체납한 금액은 기재되지 않는다. 일반적으로 법인과 개인사업자의 경우, 법정기일이 오래된 경우에 체납세액이 많다. 일반적인 조세채권의 배당순위는 다음과 같다.

배당순위표

배당순위	배당채권
2	• 당해세, 즉 집행목적물에 대하여 부과된 국세(상속세, 증여세, 종합부동산세), 지방세(재산세와 자동차세)와 가산금
3	• 당해세 이외의 국세, 지방세(양도소득세, 취득세 등)
5	• 저당권설정일보다 법정기일이 늦은 조세채권

6. 압류된 조세채권의 관리

압류등기 이후의 조치로 국세 등의 체납처분에 의하여 압류되면 압류권자는 한국자산관리공사에 공매를 의뢰하게 된다. 이 경우 국세체납처분에 의한 공매와 민사집행법상의 경매절차는 각기 독자적으로 진행되며, 양 절차 중 먼저 진행된 절차에서 경락받은 자가 소유권을 취득하게 된다. 체납세금을 원인으로 공매를 진행하는 것이기 때문에 경매절차에서는 이해관계인이 아니면 체납세금의 압류금액을 확인할 수 없지만, 공매의 경우 조세체납압류의 법정기일별로 체납세금을 확인할 수 있다.

(근)저당권

1. 의의

1) 저당권은 채권의 담보로 채무자 또는 제3자가 제공한 물건으로부터 그 점유의 이전 없이 우선변제 받을 수 있는 담보물권이다. 점유가 아닌 다른 것으로 공시할 수 있는 것이어야 하고, 그 물건의 존재를 공부에 의해 표시(등기 또는 등록)할 수 있는 것에 한정된다. 민법에서 저당권을 설정할 수 있는 객체로서 토지 또는 건물이나, 지상권 또는 전세권에 한정하는 것은 그 때문이다.

2) 근저당권은 당사자 사이의 계속적인 거래관계로부터 발생하는 불특정 다수의 채권을 어느 시기에 계산하여 잔존하는 채무를 일정한 한도액 범위 내에서 담보하는 저당권으로서, 발생 및 소멸에서 피담보채무에 대한 부종성이 완화되는 점에 그 특색이 있다. 하나의 저당권으로 다수의 불특정채권을 일괄하여 담보하는 것이다. 근저당권은 채권최고액을 한도로 하여 일정 시점에 확정된 채권을 담보하기 때문에 후순위 저당권자 등 제3자와의 이해는 채권최고액에 의해서 조정되고, 지연배상은 1년분까지만 담보된다(민법 제360조)는 제한도 받지 않는다. 채권최고액에는 원금과 이자, 위약금, 채무불이행에 따른 손해배상금을 포함한다.

3) 근저당권은 그 성립의 선과 후, 배당 여부에 관계없이 말소되는 권리이다. 근저당권은 그 권리 안에 경매를 신청할 수 있는 권원을 포함하고 있기 때문에 집행권원 없이 임의경매를 신청할 수 있다. 후순위 근저당권자가 경매신청하는 경우 채권금액이 소액이어서 무잉여 취소되는 경우도 있고, 채무자가 변제하여 경매가 취하되는 경우도 있다. 이 경우 1순

위 근저당권이 말소가 되면 후순위 임차인이 대항력을 취득하기도 한다. 임차인의 경우 근저당권자에게 소액을 대위변제 하는 것이 보증금손실을 적게 하여 유리하기 때문이다.

4) 부실채권 거래가 활성화되면서 매입채권추심업자가 금융기관으로부터 차입한 자금으로 근저당권부 채권을 매입한 후 질권을 설정해 줄 수 있다. 질권의 설정은 근저당권에 대한 부기등기 하는 방법으로 한다. 경매절차가 진행 중이 아니라면 근저당권자는 질권자의 동의서를 첨부하여 경매신청을 해야 한다. 반면 질권자는 근저당권자의 동의 없이 경매신청을 할 수 있다. 경매진행 중인 채권에 대하여는 실무상 근저당권자는 자기보다 질권자에게 우선하여 배당금이 지급되는 배당표가 작성되도록 우선배당신청서를 제출하는 방법을 이용한다.

2. 근저당권의 실행(피담보채권의 확정시기)

가. 피담보채권의 범위

근저당권이 담보하는 채권의 범위는 등기된 채권최고액을 한도로 하여 그 결산기에 현실적으로 존재하는 채권액의 전부에 미친다. 다만 이자, 채무불이행으로 인한 손해배당, 위약금도 위 채권최고액에 포함되므로(민법 제357조, 대법원 1957. 1. 10. 4289민상401 참조) 원금과 이자, 손해배상(지연손해금), 위약금 등을 합산하여 위 채권최고액의 범위 내에서만 근저당권의 효력이 미치며 이를 초과하는 부분은 우선변제를 받지 못한다. 그러나 근저당권 실행비용은 채권최고액에 포함되지 아니한다(대법원 1971. 4. 6. 자 71다26 결정, 대법원 1971. 5. 15. 자 71마251 결정). 이와 같이 손해배상금도 근저당권의 채권최고액에 포함되는 이상 지연손해금은 이행기일 경과 후 1년분에 한할 필요가 없으므로 민법 제360조는 근저당권의 경우에는 적용이 없다.

나. 피담보채권의 확정

1) 근저당권을 실행하기 위해서는 근저당권에 의하여 담보되는 채권이 확정되고 또 채권의 변제기가 도래할 것을 요한다. 근저당권에 기한 경매신청시에도 근저당권이 확정

된다(대법원 1997. 12. 9. 선고 97다25521 판결, 대법원 1998. 12. 27. 선고 97다26104, 26111 판결).

2) 근저당권에서는 채권의 발생 및 소멸을 반복하다가 그 채무가 확정되는 시점의 채무를 최고액의 범위 내에서 담보하는 것이고, 그 이후에 발생하는 채무는 더는 근저당권에 의해 담보되지 않는다. 근저당권의 피담보채권이 일단 확정되면 그 이후에 발생하는 원금채권은 그 근저당권에 의하여 담보되지 않는다(대법원 1998. 10. 27. 선고 97다26104 판결). 원본의 확정시기를 약정한 때에는 그 기간이 만료하는 때에 근저당권이 확정되고, 원본의 확정시기를 약정하지 않은 때에는 근저당권설정자가 언제든지 해지의 의사표시를 함으로써 피담보채무를 확정시킬 수 있다.

3) 근저당권자가 피담보채무의 불이행을 이유로 경매신청을 한 경우에는 경매신청시에 근저당 채무액이 확정되고, 그 이후부터 근저당권은 부종성을 가지게 되어 보통의 저당권과 같은 취급을 받게 되는바, 위와 같이 경매신청을 하여 경매개시결정이 있은 후에 경매신청이 취하되었다고 하더라도 채무확정의 효과가 번복되는 것은 아니다(대법원 2002. 11. 26. 선고 2001다73022 판결).

4) 다른 채권자가 저당부동산에 대하여 경매신청을 한 경우, 자신이 경매신청 하지 아니한 근저당권자 입장에서는 우연한 기회에 자신이 누릴 수 있는 권리를 다른 사람에 의하여 박탈당할 수 있기 때문에 근저당권의 확정시기가 문제될 수 있다. 판례는 그 확정시기와 관련하여 해당 경매절차가 실질적으로 종료하고 그 이후 채권자들 간의 이해관계만 남은 낙찰자의 매각대금 완납시에 비로소 경매를 신청하지 않은 근저당권자의 채권액이 확정된다는 판시를 하고 있다(대법원 1999. 9. 21. 선고 99다26085 판결).

5) 후순위 근저당권자가 경매를 신청한 경우 선순위 근저당권의 피담보채권은 그 근저당권이 소멸하는 시기, 즉 경락인이 경락대금을 완납한 때에 확정된다고 보아야 한다. 근저당권자가 물상대위를 행사하는 때에는 압류신청시에 확정된다. 경매물건이 채무자의 소유가 아닌 물상보증인 소유인 경우에는 채권최고액까지만 담보될 뿐 실제 채무액이 그 이상이 된다고 하더라도 최고액까지만을 변제하고 말소를 청구할 수 있다.

6) 근저당권은 계속되는 거래관계로부터 발생하고 소멸하는 불특정 다수의 장래 채권

을 결산기에 계산하여 잔존하는 채무를 일정한 한도액의 범위 내에서 담보하는 저당권이어서 그 거래가 종료하기까지 채권은 계속적으로 증감 변동하나, 근저당권자가 피담보채무의 불이행을 이유로 스스로 담보권의 실행을 위한 경매를 신청한 때에는 그때까지 발생되어 있는 채권으로 피담보채권액이 확정된다.

한편 담보권 실행을 위한 임의경매절차에서 근저당권자가 경매신청서에 청구채권으로 원금 외에 이자, 지연손해금 등의 부대채권을 개괄적으로나마 표시하였다가 나중에 채권계산서에 의하여 그 부대채권의 구체적인 금액을 특정하는 것은 경매신청서에 개괄적으로 기재하였던 청구금액의 산출 근거와 범위를 밝히는 것이므로 허용되나, 피담보채권이 확정된 이후에 비로소 발생하는 원금채권은 더 이상 근저당권에 의하여 담보될 수 없으므로, 근저당권자가 경매를 신청하면서 경매신청서의 청구금액 등에 장래 발생될 것으로 예상되는 원금채권을 기재하였거나 그 구체적인 금액을 밝혔다는 사정만으로 경매신청 당시에 발생하지 않은 장래의 원금채권까지 피담보채권액에 추가될 수 없을 뿐만 아니라 경매절차상 청구금액이 그와 같이 확장될 수 있는 것도 아니다(대법원 2023. 6. 29. 선고 2022다300248 판결).

3. 근저당권자에 대한 배당

가. 근저당권자가 배당받을 수 있는 채권액의 산정방법

1) 근저당권자는 원칙적으로 등기사항전부증명서에 기재된 자신의 채권최고액을 배당받을 수 있고, 이와 같은 근저당권자는 배당요구를 할 필요도 없고 채권계산서를 제출할 필요도 없다. 자신이 배당받지 못한 금액의 한도 내에서 부당이득반환청구도 가능하다.

2) 근저당권자가 채권계산서를 제출하지 않았다고 하더라도 배당에서 제외할 수 없고, 또한 위 근저당권자는 경락기일 전에 일응 피담보채권액을 기재한 채권계산서를 제출하였다고 하더라도 그 후 배당표가 작성될 때까지 피담보채권액을 보정하는 채권계산서를 다시 제출할 수 있다고 할 것이며, 이 경우 배당법원으로서는 특단의 사정이 없는 한 배당표 작성 당시까지 제출한 채권계산서와 증빙 등에 의하여 위 근저당권자가 등기부상 기재

된 채권최고액의 범위 내에서 배당받을 채권액을 산정하여야 한다(대법원 1999. 1. 26. 선고 98다21946 판결).

나. 근저당권자의 피담보채권이 채권최고액을 초과하는 경우

근저당권자의 피담보채권은 채권최고액까지 담보권을 가질 뿐이고, 그 외에는 담보되지 않기 때문에 초과하는 부분에 관하여는 일반채권자로 돌아가 집행권원이 존재하여야 배당받을 수 있고, 평등배당이 이루어져야 한다는 해석을 할 수 있다. 그러나 판례를 보면 채권최고액을 초과한다 하더라도 채무자에게 잉여된 금액에 관하여는 별도의 채무명의 없이 근저당권자에게 배당된다(대법원 2001. 10. 12. 선고 2000다59081 판결).

다. 경락기일까지 청구금액의 확장이 가능한지

1) 담보권실행경매에서 경매채권자가 피담보채권의 일부에 대하여만 담보권을 실행하겠다는 취지로 경매신청서에 피담보채권의 원금 중 일부만을 청구금액으로 하여 경매를 신청하였을 경우에는 경매채권자의 청구금액은 그 기재된 채권액을 한도로 확정되고 경매채권자는 채권계산서에 청구금액을 확장하여 제출하는 방법에 의하여 청구금액을 확장할 수 없다(대법원 1995. 6. 9. 선고 95다15261 판결). 담보권실행을 위한 경매를 신청하면서 경매신청서의 표지에는 대여금 원금만을 표시하고, 그 내용의 청구금액란에 원금과 연체손해금을 기재한 경우, 경매신청서에 기재한 채권액에는 대여금 원금뿐만 아니라 그 연체손해금도 포함된다고 보아야 한다(대법원 1999. 3. 23. 선고 98다46938 판결).

2) 후순위 근저당권자가 근저당권 실행으로 경매를 신청한 경우 선순위 근저당권의 피담보채권은 그 저당권이 소멸하는 때, 즉 매수인이 매각대금을 완납한 때에 확정된다고 보아야 하므로 그 채권이 매각대금 지급시까지 발생한 것이기만 하면 채권최고액 범위 내에서는 배당요구의 종기 이후라도 채권계산서의 제출에 의하여 배당요구채권액을 확장할 수 있다(대법원 1999. 9. 21. 선고 99다26085 판결).

3) 임의경매절차에서 신청채권자가 경매신청서에 기재한 청구금액보다 적은 금액의 채권계산서를 제출할 수 있으며, 이 경우 배당법원으로서는 채권계산서상의 감축된 채권액을

기준으로 하여 배당할 수밖에 없고, 그 채권액을 초과하여 배당할 수는 없는 만큼 그 계산서에 따른 배당표는 정당하게 작성된 것이다(대법원 2002. 10. 11. 선고 2001다3054 판결).

4) 담보권의 실행을 위한 경매절차에서 배당할 금액에서 경매신청채권자에 우선하는 근저당권자가 미처 청구하지 못함으로 인하여 그에게 배당되지 아니한 피담보채권 중 일부에 해당하는 금액이 후순위 채권자 등에게 배당된 경우, 선순위 근저당권자가 미처 청구하지 못함으로 인하여 그에게 배당되지 아니한 피담보채권 중 일부에 해당하는 금액이 후순위 채권자 등에게 배당되었다 하더라도, 이를 법률상 원인이 없는 것이라고 볼 수는 없다(대법원 2000. 9. 8. 선고 99다24911 판결).

라. 다수 저당권자와 공동저당의 배당문제

1) 채권최고액을 초과한 배당요구를 한 담보권자가 여럿이거나 일반채권자가 있는 경우에는 채권최고액 초과부분에는 우선변제권이 없으므로 안분배당을 한다. 다만 이때 근저당권의 최고액을 초과하는 부분으로서 우선변제의 효력이 미치지 않는 채권에 관하여 다른 일반채권자와의 사이에 같은 순위로 안분 비례하여 배당하기 위해서는 근저당권에 기한 경매신청이나 채권계산서의 제출이 있는 것만으로는 안 되고, 그 채권최고액을 초과하는 채권에 관하여 별도로 민사집행법에 의한 배당요구를 하였거나 그 밖에 달리 배당을 받을 수 있는 채권으로서의 필요한 요건을 갖추고 있어야 한다(대법원 1998. 4. 10. 97다28216 판결).

2) 법원이 매각대금으로 근저당권의 채권최고액을 변제하고도 남은 잉여금이 있을 때에는, ① 근저당권설정자와 채무자가 동일한 경우 그 채권최고액을 초과하는 채권에 관하여 적법한 배당요구를 하였거나 그 밖의 달리 배당받을 수 있는 채권으로서의 필요한 요건을 갖추고 있어야 안분 비례하여 배당받을 수 있다. ② 근저당권설정자가 물상보증인이거나 또는 목적부동산에 관하여 제3취득자가 생긴 경우라면 그 잔액으로 초과부분을 변제받을 수 없다. ③ 공동저당권이 설정되어 있는 수 개의 부동산 중 일부는 채무자 소유이고 일부는 물상보증인의 소유인 경우 위 각 부동산의 경매대가를 동시에 배당하는 때에는, 경매법원으로서는 채무자 소유 부동산의 경매대가에서 공동저당권자에게 우선적으

로 배당하고, 부족분이 있는 경우에 한하여 물상보증인 소유 부동산의 경매대가에서 추가로 배당을 하여야 한다(대법원 2010. 4. 15. 선고 2008다41475 판결).

4. 채권의 양도와 저당권의 소멸

가. 담보권의 효력이 미치는 범위

민법 제358조 본문은 '저당권의 효력은 저당부동산에 부합된 물건과 종물에 미친다.'고 규정하고 있는바, 이 규정은 저당부동산에 종된 권리에도 유추 적용된다. 집합건물의 전유부분에만 설정된 저당권의 효력은 대지사용권에도 미치고, 저당권자는 전체 매각대금 중 대지사용권에 대한 부분에 대하여도 다른 후순위 채권자에 우선하여 변제받을 수 있다.

나. 근저당권부 채권의 양도

1) 저당권부채권의 양수인이 저당권이전의 부기등기를 마치고 저당권실행의 요건을 갖추고 있는 한 채권양도의 대항요건을 갖추고 있지 아니하더라도 경매신청을 할 수 있고, 그 경매신청인은 양수채권의 변제를 받을 수도 있다(대법원 2005. 6. 23. 선고 2004다29279 판결).

2) 저당권의 성립요건은 피담보채권과 더불어 등기이다. 만약 이 두 개 중 하나라도 존재하지 않는다면 근저당권자로서의 권리를 주장할 수 없다. 피담보채권이 먼저 양도되어 일시적으로 피담보채권과 근저당권의 귀속이 달라진 경우에, 근저당권은 그 피담보채권의 양수인에게 이전되어야 할 것에 불과하고, 근저당권의 명의인은 피담보채권을 양도하여 결국 피담보채권을 상실한 셈이므로 집행채무자로부터 변제를 받기 위하여 배당표에 자신에게 배당하는 것으로 배당표의 경정을 구할 수 있는 지위에 있다고 볼 수 없다(대법원 2003. 10. 10. 선고 2001다77888 판결).

3) 피담보채권만 양도되고 부기등기가 되지 않은 경우에는 등기권자나 채권양수인 모두 적법한 권리를 주장할 수 없고 차후 저당권이전등기가 완료되어야 비로소 원고적격이 인정된다.

다. 저당권의 소멸

1) 피담보채권이 소멸하면 저당권은 부종성으로 인해 그 말소등기 없이도 당연히 소멸한다. 피담보채권이 소멸하지 않은 채 저당권만 소멸하는 일은 없다. 지상권 또는 전세권을 목적으로 저당권을 설정한 자는 저당권자의 동의 없이 지상권 또는 전세권을 소멸하게 하는 행위를 하지 못한다. 지상권 또는 전세권을 소멸하면 그것을 목적으로 설정한 저당권도 소멸하게 되어 저당권자에게 피해를 주기 때문이다.

2) 저당권이 설정된 건물을 멸실시키고 신건물을 건축하게 되면 저당권도 소멸한다. 구건물의 근저당권자가 채권을 확보하기 위하여 신축건물이 준공된 경우에 가압류할 수 있다. 이 경우에 준공 전 가승인 상태에서 세입자는 입주가 가능하기 때문에 가압류는 후순위가 된다. 구건물의 멸실 후에 신건물이 신축되었고 구건물과 신건물 사이에 동일성이 없는 경우 멸실된 구건물에 대한 근저당설정등기는 무효이며 이에 기하여 진행된 임의경매절차에서 신건물을 경락받았다 하더라도 그 소유권을 취득할 수 없다(대법원 1993. 5. 25. 선고 92다15574 판결).

3) 동일인 소유 토지와 건물에 공동저당권이 설정된 후 건물이 철거되고 새로 건물이 신축되었으나 신축건물에는 토지와 동일한 순위의 공동저당권이 설정되지 않은 상태에서 토지와 신건물이 민법 제366조에 의해 일괄매각 된 경우, 토지에 안분한 매각대금은 법정지상권 등 이용제한이 없는 상태의 토지로 평가하여 산정하여야 하고, 법정지상권의 성립을 전제로 가치를 산정하여 건물의 채권자에게 더 많은 금액이 배당되었는바, 이에 토지의 소유자는 배당이 잘못됨으로 인하여 배당을 더 많이 가져간 건물채권자에 대하여 배당이의를 할 수 있다(대법원 2012. 3. 15. 선고 2011다54587 판결).

제3장

배당방법과 배당이의

배당방법과 배당연습

1. 배당방법

가. 안분후흡수설

배당받을 채권자들에 대한 배당방법은 안분배당설과 안분후흡수설이 있다. 경매실무는 안분후흡수설에 따르고 있다. 배당받을 채권자들 사이에 배당순위가 고정되지 아니하고 채권자들 사이에 우열관계가 상대에 따라 변동이 있는 경우에, 그에 관계된 각 채권자의 채권액에 비례하여 안분배당을 해야 한다. 안분후흡수설은 위와 같이 안분한 후(1단계), 각각 자신의 채권액 중 1단계에서 안분받지 못한 금액(부족액)에 달할 때까지 자신에게 열후하는 채권자의 안분액으로부터 흡수(2단계)하여 그 결과를 배당하여야 한다는 설이다. 단, 안분후흡수설의 경우 2단계로 후순위의 안분배당액을 흡수함에 있어서 흡수할 금액은 자신의 채권액 중 1단계에서 안분배당 받지 못한 부족액과 1단계에서 후순위자에게 안분배당 된 금액을 각 한도로 하고, 또한 흡수는 각 흡수할 채권자마다 한 번으로 종결시켜야 하고, 다시 위와 같은 절차를 반복하여서는 아니 된다.

나. 순환흡수배당

채권자를 평등하게 취급하여 각 채권액에 비례하여 채권자별로 안분한 후 채권자들 사이에 우선순위에 따라 흡수하고 흡수당하는 방법이다.

※ 안분배당공식

배당액 = 배당할 금액 × (해당채권금액/채권금액의 합계)

예제 1 **근저당〉조세(당해세)〉임차권**

서울시에 소재한 주택이며, 2001. 10. 15. 전에 설정된 말소기준권리인 근저당권부 채권금액 3,000만원, 당해세인 조세 2,000만원, 임차인의 보증금 4,000만원 중 최우선변제액 1,600만원, 배당예상금액 3,300만원인 경우 순환흡수설에 따라 배당을 실시하여 본다.

구분		근저당권(갑) 2001. 10. 10.	조세채권(을)	임차인(병)	비고
채권금액		30,000,000	20,000,000	16,000,000	66,000,000
안분배당(1단계)		15,000,000	10,000,000	8,000,000	합 33,000,000
흡수한도		15,000,000	10,000,000	8,000,000	
흡수절차 (2단계)	①	8,000,000		-8,000,000	갑은 병에 우선
	②		-8,000,000	8,000,000	병은 을에 우선
	③	-10,000,000	10,000,000		을은 갑에 우선
최종배당액		13,000,000	12,000,000	8,000,000	

① 소액임차인은 현행법상 소액임차인에 해당되더라도 주택임대차보호법 개정 전에 설정된 담보물권이 있다면 그 담보물권에 소액임차인을 주장할 수 없다. 따라서 담보권 기준(2001. 9. 15.~2008. 8. 21.) 서울시의 소액 임차인 범위는 4,000만원 이하, 1,600만원이므로 임차인은 이에 해당되어 주택가격(3,300만원)의 2분의 1(1,650만원)을 한도로 소액보증금 1,600만원을 배당받을 수 있다. ② 1단계로 갑, 을, 병 3자를 동순위로 보아 안분비례에 의한 평등배당을 한다. 갑에게 1,500만원, 을에게 1,000만원, 병에게 800만원이 안분된다. ③ 2단계로 각 채권자들은 배당받지 못한 금액을 흡수한도로, 저당권자 갑은 소액임차인 병에 우선하므로 병으로부터 800만원을 흡수하고, 소액임차인 병은 을에 우선하므로 을로부터 800만원을 흡수하고, 조세채권자 을은 저당권자 갑에 우선하므로 갑으

로부터 1,000만원을 흡수하는 순환관계가 되풀이된다. ④ 결국 갑은 1,300만원(=1,500만원+800만원-1,000만원), 을은 1,200만원(=1,000만원-800만원+1,000만원), 병은 800만원(=800만원-800만원+800만원)을 각 배당받게 된다.

다. 안분흡수배당

일부 동순위자가 있거나 특정채권자에 대한 관계에서만 동순위로 인정되는 채권자가 있는 경우, 예컨대, 가압류 후에 1번 저당권 및 2번 저당권이 설정되어 있던 중 1번 또는 2번 저당권에 의하여 경매신청이 된 경우에, 위 3자 간의 배당순위는 ① 가압류권자와 각 저당권자는 동순위로서 각 채권액에 따라 안분배당을 받고, ② 그 우열순위에 따라 1번 저당권은 2번 저당권에 우선하므로 2번 저당권자가 받을 배당액으로부터 자기의 채권을 만족시킬 때까지 흡수하여 변제받는다. 안분단계에서는 자신의 채권액에서 안분액을 공제한 나머지 금액은 안분 부족액이며, 배당재단이 많아질수록 안분액은 증가하고 안분액과 안분부족액이 0이 되는 일은 없다. 흡수단계에서는 주의해야 할 점 3가지가 있다.

① 흡수의 순서에 관한 것으로 정에게 안분된 금액을 흡수할 권리자로 을과 병이 있는데, 둘 사이에 을이 선순위이므로 을에게 먼저 흡수되고 그다음에 병에게 흡수하는 순서에 의하여야 한다.
② 흡수당하는 순서에 관한 것으로 을에게 흡수당할 채권은 병과 정이 있는데 병과 정 사이에는 정이 열후하므로 정에 배당된 것을 먼저 흡수하고, 모자라는 한도에서 병의 것을 흡수한다. 병과 정이 동순위이면 안분하여 흡수한다.
③ 흡수의 한도에 관한 것으로서, 두 번째로 흡수하여야 할 병의 흡수범위를 정하는 데 있어서 병이 1차로 안분배당 받았다가 을에게 흡수당한 부분까지도 흡수할 수 있는가의 문제이다. 흡수당한 부분은 일단 배당받은 것이므로 그 부분을 공제한 나머지만 흡수하여야 한다.

안분흡수설은 어느 채권자의 후순위 채권액의 증감에 따라 배당금에 영향을 받는다. 자기의 배당요구채권이 많을수록 1차 배당에서 많이 받지만 2차 배당에서 선순위 채권자에게 흡수당하고, 후순위자가 흡수할 경우에 배당액이 적어지는 경우가 발생한다. 이 견해는 저당권자의 우선변제권을 보장받지 못한다는 점이 가장 큰 약점으로 지적되고 있다. 예제 2에서 살펴보기로 한다.

예제 2   **가압류〉근저당〉근저당**

등기사항전부증명서상 권리는 아래와 같고, 배당할 금액 6,000만원.

구분	가압류(갑) 2017. 12. 13.	근저당(을) 2018. 6. 9.	근저당(병) 2019. 8. 8.	비고
채권금액	15,000,000	45,000,000	90,000,000	150,000,000
안분(1단계)	6,000,000	18,000,000	36,000,000	60,000,000
흡수한도	9,000,000	27,000,000	54,000,000	
흡수(2단계)		27,000,000	-27,000,000	을은 병에 우선
최종배당액	6,000,000	45,000,000	9,000,000	

① 저당권자 을은 그 저당권으로 가압류권자 갑에게 대항할 수 없으므로 일반채권자와 같은 지위에 서지만, 을은 저당권으로 병에게 대항할 수 있으므로, 갑, 을, 병은 평등하게 취급되어 채권자별 채권액에 따라 안분하여 각 안분배당을 한다(1단계). ② 흡수단계에서 저당권자 을은 성립순위가 저당권자 병에 우선하므로, 병이 받을 배당액으로부터 자기채권액이 만족(2,700만원)될 때까지 흡수하여 배당받는다(2단계). ③ 병은 을에게 흡수당한 금액을 공제한 잔액을 배당받는다.

등기사항전부증명서상 권리는 아래와 같고, 실제 배당할 금액 8,000만원.

구분	가압류(갑) 2017. 6. 20.	근저당(을) 2019. 2. 25.	강제경매(갑) 2022. 2. 13.	강제경매(병) 2022. 8. 9.
채권금액	50,000,000	40,000,000	50,000,000	70,000,000
안분(1단계)	25,000,000	20,000,000		35,000,000
흡수한도	25,000,000	20,000,000		35,000,000
흡수(2단계)		20,000,000		-20,000,000
최종배당액	25,000,000	40,000,000		15,000,000

① 가압류(갑) 이후에 1번 저당권(을)이 설정되고, 그 후 선순위 가압류권자가 본 집행 (2022. 2. 13.)을 하였다. 제3의 일반채권자가 압류(2022. 8. 9.)한 경우에는 갑, 을은 평등 하게 취급된다. 갑의 채권은 가압류에 의해 보전된 채권으로 저당권부채권과 동순위로 파악하고, 저당권자는 선순위 가압류채권자에 대하여는 우선변제권을 주장할 수 없으므 로 1단계로 채권액에 비례하여 안분배당을 받는다. ② 병의 채권은 가압류에 의해 보전되 지 아니한 결과 저당권부채권보다 후순위가 된다. 저당권자 을은 후순위 압류채권자 병 에 대하여는 우선변제권이 인정되므로, 흡수한도를 최고액으로 하여 병으로부터 흡수하 였다. ③ 갑과 병이 동일채권자이면 4,000만원(=2,500만원+1,500만원)이 된다. 병이 배 당요구 하지 아니한 경우에는 갑과 을에게만 안분하면 되므로, 갑은 44,444,440원, 을은 35,555,560원이 되어 갑의 배당액이 많아지게 된다.

라. 배당비율

배당비율은 배당액의 산출기초가 된다. 배당액은 편의상 '원' 이하는 사사오입하는 방 식으로 계산한다. 경매실무에서는 100%로 적는 것이 통례이며, 재판사무시스템에서 필 요한 자료를 입력하여 처리한다. 배당은 우선순위에 따라 선순위의 채권으로부터 순차로 전액을 배당한 다음 잔액이 있으면 그 잔액에 관하여 일반채권자의 각 채권액의 비율대로 안분한다. 배당비율에는 경매실무상 두 가지의 개념이 있다.

첫 번째는 배당순위가 동일한 배당가입채권자 간에 있어서 각 배당가입채권액의 동순위채권합산액에 대한 백분율(각 배당가입채권액÷동순위 채권합산액×100)을 뜻한다. 다만 선순위채권은 후순위채권에 우선하여 전액배당 해야 하므로 그에 대한 배당률은 100%로 표시한다. 예컨대, 배당할 금액이 100만원인데 배당가입채권으로서 국세채권 50만원, 신청채권자의 채권 100만원, 배당요구채권자 150만원인 경우, 국세 50만원(100%), 신청채권자 40%(=100÷250×100), 배당요구채권자 60%(=150÷250×100)로 된다.

두 번째는 배당순위가 동일한 채권자들에게 배당할 금액의 동순위채권 합산액에 대한 백분율(동순위 채권자들에게 배당할 금액÷동순위채권합산액×100)을 뜻한다. 배당비율은 결국 당해 순위의 배당가입채권액과 실제 배당받은 금액의 비율을 뜻하게 된다. 즉 당해순위의 배당가입채권이 100만원인데 50만원을 배당받았으면 배당비율은 50%이고, 이 경우 선순위자의 배당비율은 항상 100%이며, 동순위자의 배당비율은 항상 같다. 경매실무상 부동산경매절차에서는 두 번째의 개념으로 사용하고 있다.

마. 공동저당에서의 배당

공동저당이라 함은 동일한 채권의 담보로 여러 개의 부동산에 설정된 저당권 또는 근저당을 말한다. 위의 '동일한 채권'이란 동일한 발생 원인에 의하여 발생한 채권으로서 그 급부내용이 동일한 것을 말한다. 공동저당은 반드시 각 부동산 위에 동시에 설정해야 하는 것은 아니고 이른바 추가담보로서 때를 달리하여 설정할 수 있다. 또한 목적물은 소유자가 다르더라도 무방하고 공동저당권의 순위가 반드시 같을 필요도 없다. 각 목적물마다 일반원칙에 따라 저당권설정등기를 하면 된다. 각 부동산은 어느 것이나 채권 전액을 담보하는 것이 되며, 그 채권 전액 또는 일부를 변제받을 수 있게 된다. 그러나 이렇게 되면 후순위 권리자나 일반채권자가 불이익을 볼 우려가 있다.

공동저당권의 목적인 여러 개의 부동산이 동시에 매각된 경우에 공동저당권자로서는 어느 부동산의 경매대가로부터 배당받든 우선변제권이 충족되기만 하면 되지만, 각 부동산의 소유자나 후순위 저당권자, 그 밖의 채권자는 어느 부동산의 경매대가가 공동저당권자에게 배당되는지에 따라 중대한 이해관계를 가진다. 임금채권 및 조세채권의 우선특권은 사용자의 부동산이 여러 개이면 마치 그 부동산 전부에 대한 공동저당권과 유사한 지위에 서게 되므로 사용자 소유의 여러 부동산이 동시에 매각되어 그 경매대가를 동시에 배당하는 때에는 각 부동산의 경매대가에 비례하여 그 채권의 분담을 정하여야 할 것이다.

(1) 동시배당

a) **안분부담의 원칙:** 공동저당권의 목적부동산이 전부 매각되어 그 경매대가를 동시에 배당하는 때에는 각 부동산의 경매대가에 비례하여 그 채권의 분담을 정한다. 즉 동시배당의 경우에는 공동저당권자의 의사에 의하여 어느 특정 부동산의 경매대가만으로부터 만족을 받는 것은 허용되지 않고 각 부동산의 경매대가의 비율로 공동저당권의 피담보채권의 부담을 안분 할당하여 그 할당된 부담액에 한하여서만 공동저당권자는 각 부동산으로부터 우선변제를 받을 수 있고 그 할당부담액을 초과하는 부분은 후순위 저당권자의 변제에 충당한다.

b) **'각 부동산의 경매대가'의 의미:** 민법 제368조 제1항에서 말하는 '각 부동산의 경매대가'라 함은 매각대금에서 당해 부동산이 부담할 경매비용과 선순위채권을 공제한 잔액을 말한다(대법원 2003. 9. 5. 선고 2001다66291 판결). 집행비용은 일괄매각의 경우에 절차를 공동으로 진행한 부분에 관해서만 총경매비용을 각 부동산의 최저매각가격비율에 의하여 안분한다(민사집행법 제268조, 제101조 제2항). 분할경매의 경우에는 공동으로 진행한 총경매비용을 각 부동산의 매각대금 비율로 안분한다. 재매각된 부동산의 경우 당해 부동산이 부담하여야 하며, 제세 기타 공과금도 공동저당목적물의 소유자가 동일한 때에는 각 매각대금의 비율로 안분한다.

c) **배당의 실시:** 동시배당의 경우 배당계산표를 별도로 작성하여 배당표에 첨부하고 배당표에는 각 채권자에게 지급할 배당액만을 기재한다. 공동저당권자가 선순위인 경우 각 부동산의 경매대가의 비율로 공동저당권자의 채권을 안분하여 각 부동산의 경매대가를 할당하고 나머지는 후순위 저당권자에게 배당한다.

판례 민법 제368조의 규정 취지 및 이 조항이 공동근저당권자가 다른 사람이 실행한 경매에서 우선배당을 받는 경우에도 적용되는지 여부(적극)

민법 제368조 제1항은 공동저당권의 목적물의 전체 환가대금을 동시에 배당하는 동시배당의 경우에 공동저당권자의 실행선택권과 우선변제권을 침해하지 않는 범위 내에서 각 부동산의 책임을 안분시킴으로써 각 부동산상의 소유자와 차순위 저당권자 기타의 채권자의 이해관계를 조절하고, 같은 조 제2항은 대위제도를 규정하여 공동저당권의 목적 부동산 중 일부의 경매대가를 먼저 배당하는 이시배당의 경우에도 최종적인 배당의 결과가 동시배당의 경우와 같게 함으로써 공동저당권자의 실행선택권 행사로 인하여 불이익을 입은 차순위 저당권자를 보호하는 데 그 취지가 있는바, 위 조항들은 공동근저당권의 경우에도 적용되고, 또한 공동근저당권자 스스로 경매를 실행하는 경우는 물론 타인이 실행한 경매에서 우선배당을 받는 경우에도 적용된다(대법원 2006. 10. 27. 선고 2005다14502 판결).

예제 4 **공동저당권자가 선순위인 경우**

이 사건은 3개의 물건에 공동저당권을 채권최고액 500만원으로 설정하고, 매각대금 합계 1,000만원, 집행비용이 100만원일 때 동시배당 하는 경우이다.

구분		매각대금	집행비용	경매대가	근저당 순위1(갑)	배당액 (갑)
물건 번호	A	5,000,000	500,000	4,500,000	5,000,000	2,500,000
	B	3,000,000	300,000	2,700,000	5,000,000	1,500,000
	C	2,000,000	200,000	1,800,000	5,000,000	1,000,000

① 매각대금 1,000만원에 대한 집행비용 100만원을 각 물건의 매각대금에 비례하여 안분 할당한다. ② 각 매각대금에서 집행비용을 공제하여 경매대가를 산정한다. ③ 순위 1번 갑의 공동저당채권 500만원을 물건별 경매대가를 안분하여 갑의 배당액이 산정되었다(A물건 부담액 250만원(=500만원×450만원/900만원), B, C 물건도 산정방법은 같다). ④

매각대금 1,000만원에서 갑에 대한 집행비용(100만원)과 배당금(500만원)을 공제한 배당잔여금 400만원은 후순위 근저당권자에게 배당한 후 잉여가 있으면 소유자에게 돌려준다. 위 예제에서 공동저당권자가 후순위인 경우, 각 부동산의 경매대가에서 선순위권자(저당권자, 전세권자, 조세채권자)에게 물건별로 각 우선배당 한 후 잔액을 기준으로 후순위 채권자가 각 부동산의 배당잔여액에서 배당받게 된다. 공동저당권자의 채권을 각 부동산의 경매대가에 안분배당 하는 경우에는 각 채권자의 배당금액과 비용에 관한 계산관계가 복잡하여 이를 배당표에 모두 기재할 수 없으므로 배당명세표를 별도로 작성하여 배당표에 첨부하고 배당표에는 각 채권자에게 지급할 배당액만을 기재한다.

(2) 이시배당

a) 차순위권자의 대위권: 공동저당권의 목적부동산 일부만이 매각되어 그 경매대가를 먼저 배당하는 때에는 공동저당권자는 그 대가로부터 채권금액을 변제받을 수 있으나 이 경우 차순위 저당권자는 선순위 저당권자가 공동저당 목적부동산 전부가 매각되어 동시에 배당을 하였더라면 다른 부동산의 경매대가에서 변제를 받을 수 있는 금액의 한도 내에서 선순위자를 대위하여 저당권을 행사할 수 있다(민법 제368조 제2항). 대위권은 공동저당권자가 일부의 부동산의 매각대금으로부터 그 채권의 전부를 변제받는 경우뿐만 아니라 그 채권의 일부만을 변제받은 경우에도 발생한다.

b) 민법 제368조 제2항의 적용 범위: 민법 제368조 제2항의 규정은 선순위 공동저당권자가 저당권을 실행하는 경우뿐만 아니라 후순위권자가 일부의 부동산에 관하여 저당권을 실행하는 경우 및 일부 채권자가 일부의 부동산에 관하여 강제경매를 신청하는 경우에도 적용된다. 위 '차순위 저당권자'라 함은 공동저당권자의 바로 다음 순위의 저당권자뿐만 아니라 기타의 후순위 담보권자로서 매각으로 그 권리가 소멸이 되는 자 전부를 포함한다.

c) 배당의 실시: 매수인으로부터 대금지급이 있으면 각 채권자에게 배당을 실시하는바, 공동저당권의 목적인 여러 개의 부동산에 관하여 경매절차를 진행하여 그중 일부 부동산만이 매각되어 대금이 지급된 때에는 다른 부동산이 매각되는 것을 기다리지 않고 매각된 부동산의 대금만에 관하여 배당실시를 할 수 있다.

다음의 예제에서 A부동산만이 매각된 때에는 그 매각대금으로부터 갑은 300만원을 변제받고도 아직 100만원이 미수채권으로 남아 있어 을은 변제받을 수 없다.

구분		매각대금	순위 1번	순위 2번
물건	A	300만원	공동저당권자 갑 400만원	저당권자 을 200만원
번호	B	200만원	공동저당권자 갑 400만원	저당권자 병 100만원

만약, A와 B부동산이 동시에 매각되어 배당된다면 갑은 A부동산 매각대금으로부터 240만원(=400×300/500), B부동산 매각대금으로부터 160만원(=400×200/500)을 각 변제받는다. 따라서 후일 B부동산이 200만원에 매각되면, 갑은 B부동산의 분할 부담액 160만원으로부터 위 100만원을 변제받고 그 나머지 60만원을 을이 변제받게 되며, 병은 200만원에서 160만원을 공제한 40만원을 변제받게 된다.

바. 배당순위의 모순저촉에 따른 특수흡수배당

실체법상 규정된 우선특권 상호 간의 배당순위가 담보물권과 우선특권 간에 우열관계가 서로 모순되는, 즉 채권자들의 배당순위를 일률적으로 정할 수 없는 경우이다. 다수의 채권자 중 등기사항전부증명서에 기입된 순서가 가압류, 근저당, 당해세 아닌 조세, 가압류의 각 등기가 순차적으로 되어 있는 경우 부분적으로 상호 모순되는 관계에 있게 된다. 배당의 우선순위를 정하는 문제와 각 이해관계인 사이에 배당의 형평성과 관련하여 논란이 되고 있는 배당순위의 충돌이다. 이 경우에도 경매실무는 안분배당, 안분흡수배당, 순환흡수배당 등의 방법에 의하여 상호 배당순위와 배당액을 조정하여 실시하고 있다.

등기사항전부증명서상 권리는 아래와 같고, 3순위 압류(정)는 당해세가 아닌 조세이며 실제 배당할 금액 500만원이다. 배당의 순환관계가 생기지 않는 대신 부분적으로 상호순위가 모순되는 관계에 있다.

구분		가압류(갑) 2019. 5. 16.	근저당(을) 2019. 8. 11.	압류(병) 2021. 6. 9.	가압류(정) 2021. 8. 18.	비고
채권금액		4,000,000	2,000,000	3,000,000	1,000,000	10,000,000
안분(1단계)		2,000,000	1,000,000	1,500,000	500,000	5,000,000
흡수한도		2,000,000	1,000,000	1,500,000		
흡수 (2단계)	①		500,000		-500,000	
	②		500,000	-500,000		
	③	-1,500,000		1,500,000		
최종배당액		500,000	2,000,000	2,500,000	0	5,000,000

① 각 청구채권의 비율에 따라 안분배당 하면 위 1단계와 같다. ② 을은 병과 정에 우선하므로 을의 흡수한도에 달할 때까지 먼저 정에게 안분된 배당액을 흡수하고, 부족액을 병으로부터 흡수한다. ③ 조세채권자 병은 흡수한도에 달할 때까지 열후한 갑으로부터 흡수시키면 된다.

한편, 위의 예제에서 을이 가등기담보권자이거나 확정일자를 갖춘 임차권자인 경우 또는 선순위와 후순위 가압류채권이 동일인의 권리인 경우에도 마찬가지이다(대법원 1992. 10. 13. 선고 92다30597 판결). 갑이 강제경매 신청채권자, 을이 저당권자, 병이 가압류(배당요구)인 경우도 위의 경우와 동일하다.

사. 채권자와 대위변제자의 관계

채권의 일부에 관하여 대위변제가 있을 때는 대위자는 그 변제한 가액에 비례하여 채권자와 함께 그 권리를 행사한다. 그러나 그 행사방법에 관하여는 견해가 나뉘는바, 일설은 대위자는 그 변제한 가액에 비례하여 그 범위 내에서는 단독으로 저당권을 행사할 수 있고 채권자와 평등한 입장에 선다 하고, 다른 일설은 대위자는 단독으로 대위권을 행사할수 없고 채권자가 그 권리를 행사하는 경우에만 채권자와 함께 그 권리를 행사할 수 있으며, 변제에 관하여 채권자가 우선한다고 한다. 후설이 통설이다.

대법원은 대위자가 단독으로 저당권을 행사할 수 있는가에 관하여, 변제의 순위에 관하여는 본래의 채권자가 일부 대위변제자에 대하여 우선변제권을 가지고 있다고 판시하고있어(대법원 1988. 9. 27. 88다카 1797, 대법원 1995. 3. 3. 94다33514 판결) 통설과 같다.

2. 배당의 우열순위와 배당연습

가. 물건의 채권에 우선하는 효력

동일물 위에 성립하는 물권 상호 간에는 시간적으로 먼저 성립한 물권이 후에 성립한물권에 우선하지만 어느 물건을 목적으로 물권과 채권이 성립하는 경우에는 특별한 경우를 제외하고 그 성립 시기를 불문하고 항상 물권이 채권에 우선한다. 물권은 물건에 대한 직접적인 지배권임에 비해 채권은 채무자의 행위를 통해 간접적으로 지배하는 성질상의 차이 때문이다. 이러한 물권의 내용이 침해당하거나 침해당할 우려가 있는 경우에 물권자가 침해자에 대해 물건의 반환, 방해제거, 방해예방을 청구할 수 있는 물권적청구권이 인정된다. 물권은 절대권이므로 물권이 침해를 받은 경우에 그 침해로부터 물권을 보호해 줄 장치가 없다면 물권의 존재는 유명무실해질 것이다. 따라서 물권의 실효성을 확보하기 위하여 물권적청구권이 인정된다. 물권은 채권에 우선하므로 물권적청구권은 채권적청구권에 우선한다. 대항력을 갖춘 부동산임차권, 주택임차권은 임차권 자체에 기한방해제거청구권이 인정된다. 채권에 대한 물권의 우선적 효력은 채무자가 회생신청을 한경우 등에서 현저하게 나타난다. 즉 담보물권자의 별제권은 다른 채권자에 앞서 우선변제를 받을 수 있다.

나. 채권 상호 간의 효력

채권 상호 간에는 물권처럼 시간의 선후로 순위가 결정되는 것이 아니라, 시간에 관계없이 동등한 지위를 갖게 되고 배당절차에서 평등하게 취급되어 비율배당이 된다. 경매에서 선순위 가압류는 후순위 권리들에 대하여는 자기의 가압류와 함께 채권자평등주의가 적용되어 안분배당으로 처리된다.

| 예제 7 | 선순위 가압류와 저당권의 배당순위 |

예제 8과 비교하기 위해 예제 3과 같은 유형의 내용을 제시하였다. 실제 배당할 금액 2억7,000만원, 등기사항전부증명서상 권리는 아래와 같다.

구분	가압류(갑) 2019. 7. 14.	근저당(을) 2020. 2. 25.	강제경매(병) 2022. 3. 26.	비고
채권금액	90,000,000	130,000,000	230,000,000	350,000,000
안분(1단계)	54,000,000	78,000,000	138,000,000	270,000,000
흡수한도	36,000,000	52,000,000	92,000,000	
흡수(2단계)		52,000,000	-52,000,000	을은 병에 우선
최종배당액	54,000,000	130,000,000	86,000,000	

가압류권자(갑)와 근저당권자(을) 및 근저당권설정등기 후 강제경매신청을 한 압류채권자(병) 사이의 배당관계에 있어서, 근저당권자는 선순위 가압류채권자에 대하여는 우선변제권을 주장할 수 없으므로 1단계로 채권액의 비율대로 안분배당을 받은 다음, 경매신청을 한 후순위 압류채권자에 대하여는 우선변제권이 인정되므로 압류채권자가 받을 배당액으로부터 자기의 채권액을 만족시킬 때까지 이를 흡수하여 배당받는다. 이에 따라 배당을 하면, ① 채권자별 각 변제채권에 비례하여 안분하여 배당한 결과는 위 1단계와 같다. ② 물권인 근저당은 채권에 우선하므로 근저당권자 을은 압류권자 병에게 배당할 금액에서 5,200만원을 흡수하여 배당받고, 병은 을에게 흡수당한 금액을 공제한 잔액을 배당받는다.

근저당권자(병)의 담보권실행으로 매각되어 실제 배당할 금액 3억원, 등기사항전부증 명서상 물권과 채권은 아래와 같다.

구분	근저당(갑) 2020. 6. 9.	가압류(을) 2020. 8. 18.	근저당(병) 2021. 10. 19.	가압류(정) 2022. 6. 7.
채권금액	100,000,000	250,000,000	100,000,000	150,000,000
안분(1단계)	100,000,000	100,000,000	40,000,000	60,000,000
흡수한도		150,000,000	60,000,000	90,000,000
흡수(2단계)			60,000,000	-60,000,000
인수 여부	100,000,000	100,000,000	100,000,000	0

2020. 6. 9. 갑의 근저당이 말소기준권리가 된다. 후순위 근저당권(병)의 실행으로 경락된 경우에도 선순위 저당권까지도 당연히 소멸된다. 가압류의 배당순위는 가압류에 의하여 보전된 피보전권리의 민법·상법 그 밖의 법률에 의한 우선순위에 따른다. 따라서 피보전권리가 우선변제권이 있으면 가압류채권으로서도 우선변제를 받는다. ① 갑은 1억원을 우선순위로 배당받고, ② 배당잔여금 2억원을 후순위 채권자들에게 안분배당 하면, 을에게 1억원, 병에게 4,000만원, 정에게 6,000만원을 각 안분배당을 한다. ③ 3번 근저당자 병은 물권으로 후순위 가압류채권을 흡수할 수 있으므로 4번 정에게 배당된 6,000만원을 흡수하여 채권금액 1억원 전부를 배당받는다. 후순위 가압류권자 정은 병에게 흡수당하여 배당금이 없다.

담보가등기의 배당순위

가등기담보권자는 그 담보가등기가 경료된 부동산에 대하여 경매가 개시된 경우에 다른 채권자보다 우선변제 받을 권리가 있고, 가등기담보권에 대하여 선순위 및 후순위 가압류채권이 있는 경우 부동산의 경매에 의한 매득금 중 경매비용을 제외한 나머지 금원을 배당함에 있어 가등기담보권자는 선순위 가압류채권에 대하여는 우선변제권을 주장할 수 없다(대법원 1992. 3. 27. 선고 91다44407 판결).

근저당 등에 의해 담보되는 저당권 상호 간에는 그 설정의 선후에 의하여 우선순위가 정해진다(민법 제333조, 제370조). 근저당권자의 담보권실행으로 매각되어 실제 배당할 금액 9,000만원, 가등기권자는 배당요구신청서를 제출하였다. 등기사항전부증명서상 권리는 아래와 같다.

구분	가압류(갑) 2017. 6. 8.	가등기(을) 2017. 9. 20.	근저당(병) 2019. 6. 9.	임의경매(을) 2021. 8. 15.
채권금액	50,000,000	60,000,000	40,000,000	60,000,000
안분(1단계)	30,000,000	36,000,000	24,000,000	
흡수한도	20,000,000	24,000,000	16,000,000	
흡수(2단계)		24,000,000	-24,000,000	
인수 여부	30,000,000	60,000,000	0	

① 1차 안분배당을 하면 위 1단계와 같이 갑, 을, 병을 동등하게 취급하여 각 채권금액에 비례하여 공평하게 배당된다. ② 2순위와 3순위는 물권으로 담보물권 상호 간에는 등기순위에 따른 배당을 함이 원칙이다. 을이 병에 앞서 담보가등기를 경료하였으므로 병에게 배당된 금액 2,400만원은 을이 흡수한다. 최종배당액은 위 표와 같다.

가압류권자의 채무자에 대한 집행력 있는 판결정본에 기해 가압류의 본 압류로의 이행(강제경매신청)으로 매각되었다. 해당 부동산에는 대항력과 확정일자를 갖춘 임차인이 점유하며 거주한다. 단 임차인은 가압류권자보다 후순위이고, 근저당권설정일보다 전입일은 앞서지만 확정일자는 늦게 받았다. 실제 배당할 금액 2억1,000만원, 등기사항전부증명서상 권리와 임차인은 아래와 같다.

구분	가압류(갑) 2019. 4. 6.	임차인(을) 전입: 2021. 5. 6. 확정: 2021. 12. 22.	근저당(병) 2021. 10. 22.	강제경매(갑) 2022. 1. 12.
채권금액	140,000,000	90,000,000	120,000,000	140,000,000
안분(1단계)	84,000,000	54,000,000	72,000,000	
흡수한도	56,000,000	36,000,000	48,000,000	
흡수(2단계)		-48,000,000	48,000,000	
최종배당액	84,000,000	6,000,000	120,000,000	

가압류(갑)는 최선순위이며 본 압류로 이행한 경매신청권자이다. ① 말소기준권리는 본 압류로 이행한 가압류(갑)이다. 말소기준권리보다 늦은 권리는 매각으로 소멸한다. ② 채권금액을 기준으로 안분 비례하여 배당하면 위 1단계의 금액이 된다. 선순위 가압류권자에게 배당하고 남은 배당잔여금은 1억2,600만원이다. ③ 임차인은 확정일자가 저당권설정일보다 늦어서 우선변제권은 없다. 저당권자의 흡수한도를 상한으로 임차인에게 안분된 금액 5,400만원 중에서 저당권자에게 미배당된 4,800만원을 흡수당한다. ④ 임차인의 전입일은 저당권설정일에 앞서므로 미배당보증금 8,400만원은 매수인에게 인수된다.

다. 물권상호 간의 우선적 효력

1) 물권에는 배타성과 절대성이 있는데, 이 성질에서 우선적 효력과 물권청구권이 나온다. 물권은 물건을 배타적으로 지배하는 것을 내용으로 하기 때문에 동일물건 위에 같은

종류의 물권이 같이 성립될 수 없다. 예컨대, A가 소유권과 지상권을 취득한 물건에 B가 다시 소유권과 지상권을 취득할 수 없다.

2) 둘 이상의 물권이 있는 경우에는 시간적으로 먼저 성립한 물권은 뒤에 성립한 물권에 우선한다. 물권성립의 선·후는 등기사항전부증명서에 같은 날 등기된 경우에는 동구(을구와 을구)에서 한 등기는 순위번호, 별구(갑구와 을구)에서 한 등기는 접수번호에 의하여 우선순위가 결정된다. 부기등기는 주등기의 순위, 부기등기 상호 간에는 그 전·후의 접수일자에 의한다. 저당권 상호 간에는 저당권설정등기의 선·후에 의하며, 가등기에 기한 본등기의 순위는 가등기의 순서에 의하여 순위가 결정된다.

3) 목적물의 교환가치를 파악하는 저당권은 동일물 위에 두 개 이상 성립할 수 있지만, 그들 상호 간에는 먼저 성립한 저당권이 우선한다. 같은 종류의 물권이 아닌 경우에는 동일물 위에 같이 성립할 수 있지만 그들 상호 간에도 먼저 성립한 물권이 우선한다. 예컨대, 어느 토지에 지상권이 설정된 후에 저당권이 설정될 수 있지만, 저당권이 실행되면 경락인은 지상권의 부담이 있는 토지소유권을 취득하게 된다.

4) 물권 상호 간의 우선적 효력은 물권의 배타성에서 나오는 효력이다. 이에 반해 점유권은 배타성이 없고, 우선적 효력도 인정되지 않는다.

예제 11 **물권상호 간의 우선적 효력**

신청채권자가 담보권의 실행으로 임의경매신청을 하였다. 임차인은 없으며, 실제 배당할 금액 5억원, 등기사항전부증명서상 권리는 아래와 같다.

구분	근저당(갑) 2019. 3. 21.	근저당(을) 2019. 10. 25.	전세권(병) 2020. 9. 9.	임의경매(갑) 2021. 10. 12.
채권금액	300,000,000	400,000,000	100,000,000	300,000,000
안분(1단계)	300,000,000	160,000,000	40,000,000	
흡수한도		240,000,000	60,000,000	
흡수(2단계)		40,000,000	-40,000,000	
인수 여부	300,000,000	200,000,000	0	

① 말소기준권리는 선순위 근저당(갑)이다. ② 안분배당액은 위 1단계와 같다. 근저당권자 갑은 1순위로 전액을 배당받는다. ③ 근저당권자 을은 전세권자 병에 우선하므로 병에게 배당할 금액을 흡수하였다. 물권의 성립순위에 따라 배당하여도 결과는 같다.

라. 물권우선의 효력에 대한 예외

실체법은 저당권자에게 우선하는 우선특권이나 설정시기가 앞서는 선순위 담보물권이나 선행하는 가압류채권 등이 있는 경우에 한하여 저당권자의 우선변제권을 제한하고 있다. 우선특권은 저당권자의 예측가능성을 해쳐서 그의 우선변제권에 불측의 손해를 주는 것은 재산권의 본질적 내용을 침해하게 된다(대법원 2001. 2. 23. 선고 2000다58088 판결). 담보물권과 관련하여 조세채권이 담보물권의 본질적 내용까지 침해해서는 아니 되고, 담보물권을 취득하려는 사람이 장래 그 재산에 관하여 담보물권에 우선하는 조세채권의 발생을 상당한 정도로 예측할 수 있어야 그 조세채권을 담보물권에 우선하여 징수할 수 있다고 할 것이며, 당해세를 제외한 조세채권과 담보물권 사이의 우선순위는 그 법정기일과 담보물권설정일의 선후에 의하여 결정하고, 이와 같은 순서에 의하여 매각대금을 배분한 후 압류선착주의에 따라 각 조세채권 사이의 우선순위를 결정하여야 한다(대법원 2005. 11. 24. 2005두9088 판결). 저당권의 본질적 내용은 우선변제권이고 우선변제권은 법률에 의해서만 제한을 받는다. 따라서 법률이 특별한 이유로 일정 채권에 대해 저당권 등의 물권에 우선하는 효력을 예외적으로 인정한다. 이 경우 채권자는 반드시 배당요구의 종기까지 배당요구를 하여야 한다.

(1) 소액임차인의 최우선변제권

주택임대차보호법과 상가건물임대차보호법상의 소액보증금은 물권화된 채권으로 일정 금액에 대하여 최우선적 효력이 인정된다. 아래의 각 임차보증금채권의 우선변제권은 소액임차인의 최우선변제권과 확정일자를 갖춘 우선변제권을 중복하여 행사할 수 있다. 그 요건은 아래와 같다.

ⓐ 배당요구의 종기까지 배당요구를 하였을 것

ⓑ 보증금의 액수가 소액보증금(주택임대차보호법 시행령 제4조, 상가건물임대차보호법 시행령 제4조)에 해당할 것

ⓒ 첫 경매개시결정등기 전에 대항요건(임차목적물의 점유 및 주택의 경우 주민등록, 상가건물의 경우 사업자등록의 신청)을 갖추었을 것

ⓓ 배당요구의 종기까지 대항력을 유지할 것

예제 12 **소액보증금 현행법 적용기준**

실제 배당할 금액 1억1,000만원, 등기사항전부증명서상 권리와 임차인 정보는 아래와 같다. 임차인들은 첫 경매개시결정등기 전에 대항요건을 갖추었고, 배당요구는 하였으나 확정일자는 받지 않았다. 임차인이 거주하는 충남 아산시에 적용되는 보증금 중 일정액은 2021. 5. 20. 기준 6,000만원 이하 2,000만원, 2023. 2. 25. 기준 7,500만원 이하 2,500만원이다.

구분		근저당(갑) 2021. 5. 20.	임차인(을) 전입: 2021. 9. 10.	임차인(병) 전입: 2021. 10. 12.	근저당(정) 2023. 2. 25.
채권금액		50,000,000	65,000,000	25,000,000	50,000,000
소액보증금				20,000,000	
선순위물권		50,000,000			
소액 보증금	을		25,000,000		
	병			5,000,000	
후순위물권					10,000,000
최종배당액		50,000,000	25,000,000	25,000,000	10,000,000

최우선변제권의 적용기준은 최선순위 담보권인 갑의 저당권설정일 기준으로 판단한다. 선순위 저당권자를 보호해야 하기 때문이다. 근저당권자 갑에 대하여 병은 소액임차인임을 주장할 수 있으나 을은 보호받을 보증금을 초과하여 우선권을 주장할 수 없고, 근저당권자 정에게는 을, 병 모두 소액임차인임을 주장할 수 있다. ① 말소기준권리가 선순위 근저당(갑)이므로 인수되는 금액은 없다. ② 1순위로 임차인 병에게 소액보증금 2,000

만원을 배당한다. ③ 최선순위 저당권자 갑에게 5,000만원 전액이 배당되고 저당권은 소멸한다. ④ 다음 배당절차에서 최우선변제권의 적용기준은 후순위 저당권자 정이 된다. 정의 저당권을 기준으로 임차인들은 모두 최우선변제권의 적용기준에 해당하므로 후순위 저당권자가 배당받지 못하는 대신 임차인 을에게 2,500만원, 임차인 병에게 미배당보증금 500만원이 배당된다. ⑤ 저당권자 정에게 배당잔여금 1,000만원이 배당된다. 만약 최우선변제권의 적용기준인 담보권이 없는 경우에는 배당시점을 기준으로 소액임차인을 판단한다.

예제 13   **소액보증금 최우선변제 한도**

실제 배당할 금액 1억2,000만원, 등기사항전부증명서상 권리와 임차인 현황은 아래와 같다. 첫 경매개시결정등기 전에 대항요건을 갖추었고, 확정일자는 받지 않았으나 배당요구 하였다. 임차인들이 거주하는 충남 서산시의 우선변제 되는 소액보증금은 임차인 을, 병, 정 모두 각 1,700만원이다.

구분	근저당(갑) 2019. 10. 1.	임차인(을) 2019. 12. 13.	임차인(병) 2020. 12. 1.	임차인(정) 2020. 12. 30.
채권금액	90,000,000	30,000,000	35,000,000	40,000,000
소액보증금		17,000,000	17,000,000	17,000,000
선순위물권	69,000,000			
최종배당액	69,000,000	17,000,000	17,000,000	17,000,000
인수 여부		없음	없음	없음

법정담보물권이 갖는 우선특권의 효력은 법률에 특별히 정한 바 없는 이상, 그 우선특권을 설정한 법률이 제정되기 전에 이미 성립한 질권이나 저당권에 대하여서까지 소급하여 미친다고 볼 수 없다(대법원 1990. 7. 10. 선고 89다카13155 판결). 따라서 현행법하에서는 소액보증금에 해당하나 구법하에서는 소액보증금에 해당하지 아니하는데 담보물권

은 구법하에서 발생한 경우에는 구법을 기준으로 소액임차인 여부를 판단하여야 한다.

① 여러 명의 임차인이 있는 경우 실제 배당할 금액의 1/2 범위 내에서 소액보증금을 배당한다. 임차인에 대한 배당재단은 배당할 금액의 1/2인 6,000만원이 된다. ② 최선순위 담보권설정일(2019. 10. 1.) 이전의 주택임대차보호법 적용을 받는다. 이 경우 5,000만원 이하 1,700만원이 보호된다. ③ 말소기준권리는 갑의 근저당이므로 인수되는 권리는 없다.

만약, 위의 예에서 임차인 (무)가 보증금 2,000만원을 지급하고 거주하고 있다면, 임차인들의 보증금 합계는 7,100만원이다. 보증금 합계가 배당재단 6,000만원을 초과하므로, 6,000만원을 한도로 임차인 5명에게 총채권금액에 대한 자기 채권금액의 비율로 공평하게 안분한 비율로 안분배당을 해야 한다.

예제 14 | 소액보증금 최우선변제 한도

첫 경매개시결정등기 전에 대항력을 갖춘 임차인이 소액임차인에 해당하면 주택임대차보호법 제8조에 의하여 다른 담보물권자보다 우선하여 보호를 받는다. 대항력은 주택의 인도와 주민등록을 마친 익일 오전 0시에 발생한다(대법원 1999. 5. 25. 선고 99다9981 판결). 실제 배당할 금액은 1억2,000만원, 등기사항전부증명서상 권리와 임차인 정보는 아래와 같다. 단 부동산이 소재하는 지역의 소액임차인의 적용 범위와 최우선변제액은 1억원 이하 3,400만원이고, 임차인들은 확정일자를 받지 않았으나 배당요구종기 이내에 배당요구를 하였다.

구분	근저당(갑) 2018. 10. 10.	임차인(을) 2018. 10. 10.	임차인(병) 2018. 12. 1.	임차인(정) 2018. 12. 25.
채권금액	70,000,000	75,000,000	90,000,000	85,000,000
소액보증금		18,000,000	21,600,000	20,400,000
선순위물권	60,000,000			
최종배당액	60,000,000	18,000,000	21,600,000	20,400,000

주택의 경우, 주택임대차보호법 제8조 소정의 최우선변제권의 한도가 되는 주택가액의 2분의 1에서 '주택가액'이라 함은 매각대금에다가 매수신청보증금에 대한 배당기일까지의 이자, 반환하지 아니한 매수신청보증금 등을 포함한 금액에서 집행비용을 공제한 실제 배당할 금액이라고 봄이 상당하다(대법원 2001. 4. 27. 선고 2001다8974 판결). 대지와 건물이 따로 매각되는 경우 소액임차인은 먼저 매각되는 목적물의 매각대금의 2분의 1 한도 안에서 우선변제를 받고 미배당보증금이 있으면 후에 매각되는 매각대금 2분의 1 한도 안에서 다시 우선변제를 받는다.

① 여러 명의 임차인이 있는 경우 실제 배당할 금액(1억2,000만원)의 2분의 1 범위(6,000만원) 내에서 최우선순위로 배당한다. ② 임차인에 대한 배당재단은 6,000만원이다. 소액보증금은 임차인 3명에게 안분배당공식으로 산정된 금액을 평등하게 배당한다. ③ 배당할 금액 1억2,000만원에서 소액보증금 합계 6,000만원을 공제한 배당잔여금 6,000만원을 근저당권자에게 배당한다. 즉 보호받을 선순위 근저당권자에게 배당할 금액의 1/2인 6,000만원을 배당한다.

(2) 확정일자부 임차인의 우선변제권

임대차계약은 채권이지만, 주택임대차보호법상의 대항요건과 확정일자를 갖춘 임차보증금은 물권화된 채권으로 그날 이후의 근저당권 등의 물권에 우선하는 효력이 인정된다. 우선변제권의 성립요건은 ⓐ 배당요구의 종기까지 배당요구를 하였을 것, ⓑ 배당요구의 종기까지 대항력을 유지할 것, ⓒ 첫 경매개시결정등기 전에 대항요건(임차목적물의 점유 및 주택의 경우 주민등록, 상가건물의 경우 사업자등록의 신청)을 갖추었을 것 등이다. 이에 대하여 소액보증금의 경우와 달리 첫 경매개시결정등기 이후에 대항요건을 갖추어도 된다는 것이 다수설이다. 확정일자는 첫 경매개시결정등기 전에 갖추어야 우선변제권이 발생하기 때문이다.

임차권〉근저당〉근저당

선순위 근저당권자(을)의 담보권실행으로 매각되어 실제 배당할 금액 2억8,000만원, 등기사항전부증명서상 권리와 임차인 현황은 아래와 같다.

구분	임차인(갑) 전입: 2019. 4. 23. 확정: 2019. 4. 23.	근저당(을) 2020. 3. 25.	근저당(병) 2020. 9. 21.	임의경매(을) 2021. 6. 19.
채권금액	130,000,000	150,000,000	100,000,000	150,000,000
소액보증금	0			
우선순위	130,000,000	150,000,000	0	0

저당권 상호 간에는 저당권설정등기의 선후에 의하여 우선순위가 정해진다(민법 제333조, 제370조). 저당권자와 전세권 및 등기된 임차권의 순위도 그 등기의 선후에 의하며, 저당권설정등기와 가등기담보권의 선후도 그 등기의 선후에 의한다. ① 대항력과 확정일자를 갖춘 최선순위임차인 갑은 우선변제권이 근저당설정일에 앞서므로 우선배당 받는다. ② 물권 상호 간의 순위는 시간적 순서에 의하므로 저당권자 을이 병에 앞서므로 1억5,000만원을 배당받는다. 을과 병에게 각 7,500만원씩 안분배당 한 후 을이 배당받지 못한 7,500만원을 한도로 병이 배당받을 금액 중에서 을이 배당받지 못한 7,500만원을 흡수하는 경우에도 마찬가지다.

가압류〉우선변제권〉근저당

등기사항전부증명서상 채권금액은 1번 가압류권자(신청채권자) 1억1,500만원, 2번 배당요구 한 대항력(2020. 9. 16.)과 확정일자(2020. 9. 16.)를 갖춘 임차인 8,500만원, 3번 저당권자 9,000만원이다. 단 임차인의 최우선변제대상인 소액보증금 해당 금액은 수도권 과밀억제권역(서울 제외)인 인천시의 소액보증금 기준 1억3,000만원 이하, 4,300만원이다. 배당할 금액은 1억7,500만원이다.

구분	가압류(갑) 2019. 9. 24.	임차인(을) 전입: 2020. 9. 16. 확정: 2020. 9. 16.	근저당(병) 2020. 10. 19.	강제경매(갑) 2021. 12. 20.
채권금액	115,000,000	85,000,000	90,000,000	115,000,000
소액보증금		43,000,000		
안분배당	61,457,490	22,445,340	48,097,170	
흡수배당		19,554,660	-19,554,660	
최종배당액	61,457,490	85,000,000	28,542,510	

확정일자를 갖춘 임차인이 소액임차인의 지위를 겸하는 경우에는 양 지위를 모두 인정하여 배당한다. 즉 소액임차인으로서 일정액을 우선배당 하고 그래도 배당받지 못한 보증금은 확정일자를 갖춘 임차인에게 우선변제권이 2020. 9. 17. 오전 0시에 발생하므로 우선순위에 따라 배당받는다.

① 말소기준권리는 최선순위 가압류(갑)이다. ② 임차인에게 최우선변제권인 소액보증금 4,300만원을 배당한다. ③ 채권자평등의 원칙에 따라 배당잔여금 1억3,200만원을 각 채권액의 비율로 갑, 을, 병에게 안분배당을 한다. ④ 임차인의 확정일자와 전입일이 저당권설정일보다 앞서므로, 미배당보증금에 달할 때까지 자신에게 열후한 저당권자 병으로부터 흡수한다. ⑤ 저당권자는 자기보다 앞서는 임차인에게 흡수당한 금액을 공제한 금액을 배당받고 소멸된다.

예제 17   가압류〉근저당권〉우선변제권

분석결과 1번 가압류권자 1억원, 2번 배당요구신청서를 제출한 대항력(2020. 9. 16.)과 확정일자(2020. 11. 16.)를 갖춘 임차인 4,000만원, 3번 저당권자 5,000만원, 배당할 금액은 1억원이다. 단 임차인은 안산시에 거주하므로 최우선변제대상인 소액보증금 해당 금액은 2,000만원이다.

구분	가압류(갑) 2019. 10. 12.	임차인(을) 전입: 2020. 9. 16. 확정: 2020. 11. 16.	근저당(병) 2020. 10. 19.	강제경매(갑) 2021. 5. 6.
채권금액	100,000,000	40,000,000	50,000,000	100,000,000
소액보증금		20,000,000		
안분배당	47,058,820	9,411,770	23,529,410	
흡수배당		-9,411,770	9,411,770	
최종배당액	47,058,820	20,000,000	32,941,180	

선순위 가압류권자가 있는 경우에는 우선변제권을 갖게 되는 임차보증금채권자도 선순위의 가압류채권자와는 안분배당의 관계에 있게 된다(대법원 1992. 10. 13. 선고 92다30597 판결). ① 임차인에게 최우선변제권인 소액보증금 2,000만원이 배당된다. ② 배당잔여금 8,000만원은 채권금액의 비율에 따라 갑, 을, 병에게 안분배당 된다. ③ 임차인은 확정일자가 저당권설정일자보다 늦어서 안분배당 받게 될 금액을 저당권자에게 흡수당한다. ④ 임차인은 전입일이 말소기준권리(가압류)보다 늦어서 미배당보증금 2,000만원은 매수인에게 인수되지 않는다.

<h2>예제 18   대항력의 전입일과 저당권설정일이 같은 경우</h2>

배당할 금액 2억원, 등기사항전부증명서상 권리와 임차인 정보는 아래와 같다.

구분	근저당(갑) 2020. 2. 23.	임차인(을) 전입: 2020. 2. 23. 확정: 2020. 2. 23.	근저당(병) 2020. 2. 24.	비고
채권금액	60,000,000	120,000,000	70,000,000	250,000,000
우선순위	60,000,000	120,000,000	20,000,000	

주민등록을 마친 다음 날 설정된 근저당권자 병과의 관계에서는 확정일자를 갖춘 임차

인이 우선한다. 우선변제권은 주택의 인도와 주민등록을 마친 익일 0시에 발생하고, 등기소 업무시간은 오전 9시 이전에는 이루어지지 아니할 것이므로 임차권자가 앞선다(대법원 1999. 5. 25. 선고 99다9981 판결). 예제의 경우 선순위 근저당권자에게는 대항력을 주장할 수 없고, 후순위 근저당권자에게는 대항력을 주장할 수 있다. ① 선순위 근저당권자 갑에게 6,000만원을 배당한다. ② 임차인의 우선변제권은 2020. 2. 24. 오전 0시에 발생하므로 1억 2천만원 전액을 배당한다. ③ 배당잔여금 2,000만원은 후순위 저당권자 을에게 배당된다.

예제 19 | 확정일자와 저당권설정일자가 같은 경우

등기사항전부증명서상 권리와 임차인 현황은 아래와 같다. 전입일은 저당권설정일에 앞서고 임차인의 확정일자와 근저당권설정일자는 같은 날이다. 소액임차인이 거주하는 지역의 소액보증금은 2,000만원, 실제 배당할 금액 1억원이다.

구분	임차인(갑) 전입: 2020. 3. 1. 확정: 2020. 3. 2.	근저당(을) 2020. 3. 2.	비고
채권금액	60,000,000	100,000,000	
소액보증금	20,000,000		배당잔여금 80,000,000
안분배당	22,857,140	57,142,860	
최종배당액	42,857,140	57,142,860	

주택임차인이 주택의 인도와 주민등록을 마친 당일 또는 그 이전에 임대차계약서상에 확정일자를 갖춘 경우 우선변제권은 주택의 인도와 주민등록을 마친 다음 날을 기준으로 발생한다. 우선변제권은 확정일자와 전입일 중 늦은 날인 2020. 3. 2. 발생하고, 저당권의 효력은 설정등기를 접수한 2020. 3. 2. 발생한다. 임차인의 우선변제권과 저당권은 같은 순위가 되므로 채권액에 비례하여 안분배당을 받게 된다. ① 확정일자를 갖춘 최

선순위 임차인 갑에게 소액보증금 최우선변제권으로 2,000만원을 최우선순위로 배당한다. ② 임차인의 확정일자와 저당권설정일자가 같아서 채권자평등의 원칙에 따라 배당잔여금 8,000만원은 저당권자와 임차인의 각 채권금액에 비례하여 공평하게 안분배당을 한다. ③ 임차인의 대항력은 전입일 다음 날 0시에 발생하고 말소기준권리인 저당권은 업무 시작 시간인 9시 이후에 발생하므로 선순위인 임차인의 미배당보증금 17,142,860원(=60,000,000-42,857,140)은 낙찰자에게 인수된다. ④ 배당액은 편의상 원 미만은 사사오입하는 방법으로 계산한다.

위 사례에서 임차인의 확정일자와 저당권자의 설정일자는 같은 날이지만 전입일이 저당권설정일자와 같거나 뒤지는 경우에는, 우선변제권은 늦은 날인 2020. 3. 3. 오전 0시부터 발생하므로 첫 경매개시결정등기 전에 대항력을 갖추었다면 소액보증금 2,000만원만 배당된다. 한편 전세사기대출방지대책으로 2024년 상반기부터 금융기관은 전입자의 확정일자를 확인하도록 권장하고 있다.

(3) 임차권등기를 한 임차인

임차권등기명령에 따른 임차권등기는 어디까지나 주택임대차보호법에 따른 대항력이나 우선변제권을 취득하거나 이미 취득한 대항력이나 우선변제권을 유지하도록 해 주는 담보적기능을 주목적으로 한다. 특별법에 의해 대항요건과 확정일자를 갖춘 임차인은 우선변제권이 있으므로 물권에 우선한다. 확정일자를 갖춘 후 증액한 보증금에 대하여는 확정일자를 새로 갖추어야 그때부터 우선변제권이 발생한다. 부동산임차권은 채권이지만 그 등기를 한 때에는 그 후에 성립하는 물권에 우선(대항)하는 효력이 있다. 등기된 임차권의 경우 등기된 때를 기준으로 담보권과 유사한 우선변제권을 취득한다. 그 요건은 아래와 같다.

ⓐ 주택임대차보호법 제3조의 3 또는 상가건물임대차보호법 제6조에 따라 법원의 임차권등기명령에 의하여 등기되었거나 또는 민법 제621조의 규정에 의하여 등기된 임차권일 것, ⓑ 첫 경매개시결정등기 후에 등기된 임차인은 배당요구의 종기까지 배당요구를 하였을 것.

주택임대차보호법이 임차권등기명령의 신청에 대한 재판절차와 임차권등기명령의 집행 등에 관하여 민사집행법상 가압류에 관한 절차규정을 일부 준용하고 있지만, 이는 일방 당사자의 신청에 따라 법원이 심리·결정한 다음 등기를 촉탁하는 일련의 절차가 서로 비슷한 데서 비롯된 것일 뿐 이를 이유로 임차권등기명령에 따른 임차권등기가 본래의 담보적기능을 넘어서 채무자의 일반재산에 대한 강제집행을 보전하기 위한 처분의 성질을 가진다고 볼 수는 없다(대법원 2019. 5. 16. 선고 2017다226629 판결).

예제 20 전입일〉 확정일자〉 저당권설정일

임차인이 첫 경매개시결정등기 전에 주택임차권등기(2021. 8. 9.)를 경료하고 보증금에 관한 집행력 있는 판결정본에 기해 경매신청을 하였다. 임차인은 배당요구종기 이내에 배당요구신청서를 제출하였다. 실제 배당할 금액 3,300만원, 등기사항전부증명서상 권리와 임차인 정보는 아래와 같다.

구분	근저당(갑) 2020. 4. 13.	주택임차권(을) 전입: 2020. 3. 30. 확정: 2020. 4. 2.	가압류(병) 2021. 11. 29.	강제경매(을) 2021. 12. 8.
채권금액	100,000,000	120,000,000	770,000,000	120,110,500
우선순위		33,000,000		
인수 여부		87,000,000		

① 임차인은 말소기준권리(2020. 4. 13. 근저당설정)보다 앞서는 2020. 4. 2.(전입일과 확정일자 중 늦은 날) 우선변제권이 발생하였으므로 배당할 금액 3,300만원을 우선순위로 배당받는다. ② 임차인의 전입일이 말소기준권리보다 앞서므로 임차인의 미배당보증금 8,700만원은 매수인에게 인수된다.

저당권설정일〉전입일

근저당권자의 담보권실행으로 매각된 부동산의 실제 배당할 금액 1억3,200만원, 등기
사항전부증명서상 권리와 임차인 현황은 아래와 같다.

구분	근저당(갑) 2019. 10. 31.	강제경매(을) 2021. 11. 15.	주택임차권(병) 전입: 2019. 12. 23. 확정: 2019. 12. 3.	임의경매(갑) 2022. 6. 24.
채권금액	800,000,000	81,000,000	155,000,000	800,000,000
우선순위	132,000,000		소멸	

임차인의 전입일(2019. 12. 23.)은 말소기준권리(2019. 10. 31. 근저당)보다 늦다. ① 근
저당권자 갑에게 1억3,200만원을 우선순위로 배당한다. ② 임차인은 대항력이 없으므로
미배당보증금 1억5,500만원은 매수인에게 인수되지 않는다.

배당요구 하지 않은 임차인

선순위 가압류권자가 집행력 있는 판결정본에 기해 강제경매를 신청하였다. 실제 배당
할 금액 800만원, 등기사항전부증명서상 권리와 임차인 정보는 아래와 같다. 단 임차권자
는 강제경매기입등기 후에 임차권등기를 경료하고, 배당요구종기 이내에 배당요구 하지
않았다.

구분	가압류(갑) 2020. 9. 23.	가압류(을) 2021. 3. 30.	강제경매(갑) 2021. 6. 22.	주택임차권(병) 전입: 2020. 3. 23. 확정: 2020. 4. 3.
채권금액	40,000,000	10,000,000	42,352,394	170,000,000
안분배당	6,400,000	1,600,000		
인수 여부				170,000,000

① 임차인은 말소기준권리(2020. 9. 23.)보다 앞서 전입하였으므로 대항력이 있다. ② 전입일과 확정일자 중 늦은 날인 2020. 4. 3. 우선변제권을 갖추었으나 배당요구 하지 않았으므로 보증금 전액은 매수인에게 인수된다. 첫 경매기입등기 후에 임차권등기명령에 의한 임차권등기 절차를 마친 임차인은 배당요구종기 이내에 배당요구를 해야 배당을 받을 수 있다.

(4) 임차인의 대항력

임차인의 대항력이란 용익물권적권능이 아닌 담보물권적권능이다. 주택임차인이 주택을 인도받고 전입신고를 하여 대항력을 갖추었다면, 주택의 매매로 소유권이 변경되더라도 미배당보증금을 지급받을 때까지 매수인에게 임대차의 존속을 주장할 수 있다. 대항력이 있다는 의미는 종전 임대차의 효력을 주장할 수 있다는 데 불과할 뿐 경매절차에서 우선변제권까지 인정된다는 것은 아니다.

대항요건은 있지만 확정일자가 없는 임차인이 배당요구 한 경우에는 근저당권이나 우선변제권(전입+인도+확정일자)이 있는 임차인에게 먼저 배당하고 배당잔여금이 있는 경우에 일반채권자로 배당한다. 대항요건을 갖춘 임차인이 배당요구를 하지 않은 경우에는 매수인에게 보증금이 인수된다.

예제 23 **임차인A〉저당권자B〉임차인C**

신청채권자는 담보권의 실행으로 임의경매를 신청하였다. 실제 배당할 금액 1억8,000만원, 등기사항전부증명서상 권리와 임차인 현황은 아래와 같다. 임차인은 배당요구종기 이내에 배당요구를 하였다. 단 임차인들이 거주하는 지역(안산시)의 최우선변제권 적용 금액은 A와 C 모두 2,000만원이다.

구분	임차인(A) 전입: 2018. 10. 7. 확정: 없음	근저당(B) 2018. 11. 1.	임차인(C) 전입: 2019. 1. 2. 확정: 2001. 1. 2.	임의경매(B) 2021. 6. 12.
채권금액	40,000,000	100,000,000	55,000,000	100,000,000
소액보증금	20,000,000		20,000,000	0
선순위물권		100,000,000		
우선변제권			35,000,000	
최종배당액	20,000,000	100,000,000	55,000,000	

① 최선순위 담보권설정일(2018. 11. 1.) 이전의 주택임대차보호법을 적용받는다. 안산시의 경우 6,000만원 이내 2,000만원이 보호된다. 임차인 A와 C에게 각 2,000만원이 변제된다. ② 임차인 A는 말소기준권리보다 선순위이므로 미배당보증금 2,000만원은 매수인에게 인수된다. ③ 저당권자 B에게 1억원이 배당되고, 임차인 C에게 배당잔여금 4,000만원 중 3,500만원을 우선하여 배당된다. ④ 배당잉여금 500만원은 소유자에게 반환된다.

등기사항전부증명서의 권리사항에서 확인이 되지 않고, 집행관의 현황조사결과 주민등록정보 이외에 임대차관계의 내용을 알 수 없거나 경매절차가 진행 중인 사실을 점유자가 알지 못하여 권리신고와 배당요구를 하지 못하는 경우 배당을 받을 수 없다. 주택의 인도와 주민등록을 마친 주택임차인이 권리신고 및 배당요구신청서를 집행법원에 제출함으로써 비로소 민사집행법 제90조 제4호의 부동산 위의 권리자로서 그 권리를 증명한 자에 해당된다. 집행관의 현황조사결과 임차인으로 조사·보고되어 있는지 여부에 상관없이 스스로 집행법원에 그 권리를 증명하여 신고하지 아니한 이상 주택임차인은 이해관계인이 될 수 없다(대법원 1999. 8. 26. 자 99마 3792 결정).

예제 24 배당요구 하지 않은 대항력 있는 임차인

실제 배당할 금액 3억원, 등기사항전부증명서상 권리와 임차인 현황은 아래와 같다. 임차인은 확정일자 미상의 대항력 있는 임차인이다.

구분	임차인(갑) 전입: 2020. 3. 3.	가압류(을) 2021. 3. 5.	근저당(병) 2021. 4. 12.	강제경매(을) 2022. 4. 28.
채권금액	120,000,000	200,000,000	300,000,000	200,000,000
안분배당		120,000,000	180,000,000	
인수 여부	120,000,000			

① 임차인의 전입일은 말소기준권리인 가압류일자보다 앞서지만 확정일자를 갖추지 못하여 우선변제권이 없다. ② 근저당권자는 그보다 먼저 등기된 가압류권자에 대항하여 우선변제를 받을 권리는 없으나 가압류채권자와 채권금액에 안분 비례하여 평등하게 안분배당을 받는다. ③ 임차인은 전입일이 말소기준권리보다 앞서므로 미배당보증금 1억 2,000만원은 매수인에게 인수된다.

(5) 임금채권자의 우선특권

근로관계 종료가 경매개시결정 이전에 발생하는 경우라면 근로관계 종료 시점을 기준으로 소급하여 최종 3개월 사이에 발생한 임금 중 미지급분과 최종 3년간의 퇴직금에 대해 최우선변제권을 행사할 수 있다. 근로기준법상 우선변제권이 있는 임금채권자가 경매절차개시 전에 경매목적물을 가압류한 경우에는 배당요구의 종기까지 우선변제권 있는 임금채권임을 소명하지 않았다고 하더라도 배당표가 확정되기 전까지 그 가압류의 청구채권이 우선변제권 있는 임금채권임을 소명하면 우선배당을 받을 수 있다(대법원 2004. 7. 22. 선고 2002다52312 판결).

최종 3개월분의 임금은 배당요구 이전에 이미 근로관계가 종료된 근로자의 경우에는 근로관계 종료일부터 소급하여 3개월 사이에 지급사유가 발생한 임금 중 미지급분, 배당요구 당시에도 근로관계가 종료되지 않은 근로자의 경우에는 배당요구 시점부터 소급하여 3개월 사이에 지급사유가 발생한 임금 중 미지급분을 말한다. 그리고 최종 3년간의 퇴직금도 이와 같이 보아야 하므로, 배당요구종기일 이전에 퇴직금 지급사유가 발생하여야 한다(대법원 2015. 8. 19. 선고 2015다204762 판결). 판례의 입장에 따를 때 우선변제권이 인정되는 임금·퇴직금채권인지 여부를 판단하는 기준시점은 배당요구종기일이 된다(대법원 2015. 8. 19. 선고 2015다204762 판결). 후자의 경우 퇴직금 채권은 아직 발생하지 않았다. 따라서 퇴직금의 법적성격이 후불임금이라는 점을 고려할 때 배당요구종기일 이전에 근로를 제공한 부분에 대해서는 법적 평가를 받지 못하고 있다.

(6) 조세채권의 우선변제권

1) 첫 경매개시결정등기 전에 압류하지 아니한 조세권자는 배당요구의 종기까지 교부청구를 하여야만 배당을 받을 수 있다(대법원 2001. 11. 27. 99다22311 판결). 배당요구종기 이후 배당기일까지의 사이에 비로소 교부청구 된 세액은 배당할 수 없다. 교부청구는 이미 진행 중인 강제환가절차에 가입하여 체납된 조세의 배당을 요구하는 것으로서 강제집행에 있어서의 배당요구와 같은 성질의 것이다(대법원 2001. 11. 27. 99다22311 판결). 압류등기 이후에 발생한 체납세액과 담보권과의 우선순위를 가릴 때에는 각 체납세액의 법정기일과 담보권등기일의 선후를 비교하여 그 우선순위를 결정하여야 한다. 조세의 법정기일과 근저당권 등 담보물권의 설정등기일이 같으면 국세기본법 규정에 의하여 조세가 우선한다.

2) 참가압류의 효력은 압류의 경우와 마찬가지로 이미 발생한 체납세액은 물론 참가압류등기 후에 대상 부동산이 제3자에게 양도되기 전까지 발생한 체납액에 대하여도 미친다 할 것이고, 참가압류시 과세관청이 기 압류기관이나 체납자와 그 재산에 대하여 권리를 가진 제3자에 대하여 참가압류통지를 함에 있어 착오로 인하여 실제 체납세액보다 적게 기재하였다고 하더라도 기재된 세액에 한하여 그 효력이 미치는 것이라고 볼 수 없다(대법원 1994. 9. 13. 선고 94누1944 판결). 가산세는 본세의 법정기일이 아닌 가산세 자체의 법정기일을 기준으로 담보권과의 우선관계를 결정하여야 한다(대법원 1998. 9. 8. 선고 94누1944 판결).

3) 국세와 지방세의 경우는 국세의 법정기일 또는 지방세의 과세기준일, 납세의무성립일 기준에 따른다. 법정기일이 앞선 경우에는 그 부분에 관하여 우선배당 된다. 따라서 순환배당방법이 적용되어 후순위 안분배당액을 흡수한다.

실제 배당할 금액 1억원, 등기사항전부증명서상 권리는 아래와 같다. 압류(병)는 당해세가 아닌 조세이다.

구분		가압류(갑) 2019. 2. 20.	근저당(을) 2019. 2. 29.	압류(병) 2019. 3. 7.	가압류(정) 2019. 5. 6.
채권금액		80,000,000	40,000,000	60,000,000	20,000,000
안분(1단계)		40,000,000	20,000,000	30,000,000	10,000,000
흡수한도		40,000,000	20,000,000	30,000,000	10,000,000
흡수 (2단계)	①			10,000,000	-10,000,000
	②		20,000,000	-20,000,000	
	③	-40,000,000		40,000,000	
최종배당액		0	40,000,000	60,000,000	0

① 1단계는 채권자 갑, 을, 병, 정 네 명을 동순위로 보아 실제 배당할 금액을 각 채권금액을 기준으로 안분비례에 의한 평등배당을 한다.

② 2단계로 각 채권자들은 배당받지 못한 금액을 흡수한도로, 조세권자 병은 정에 우선하므로 정으로부터 1,000만원을 흡수하고, 저당권자 을은 조세권자 병에 우선하므로 병으로부터 2,000만원을 흡수하고, 조세채권자 병은 가압류권자 갑에 우선하므로 갑으로부터 4,000만원을 흡수한다.

③ 갑은 0원(=4,000만원-4,000만원), 을은 4,000만원(=2,000만원+2,000만원), 병은 6,000만원(=3,000만원+1,000만원-2,000만원+4,000만원), 정은 0원(=1,000만원-1,000만원)을 각 배당받게 된다.

1개 부동산에 대하여 체납처분의 일환으로 압류가 행하여졌을 때 그 압류에 관계되는 조세는 국세나 지방세를 막론하고 교부청구 한 다른 조세보다 우선하고 이는 선행압류조세와 후행압류조세 사이에도 적용되지만(압류선착주의), 이러한 압류선착주의 원칙은 공매대상 부동산 자체에 대하여 부과된 조세와 가산금(당해세)에 대하여는 적용되지 않는다(대법원 2007. 5. 10. 선고 2007두2197 판결).

(7) 주택임대차보증금에 대한 국세우선원칙 적용의 예외

경·공매시 국세와 저당권, 임대차보증금 등 변제 순서는 ① 국세법정기일과 저당권 설정일 등 권리설정일 중 빠른 것부터 변제됨, ② 해당 재산에 부과된 상속세, 증여세, 및 종합부동산세는 법정기일과 무관하게 우선 변제됨, ③ 주택임대차보증금의 확정일자보다 법정기일이 늦은 당해세의 우선변제순서에 대신하여 우선 변제됨(신설2022. 12. 31, 2023. 12. 31).

3. 소유권과 제한물권의 관계

제한물권이 소유권에 우선한다.

1) 소유권과 제한물권이 동일인에게 귀속하는 경우 제한물권이 소멸하는 것이 원칙이다. 예컨대, 지상권자가 토지소유권을 매매나 상속을 원인으로 취득한 경우 지상권은 혼동으로 소멸한다.

2) 본인 또는 제3자의 이익을 위하여 그 제한물권을 존속시킬 필요가 있다고 인정되는 경우에는 혼동으로 소멸하지 않는다. 예컨대, 어떤 부동산에 A는 순위 1번에 B는 2번에 근저당권자로 등기되어 있는 경우 B가 매매나 상속을 원인으로 소유권을 취득하는 경우 2번 근저당권은 소멸한다. 그러나 소유권과 제한물권이 동일인에게 귀속하더라도 본인의 이익 보호를 위해 제한물권을 존속시킬 필요가 있다.

배당절차

1. 배당순위

가. 의의

법원은 낙찰자가 집행법원이 통지한 매각대금 지급기일까지 매각대금을 납부하면 위해당 매각대금을 배당기일에 채무자를 대신하여 채권자들에게 배당하고, 남는 부분이 있으면 그 잉여를 소유자에게 교부한다. 낙찰자가 지정된 기일까지 대금납부를 하지 않아이 기간이 경과되면 매각대금에 가산금을 더하여 납부하여야 한다. 매각대금으로 채권자들의 채권을 만족시키기에 충분하지 않은 경우 민법·상법·민사소송법, 민사특별법 및국세징수법 등의 규정에 따라 배당순위가 정하여진다. 위 규정에 따라 우선변제권을 갖는 채권자는 자기채권의 만족을 구하기 위하여 집행법원에 배당요구의 종기까지 권리신고 및 배당요구신청서를 제출해야 배당받을 수 있다. 배당받을 채권자의 범위는 앞(제2장제1절)에서 설명한 바와 같이 민사집행법 제148조에 규정되어 있다.

나. 배당순위

배당표에는 각 채권자의 배당순위가 표시된다. 동일순위의 채권자가 여러 명인 때에는같은 번호로 표시된다.

제0순위: 비용변제

1) 집행비용: 각 채권자가 지출한 비용 전부가 포함되는 것이 아니라 배당재단으로부터

우선변제를 받을 집행비용만을 의미한다. 경매신청자가 선납한 집행비용은 모든 채권자의 공동의 이익을 위한 비용이다. 집행법원은 집행기록과 채권자가 제출한 채권계산서를 근거로 하여 직권으로 집행비용을 계산한다.

① 강제집행에 필요한 비용은 채무자가 부담하고 그 집행에 의하여 우선적으로 변상을 받는다(민사집행법 제53조 제1항). 집행비용은 집행권원 없이도 배당재단으로부터 각 채권액에 우선하여 배당받을 수 있다. 여기서 집행비용이란 각 채권자가 지출한 비용의 전부가 포함되는 것이 아니라 배당재단으로부터 우선변제를 받을 집행비용만을 의미한다(대법원 2011. 2. 10. 선고 2010다79565 판결). 이러한 집행비용에 해당하려면 강제집행을 직접목적으로 하여 지출된 비용으로서 강제집행의 준비 및 실시를 위하여 필요한 비용이어야 하고, 나아가 집행절차에서 모든 채권자를 위해 체당한 공익비용이어야 한다. 채권자가 현실적으로 지출한 비용이어도 당해 집행과 무관하거나 필요가 없는 것은 집행비용에 해당하지 않는다(대법원 2021. 10. 14. 선고 2016다201197 판결).

② 담보권실행을 위한 경매절차에서 경매신청 전 부동산의 소유자가 사망하였으나 상속인이 상속등기를 마치지 않아 경매신청인이 경매절차의 진행을 위해 상속인을 대위하여 상속등기를 마친 경우, 이를 위하여 지출한 비용은 집행비용이다(대법원 2021. 10. 14. 선고 2016다201197 판결). 그러나 이미 경매개시결정이 있는 부동산에 대하여 다시 강제경매신청을 한 경우(이중경매)에는 종전의 매각절차가 취소되거나 경매신청이 취하되지 않는 한 후의 경매신청비용은 모든 채권자의 공동이익을 위한 공익비용이 아니므로 우선배당 받을 집행비용이 아니다.

2) 목적부동산에 지출한 필요비와 유익비: 근저당이 설정된 후 근저당물을 취득한 제3취득자가 그 부동산의 보존·개량을 위하여 필요비 또는 유익비를 지출한 때에는 민법 제203조의 규정에 의하여 경매대금에서 우선지급을 받는다.

민법 제367조는 저당물의 제3취득자가 그 부동산의 보존, 개량을 위하여 필요비 또는 유익비를 지출한 때에는 제203조 제1항, 제2항의 규정에 의하여 저당물의 경매대가에서 우선상환을 받을 수 있다고 규정하고 있다. 이는 저당권이 설정되어 있는 부동산의 제3취득자가 저당부동산에 관하여 지출한 필요비, 유익비는 부동산 가치의 유지·증가를 위하여 지출된 일종의 공익비용이므로 저당부동산의 환가대금에서 부담하여야 할 성질의 비용이고 더욱이 제3취득자는 경매의 결과 그 권리를 상실하게 되므로 특별히 경매로 인한 매각대금에서 우선적으로 상환을 받도록 한 것이다. 저당부동산의 소유권을 취득한 자도 민법 제367조의 제3취득자에 해당한다. 제3취득자가 민법 제367조에 의하여 우선상환을 받으려면 저당부동산의 경매절차에서 배당요구의 종기까지 배당요구를 하여야 한다(민사집행법 제268조, 제88조). 위와 같이 민법 제367조에 의한 우선상환은 제3취득자가 경매절차에서 배당받는 방법으로 민법 제203조 제1항, 제2항에서 규정한 비용에 관하여 경매절차의 매각대금에서 우선변제 받을 수 있다는 것이지 이를 근거로 제3취득자가 직접 저당권설정자, 저당권자 또는 경매절차 매수인 등에 대하여 비용상환을 청구할 수 있는 권리가 인정될 수 없다. 따라서 제3취득자는 민법 제367조에 의한 비용상환청구권을 피담보채권으로 주장하면서 유치권을 행사할 수 없다(대법원 2023. 7. 13. 선고 2022다265093 판결).

제1순위: 최우선변제요건을 갖춘 소액보증금과 임금채권

1) 특별법상 소액임차인 보증금 중 일정액: 보증금 액수가 소액보증금에 해당하고, 첫 경매개시결정등기 전에 대항력을 갖춘 임차인이 배당요구의 종기까지 배당요구를 하고 대항력을 유지하면 배당받을 수 있다.

2) 최종 3개월분 임금 및 재해보상금, 최종 3년분의 퇴직금:

① 근로기준법 등에 따라 우선변제청구권을 갖는 임금채권자라고 하더라도 강제집행절차나 임의경매절차에서 배당요구의 종기까지 적법하게 배당요구를 하여야만 우선배당받을 수 있다(대법원 2015. 8. 19. 선고 2015다204762 판결).

② 최종 3개월분의 임금과 최종 3년간의 퇴직금에 해당하는 채권은 사용자의 총재산에 대하여 저당권에 의하여 담보된 채권, 조세 등에 우선하여 변제받을 수 있는 이른바 법정담보물권이다(대법원 2000. 9. 29. 선고 2000다32475 판결). 퇴직의 시기를 묻지 아니하고, 사용자로부터 지급받지 못한 최종 3개월분의 임금을 말한다 할 것이고, 반드시 사용자의 도산 등 사업폐지시부터 소급하여 3월 내에 퇴직한 근로자의 임금채권에 한정하여 보

호하는 취지는 아니다(대법원 1996. 2. 23. 선고 95다48650 판결).

③ 임금에 대한 지연손해금은 우선변제권을 인정할 수 없으므로 일반채권자와 안분배당을 한다.

④ 우선변제권을 가진 임금채권은 '체불임금'이다. 우선변제권이 있는 임금채권을 대신변제한 자는 채무자인 사용자에 대한 임금채권자로서 사용자의 총재산에 대한 강제집행절차나 임의경매절차가 개시된 경우에 배당요구의 종기까지 배당요구를 하여야 그 배당절차에서 저당권의 피담보채권이나 일반채권자보다 우선하여 변제받을 수 있다(대법원 1996. 2. 23. 선고 94다21160 판결). 체당금은 노동부장관이 당해 사업주에 대한 당해 근로자의 미지급임금 등의 청구권을 대위하게 된다. 근로기준법 제38조 제2항의 최종 3월분의 임금, 최종 3년간의 퇴직금(재해보상금은 체당금의 대상이 아니다.) 중 노동부장관이 상한액을 제한하여 일부만 대신 지급한 경우에는 잔여부분에 대한 당해 근로자의 임금 우선변제권과 노동부장관의 체당금에 대한 대위권에 기한 우선변제권이 병존하게 된다.

※ 체당금

체당금은 근로복지공단에서 체불임금을 대위변제 하고 사업주에게 구상권을 행사하는 압류채권이다. 임금채권보장제에 의해 근로자가 기업도산 등의 이유로 임금이나 퇴직금을 지급받지 못한 경우, 근로복지공단이 사업주를 대신하여 일정한 한도 내에서 우선적으로 지급해주는 돈이다. 소액체당금은 사업주가 근로자에게 미지급임금 등을 지급하라는 판결, 명령, 조정조서 또는 결정 등이 있는 경우에 지급된다.

제2순위: 당해세

당해세는 최우선순위의 임금채권과 소액임차인의 보증금을 제외하고는 어떠한 채권에 대하여도 우선한다. 당해세는 매각부동산 자체에 대하여 부과된 조세와 가산금이다. '그 재산에 대하여 부과된 지방세'라 함은 담보물권을 취득하는 자가 장래 그 재산에 대하여 부과될 것을 상당한 정도로 예측할 수 있는 것으로서 오로지 당해 재산을 소유하고 있는 것 자체에 담세력을 인정하여 부과되는 지방세만을 의미하는 것으로 보아야 한다(대법원

2002. 2. 8. 선고 2001다74018 판결). ① 집행목적물에 부과된 국세(상속세, 증여세, 재평가세)와 지방세(재산세, 자동차세, 종합부동산세, 도시계획세, 공동시설세) 및 그 가산금, ② 지방세에 대하여도 1995. 12. 6. 법률 제4995호로 당해세 우선의 규정을 두고 있다. 그래서 1996. 1. 1. 이전에 설정된 근저당권은 지방세에 우선한다.

제3순위: 성립순위(시간순서)에 의한 우선변제

1) 저당권, 전세권, 담보가등기, 임차권등기

2) 대항요건과 확정일자를 갖춘 임차인의 보증금채권

3) 당해세 이외의 조세

제4순위: 일반임금채권

최우선변제권을 가지는 임금채권은 1순위, 그 외 임금채권과 기타 근로관계로 인한 채권은 4순위로 배당된다.

제5순위: 저당권 등의 설정일보다 법정기일이 늦은 조세채권

저당권 등의 설정일보다 법정기일이 늦은 국세와 지방세 및 이에 대한 체납처분비용, 가산금 등의 징수금

제6순위: 국세 · 지방세의 다음 순위로 징수하는 공과금

1) 조세채권 이외의 채권이면서 국세징수법상의 체납처분의 예에 의하여 징수할 수 있는 채권을 통상 공과금이라고 부른다. 제세공과금 등의 체납으로 인한 압류도 법정기일과 근저당권의 설정일자를 비교하여 배당순위를 정한다. 단 같은 날인 경우에는 보험료가 우선한다. 국세와 지방세의 다음 순위로 징수되는 공과금 등과는 서로 간에 납부기한 중 시간이 빠른 순서로 배당순위를 정한다.

2) 국민건강보험법의 개정 시행일(2000. 7. 1.)부터 국민연금보험료 기타 국민연금법에 의한 징수금의 징수의 순위는 국민건강보험법 제73조 단서에 의하여 이미 납부기한이

도래한 경우에는 그 이후에 설정된 저당권에 대하여 우선한다고 할 것이다(대법원 2003. 11. 14. 선고 2003다27481 판결).

제7순위: 보통변제

1) 일반채권(집행권원을 요함), 가압류채권

2) 과태료와 국유재산법상의 사용료·대부료, 변상금채권

3) 벌금, 과료, 추징금, 과태료, 소송비용

4) 비용배상 또는 가납의 재판은 검사의 명령에 의해 집행한다.

배당순위표

배당순위	배당채권
0	· 집행비용 · 저당물의 제3취득자가 그 부동산의 보존·개량을 위해 지출한 유익비와 필요비
1	· 소액임차인의 보증금 중 일정액 · 최종 3개월분 임금채권 · 최종 3년간의 퇴직금 및 재해보상금
2	· 당해세: 집행목적물에 부과되는 국세, 지방세와 가산금 　- 국세(상속세, 증여세, 종합부동산세) 　- 지방세(재산세, 자동차세)
3	· 담보물권 즉 국세·지방세의 법정기일 전에 설정된 저당권·전세권에 의하여 담보되는 채권 · 대항요건과 확정일자를 갖춘 주택 또는 상가보증금의 보증금반환채권 · 임차권 등기된 주택 또는 상가보증금의 임차보증금반환채권 · 당해세 이외의 국세, 지방세(양도소득세, 취득세 등)
4	· 최우선변제 대상인 최종 3개월의 임금 등을 제외한 임금, 퇴직금 · 기타 근로관계로 인한 채권
5	· 저당권 등의 설정일보다 법정기일이 늦은 조세채권
6	· 국세·지방세의 다음 순위로 징수하는 공과금(납부기한이 저당권, 전세권 설정등기일 후인 고용보험료 및 산업재해보상보험료, 국민건강보험료, 개발부담금, 장애인고용부담금 등)
7	· 일반채권(일반채권자의 채권과 재산형·과태료 및 국유재산법상의 사용료·대부료·변상금채권, 건축법상의 이행강제금채권) · 대항요건만 갖추고 확정일자 없는 임차인 · 가압류채권

다. 조세채권의 배당순위

1) 당해세는 2순위로 배당되며, 조세채권은 압류일이 아닌 법정기일 기준으로 배당순위가 결정된다. 첫 경매기입등기 이전에 체납처분에 의한 압류등기가 마쳐진 경우 국가는 국세징수법 제56조에 의한 교부청구를 하지 않더라도 당연히 그 등기로써 민사소송법에 규정된 배당요구와 같은 효력이 발생하고, 부동산에 관한 경매개시결정이 등기된 뒤에 체납처분에 의한 압류등기가 마쳐진 경우에는 조세채권자인 국가로서는 경매법원에 배당요구의 종기까지 배당요구로써 교부청구를 하여야만 배당을 받을 수 있다(대법원 2002. 9. 27. 선고 2002다22212 판결).

2) 일반적으로 조세법상 '체납처분'이라 함은 국가 또는 지방자치단체가 스스로 납세자의 재산을 압류하여 거기에서 조세채권의 만족을 얻는 것을 목적으로 하는 일련의 행정절차로서 재산의 압류, 압류재산의 매각, 매각대금의 충당 및 분배의 총합체를 의미한다. 국세, 지방세, 관세 및 그 가산금과 체납처분비는 다른 공과금 기타 채권에 우선하는데, 이들 조세와 저당권·전세권의 피담보채권과의 우선순위는 조세의 법정기일과 설정등기일의 선후를 따져 결정하는 것이고, 조세는 원칙적으로 동순위로 그 사이에는 우선관계가 없으나 1개 부동산에 대하여 체납처분의 일환으로 압류가 행하여졌을 때 그 압류에 관계되는 조세는 국세나 지방세를 막론하고 교부청구 한 다른 조세보다 우선하게 된다(압류선착주의 원칙).

3) 낙찰기일 전의 신고금액을 초과하는 금액에 대하여도 위 압류등기상의 청구금액의 범위 내에서는 배당표작성 당시까지 제출한 서류와 증빙 등에 의하여 국가가 배당받을 체납세액을 조사하여 산정한다(대법원 2002. 1. 25. 선고 2001다11055 판결).

라. 공과금채권의 배당순위

1) 국민건강보험법에 의한 보험료와 그 밖의 징수금은 국세와 지방세를 제외한 다른 채권보다 우선하여 징수한다. 따라서 이들 보험료 등의 공과금이 압류등기를 기입한 때에는 항상 국세와 지방세보다 후순위이고, 우선변제의 요건을 갖춘 임차인이나 근저당권 등의 담보물권과는 그 순위를 다투게 된다.

2) 이들 공과금은 조세채권보다 항상 후순위이며, 국민건강보험법 등에 의한 보험료의 납부기한이 저당권 등의 설정일보다 선순위일 경우 이들 보험료는 저당권부채권보다 우선배당 받게 되고 후순위일 경우 저당권부채권이 우선배당 받는다.

3) 공과금에는 압류선착주의가 준용되지 않으므로 공과금 상호 간에는 압류를 먼저 한다고 해서 우선순위가 되지 않으며, 조세와의 관계에서도 먼저 압류한다고 해서 우선주의가 되지는 않는다(대법원 2008. 10. 23. 선고 2008다47732 판결).

마. 보증금채권의 배당순위

(1) 최우선변제권

생존권적 권리에 대한 특혜규정으로 사회복리적차원의 변제권이다. 소액임차인의 보증금 중 일정액, 최종 3개월분의 임금채권, 최종 3년간의 퇴직금이 이에 해당된다. 우선변제권 상호 간의 경합이 있는 경우에는, 소액보증금과 임금채권 및 재해보상금을 우선배당한 후 당해세에 배당된다. 근로복지공단의 체당금 및 근로자의 임금특권은 최우선변제가 되므로 해당 사건의 문서접수내역, 인수되는 권리와 금액을 확인해야 한다.

(2) 우선변제권

특별법에 의해 대항요건과 확정일자를 갖춘 임차인은 우선변제권을 가지므로 물권에 우선한다. 우선변제권 상호 간의 경합은 성립순위에 의해 배당된다. 임차인이 해당 부동산에 가압류집행을 한 경우 후순위 권리자와 동순위로 배당받는다.

바. 임금채권의 배당순위

임금채권은 최우선순위로 배당되며 미배당임금은 매수인에게 인수되지 않는다. 근로복지공단은 통상 각종 보험금이 체납되는 경우 압류등기를 한다. 즉 근로복지공단은 근로자 등에게 체불임금을 먼저 지급하고 대위변제에 따른 금액을 구상금으로 하여 채무자의 재산을 압류하고 변제를 요구한다. 따라서 근로복지공단의 체당금에 관한 압류채권은 최우선변제권을 가진 임금채권과 동순위로 취급된다.

임금채권자가 사용자 소유 수 개의 부동산으로부터 동시에 배당받았다면 다른 부동산의 경매대가에서 변제를 받을 수 있었던 금액의 한도 안에서 선순위자인 임금채권자를 대위하여 다른 부동산의 경매절차에서 우선하여 배당받을 수 있다(대법원 2002. 12. 10. 선고 2002다48399 판결).

2. 배당집행

가. 배당집행 여부의 결정

집행법원은 각 채권자들이 제출한 채권계산서와 채권, 배당요구액을 비교 검토한 후 매각대금과 비교하여 배당의 집행여부를 결정한다. 후순위 저당권자가 경매신청을 하고, 매각이 된 후 신청채권자에게 배당될 금액이 없는 경우에는 집행법원이 경매를 취소한다.

나. 배당기일의 지정 및 통지

낙찰자가 매각대금을 납부하면 법원은 3일 이내에 배당에 관한 진술 및 배당을 실시할 기일을 지정하되, 배당기일은 대금납부 후 4주일 이내의 날로 정하도록 되어 있다. 배당기일이 정해지면 이해관계인과 배당요구채권자들에게 이를 통지하여 소환하여야 한다. 이러한 통지는 민사집행법에 의한 통지이므로 생략해서는 안 된다. 어느 채권자에 대한 통지의 누락은 그 채권자의 권리를 침해하는 절차적 하자가 되기 때문이다. 배당기일이 지정되면 법원사무관 등은 민사집행규칙 제81조에 따라 각 채권자에게 채권의 원금, 배당기일까지의 이자, 그 밖의 부대채권 및 집행비용을 적은 채권계산서를 1주일 안에 제출할 것을 최고하여야 한다.

다. 배당을 위한 채권계산서 제출

1) 배당기일 통지의 채권계산서 제출 최고에 따라 이해관계인과 배당요구채권자들로부터 채권계산서를 접수한다. 채권계산서 제출의 최고는 채권의 원금, 배당기일까지의 이자, 그 밖의 부대채권(지연손해금, 소송비용 등) 및 집행비용을 적는다.

2) 이자채권에 대하여는 배당기일까지의 이자를 계산하여 제출하면 배당한다. 매각기일 이전의 채권계산서에 이자에 관한 언급 없이 매각기일 후에 청구하는 것은 허용되지 않는다. 근저당권의 피담보채권이 확정되기 전에 발생한 원본채권에 관하여 확정 후에 발생하는 이자나 지연손해금 채권은 채권최고액의 범위 내에서 근저당권에 의하여 여전히 담보되는 것이다(대법원 2007. 4. 26. 선고 2005다38300 판결). 강제경매에 있어서 채권의 일부청구를 한 경우에 그 경매절차 개시를 한 후에는 청구금액의 확장은 허용되지 않고 그 후에 청구금액을 확장하여 잔액의 청구를 하였다 하여도 배당요구의 효력밖에는 없다(대법원 1983. 10. 15. 자 83마393 결정).

3) 채권자가 제출한 채권계산서는 배당요구의 종기까지 제출된 것만을 배당의 기초로 삼는다. 채권계산서의 제출은 배당요구의 종기 이후에 제출한 것이므로 배당요구의 효력은 없다. 배당표 작성의 준비행위로 배당기일까지의 채권변동내역을 확인하는 데 의미가 있다.

4) 채권자가 배당기일 3일 전까지 채권계산서를 제출하지 않으면 법원은 배당요구신청서, 등기사항전부증명서, 부동산 위의 권리자로서 그 권리를 증명하는 자, 기타 집행기록의 서류와 증빙에 의해 채권액을 계산한다. 이 경우에 채권자는 낙찰기일 이후에 법원이 계산한 채권액을 보충하지 못한다.

5) 법원이 계산근거로 사용한 서류와 증거에 잘못이 있거나 채권액이 실제보다 소액으로 계산된 경우에도 채권액의 증액 및 보충이 불가하다. 그러나 제출기간 후에라도 경매신청서나 배당요구신청서의 금액을 감액하는 것은 허용된다.

라. 배당표 작성

낙찰자가 매각대금을 납부하면 법원은 배당할 금액의 명세를 밝히고 그 합계액을 표시한 배당표를 작성하여 배당을 실시한다. 법원은 각 채권자들이 제출한 채권계산서와 집행기록에 편철된 서류(경매신청서, 권리신고 및 배당요구신청서)를 근거로 배당표를 작성한다. 각 채권자는 민법·상법 그 밖의 법률에 의한 우선순위에 따라 배당순위가 정해진다.

배당순위는 번호로 표시하며, 동순위의 채권자가 여러 명인 경우에는 같은 번호로 표시한다. 채권계산서는 첫 매각기일 전(배당요구의 종기)까지 제출된 것만을 배당의 기초로 삼는다. 법원은 배당기일 3일 전까지 배당표 원안을 작성하여 이를 법원에 비치하고 각 채권자와 소유자 및 채무자가 열람할 수 있도록 한다.

마. 배당재단(배당할 금액)

배당할 금액에는 매각대금, 보관금이자, 전 보증금의 몰수금 등을 합산하고 집행비용을 공제한 금액이 이에 해당한다.

1) 매각대금: 입찰보증금과 매각잔금
2) 매수인이 재매각명령이 있은 후 매각기일 이전에 매각대금을 납부하는 경우 매수인이 납부하는 매각잔금에 대한 지연이자
3) 채무자 또는 소유자의 항고가 기각된 때 항고보증금
4) 낙찰자의 항고가 기각된 때 그가 항고보증금으로 제공한 금액 중 반환을 구하지 못한 지연이자
5) 대금지급의무를 이행하지 않은 전 낙찰자의 입찰보증금

바. 상계신청

배당받을 채권자가 당해 물건의 매수인이면 매각결정기일까지 자기에게 확정된 배당액과 매각대금을 동일한 금액으로 상계할 수 있다. 상계한 금액에 대하여는 배당금교부의 효력이 발생한다. 잔금납부금액이 배당되는 금액보다 많을 때에는 그 차액을 납부한다. 상계할 매수인의 채권에 대하여 이의가 있는 때에는 이의가 있는 채권액에 상당하는 대금을 지급하거나 담보를 제공하여야 한다. 대금지급이 없거나 담보의 제공이 없으면 재매각을 실시한다. 그래서 대체적으로 채권자가 매수자일 경우에는 잔금납부일과 배당기일을 같은 날 같은 시간으로 정한다.

사. 배당의 확정

(1) 배당표 원안의 작성 및 비치

법원은 배당표의 확정을 위하여 미리 배당표의 원안을 작성하여 이해관계인이 열람할

수 있도록 배당기일 3일 전에 비치하여야 한다.

(2) 배당표의 확정

배당기일에 출석한 배당요구채권자와 이해관계인에게 배당표 원안을 열람시켜 그들의 의견을 듣고, 즉시 조사할 수 있는 서증을 조사하고, 이에 기하여 배당표 원안에 추가·정정할 것이 있으면 추가·정정하고, 이의가 없을 때 배당표를 확정한다. 배당표 원안이 있으나 배당기일에 출석한 채권자와 이해관계인의 합의가 있을 때에는 법원은 이에 따라 배당표를 수정하여 작성해야 한다. 배당표에 대하여 이의가 있으면 그 부분에 한하여 배당표는 확정하지 아니한다. 배당표에는 매각대금, 각 채권의 원금, 이자, 비용, 배당의 순위와 배당의 비율을 기재한다.

(3) 배당금 집행

각 채권자들이 이의가 없는 경우와 배당이의와 관계없는 채권자에 대하여는 배당표가 확정되어지고 그에 따라 배당금이 지급된다. 배당기일에 출석하지 아니한 채권자에 대한 배당금은 공탁된다. 채권금액에 정지조건이나 불확정기한이 붙은 채권(미확정채권=가압류채권)에 대한 배당금은 공탁된다. 위의 공탁금은 공탁사유가 소멸하게 되면 공탁금을 지급하거나 공탁금에 대한 배당을 실시하며, 미확정채권이 이후에 변동되거나 확정되면 배당표를 바꾸어 재배당을 실시하게 된다.

(4) 잉여금의 처리

배당받을 수 있는 각 채권자의 채권에 배당하고도 남은 잉여금이 있을 경우에는 소유자에게 지급하여야 한다. 소유자의 배당잉여금이 다른 채권자에 의하여 압류, 가압류된 경우에는 소유자에게 지급할 수 없다.

배당이의의 소

1. 서설

1) 배당기일에 출석한 채무자 및 각 채권자는 집행법원에 비치된 배당표 원안의 작성, 확정, 및 실시와 다른 채권자의 채권 또는 그 채권의 순위에 대하여 이의할 수 있다. 배당표에 대한 이의가 있으면 그 이의 부분에 한하여 배당표는 확정되지 아니한다. 배당표에 이의가 없으면 이의가 없는 부분에 한하여 배당이 실시된다. 배당표에 대하여 이해관계인이나 배당요구채권자의 이의가 없어 그대로 확정되면 법원 및 각 채권자와 채무자는 이에 기속된다. 출석한 이해관계인과 배당을 요구한 채권자가 합의한 때에는 이에 따라 배당표를 작성하여야 한다.

2) 채무자가 작성된 배당표에 대하여 이의하는 경우, 집행력 있는 집행권원의 정본을 가지지 아니한 채권자에 대하여는 배당이의의 소를 제기하여야 하고, 집행력 있는 집행권원의 정본을 가진 자에 대하여는 청구이의의 소를 제기하여야 한다(대법원 2015. 4. 23. 선고 2013다86403 판결). 집행권원의 문제일 경우에는 소의 형태가 배당이의의 소가 아닌, 민사집행법 제44조에서 규정하고 있는 청구이의의 소를 통해서만 가능하다.

2. 당사자 적격

민사집행법 제151조에서는 배당기일에 출석한 자에 한하여 1주일 이내에 배당이의를 하도록 규정하고 있고 그렇지 않은 경우 예외 없이 배당이의의 소를 제기할 권한조차 인정되지 않는다. 형식적 경매의 경우 배당요구나 배당이의를 할 수 없다는 점 외에 인수주의를 채택하고 있다는 점도 낙찰자에게 주의를 요하는 대목이다.

(1) 원고로서 당사자 적격이 있는 자

배당이의를 할 수 있는 자는 배당기일에 출석하여 배당이의를 한 자에 한하므로 배당기일에 출석하지 않았거나 출석하였더라도 구두로 이의를 하지 않은 경우 배당이의 소를 제기할 수 없다. 배당이의 소의 원고적격이 있는 자는 배당기일에 출석하여 배당표에 대한 실체상의 이의를 신청한 채권자 또는 채무자에 한하고, 제3자 소유의 물건이 채무자의 소유로 오인되어 강제집행 목적물로서 경락된 경우에도 그 제3자는 경매절차의 이해관계인에 해당하지 아니하므로 배당기일에 출석하여 배당표에 대한 실체상의 이의를 신청할 권한이 없으며, 그 제3자에게 배당이의 소를 제기할 원고적격이 없다(대법원 2002. 9. 4. 선고 2001다63155 판결).

(2) 배당기일에 실제로 출석하여 배당이의를 한 채권자

민사소송법상 당사자는 변론기일에 직접 출석하지 않더라도 기일 이전에 이미 준비서면을 제출하고 동 서면이 상대방에게 송달되면 출석여부와 무관하게 진술한 것으로 간주된다(민사소송법 제148조). 그러나 배당이의 절차에서는 이와 달리 채무자를 제외하고는 민사집행법 제151조 제1항에 따라 배당기일에 실제로 출석하여 배당이의를 구두로 하여야 하고, 배당기일에 출석하지 않을 경우 진술간주가 되지 않는다. 다만 민사집행법 제151조 제2항에서 배당기일이 끝날 때까지 서면으로 이의할 수 있도록 규정되어 있다. 배당기일에 출석하지 않은 채권자는 배당표 원안과 같이 배당을 실시하는 데 동의한 것으로 본다.

(3) 지급명령 채권자의 적법한 배당이의 요건

지급명령신청 이후 확정시까지 어느 정도의 시차가 존재하고 그 기간 동안에 배당요구의 종기가 도과될 경우 배당요구의 종기까지 일단 지급명령을 신청하였다는 신청서와 송달증명원만을 제출하고 그 후에 지급명령정본 등을 제출하면 하자가 치유되지만, 배당요구의 종기까지는 지급명령정본 등이 제출되어야 한다(대법원 2014. 4. 30. 선고 2012다96045 판결).

⑷ 배당요구 할 수 있는 가압류권자의 요건

배당요구를 할 수 있는 가압류권자의 최소한의 요건은 배당요구종기까지 가압류결정 및 집행, 즉 등기까지 완료한 자에 한한다. 경매개시결정등기 이전에 등기된 가압류권자는 배당기일에 배당이의를 하지 않더라도 부당이득반환청구까지 할 수 있다. 그러나 경매개시결정을 받은 이후에 가압류결정을 받은 경우에는 배당요구종기 이전에 가압류집행뿐만 아니라 가압류등기까지 경료되어야 비로소 가압류권자로서 배당요구를 할 수 있다. 다른 배당요구채권자와 동일하게 배당요구종기까지 배당요구 하여야 하고, 배당이의를 하여야만 배당이의 소송을 제기할 수 있다(대법원 2003. 8. 22. 선고 2003다27696 판결).

3. 제소기간

배당이의 소는 배당기일에 이의를 한 후 배당일로부터 1주일 이내에 제기되어야 하고, 이 경우 소제기만으로는 부족하고 더불어 소제기증명원까지 제출되어야 비로소 효력이 있고, 이와 같은 배당이의를 하고 소제기가 되면 배당절차는 중지되고 배당금은 공탁된다. 배당에 대한 이의신청을 한 채권자가 기한 내에 소제기증명을 제출하지 않거나 제출기한을 경과한 이후에 제출한 경우에는 배당이의를 철회한 것으로 본다. 배당이의 철회는 서면 또는 구술로도 할 수 있다. 채무자가 배당절차에서 배당이의를 하고 배당이의의 소가 아닌 청구이의의 소를 제기한 경우라면 통상의 경우를 고려하여 강제집행정지결정문까지 배당이의 기일 1주일 이내에 제출하여야 한다. 그중 어느 하나라도 제출하지 않으면, 집행법원으로서는 채권자에게 당초 배당표대로 배당을 실시한다(대법원 2011. 5. 26. 선고 2011다16592 판결).

4. 소의 이익

배당이의는 자기보다 후순위 채권자들에 대하여 이의를 진술할 수 없고, 이의진술자의 배당금액이 증가하는 경우에 한한다. 배당금액이 모든 채권자들에게 만족되는 경우에는 모든 채권자들이 이의를 할 수 없다. 채권자가 배당이의의 소를 제기하기 위해서는 그 이의가 인용되면 자기의 배당액이 증가되는 경우여야 소의 이익이 있다고 할 것이다(대법원 2010. 10. 14. 선고 2010다39215 판결). 피고에 대한 배당이 위법하다 할지라도 그로 인하여 원고에게 배당할 금액이 증가하는 것이 아니라면 이러한 사유는 배당액의 증가를 구하는 배당이의의 소의 사유로 삼을 수 없다(대법원 1994. 1. 25. 선고 92다50270 판결).

5. 배당이의의 소

강제집행의 배당절차에서 이의가 완결되지 아니한 때, 이의를 신청한 채권자가 이의에 관하여 이해관계를 가지고 또는 이의를 정당하다고 인정하지 않는 다른 채권자를 상대로 이의를 주장하기 위해 제기하는 소송이다. 이 소는 배당절차에 있어서 배당의 실시를 막는 데 필요 불가결한 수단이다.

가. 첫 변론기일 원고 불출석시 소 취하 간주의 특칙

민사집행법 제158조에서는 배당이의 소송에서 소를 제기한 원고가 최초 변론기일에 불출석한 경우에는 소를 취하한 것으로 간주한다고 규정하고 있다. 일반 민사소송에서 2회 기일 불출석, 1개월 이내 기일지정신청이 없는 경우 소 취하로 간주한다는 규정보다 엄격하여 배당이의 소송을 조기 확정하려는 것으로 보인다.

나. 증명책임

배당이의 사유에 관한 증명책임도 일반 민사소송에서의 증명책임분배의 원칙에 따라야 하므로, 원고가 피고의 채권이 성립하지 아니하였음을 주장하는 경우에는 피고에게 채권의 발생원인사실을 증명할 책임이 있고, 원고가 그 채권이 통정허위표시로서 무효라거나 변제에 의하여 소멸되었음을 주장하는 경우에는 원고에게 그 장애 또는 소멸사유에 해당하는 사실을 증명할 책임이 있다(대법원 1997. 11. 14. 선고 97다32178 판결). 채권자가 제기한 배당이의의 소에서 승소하기 위해서는 피고의 채권이 존재하지 아니함을 주장·증명하는 것만으로 충분하지 아니하고 원고 자신이 피고에게 배당된 금원을 배당받을 권리가 있다는 점까지 주장·증명하여야 한다(대법원 2015. 4. 23. 선고 2014다53790 판결). 근저당권설정등기가 되어 있다고 하더라도 근저당권 존재 사실에 관하여는 저당권자에게 증명책임이 존재한다(대법원 2009. 12. 24. 선고 2009다72070 판결).

다. 청구원인

배당이의는 배당받은 각 채권자의 채권의 존부 및 범위, 배당순위에 대한 것이지 배당액에 대한 것이 아니므로 배당이의의 소에 있어서 피고의 채권액이 그 받은 배당액보다 많다고 하더라도 배당의 기초가 된 채권액(배당요구액)에 대하여 다툼이 있고, 그 채권액이 줄어들 경우 민사집행법상의 배당법리에 따라 배당하면 결과적으로 배당액이 줄어들 경우에는 배당이의를 할 수 있다. 한편 배당이의의 소에 있어서 원고는 배당기일 후 그 사실심변론종결시까지 발생한 사유를 이의사유로 주장할 수 있으므로, 배당기일 후 배당이의 소송 중에 가압류채권자의 채권액이 변제 등의 사유로 일부 소멸하여 그 잔존채권액이 그 가압류청구금액에 미달하게 된 경우에도 이를 이의사유로 주장할 수 있다(대법원 2007. 8. 23. 선고 2007다27427 판결). 배당이의 사유를 어떤 시점까지 볼 것인가에 관하여 대법원은 배당기일이 아니라 배당이의 소송 '사실심변론종결시'까지 발생한 사유까지 고려해야 한다고 한다.

채권자가 제기하는 배당이의의 소는 대립하는 당사자인 채권자들 사이의 배당액을 둘러싼 분쟁을 해결하는 것이므로, 그 소송의 판결은 원·피고로 되어 있는 채권자들 사이에서 상대적으로 계쟁배당부분의 귀속을 변경하는 것이어야 하고, 따라서 피고의 채권이 존재하지 않는 것으로 인정되는 경우 계쟁배당부분 가운데 원고에게 귀속시키는 배당액을 계산함에 있어서 이의신청을 하지 아니한 다른 채권자의 채권을 참작할 필요가 없다(대법원 2001. 2. 9. 선고 2000다41844 판결). 다만 그 이후 선순위 채권자가 배당이의 소송에서 승소한 후 후순위 채권자를 상대로 부당이득반환청구를 하는 것은 별개의 문제이다.

배당이의의 소의 원고적격은 채무자 또는 배당기일에 출석하여 배당표에 대하여 이의를 진술한 채권자에 한하여 인정되나, 담보권실행을 위한 경매에서 경매목적물의 소유자는 위 채무자에 포함된다. 이때 채권자는 자기의 이해에 관계되는 범위 안에서만 다른 채권자를 상대로 채권의 존부·범위·순위에 대하여 이의할 수 있으나(민사집행법 제151조 제3항), 채무자나 소유자는 이러한 제한이 없으며(민사집행법 제151조 제1항), 채무자나 소유자가 배당이의의 소에서 승소하면 집행법원은 그 부분에 대하여 배당이의를 하지 아니한 채권자를 위하여서도 배당표를 바꾸어야 하므로(민사집행법 제161조 제2항 제2호), 채무자나 소유자가 제기한 배당이의의 소는 피고로 된 채권자에 대한 배당액 자체만이 심리대상이어서, 원고인 채무자나 소유자는 피고의 채권이 존재하지 아니함을 주장·증명하는 것으로 충분하고, 자신이 피고에게 배당된 금원을 배당받을 권리가 있다는 점까지 주장·증명할 필요는 없다. 따라서 채무자나 소유자가 배당이의의 소를 제기한 경우의 소송목적물은 피고로 된 채권자가 경매절차에서 배당받을 권리의 존부·범위·순위에 한정되는 것이지, 원고인 채무자나 소유자가 경매절차에서 배당받을 권리까지 포함하는 것은 아니므로, 제3자가 채무자나 소유자로부터 위와 같이 배당받을 권리를 양수하였더라도 배당이의 소송이 계속되어 있는 동안에 소송목적인 권리 또는 의무의 전부 또는 일부를 승계한 경우에 해당된다고 볼 수는 없다(대법원 2023. 2. 23. 선고 2022다285288 판결).

6. 배당요구와 부당이득반환청구의 관계

1) 확정된 배당표에 의하여 배당을 실시하는 것은 실체법상의 권리를 확정하는 것이 아니므로, 배당을 받아야 할 채권자가 배당을 받지 못하고 배당을 받지 못할 자가 배당을 받은 경우에는 배당을 받지 못한 채권자로서는 배당에 관하여 이의를 한 여부에 관계없이 배당을 받지 못할 자이면서도 배당을 받았던 자를 상대로 부당이득반환청구권을 갖는다. 이로 인하여 손해를 입은 사람은 그 배당이 잘못되지 않았더라면 배당을 받을 수 있었던

사람이지 이것이 다음순위의 배당을 받을 수 있는 사람이 있는 경우에도 채무자에게 귀속된다고 할 수 없다(대법원 2000. 10. 10. 선고 99다53230 판결).

2) 배당이의의 소의 당사자가 아닌 배당요구채권자가 배당이의의 소의 판결에 기하여 경정된 배당표에 의하여 배당을 받은 다른 채권자를 상대로 하여 배당이 잘못되었다는 이유로 부당이득반환청구를 하는 경우에도 그대로 적용되는 것으로 보아야 한다(대법원 2007. 3. 29. 선고 2006다49130 판결).

3) 배당절차에서 권리 없는 자가 배당을 받아갔다면 이는 법률상 원인 없이 부당이득을 한 것이라고 할 것이나 이로 인하여 손해를 입은 사람은 그 배당이 잘못되지 않았더라면 배당을 받을 수 있었던 사람이지 이것이 다음 순위의 배당을 받을 수 있는 사람이 있는 경우에도 채무자에게 귀속된다고 할 수 없다(대법원 2000. 10. 10. 선고 99다53230 판결).

4) 실체적 하자 있는 배당표에 기한 배당으로 인하여 배당받을 권리를 침해당한 자는 원칙적으로 배당기일에 출석하여 이의를 하고 배당이의의 소를 제기하여 구제받을 수 있고, 가사 배당기일에 출석하여 이의를 하지 않음으로써 배당표가 확정되었다고 하더라도, 확정된 배당표에 의하여 배당을 실시하는 것은 실체법상의 권리를 확정하는 것이 아니기 때문에 부당이득금반환청구의 소를 제기할 수 있지만, 배당표가 정당하게 작성되어 배당표 자체에 실체적 하자가 없는 경우에는 그 확정된 배당표에 따른 배당액의 지급을 들어 법률상 원인이 없는 것이라고 할 수 없다(대법원 2002. 10. 11. 선고 2001다3054 판결).

5) 배당을 받아야 할 자가 배당을 받지 못하고 배당을 받지 못할 자가 배당을 받은 경우에는 배당에 관하여 이의를 한 여부 또는 형식상 배당절차가 확정되었는가의 여부에 관계없이 배당을 받지 못한 우선채권자에게 부당이득반환청구권이 있다(대법원 2000. 10. 10. 선고 99다53230 판결).

6) 배당절차에서 부당이득반환청구권의 기본적인 요건은 배당표가 적법하게 작성되었더라도 배당받을 수 있었던 자가 배당표가 잘못 작성됨으로 인하여 배당을 받지 못한 경우 적법한 상태에서 자신이 배당받지 못한 금액을 청구하는 것인바, 아무리 배당이의 소송에서 승소하여 상대적 효력이 있다고 하더라도 승소한 자가 받을 수 있는 금원에 대하여 그 금액 역시 적법하게 생성되었을 때의 배당표와 다르다면 부당이득반환청구의 대상

이 되고 결국 적법한 배당절차라면 받을 수 있는 금액의 한도 내에서 자신보다 후순위 또는 동순위라고 하더라도 비율로 분할된 금액을 초과하여 배당된 다른 채권자에 대하여 부당이득반환청구를 할 수 있다.

7. 배당금지급가처분의 문제

보통 금액채권일 경우 가압류를 통하여, 특정물채권인 경우 가처분이라는 수단을 통해서 상대방의 재산에 보전처분을 한다. 본안 소송의 채권이 부당이득반환청구이기 때문에 간혹 금액채권이라고 오해하여 가압류를 하는 경우가 종종 있다. 그러나 본안소송에서의 청구취지는 금액채권이 아니라 배당금청구권의 양도를 요청하는 것이다(대법원 2001. 3. 13. 선고 99다26948 판결). 부당이득의 반환은 법률상 원인 없이 취득한 이익을 반환하여 원상으로 회복하는 것을 말하므로, 배당절차에서 작성된 배당표가 잘못되어 배당을 받아야 할 채권자가 배당을 받지 못하고 배당을 받을 수 없는 사람이 배당받는 것으로 되어 있을 경우, 배당금이 실제 지급되었다면 배당금 상당의 금전지급을 구하는 부당이득반환청구를 할 수 있지만 아직 배당금이 지급되지 아니한 때에는 배당금지급청구권의 양도에 의한 부당이득의 반환을 구하여야지 그 채권가액에 해당하는 금전의 지급을 구할 수는 없고, 그 경우 집행의 보전은 가압류에 의할 것이 아니라 배당금지급금지가처분의 방법으로 하여야 한다(대법원 2013. 4. 26. 자 2009마1932 결정).

제4장

임차인의 권리와 배당

주택임차인의 대항력과 배당 사례

1. 의의

1) 주택에 관하여 임대차계약을 체결한 임차인이 주택의 인도와 주민등록을 마친 때에는 그다음 날부터 제3자에 대하여 대항력이 생긴다. 이 경우 전입신고를 한 때에 주민등록이 된 것으로 본다(주택임대차보호법 제3조 제1항). 주택임대차보호법 제3조의 임차인이 주택의 인도와 주민등록을 마친 때에는 그 '익일부터' 제3자에 대하여 효력이 생긴다고 함은 익일 오전 0시부터 대항력이 생긴다는 취지이다(대법원 1999. 5. 25. 선고 99다9981 판결). 임차인의 대항력이란 용익물권적권능이 아닌 담보물권적권능이다. 이는 양수인을 위한 양도담보계약상의 채무로서 그 내용은 임차인이 목적건물을 점유하면서 주민등록의 유지 또는 임차권등기를 실행하여야 할 임차인에게 주어진 주택임대차보호법상의 대항력을 말한다. 대항력이 있다는 의미는 임대인인 소유자가 바뀌더라도 임차인이 신소유자에 대하여 종전 임대차의 효력을 주장할 수 있다는 데 불과할 뿐, 경매절차에서의 우선변제권까지 인정된다는 것은 아니다.

2) 주택임대차보호법 제3조 제1항에서 정한 대항요건인 '주택의 인도'는 임차목적물인 주택에 대한 점유의 이전을 말한다. 이때 점유는 사회통념상 어떤 사람의 사실적 지배에 있다고 할 수 있는 객관적 관계를 가리키는 것으로서, 사실상의 지배가 있다고 하기 위해서는 반드시 물건을 물리적·현실적으로 지배할 필요는 없고, 물건과 사람의 시간적·공간적 관계, 본권관계, 타인의 간섭가능성 등을 고려해서 사회통념에 따라 합목적적으로 판단하여야 한다. 임대주택을 인도하는 경우에는 임대인이 임차인에게 현관이나 대문의

열쇠를 넘겨주었는지, 자동문 비밀번호를 알려주었는지, 이사를 할 수 있는지 등도 고려하여야 한다(대법원 2017. 8. 29. 선고 2017다212194 판결).

3) 주택의 인도와 더불어 대항력의 요건으로 규정하고 있는 주민등록은 거래의 안전을 위하여 임차권의 존재를 제3자가 명백히 인식할 수 있게 하는 공시방법으로 마련된 것으로서, 주민등록이 어떤 임대차를 공시하는 효력이 있는지 여부는 그 주민등록으로 제3자가 임차권의 존재를 인식할 수 있는가에 따라 결정된다고 할 것이므로, 주민등록이 대항력의 요건을 충족시킬 수 있는 공시방법이 되려면 단순히 형식적으로 주민등록이 되어 있다는 것만으로는 부족하고, 주민등록에 의하여 표상되는 점유관계가 임차권을 매개로 하는 점유임을 제3자가 인식할 수 있는 정도는 되어야 한다(대법원 2000. 2. 11. 선고 99다59306 판결).

4) 주택도시기금을 재원으로 하여 저소득층 무주택자에게 주거생활안정을 목적으로 전세임대주택을 지원하는 법인이 주택을 임차한 후 지방자치단체의 장 또는 그 법인이 선정한 입주자가 그 주택을 인도받고 주민등록을 마쳤을 때에는 제1항을 준용한다. 중소기업기본법 제2조에 따른 중소기업에 해당하는 법인이 소속 직원의 주거용으로 주택을 임차한 후 그 법인이 선정한 직원이 해당 주택을 인도받고 주민등록을 마쳤을 때에는 제1항을 준용한다.

5) 달리 공시방법이 없는 주택임대차에 있어서 주택의 인도 및 주민등록이라는 대항요건은 그 대항력 취득시에만 구비하면 족한 것이 아니고 경매절차의 배당요구의 종기인 경락기일까지 계속 존속하고 있어야 하는데, 처음의 경락허가결정이 취소되어 신 경매를 하였거나 경락허가결정의 확정 후 최고가매수인이 경락대금을 납부하지 아니하여 재경매를 한 경우에 있어서, '배당요구의 종기인 경락기일'이라 함은 배당금의 기초가 되는 경락대금을 납부한 경락인에 대하여 경락허가결정을 한 마지막 경락기일을 말한다(대법원 2002. 8. 13. 선고 2000다61466 판결).

그리고 대항력 취득의 요건인 주민등록은 임차인 본인뿐 아니라 그 배우자나 자녀 등 가족의 주민등록도 포함된다(대법원 1996. 1. 26. 선고 95다30338 판결).

2. 임차인의 대항력

(1) 대항력과 동시이행의 항변

1) 대항력은 보증금을 반환받을 권리를 낙찰자에게 주장하는 것이고, 우선변제권은 경매절차에 참가하여 보증금을 반환받는 권리인 점에서 차이가 있다. 경매절차에서 순위에 따른 배당이 실시될 경우 보증금 전액을 배당받을 수 없는 때에는 보증금 중 경매절차에서 배당받을 수 있는 금액을 공제한 잔액에 관하여 경락인에게 대항하여 이를 반환받을 때까지 임대차관계의 존속을 주장할 수 있다.

2) 임차인이 경매절차에서 보증금상당의 배당금을 지급받을 수 있는 때, 즉 임차인에 대한 배당표가 확정될 때까지는 경락인에 대하여 임차주택의 명도를 거절할 수 있는바, 경락인의 임차주택의 명도청구에 대하여 임차인이 동시이행의 항변을 한 경우 동시이행의 항변 속에는 임차인에 대한 배당표가 확정될 때까지 경락인의 명도청구에 응할 수 없다는 주장이 포함되어 있는 것으로 볼 수 있다(대법원 1997. 8. 29. 선고 97다11195 판결).

3) 주택임대차보호법상의 대항력과 우선변제권의 두 가지 권리를 겸유하는 임차인이 우선변제권을 선택하여 임차주택에 대하여 진행되고 있는 매각절차에서 보증금 전액에 대하여 배당요구를 하였으나 그 순위에 따른 배당이 실시될 경우 보증금 전액을 배당받을 수 없었던 경우에 경락인에게 대항할 수 있는 보증금잔액은 보증금 중 경매절차에서 올바른 배당순위에 따른 배당이 실시될 경우의 배당액을 공제한 나머지 금액을 의미하는 것이지 임차인이 배당절차에서 현실로 배당받은 금액을 공제한 나머지 금액을 의미하는 것은 아니라 할 것이고, 따라서 임차인이 배당받을 수 있었던 금액이 현실로 배당받은 금액보다 많은 경우에는 임차인이 그 차액에 관하여는 과다 배당받은 후순위 배당채권자를 상대로 부당이득의 반환을 구하는 것은 별론으로 하고 경락인을 상대로 그 반환을 구할 수는 없다고 할 것이다(대법원 2001. 3. 23. 선고 2000다30165 판결). 그리고 위의 경우에 매수인에게 인수되는 보증금은 대항력 있는 보증금, 즉 보증금이 인상된 경우 후순위 담보권자나 가압류권자가 생기기 전까지 보증금을 한도로 함은 당연하다.

(2) 경매신청의 등기 및 최선순위설정

주택임대차보호법 제8조에 의하여 다른 담보물권자보다 우선변제를 받을 주택임차인은 제1항의 규정상, 그 임차주택에 대한 경매신청의 등기 전에 주택을 인도받고 전입신고를 마쳐야 한다(대법원 2001. 10. 30. 선고 2001다39657 판결). 후순위 저당권의 실행으로 목적부동산이 경락되어 그 선순위 저당권이 함께 소멸한 경우 비록 후순위 저당권자에게는 대항할 수 있는 임차권이더라도 소멸된 선순위 저당권보다 뒤에 등기되었거나 대항력을 갖춘 임차권은 함께 소멸하므로 이와 같은 경우의 경락인은 주택임대차보호법 제3조에서 말하는 임차주택의 양수인 중에 포함되지 않는다고 할 것이고, 따라서 임차인은 경락인에 대하여 그 임차권의 효력을 주장할 수 없다(대법원 1990. 1. 23. 자 89다카33043 결정).

(3) 주민등록이탈

주택의 임차인이 그 주택의 소재지로 전입신고를 마치고 그 주택에 입주함으로써 일단 임차권의 대항력을 취득한 후 어떤 이유에서든지 그 가족과 함께 일시적이나마 다른 곳으로 주민등록을 이전하였다면 이는 전체적으로나 종국적으로 주민등록의 이탈이라고 볼 수 있으므로 그 대항력은 그 전출 당시 이미 대항요건의 상실로 소멸되는 것이고, 그 후 그 임차인이 얼마 있지 않아 다시 원래의 주소지로 주민등록을 재전입하였다 하더라도 이로써 소멸되었던 대항력이 당초에 소급하여 회복되는 것이 아니라 그 재전입한 때부터 그와는 동일성이 없는 새로운 대항력이 재차 발생하는 것이다. 주택의 임차인이 임차권의 대항력을 취득하고 임대차계약서상에 확정일자를 갖춘 후 다른 곳으로 주민등록을 이전하였다가 재전입한 경우, 임차인이 재전입한 이후에 그 주택에 관하여 담보물권을 취득한 자보다 우선하여 보증금을 변제받을 수 있다(대법원 1998. 12. 11. 선고 98다34584 판결).

(4) 대항력배제

1) 근저당권자가 담보로 제공된 건물에 대한 담보가치를 조사할 당시 대항력을 갖춘 임차인이 그 임대차 사실을 부인하고 임차보증금에 대한 권리주장을 않겠다는 내용의 확인

서를 작성해 준 경우, 그 후 그 건물에 대한 경매절차에서 이를 번복하여 대항력 있는 임대차의 존재를 주장하여 그 임차보증금반환채권에 대한 배당요구를 하는 것은 특별한 사정이 없는 한 금반언 및 신의원칙에 위반되어 허용될 수 없다(대법원 1987. 6. 27. 선고 89다12211 판결).

2) 임차인이 작성한 무상임대차 확인서에서 비롯된 매수인의 신뢰가 매각절차에 반영되었다고 볼 수 있는 사정이 존재하는 경우에는, 비록 매각물건명세서 등에 건물에 대항력 있는 임대차관계가 존재한다는 취지로 기재되었더라도 임차인이 제3자인 매수인의 건물인도청구에 대하여 대항력 있는 임대차를 주장하여 임차보증금반환과의 동시이행의 항변을 하는 것은 금반언 또는 신의성실의 원칙에 반하여 허용될 수 없다(대법원 2016. 12. 1. 선고 2016다228215 판결).

⑸ 선순위 저당권과 대항력

1) 대항력의 요건을 갖춘 임차권보다 선순위의 근저당권이 있는 경우에는, 낙찰로 인하여 선순위 근저당권이 소멸하면 그보다 후순위의 임차권도 선순위 근저당권이 확보한 담보가치의 보장을 위하여 그 대항력을 상실하는 것이지만, 낙찰로 인하여 근저당권이 소멸하고 낙찰인이 소유권을 취득하게 되는 시점인 낙찰대금지급기일 이전에 선순위 근저당권이 다른 사유로 소멸한 경우에는, 대항력이 있는 임차권의 존재로 인하여 담보가치의 손상을 받을 선순위 근저당권이 없게 되므로 임차권의 대항력이 소멸하지 아니한다(대법원 2003. 4. 25. 선고 2002다70075 판결). 따라서 선순위 근저당권의 소멸로 인하여 임차권의 대항력이 존속하지 않는 것으로 알고 부동산을 낙찰받았으나, 그 이후 다른 사유(대위변제 등)로 인한 선순위 근저당권의 소멸로 인하여 임차권의 대항력이 존속하는 것으로 변경됨으로써 낙찰부동산의 부담이 현저히 증가하는 경우에는, 낙찰자로서는 민사소송법 제639조 제1항의 유추적용에 의하여 낙찰허가결정의 취소신청을 할 수 있다.

2) 후순위 저당권의 실행으로 목적부동산이 경락된 경우에는 선순위 저당권까지도 당연히 소멸하는 것이므로, 이 경우 비록 후순위 저당권자에게는 대항할 수 있는 임차권이라 하더라도 소멸된 선순위 저당권보다 뒤에 등기되었거나 대항력을 갖춘 임차권은 함께

소멸하는 것이고, 따라서 그 경락인에 대하여 그 임차권의 효력을 주장할 수 없다(대법원 1999. 4. 23. 선고 98다32939 판결).

(6) 대항력과 우선변제권의 상호관계

1) 임차인이 우선변제권을 선택하여 제1경매절차에서 보증금 전액에 대하여 배당요구를 하였으나 보증금 전액을 배당받을 수 없었던 때에는 경락인에게 대항하여 이를 반환받을 때까지 임대차관계의 존속을 주장할 수 있을 뿐이고, 임차인의 우선변제권은 경락으로 인하여 소멸하는 것이므로 제2경매절차에서 우선변제권에 의한 배당을 받을 수 없다(대법원 2001. 3. 27. 선고 98다4552 판결). 임차인이 임차주택의 경매당시 우선변제권을 행사하지 아니하였다 하더라도 그 임차보증금에 기한 대항력행사에 어떤 장애가 있다고 할 수 없다(대법원 1986. 7. 22. 선고 86다카466 판결).

2) 임차인은 주택임대차보호법상의 대항력과 우선변제권의 두 가지 권리, 즉 임차주택의 양수인에게 대항하여 보증금의 반환을 받을 때까지 임대차관계의 존속을 주장할 수 있는 권리와 보증금에 관하여 임차주택의 가액으로부터 우선변제를 받을 수 있는 권리를 겸유하고 있다고 해석되고, 이 두 가지 권리 중 하나를 선택하여 행사할 수 있다(대법원 1993. 12. 24. 선고 93다39676 판결).

(7) 임차권의 양도와 대항력

1) 대항력을 갖춘 주택임차인이 임대인의 동의를 얻어 적법하게 임차권을 양도하거나 전대한 경우에 있어서 양수인이나 전차인이 임차인의 주민등록 퇴거일로부터 주민등록법상의 전입신고기간 내에 전입신고를 마치고 주택을 인도받아 점유를 계속하고 있다면, 비록 위 임차권의 양도나 전대에 의하여 임차권의 공시방법인 점유와 주민등록이 변경되었다 하더라도 원래의 임차인이 갖는 임차권의 대항력은 소멸되지 아니하고 동일성을 유지한 채로 존속한다(대법원 1988. 4. 25. 선고 87다카2509 판결).

2) 주택임대차보호법 제3조의2 제7항에서 정한 금융기관이 임차인으로부터 보증금반환채권을 계약으로 양수하여 양수한 금액의 범위에서 우선변제권을 승계한 다음 경매절

차에서 배당요구를 하여 보증금 중 일부를 배당받은 경우, 주택임대차의 대항요건이 존속되는 한 임차인은 보증금반환채권을 양수한 금융기관이 보증금 잔액을 반환받을 때까지 임차주택의 양수인을 상대로 임대차관계의 존속을 주장할 수 있다(대법원 2023. 2. 2. 선고 2022다255126 판결).

⑻ 해당 부동산의 소유권변동과 대항력

1) 갑이 주택에 관하여 소유권이전등기를 경료하고 주민등록전입신고까지 마친 다음 처와 함께 거주하다가 을에게 매도함과 동시에 그로부터 이를 다시 임차하여 계속 거주하기로 약정하고 임차인을 갑의 처로 하는 임대차계약을 체결한 후에야 을 명의의 소유권이전등기가 경료된 경우, 제3자로서는 주택에 관하여 갑으로부터 을 앞으로 소유권이전등기가 경료되기 전에는 갑의 처의 주민등록이 소유권 아닌 임차권을 매개로 하는 점유라는 것을 인식하기 어려웠다 할 것이므로, 갑의 처의 주민등록은 주택에 관하여 을 명의의 소유권이전등기가 경료되기 전에는 주택임대차의 대항력 인정의 요건이 되는 적법한 공시방법으로서의 효력이 없고 을 명의의 소유권이전등기가 경료된 날에야 비로소 갑의 처와 을 사이의 임대차를 공시하는 유효한 공시방법이 된다고 할 것이며, 주택임대차보호법 제3조 제1항에 의하여 유효한 공시방법을 갖춘 다음 날인 을 명의의 소유권이전등기일 익일부터 임차인으로서 대항력을 갖는다(대법원 2000. 2. 11. 선고 99다59306 판결).

2) 경매절차에서 낙찰인이 주민등록은 되어 있으나 대항력은 없는 종전 임차인과의 사이에 새로이 임대차계약을 체결하고 낙찰대금을 납부한 경우, 종전 임차인의 주민등록은 낙찰인의 소유권취득 이전부터 낙찰인과 종전 임차인 사이의 임대차관계를 공시하는 기능을 수행하고 있었으므로, 종전 임차인은 당해 부동산에 관하여 낙찰인이 낙찰대금을 납부하여 소유권을 취득하는 즉시 임차권의 대항력을 취득한다(대법원 2002. 11. 8. 선고 2002다38361, 38378 판결).

3) 대항력과 우선변제권을 가진 임차인이 임차주택에 관한 경매절차에서 보증금에 대하여 배당요구를 함으로써 임대차계약이 해지되어 종료되고 그 주택이 경락된 이상, 그 경락인이 마침 임대인의 지위에 있던 종전 소유자이고 임차인은 후순위 권리자이어서 전

혀 배당을 받지 못한 채 계속하여 그 주택에 거주하고 있었다고 하더라도, 그 후 그 주택에 관하여 새로이 경료된 근저당권설정등기에 기한 경매절차에서 그 낙찰대금으로부터 우선변제를 받을 권리는 없고, 다만 경락인에 대하여 임차보증금을 반환받을 때까지 임대차관계의 존속을 주장할 수 있을 뿐이다(대법원 1998. 6. 26. 선고 98다2754 판결).

⑼ 증액한 보증금의 대항력

대항력을 갖춘 임차인이 저당권설정등기 이후에 임대인과 보증금을 증액하기로 합의하고 초과부분을 지급한 경우 임차인이 저당권설정등기 이전에 취득하고 있던 임차권으로 선순위로서 저당권자에게 대항할 수 있음은 물론이나 저당권설정등기 후에 건물주와의 사이에 임차보증금을 증액하기로 한 합의는 건물주가 저당권자를 해치는 법률행위를 할 수 없게 된 결과 그 합의 당사자 사이에서만 효력이 있는 것이고 저당권자에게는 대항할 수 없다고 할 수밖에 없으므로 임차인은 위 저당권에 기하여 건물을 경락받은 소유자의 건물 명도청구에 대하여 증액 전 임차보증금을 상환받을 때까지 그 건물을 명도할 수 없다고 주장할 수 있을 뿐이고 저당권설정등기 이후에 증액한 임차보증금으로써는 소유자에게 대항할 수 없다(대법원 1990. 8. 14. 선고 90다카11377).

3. 주거용 건물

1) 주택임차인이란 당해 주택을 주거용으로 사용·수익하기 위하여 임차한 자를 뜻하는 것이므로 임대차계약의 주된 목적이 주택을 사용·수익하려는 데 있는 것이 아니고 소액임차인으로 보호받아 기존 채권을 회수하려는 데에 있는 경우에는 주택임대차보호법상의 소액임차인으로 보호받을 수 없다(대법원 2015. 5. 8. 선고 2001다14733 판결). 다만 임대차의 주된 목적이 주택을 사용·수익하려는 데 있는 경우에는 채권자가 기존의 금전채권을 임차보증금으로 전환해 채무자와 임대차계약을 체결, 거주하는 경우라고 하더라도 임차인으로 보호받을 수 있다(대법원 2002. 1. 8. 선고 2001다 47535 판결).
2) 구 주택임대차보호법(1981. 3. 5. 법률 제3379호) 제2조 소정의 주거용 건물이란 공

부상의 표시에 불구하고 그 실지용도에 따라서 정하여야 하고 또한 한 건물의 비주거용 부분과 어울려 주거용 부분이 함께 임대차의 목적이 되어 각기 그 용도에 따라 사용되는 경우 그 주거용 부분에 관하여 본 법이 적용되느냐의 여부는 구체적인 경우에 따라 합목적적으로 결정하여야 하며, 더욱이 위 주택임대차보호법이 적용되려면 먼저 임대차계약 체결 당시를 기준으로 하여 그 건물의 구조상 주거용 또는 그와 겸용될 정도의 건물의 형태가 실질적으로 갖추어져 있어야 하고, 만일 그 당시에는 주거용 건물부분이 존재하지 아니하였는데 임차인이 그 후 임의로 주거용으로 개조하였다면 임대인이 그 개조를 승낙하였다는 등의 특별한 사정이 없는 한 위 법의 적용은 있을 수 없다(대법원 1986. 1. 21. 선고 85다카1367 판결).

3) 주택임대차보호법 제2조에서 같은 법의 적용 대상으로 규정하고 있는 '주거용 건물'의 임대차라 함은 임차목적물 중 건물의 용도가 점포나 사무실 등이 아닌 주거용인 경우의 임대차를 뜻하는 것일 뿐이지, 같은 법의 적용 대상을 대지를 제외한 건물에만 한정하는 취지는 아니다(대법원 1996. 6. 14. 선고 96다7595 판결). 점포 및 사무실로 사용되던 건물에 근저당권이 설정된 후 그 건물이 주거용 건물로 용도 변경된 경우, 이를 임차한 소액임차인은 근저당권자에 대하여 우선변제권이 인정된다(대법원 2009. 8. 20. 선고 2009다26879 판결).

4) 처음에 다가구용 단독주택으로 소유권보존등기가 경료된 건물의 일부를 임차한 임차인은 이를 인도받고 임차건물의 지번을 정확히 기재하여 전입신고를 하면 주택임대차보호법 소정의 대항력을 적법하게 취득하고, 나중에 다가구용 단독주택이 다세대주택으로 변경되었다는 사정만으로 임차인이 이미 취득한 대항력을 상실하게 되는 것은 아니다(대법원 2007. 2. 8. 선고 2006다70516 판결).

5) 주택임대차보호법 제2조 소정의 주거용 건물에 해당하는지 여부는 임대차 목적물의 공부상의 표시만을 기준으로 할 것이 아니라 그 실지용도에 따라서 정하여야 하고 건물의 일부가 임대차의 목적이 되어 주거용과 비주거용으로 겸용되는 경우에는 구체적인 경우에 따라 그 임대차의 목적, 전체 건물과 임대차목적물의 구조와 형태 및 임차인의 임대차 목적물의 이용관계, 그리고 임차인이 그곳에서 일상생활을 영위하는지 여부 등을 아울러

고려하여 합목적적으로 결정하여야 한다(대법원 1988. 12. 27. 선고 87다카2024 판결).

4. 매각 사례와 배당

사례 1 임차인의 강제경매신청

임차인(서○○)은 보증금을 지급받기 위하여 채무자를 상대로 제기한 본안소송에서 승소, 확정판결을 받아 이를 집행권원으로 이 사건(2020타경87**) 울산시 북구 양정동 소재, 아파트(대지권 25.86㎡, 건물 70.635㎡)에 대한 강제경매를 신청하였다. 등기사항전부증명서상 권리와 임차인 정보는 아래와 같다.

구분	가압류(갑) 2018. 9. 28.	강제경매(서○○) 2020. 7. 10.	임차인(서○○) 전입: 2014. 10. 8. 확정일자: 미상
채권금액	6,648,680	110,000,000	110,000,000
안분배당	541,480		8,958,520
인수 여부			101,041,480

매각물건명세서에는 "세대주 서○○(2014. 10. 8. 전입, 확정일자 미상) 보증금 110,000,000원에 대하여 배당요구신청서 제출(2020. 7. 10.)"의 내용이 기재되어 있다. 매각결과 6차, 8차 매각기일에 각 매각되었으나 최고가매수인이 대금을 미납하였고, 재매각에 부쳐져 11차 매각기일에 매각되었다(감정가 109,204,200원, 매각가 6,300,000원, 매각가율 5.77%). 실제 배당할 금액은 집행비용을 공제하고 전 경매보증금 5,689,800원을 포함한 9,500,000원이다.

해설 안분배당, 미배당보증금 인수

임대차기간이 만료되었음에도 보증금을 반환받지 못한 임차인은 보증금반환소송의 확정판결에 기해 민사집행법 제41조(집행개시의 요건)에도 불구하고 반대의무의 이행이나 이행의 제공을 하지 않고 경매신청을 할 수 있다. 임차인이 직접 강제경매를 신청한 경우에는 당연히 배당에 참가할 수 있는 채권자이기 때문에 배당요구를 하지 않아도 배당받을 수 있다(대법원 2013. 11. 14. 선고 2013다27831 판결). 임차인은 배당요구신청서를 제출(2020. 7. 10.)하였다. 배당요구신청서를 제출한 것은 소유자에게 임대차관계의 해지를 통고한 것이고, 법원을 통해서 소유자에게 도달되어 임대차관계는 종료되었다. 매수인은 임대차관계가 종료한 임대인의 지위를 승계한 것이다.

① 임차인의 전입일(2014. 10. 8.)이 말소기준권리(2018. 9. 28.)보다 앞서므로 매수인에게 대항할 수 있다. ② 실제 배당할 금액은 신청채권자와 가압류채권자에게 채권금액을 기준으로 안분배당 하고, 임차인의 미배당보증금 101,041,480원은 매수인에게 인수된다. 여기서 '실제 배당할 금액'이라 함은 실제로 채권자에게 배당할 금액으로서 매각대금, 지연이자, 항고보증금, 전 매수인의 매수신청보증금, 보증금 등의 이자 합계에서 집행비용을 공제한 나머지를 말한다(대법원 1999. 8. 24. 선고 99다22281, 22298 판결). 민사집행법 제130조는 무익한 항고를 제기하여 절차를 지연시키는 것을 방지하기 위하여 매각허가결정에 대하여 항고를 하고자 하는 사람은 매각대금의 1/10에 해당하는 돈을 공탁하도록 하고 있다. 채무자 및 소유자의 항고가 각하 또는 기각되면 보증금은 반환되지 않고 몰수되어 배당재단에 편입된다. 경매물건에 입찰하고자 하는 사람은 최저매각가격의 1/10에 해당하는 보증금을 제공하여야 한다. 매각절차가 취소되거나 적법하게 취하된 때에는 입찰보증금의 반환을 청구할 수 있지만, 매각허가결정 후 잔금을 납부하지 않으면 몰수되어 배당재단에 편입된다. 매각불허가결정, 경매의 취소 또는 취하, 입찰 무효의 사유가 있는 때에는 입찰보증금은 반환된다. '집행비용'은 다른 배당채권에 우선하여 변제받을 수 있는 0순위 비용만을 의미한다. 이하 분석에서는 실제 배당할 금액을 '배당할 금액'으로 표시한다.

신청채권자(을)가 채무자에 대한 집행력 있는 판결정본에 기해 이 사건(2021타경10**) 인천광역시 남동구 만수동 소재, 다세대주택(대지권 20.83㎡, 건물 48.3㎡)에 대한 강제경매를 신청하였다. 매각물건명세서에는 "세대주 김○○가 대항력(2018. 7. 30. 전입)을 갖추고 배당요구종기(2021. 9. 13.) 이후 권리신고 및 배당요구신청서를 제출(2022. 6. 2.)"하였다는 기재가 있으나 경매정보에서 보증금은 확인되지 않는다. 4차, 7차 매각기일에 각 매각되었으나 최고가매수인의 대금미납으로 재매각한 결과 8차 매각기일에 매각(감정가 64,000,000원, 매각가 12,199,000원, 매각가율 19.06%)되어 배당할 금액은 14,500,000원(전 경매보증금 4,346,400원을 포함)이다. 등기사항전부증명서상 권리와 임차인 정보는 아래와 같다.

구분	가압류(갑) 2021. 1. 12.	강제경매(을) 2021. 6. 21.	임차인(김○○) 전입: 2018. 7. 30. 확정일자: 미상
채권금액	60,000,000	126,866,849	미상
안분배당	4,655,720	9,844,280	
인수 여부			인수여지

해설 안분배당, 보증금 인수여지

임차인은 배당요구신청서를 배당요구종기 이후에 제출하였다. 배당요구가 필요한 채권자가 배당요구의 종기까지 배당요구를 하지 아니한 때에는 배당을 받을 수 없다(대법원 2002. 1. 25. 선고 2001다11055 판결). 말소기준권리는 가압류(갑)가 된다. 주민등록전입자 김○○은 대항력을 갖추었으므로, 보증금 있는 임차인일 경우 매수인에게 보증금이 인수될 여지가 있다. 배당할 금액은 채권금액을 기준으로 갑과 을에게 그 채권액에 비례하여 안분배당 된다.

대항력 있는 소유자의 가족

신청채권자(갑)는 근저당권 실행으로 이 사건(2019타경17**) 양산시 소주동 소재, 주택(토지 226㎡, 건물 112.64㎡)에 대한 임의경매신청을 하였다. 매각물건명세서에는 3명의 전입자가 기재되어 있다. 모두 단독세대를 구성한다. ① 김○○(2002. 1. 2. 전입, 확정일자 미상, 배당요구 없음, 보증금 미상). ② 윤○○(2019. 11. 19. 전입, 확정일자 2019. 11. 19., 2020. 1. 28. 배당요구, 보증금 10,000,000원/월세 50,000원.) ③ 전○○(1975. 5. 16. 전입, 2003. 3. 17. 재전입, 확정일자 2019. 11. 1., 2020. 1. 28. 배당요구, 보증금 20,000,000원). "매수인에게 대항할 수 있는 임차인이 있으며, 보증금 전액이 변제되지 아니하면 잔액을 매수인이 인수. 배당요구종기(2020. 2. 5.)" 등을 공시하였다. 위 김○○는 전○○의 아들로 채무자 겸 소유자의 남편이다. 1차 매각기일에 매각되었다(감정가 132,677,540원, 매각가 146,311,000원, 매각가율 110.28%). 배당할 금액 143,500,000원. 등기사항전부증명서(건물)상 권리와 임차인 정보는 아래와 같다.

구분	근저당(갑) 2017. 8. 25.	근저당(을) 2018. 7. 4.	가압류(병) 2019. 8. 9.	임의경매(갑) 2019. 11. 8.	임차인(전○○) 2003. 3. 17.
채권금액	84,000,000	77,000,000	9,637,227	75,023,478	20,000,000
소액보증금					17,000,000
우선순위	84,000,000	42,500,000			
인수 여부					3,000,000

(해설) **최우선순위배당 · 우선순위배당, 임차권소멸**

① 윤○○은 경매기입등기(2019. 11. 8.) 이후 전입(2019. 11. 19.)하여 소액보증금 지급대상이 아니다. ② 전입일이 말소기준권리보다 앞서는 2명의 임차인은 대항력을 행사할 수 있지만, 김○○는 대항력(2002. 1. 2. 전입)은 있으나 권리신고를 하지 않아서 임대차관계를 알 수 없다. 이 사건 채무자는 김○○의 배우자이다. 실질적인 부부관계에 있는 사

람의 임대차관계는 부정된다. ③ 임차인 전○○의 최초 전입일(1975. 5. 16.)이 매각기일 기준 40년이 넘는다. 전○○의 대항력은 재전입한 때부터 새로운 대항력이 재차 발생한다(대법원 1998. 12. 11. 선고 98다34584 판결). 한편, 등기사항전부증명서의 소유권변동 내역을 조사한바, 전○○은 김○○의 모친으로 전 소유자이고, 현 소유자에게 이 사건 부동산을 증여하였다. 법원이 작성한 배당표 원안에서는 전○○에게 소액보증금 1,700만원을 배당하였다. 미배당보증금 300만원은 대항력이 있으므로 매수인에게 인수된다. ④ 배당잔여금은 근저당권자에게 성립순위에 따라 배당된다. 후순위 근저당권자(을)는 임차인 전○○의 배당에 관하여 배당이의 하였다.

전처 명의로 허위 임대차계약서를 작성하고 이를 첨부하여 권리신고를 한 경우에 경매방해죄가 성립한다(인천지방법원 부천지원 2001. 5. 18. 선고 2001고단23 판결). 부모가 자녀 집에 살더라도 세대를 달리해 전입신고 되어 있다면 임차인으로 인정받을 수 있다. 소액임차인으로 보호받을 수 있고 대항력을 행사할 수 있다.

사례 4 신청채권자의 배우자와 대항력

신청채권자(이○○)는 채무자 겸 소유자에 대한 임대차보증금반환사건에서 승소, 확정 판결을 받아 이를 집행권원으로 이 사건(2020타경54**) 서울시 광진구 중곡동 소재, 다세대주택(대지권 18.52㎡, 건물 14.62㎡)에 관한 강제경매신청을 하였다. 등기사항전부증명서상 권리는 아래와 같다.

구분	압류(갑) 2018. 5. 15.	가압류(을) 2018. 9. 12.	가압류(병) 2018. 11. 12.	압류(정) 2020. 2. 5.	강제경매(이○○) 2020. 8. 28.
채권금액	교부청구액	82,791,000	5,068,910	교부청구액	190,000,000
우선변제권					7,500,000
인수 여부					182,500,000

전입세대열람내역에는 노○○(신청채권자의 배우자) 세대가 등재(2017. 10. 27. 전입)

되어 있다. 전입자는 대항력과 확정일자(2017. 10. 27.)를 갖추었고, 신청채권자(이○○)는 배당요구신청서를 제출(2020. 10. 5.)하였다. 매각물건명세서에는 "매수인에게 대항할 수 있는 임차인이 있으며, 보증금 전액이 변제되지 아니하면 잔액을 매수인이 인수함"을 공시하였다. 매각결과 13차 매각기일에 매각되었다(감정가 152,000,000원, 매각가 10,446,000원 매각가율 6.87%). 배당할 금액 7,500,000원.

(해설) **우선순위배당, 미배당보증금 인수**

대항력 취득의 요건인 주민등록은 임차인 본인뿐 아니라 그 배우자나 자녀 등 가족의 주민등록도 포함된다(대법원 1996. 1. 26. 선고 95다30338 판결). 주민등록상 세대주 노○○은 경매신청권자의 배우자이다. 신청채권자의 대항력은 노○○의 주민등록전입일 다음 날 0시에 발생한다. 임차인의 대항력과 확정일자(2017. 10. 27.)는 가압류(2018. 9. 12.)보다 앞서므로 임차인의 미배당보증금 1억8,250만원은 매수인에게 인수된다. 배당할 금액은 신청채권자에게 우선순위로 배당된다. 선순위 압류(갑)로 인해 신청채권자의 배당금이 줄어들 수 있다. 당해세와 보증금의 배당순서는 확정일자(2017. 12. 27.)보다 법정기일이 늦은 당해세(2018. 5. 15., 2020. 2. 5.)의 우선변제순서에 대신하여 보증금이 우선변제된다. ※ 당해세에 대한 해설은 이하 분석에서 언급을 생략한다.

사례 5 **채무자의 배우자와 대항력**

신청채권자(갑)가 담보권의 실행으로 이 사건(2022타경21**) 구미시 옥계동 소재, 아파트(대지권 38.096㎡, 건물 84.963㎡)에 대한 임의경매신청을 하였다. 해당 주소에 김○○가 전입(2019. 4. 3.)되어 있으나 권리신고가 없으므로 임대차관계는 알 수 없다. 다만 김○○는 채무자의 배우자라 한다. 매각결과 3차 매각기일에 매각되었다(감정가 360,000,000원, 매각가 217,999,999원, 매각가율 60.56%). 배당할 금액 214,000,000원. 등기사항전부증명서(집합건물)상 권리현황은 아래와 같다.

배당연습

구분	근저당(갑) 2019. 5. 20. 접수: 23810호	근저당(을) 2019. 5. 20. 접수: 23811호	압류(병) 2020. 3. 30.	가압류(정) 2021. 8. 18.	임의경매(갑) 2022. 1. 28.
채권금액	191,730,000	42,000,000	교부청구액	9,231,349	170,367,385
우선순위	191,730,000	22,270,000			

해설) **우선순위배당**

후순위 저당권자에게 대항할 수 있는 임차권이더라도 소멸된 선순위 저당권보다 뒤에 등기되었거나 대항력을 갖춘 임차권은 함께 소멸하므로 임차인은 경락인에 대하여 그 임차권의 효력을 주장할 수 없다(대법원 1990. 1. 23. 자 89다카33043 결정). 주택임대차의 대항력은 임차인의 배우자의 주민등록 전입신고만으로도 생긴다는 법리는 대법원의 확립된 판례이므로 실질적인 부부관계에 있는 점유자가 채무자의 배우자인 경우에는 임대차관계를 인정받기 어렵다. 배당할 금액은 배당순위가 앞서는 신청채권자와 후순위 근저당권자에게 우선순위에 따라 배당된다.

사례 6 **권리신고가 없는 주민등록자의 대항력**

신청채권자(갑)가 채무자에 대한 양수금사건의 집행력 있는 판결정본에 기해 천안시 동남구 목천읍 소재, 이 사건(2021타경10**) 아파트(대지권 43.926㎡, 건물 49.92㎡)에 대한 강제경매신청을 하였다. 2차(73.48%), 3차(74.8%) 매각기일에 각 매각되었으나 최고가매수인의 대금미납으로 재매각한 결과 7차 매각기일에 매각되었다(감정가 75,000,000원, 매각가 23,670,000원, 매각가율 31.56%). 가압류권자 을과 병은 배당요구종기(2021. 10. 5.) 이내에 배당요구신청서를 제출하였다. 전입세대열람결과 윤○○(2019. 6. 4. 전입)이 조사되었으나 문건처리내역에는 권리신고서가 접수되지 않았다. 배당할 금액 32,000,000원(전 경매보증금 10,500,000원 포함), 등기사항전부증명서상 권리와 주민등록 전입정보는 아래와 같다.

구분	강제경매(갑) 2021. 6. 28.	가압류(을) 2021. 8. 9.	가압류(병) 2021. 9. 16.	전입자(윤○○) 전입: 2019. 6. 4. 확정일자: 미상
채권금액	95,005,567	62,000,000	19,500,000	미상
안분배당	17,224,260	11,240,440	3,535,300	
인수 여부				인수여지

(해설) **안분배당, 보증금 인수여지**

첫 경매개시결정등기 이후에 등기된 가압류권자는 배당요구종기 내에 배당요구를 하여야 배당받는다. 배당할 금액은 신청채권자와 가압류권자에게 채권금액을 기준으로 공평하게 안분하여 배당한다. 주민등록전입자(윤○○)의 전입일(2019. 6. 4.)이 말소기준권리(2021. 6. 28.)보다 앞서므로 대항력이 있으나 권리신고가 없으므로 임대차관계는 알 수 없다. 보증금 있는 임차인일 경우 매수인에게 보증금이 인수될 여지가 있다.

사례 7 **권리신고 없는 임차인의 대항력**

신청채권자(갑)가 담보권의 실행으로 이 사건(2021타경56**) 청주시 청원구 주성동 소재, 아파트(대지권 53.207㎡, 건물 84.798㎡)에 대한 임의경매를 신청하였다. 등기사항전부증명서상 권리와 임차인 정보는 아래와 같다.

구분	근저당(갑) 2019. 12. 13.	가압류(을) 2020. 3. 30.	가압류(병) 2021. 4. 22.	임의경매(갑) 2021. 10. 12.	임차인(변○○) 2018. 8. 29.
채권금액	240,000,000	172,777,341	1,675,954,117	240,000,000	270,000,000
우선순위	85,000,000				
인수 여부					270,000,000

임차인 변○○이 전입(2018. 8. 29.)되어 있다. 매각물건명세서에는 "배당요구종기(2022. 1. 12.), 보증금 270,000,000원에 관한 권리신고서 미제출, 대항력 있는 임차인의 보

증금 전액을 매수인이 인수함."의 기재가 있다. 매각결과 9차 매각기일에 매각되었다(감정가 497,000,000원, 매각가 90,000,000원, 매각가율 18.11%). 배당할 금액 85,000,000원.

해설 **우선순위배당, 보증금 인수**

확정일자는 우선변제권의 성립요건이다. 확정일자 미상인 임차인은 우선변제권이 없다. 첫 경매개시결정기입등기 전에 대항력(2018. 8. 29.)은 갖추었으나 배당요구신청서가 제출되지 않았다. 임차인의 전입일이 말소기준권리(2019. 12. 13.)보다 앞서므로 대항력은 있다. 임차인의 보증금 2억7,000만원 전액은 매수인에게 인수된다. 배당할 금액은 근저당권자인 신청채권자에게 우선순위로 배당된다.

사례 8 **임차인이 전 소유자**

신청채권자(갑)는 채무자에 대한 집행력 있는 판결정본에 기해 이 사건(2019타경10**) 서울시 도봉구 소재, 아파트(대지권 26.65㎡, 건물 51.91㎡)에 대한 강제경매를 신청하였다. 등기사항전부증명서상 권리와 소유권변동현황은 아래와 같다.

구분	소유권이전 1999. 3. 25.	소유권이전 2004. 5. 20.	가압류(갑) 2018. 5. 25.	강제경매(갑) 2019. 1. 11.	임차인(황○○) 1999. 4. 26.
채권금액	매매(황○은)	매매(전○현)	12,800,000	12,680,000	140,000,000
소액보증금		본등기 이행			50,000,000
우선변제권		2004. 3. 16. 가등기			90,000,000
우선순위			12,800,000		0

매각물건명세서에는 "배당요구종기(2019. 11. 7.), 임차인 황○○는 대항력(1999. 4. 26. 전입)과 확정일자(2018. 2. 6.)를 갖추고 보증금 140,000,000원에 대하여 배당요구신

청서를 제출(2019. 10. 7.)함."의 기재가 있다. 매각결과 1차 매각기일에 매각되었다(감정가 249,000,000원, 매각가 317,555,555원, 매각가율 127.53%). 배당할 금액 314,500,000원, 배당기일 2023. 2. 9.

<hr>

(해설) **최우선순위배당·우선순위배당**

갑이 주택에 관하여 소유권이전등기를 경료하고 주민등록전입신고까지 마친 다음 처와 함께 거주하다가 을에게 매도함과 동시에 그로부터 이를 다시 임차하여 계속 거주하기로 약정하고 처 명의의 임대차계약을 체결한 후에야 을 명의의 소유권이전등기가 경료된 경우, 갑의 처가 주택임대차보호법상 임차인으로서 대항력을 갖는 시기는 을 명의의 소유권이전등기 익일부터 발생한다(대법원 2000. 2. 11. 선고 99다59306 판결). 임차인(황○○)은 전 소유자이고 소유자의 지위로 점유하다가 현 소유자 명의의 소유권이전등기(2004. 3. 16. 가등기)를 마친 익일 0시부터 임차인의 지위로 점유하였다. ① 소액임차인의 보증금 범위를 판단하는 최선순위담보권이 없으므로 배당시점(2023. 2. 9.)을 기준으로 판단하여 임차인에게 소액보증금 5,000만원을 최우선순위로 배당한다. ② 대항력과 확정일자를 갖추었으므로 우선순위로 9,000만원을 배당한다. ③ 배당잔여금 1억7,450만원 중 1,280만원을 다음 순위로 신청채권자에게 배당하면, 배당잉여금 1억6,170만원은 소유자에게 반환된다. 다만 가압류권자는 본 압류로 이행하지 않고 별도의 청구채권으로 경매신청을 하였다. 이로 인해 소유자에게 반환되는 배당잉여금이 줄어들 수 있다.

사례 9 **임차인이 전 소유자**

신청채권자(을)는 근저당권의 실행으로 이 사건(2021타경10**) 대전시 서구 월평동 소재, 아파트(대지권 48.211㎡, 건물 101.88㎡)에 대한 임의경매를 신청하였다. 등기사항전부증명서상 권리는 아래와 같다.

구분	소유권이전 2017. 10. 20.	근저당(갑) 2017. 10. 20.	근저당(을) 2019. 12. 2.	근저당(병) 2020. 10. 21.	임의경매(을) 2021. 6. 28.
채권금액	2017타경13**	286,000,000	240,400,000	260,000,000	202,085,444
우선순위		286,000,000	240,000,000		

한편, 소유권이전일과 근저당설정일이 2017. 10. 20.로 같다. 이 사건 소유자(이○○)는 전 경매사건(2017타경13**호)에서 이 사건 부동산을 낙찰받고, 매각대금을 지급하여 대전지방법원등기국 접수 제90073호로 소유권이전등기, 접수 제90074호로 갑 앞으로 채권최고액 286,000,000원의 근저당설정(채무자 이○○)을 마쳤다. 전입세대열람결과 김○○가 전입(2000. 4. 6.)되어 있으나 권리신고가 없으므로 임대차관계는 알 수 없다. 매각결과 2차 매각기일에 매각되었다(감정가 757,000,000원, 매각가 531,000,000원, 매각가율 70.15%). 배당할 금액은 526,000,000원.

(해설) **우선순위배당, 임차권 소멸**

임차인의 대항력은 인도와 주민등록을 마친 익일 0시에 발생한다. 전입자가 임차인이라면 임차인으로서 점유한 시점은 소유자로서 전입(2000. 4. 6.)한 날이 아니라 매수인이 소유권이전등기를 한 다음 날(2017. 10. 21.)이다. 전입일과 점유일 중 늦은 날에 대항력이 발생한다(대법원 99다59306 판결). 배당할 금액은 저당권의 성립순위에 따라 배당한다. 배당요구가 없는 점유자에게는 배당되지 않는다.

사례 10 **종전사건 임차인(현 소유자)의 동거인**

신청채권자(갑)는 근저당권실행으로 이 사건(2021타경99**) 공주시 정안면 소재, 주택(토지 371㎡, 건물 163.355㎡)에 대한 임의경매를 신청하였다. 매각결과 2차 매각기일에 매각되었으나 최고가매수인의 대금미납으로 재매각한 결과 5차 매각기일에 매각되었다(감정가 174,748,300원, 매각가 66,390,000원, 매각가율 38.0%). 등기사항전부증명서(건물)상 권리는 아래와 같다.

구분	근저당(갑) 2014. 1. 7.	소유권이전 2014. 2. 19.	근저당(을) 2018. 10. 24.	가압류(병) 2021. 3. 25.	임의경매(갑) 2021. 6. 2.
채권금액	93,600,000	허○○	69,600,000	11,345,072	61,341,260
우선순위	76,000,000				

한편, 이 사건 부동산은 전 소유자(이○○)가 전 경매사건(2013타경19**호)에서 낙찰받고(2014. 1. 7.) 신청채권자(갑)에게 근저당설정(2014. 1. 7.)을 해 준 후 현 소유자(허○○)에게 매매를 원인으로 소유권을 이전하였다. 현 소유자는 전 경매사건에서 권리신고 및 배당요구신청서를 제출(2013. 6. 20.)한 임차인이며 소액임차인에 해당한다. 현 소유자는 점유자(강○○)의 동거인으로 조사되었다. 현 소유자(허○○)의 진술에 의하면, "점유자(강○○, 2012. 10. 15. 전입)는 이 사건 건물 방 1칸의 임차인이며 보증금 없이 월세 200,000원을 지급하고 이용한다."고 진술하였다. 점유자는 권리신고서를 제출하지 않았다. 배당할 금액 76,000,000원(전 경매보증금 12,232,400원 포함).

(해설) **우선순위배당**

말소기준권리는 최선순위근저당(2014. 1. 7.)이 된다. 종전사건 임차인은 당해 부동산에 관하여 낙찰인이 낙찰대금을 납부하여 소유권을 취득하는 즉시 임차권의 대항력을 취득한다(대법원 2002. 11. 8. 선고 2002다38361, 38378 판결). 임차인의 주민등록이 낙찰대금 납부 이전부터 공시기능을 수행해 왔기 때문이다. 전 경매사건의 전입세대열람결과에 의하면 주민등록전입자는 현 소유자의 동거인으로 보인다. 배당요구가 없는 점유자에게는 배당되지 않는다. 배당할 금액 7,600만원은 신청채권자에게 배당된다.

법인소유 부동산에 전입한 대표이사의 주민등록

신청채권자(갑)가 근저당권의 실행으로 임의경매 신청한 이 사건(2022타경12**) 구미시 봉곡동 소재, 아파트(대지권 44.845㎡, 건물 84.93㎡)는 3차 매각기일에 매각되었다(감정가 155,000,000원, 매각가 85,660,000원, 매각가율 55.26%). 등기사항전부증명서(집합건물)상 권리는 아래와 같다.

구분	근저당(갑) 2012. 6. 4.	압류(을) 2018. 5. 18.	압류(병) 2020. 10. 19.	임의경매(갑) 2022. 1. 18.	가압류(정) 2022. 2. 7.
채권금액	180,000,000	교부청구액	교부청구액	82,595,457	33,127,685
우선순위	82,630,000				

전입세대열람결과에 의하면, 해당 주소에 김○○가 전입(2010. 12. 14.)되어 있는데 채무자 겸 소유자 ㈜토탈○○의 대표이사라 한다. 권리신고 및 배당요구가 없으므로 임대차관계는 알 수 없다. 배당할 금액 82,630,000원.

해설 **우선순위배당, 임차권소멸**

배당할 금액은 가압류채권에 우선하는 근저당권자에게 배당된다. 2건의 체납조세는 말소기준권리보다 후순위이지만 저당권설정일자와 법정일자를 비교해서 우선순위를 따져야 한다. 채무자 겸 소유자인 법인의 대표이사가 주민등록전입자이다. 전입일이 말소기준권리(2012. 6. 4.)보다 앞서지만 임대차관계는 알 수 없다. 법인과 대표이사 사인 간의 임대차계약은 임대차계약서, 전세금의 수수여부와 자금의 출처 등 입증에 따라 임대차관계가 소멸되고 임대차의 진정성이 증명되어야 임차인으로 긍정될 것이다. 세법상 법인과 특수관계자와의 거래를 통해서 법인의 조세부담을 경감시키는 '부당행위계산 부인규정'과 관련하여 시가에 상당하는 보증금 또는 임차료를 제공하여야 하므로 세무자료는 강력한 증거가 될 수 있다.

공유지분주택의 주민등록

선순위 근저당권자(갑)가 담보권의 실행으로 부산시 사하구 하단동 소재, 이 사건(2021 타경10**) 주택(토지 116㎡와 건물 135.5㎡ 중 김○○ 지분 1/2 전부)에 대한 임의경매신 청을 하였다. 등기사항전부증명서(건물)상 권리와 주민등록 전입 정보는 아래와 같다.

구분	소유권이전 2018. 4. 16.	근저당(갑) 2019. 9. 11.	임의경매(갑) 2021. 9. 9.	전입자(이○○) 전입: 2005. 9. 30. 확정일자: 미상
채권금액	김○○ 지분 1/2	80,000,0000	80,000,000	미상
우선순위		69,000,0000		
인수 여부				인수여지

주민등록전입자 이○○(2005. 9. 30. 전입)는 권리신고서를 제출하지 않았다. 매각물건 명세서에는 "특별매각조건(공유자우선매수권 행사에 따른 매수신고가 매수보증금의 미 납으로 실효되는 경우에는 그 공유자는 그 이후 공유자 우선매수청구권을 행사할 수 없 음)"이 기재되어 있다. 매각결과 5차 매각기일에 매각되었다(감정가 166,290,000원, 매각 가 71,637,000원, 매각가율 43.07%). 배당할 금액은 69,000,000원.

(해설) **우선순위배당, 보증금 인수여지**

주택임대차보호법 제3조의 규정에 의하면 임대차는 그 등기가 없는 경우에도 임차인이 주택의 인도와 주민등록 또는 전입신고를 마친 때에는 대항력이 발생하고 이 경우에 임차 주택의 양수인은 임대인의 지위를 승계한 것으로 보도록 되어 있는바, 위 임차주택의 양 도에는 강제경매에 의한 경락의 경우도 포함되는 것이므로, 임차인이 당해 경매절차에서 권리신고를 하여 소액보증금의 우선변제를 받는 절차를 취하지 아니하였다고 하여 임차 주택의 경락인에게 그 임대차로써 대항할 수 없다거나 임차보증금반환채권을 포기한 것 으로 볼 수는 없다(대법원 1992. 7. 14. 선고 92다12827 판결). 주민등록전입자의 권리신고가 없으므로 임대차관계는 확인되지 않는다. 주민등록전입자(이○○)는 전입일(2005. 9. 30.)상 대항력이 있으므로 보증금 있는 임차인일 경우 매수인에게 보증금이 인수될 여지가 있다. 신청채권자에게 6,900만원을 우선순위로 배당한다.

사례 13 저당권설정일과 대항력 효력발생일이 같은 경우

신청채권자(갑)는 근저당권 실행으로 부산시 사하구 하단동 소재, 이 사건(2022타경10**) 다세대주택(대지권 21.37㎡, 건물 51.63㎡)에 관하여 임의경매신청을 하였다. 등기사항전부증명서상 권리는 다음과 같다.

구분	근저당(갑) 2020. 6. 23.	주택임차권(박○○) 전입: 2020. 6. 22. 확정: 2020. 6. 2.	임의경매(갑) 2022. 8. 26.	압류(병) 2023. 2. 3.	강제경매(박○○) 2023. 3. 24
채권금액	93,600,000	130,000,000	76,580,773	교부청구액	130,114,000
우선변제권		112,000,000			
인수 여부		18,000,000			

한편, 임차인(박○○)은 보증금 130,000,000원을 지급받기 위하여 채무자를 상대로 한 임대차보증금사건의 집행력 있는 지급명령정본에 기해 이중경매(2023타경102**)를 신청하였다. 매각물건명세서에는 '매각허가에 의하여 소멸되지 아니하는 것' 란에 "주택임차권등기(2022. 7. 11. 제31597호 금 130,000,000원)는 전액 배당받지 못하는 경우에는 말소되지 않고 잔액을 매수인이 인수"을 공시하였다. 임차인은 주택임차권등기(2022. 7. 11. 등기, 보증금 130,000,000원, 2020. 6. 22. 전입)를 경료하였고, 확정일자(2020. 6. 2.)를 받았으며 배당요구신청서를 제출(2022. 7. 11.)하였다. 매각결과 1차 매각기일에 매각되었다(감정가 112,000,000원, 매각가 115,000,000원, 매각가율 102.68%). 배당할 금액 112,000,000원.

임차인(박○○)의 대항력은 2020. 6. 23. 오전 0시에 발생하고 근저당설정등기절차는 업무시간인 2020. 6. 23. 오전 9시 이후에 마쳤다. 임차인의 대항력과 확정일자(2020 6. 2.)는 저당권설정일보다 앞서므로 우선변제권이 있다. 임차인에게 1억1,200만원을 우선순위로 배당하고 미배당보증금 1,800만원은 매수인에게 인수된다.

사례 14 소유권이 회복된 전 소유자의 주민등록

신청채권자(을)는 소유자를 상대로 사해행위취소 등 소송에서 승소, 확정판결을 받아 이를 집행권원으로 이 사건(2021타경43**) 부산광역시 사하구 감천동 소재, 다세대주택(대지권 49.875㎡, 건물 61.5㎡)에 대한 강제경매를 신청하였다. 등기사항전부증명서(집합건물)상 권리는 아래와 같다.

구분	소유권이전 2018. 1. 2.	근저당(갑) 2015. 8. 20.	이전등기말소 2021. 10. 25.	강제경매(을) 2021. 11. 15.	가압류(김○○) 2022. 1. 27.
채권금액	증여	36,000,000	확정판결	34,751,610	30,000,000
우선순위	김○○	36,000,000	이○○		
안분배당			소유권회복	4,830,220	4,169,780

현황조사서에는 점유자(2008. 12. 31. 전입)로 김○○가 기재되어 있으나 권리신고가 없어 임대차관계는 알 수 없다. 매각물건명세서에는 "김○○는 대항력이 있으므로 보증금 있는 임차인일 경우 인수여지 있어 주의요망"의 기재가 있다. 매각결과 5차 매각기일에 매각되었다(감정가 89,000,000원, 매각가 46,780,100원, 매각가율 52.56%). 배당할 금액 45,000,000원.

채권자가 기존의 금전채권을 임차보증금으로 전환해 채무자와 임대차계약을 체결, 거주하는 경우라 하더라도 임대차의 주된 목적이 주택을 사용·수익하는 데 있는 경우에는 임차인으로 보호된다(대법원 2002다47535 판결). ① 배당할 금액은 근저당권자(갑)에게 3,600만원을 우선순위로 배당하고, 배당잔여금 900만원은 신청채권자(을)와 가압류권자(김○○)에게 채권금액에 비례하여 안분배당 된다. ② 가압류권자인 전 소유자(김○○)는 증여를 원인으로 현 소유자로부터 소유권을 이전받았으나 신청채권자(을)로부터 사해행위취소로 인한 소유권이전등기말소청구권이 행사되어 현 소유자에게 소유권이 회복되었다. 현 소유자와 가압류권자는 채권채무의 관계에 있는 것으로 추정된다. 점유자가 전 소유자(김○○)이므로 소유권이 회복되기 전에는 보증금 있는 임차인일 수 있다. 따라서 점유자는 전입일상 대항력이 있으므로, 보증금 있는 임차인일 경우 매수인에게 보증금이 인수될 여지가 있다.

사례 15 여러 건의 가압류와 대항력

신청채권자(무)가 채무자의 신용카드이용대금에 대한 집행력 있는 지급명령결정정본에 기해 이 사건(2021타경35**) 고양시 덕양구 내유동 소재, 다세대주택(대지권 43.718㎡, 건물 45.37㎡)에 대한 강제경매를 신청하였다. 주민등록표등본에 의하면, 해당 주소에 이○○가 전입(2018. 9. 18.)되어 있으나 권리신고가 없으므로 임대차관계는 알 수 없다. 등기사항전부증명서(집합건물)상 권리는 아래와 같다.

구분	가압류(갑) 2018. 11. 26.	가압류(을) 2019. 1. 7.	가압류(병) 2019. 5. 27.	가압류(정) 2020. 4. 2.	강제경매(무) 2021. 5. 26.
채권금액	8,212,612	59,026,830	35,958,317	10,641,939	6,480,287
안분배당	2,525,490	18,151,540	11,057,660	3,272,540	1,992,770

매각결과 4차(35.66%), 7차(21.26%) 매각기일에 각 매각되었으나 최고가매수인이 대금을 미납하였다. 재매각기일이 정해지고 8차 매각기일에 매각되었다(감정가 147,000,000원, 매각가 30,100,000원, 매각가율 20.48%). 배당할 금액 37,000,000원(전 경매보증금 9,983,500원 포함).

> **해설** **안분배당, 보증금 인수여지**

가압류채권의 배당순위는 가압류에 의하여 보전된 피보전권리의 민법·상법 그 밖의 법률에 의한 우선순위에 따른다. 따라서 피보전권리가 우선변제권이 있으면 가압류채권으로서도 우선변제를 받는다. 그렇지 아니한 경우에는 일반채권자로서만 배당받는데, 그 소명을 언제까지 하여야 하는가에 관하여, 판례는 우선변제권이 있는 채권임에 관한 소명은 배당표 확정시까지 하면 된다고 한다(대법원 2002. 5. 14. 선고 2002다4870 판결).

① 배당할 금액은 신청채권자와 가압류채권자에게 채권액을 기준으로 평등하게 취급하여 안분배당 한다. ② 점유자(이○○)의 권리신고가 없으므로 임대차관계는 알 수 없다. 전입일(2018. 9. 18.)상 대항력이 있으므로 보증금 있는 임차인일 경우 보증금이 매수인에게 인수될 여지가 있다.

사례 16 **주택도시보증공사의 대항력**
- -

신청채권자(병)가 주택임차권자(을)의 전세보증금에 관하여 제기한 구상금사건의 집행력 있는 판결정본에 기해 이 사건(2022타경10**) 서울시 강서구 방학동 소재, 다세대주택(대지권 26.99㎡, 건물 29.94㎡)에 대한 강제경매를 신청하였다. 전입세대열람결과 해당주소에 "세대주가 존재하지 않음"으로 기재되어 있다. 주택임차권(을)은 2018. 10. 4. 작성된 임대차계약에 기해 2021. 1. 5. 등기되었다. 신청채권자 주택도시보증공사는 주택임차권(을)의 임대차보증금반환채권의 승계인이다. 등기사항전부증명서(집합건물)상 권리는 아래와 같다.

구분	공유지분이전(갑) 2008. 11. 20.	주택임차권(을) 전입: 2018. 11. 16. 확정: 2018. 11. 19.	강제관리(병) 2021. 11. 17.	강제경매(병) 2022. 5. 31.
채권금액	매매	270,000,000	강제관리	293,730,409
안분배당		207,000,000		소멸

문건처리내역서상 임차인(을)과 신청채권자(병) 및 박○○가 배당요구신청서를 각 제출하였고, 교부권자 국민건강보험공단과 김○○가 교부신청서를 각 제출하였다. 매각물건명세서에는 "신청채권자(병)가 주택임차권자의 승계인으로서 배당받지 못하는 보증금 잔액에 관하여 매수인에 대한 임차보증금반환채권을 포기하고, 주택임차권등기를 말소한다는 취지의 확약서를 제출(2023. 9. 5.)"하였다고 기재되어 있으며 이를 특별매각조건으로 공시하였다. 확약서의 제출로 매각기일이 변경되었고, 매각결과 7차(64%) 매각기일에 매각되었다(감정가 331,000,000원, 매각가 211,201,000원, 매각가율 64%). 배당할 금액 207,000,000원.

(해설) **순위배당, 인수할 보증금 없음**

이 사건 주택임차인은 임대차계약체결 이후 전입신고와 확정일자를 받았고, 임차권등기는 첫 경매개시결정등기 전에 등기되었다. 전입세대열람결과 해당 주소에 세대주가 존재하지 않으나 임차권등기를 마친 임차인은 이미 취득한 대항력의 효력은 유지되므로 본래의 대항력을 취득한 때를 기준으로 대항력을 판단한다.

① 등기사항전부증명서상 다른 이해관계인은 없다. 배당할 금액은 신청채권자에게 순위배당을 한다. ② 교부청구 한 건강보험료는 납부기한의 도래 여부를 기준으로 우선순위를 따져야 한다. 집행목적물에 부과된 당해세는 우선배당 된다. ③ 특별매각조건에 따라 보증금 잔액이 매수인에게 인수되지 않는다.

신청채권자(병)가 주택임차권자(갑)의 전세보증금에 관하여 제기한 구상금사건의 집행력 있는 지급명령정본에 기해 이 사건(2021타경11**) 서울시 강서구 화곡동 소재, 다세대주택(대지권 15.34㎡, 건물 25.50㎡)에 대한 강제경매를 신청하였다. 등기사항전부증명서(집합건물)상 권리는 아래와 같다.

구분	주택임차권(갑) 전입: 2019. 4. 10. 확정: 2019. 3. 29.	압류(을) 2021. 6. 3.	강제관리(병) 2021. 12. 22.	강제경매(병) 2021. 12. 27.
채권금액	225,000,000	국(양천세무서장)	강제관리	236,773,391
안분배당	24,000,000			인수

전입세대열람결과 해당 주소에 "세대주가 존재하지 않음"으로 기재되어 있다. 주택임차권(갑)은 2019. 3. 19. 작성된 임대차계약에 기해 2021. 5. 25. 등기되었다. 신청채권자 주택도시보증공사는 주택임차권(갑)의 임대차보증금반환채권의 승계인이다. 문건처리내역서상 3건의 압류권자가 교부청구서를 제출하였고, 임차인(갑)과 신청채권자(병)가 배당요구신청서를 각 제출하였다. 매각물건명세서의 '매각허가에 의하여 소멸되지 아니하는 것'란에 "매수인에게 대항할 수 있는 임차권 있음, 배당에서 보증금이 전액 변제되지 아니하면 잔액을 매수인이 인수함"을 공시하였다. 매각결과 12차 매각기일에 매각되었다(감정가 312,000,000원, 매각가 28,300,000원, 매각가율 9.07%). 배당할 금액 24,000,000원.

(해설) **순위배당, 인수할 보증금 없음**

① 등기사항전부증명서상 압류(2021. 6. 3., 양천세무서장)와 신청채권자의 후순위 가압류(기재생략)가 있다. 교부청구 한 3건의 압류는 납부기한의 도래 여부를 기준으로 우선순위를 따져야 한다. ② 16번 사례는 특별매각조건에 따라 매각되었으나 본

사례는 특별매각조건이 없고, 임차인은 대항력을 가지므로 보증금잔액 201,000,000원(=225,000,000원-24,000,000원)은 매수인에게 인수된다. ③ 이 사건의 청구채권 236,773,391원은 구상금사건의 전세보증금에 대한 이자가 포함된 금액이다. 이자채권은 일반채권이어서 배당잉여금이 있을 경우에 배당받을 수 있다.

주택임차인의 소액보증금과 배당 사례

1. 의의

1) 주택임대차보호법 제8조에 의하여 다른 담보물권자보다 우선변제를 받을 주택임차인은 그 임차주택에 대한 경매신청의 등기 전에 주택을 인도받고 전입신고를 마쳐야 하는 것이며, 그 요건을 갖추었을 때에만 제3항에 의하여 주택의 경락가액(대지가액을 포함)의 2분의 1의 범위 안에서 최우선변제를 받게 된다(대법원 2001. 10. 30. 선고 2001다39657 판결). 공시방법이 없는 주택임대차에 있어서 우선변제의 요건은 그 우선변제권 취득시에만 구비하면 족한 것이 아니고, 배당요구의 종기인 경락기일까지 계속 존속하고 있어야 한다(대법원 1997. 10. 10. 선고 95다44597 판결).

2) 주택임대차보호법에 의하여 우선변제청구권이 인정되는 소액임차인의 소액보증금 반환채권은 현행법상 민사소송법 제605조 제1항에서 규정하는 배당요구가 필요한 배당요구채권에 해당한다(대법원 2002. 1. 22. 선고 2001다70702 판결). 임차인은 배당요구하는 방법으로 우선변제권을 행사한다(대법원 1997. 10. 10. 선고 95다44597 판결).

3) 적법한 배당요구를 하지 아니한 경우에는 비록 실체법상 우선변제청구권이 있다 하더라도 경락대금으로부터 배당을 받을 수는 없을 것이므로, 이러한 배당요구채권자가 적법한 배당요구를 하지 아니하여 그를 배당에서 제외하는 것으로 배당표가 작성·확정되고 그 확정된 배당표에 따라 배당이 실시되었다면 그가 적법한 배당요구를 한 경우에 배당받을 수 있었던 금액 상당의 금원이 후순위 채권자에게 배당되었다고 하여 이를 법률상 원인이 없는 것이라고 할 수 없다(대법원 2002. 1. 22. 선고 2001다70702 판결).

2. 소액임차인에 대한 배당

(1) 배당순위와 배당액

1) 대항요건과 확정일자를 갖춘 임차인들 상호 간에는 대항요건과 확정일자를 최종적으로 갖춘 순서대로 우선변제 받을 순위를 정하게 되므로, 만일 대항요건과 확정일자를 갖춘 임차인들이 주택임대차보호법 제8조 제1항에 의하여 보증금 중 일정액의 보호를 받는 소액임차인의 지위를 겸하는 경우, 먼저 소액임차인으로서 보호받는 일정액을 우선배당 하고 난 후의 나머지 임차보증금채권액에 대하여는 대항요건과 확정일자를 갖춘 임차인으로서의 순위에 따라 배당을 하여야 하는 것이다(대법원 2007. 11. 15. 선고 2007다45562 판결).

2) 주택임차인이 대지와 건물 모두로부터 배당을 받는 경우에는 마치 그 대지와 건물 전부에 대한 공동저당권자와 유사한 지위에 서게 되므로 대지와 건물이 동시에 매각되어 주택임차인에게 그 경매대가를 동시에 배당하는 때에는 민법 제368조 제1항을 유추 적용하여 대지와 건물의 경매대가에 비례하여 그 채권의 분담을 정하여야 한다(대법원 2003. 9. 5. 선고 2001다66291 판결).

3) 주택임대차보호법 제3조의2 제2항은, 대항요건과 임대차계약증서상의 확정일자를 갖춘 임차인에 대하여 민사집행법에 의한 경매 또는 국세징수법에 의한 공매시 그 환가대금에서 후순위 권리자 기타 채권자보다 우선하여 보증금을 변제받을 권리가 있다고 규정하고 있다. 같은 법 제8조 제1항은 대항요건을 갖춘 임차인에 대하여 보증금 중 일정액(소액보증금)에 관하여 다른 담보물권자보다 우선하여 변제받을 권리를 인정하는 한편 같은 조 제3항은 우선변제를 받을 임차인과 소액보증금의 범위와 기준을 대통령령으로 정하도록 위임하면서 소액보증금의 범위와 기준은 주택뿐 아니라 대지를 포함한 가액의 2분의 1의 범위 안에서 정하도록 규정하고 있다.

4) 주택임대차보호법 제8조 소정의 우선변제권의 한도가 되는 주택가액의 2분의 1에서 '주택가액'이라 함은 낙찰대금에다가 입찰보증금에 대한 배당기일까지의 이자, 몰수된 입찰보증금 등을 포함한 금액에서 집행비용을 공제한 실제 배당할 금액이다(대법원 2001.

4. 27. 선고 2001다8974 판결). 주택임대차보호법시행령에서 우선변제 받을 수 있는 소액 임차인의 범위와 우선변제 되는 보증금 중 일정액은 주택가액의 2분의 1의 범위 안에서 수차 변동되었으며 지역별로 다르게 규정하고 있다. 서울특별시의 경우, 2023. 2. 21.부터 는 보증금 1억6,500만원 이하인 경우에 선순위 권리자보다 최우선순위로 5,500만원이 보 호된다.

5) 건물과 대지가 따로 매각되는 경우 소액임차인은 먼저 매각되는 목적물의 매각대금 의 2분의 1 한도 안에서 우선변제를 받고 만일 잔여보증금이 있으면 후에 매각되는 목적 물의 매각대금의 2분의 1 한도 안에서 다시 우선변제를 받는다.

(2) 우선변제권이 미치는 범위

1) 주택의 임차인은 주택임대차보호법 제3조의2 제2항에 따라 대지를 포함한 주택의 환가대금에서 배당받는데, 이는 대지 및 건물에 관하여 경매신청 되었다가 대지부분만이 매각되거나(대법원 1996. 6. 14. 96다7595 판결) 대지만이 경매신청 된 경우라도(대법원 1999. 7. 23. 99다25532 판결) 마찬가지이다. 토지에 관한 저당권설정 당시 그 지상에 건 물의 규모, 종류가 외형상 예상할 수 있는 정도까지 건축이 진전되어 있는 경우에는 그 지 상 건물의 소액임차인에게 대지의 매각대금에 대한 우선변제권을 인정할 수 있을 것이다 (대법원 1992. 6. 12. 92다7221 판결).

2) 주택임대차보호법 제2조가 주거용 건물의 전부 또는 일부의 임대차에 관하여 적용된 다고 규정하고 있을 뿐 임차주택이 관할관청의 허가를 받은 건물인지, 등기를 마친 건물 인지 아닌지를 구별하고 있지 아니하며, 건물등기부상 '건물내역'을 제한하고 있지도 않으 므로, 점포 및 사무실로 사용되던 건물에 근저당권이 설정된 후 그 건물이 주거용 건물로 용도 변경되어 이를 임차한 소액임차인도 특별한 사정이 없는 한 주택임대차보호법 제8 조에 의하여 보증금 중 일정액을 근저당권자보다 우선하여 변제받을 권리가 있다(대법원 2009. 8. 20. 선고 2009다26879 판결).

3) 대항요건 및 확정일자를 갖춘 임차인과 소액임차인에게 우선변제권을 인정한 주택 임대차보호법 제3조의2 및 제8조가 미등기주택을 달리 취급하는 특별한 규정을 두고 있

지 아니하므로, 대항요건 및 확정일자를 갖춘 임차인과 소액임차인의 임차주택 대지에 대한 우선변제권에 관한 법리는 임차주택이 미등기인 경우에도 그대로 적용된다(대법원 2007. 6. 21. 선고 2004다26133 전원합의체 판결). 따라서 대지에 관한 경매신청의 등기 전에 임차인이 대항요건을 갖추면 보호를 받는다.

4) 대항요건 및 확정일자를 갖춘 임차인과 소액임차인은 임차주택과 그 대지가 함께 경매될 경우뿐만 아니라 임차주택과 별도로 그 대지만이 경매될 경우에도 그 대지의 환가대금에 대하여 우선변제권을 행사할 수 있다(대법원 1996. 6. 14. 선고 96다7595판결). 이와 같은 우선변제권은 이른바 법정담보물권의 성격을 갖는 것으로서 임대차성립시의 임차목적물인 임차주택 및 대지의 가액을 기초로 임차인을 보호하고자 인정되는 것이므로 임대차성립 당시 임대인의 소유였던 대지가 타인에게 양도되어 임차주택과 대지의 소유자가 서로 달라지게 된 경우에도 마찬가지이다(대법원 2007. 6. 21. 선고 2004다26133 판결).

5) 대지와 건물에 대하여 경매절차가 진행 중이라면 양 절차 모두에서 배당받을 수 있다. 또한 임차건물의 대지가 시기를 달리하여 따로 경매되는 경우에 소액임차권자는 각 경매절차에 모두 참가하여 우선변제를 받을 수 있다. 다만 이러한 법리는 대지에 관한 저당권설정 당시 이미 그 지상 건물이 존재하는 경우에만 적용될 수 있다. 대지에 관한 저당권설정 후 지상에 건물이 신축된 경우, 건물의 소액임차인은 그 저당권실행에 따른 환가대금에 대하여 우선변제를 받을 수 없다. 저당권설정 후에 비로소 건물이 신축된 경우에까지 공시방법이 불완전한 소액임차인에게 우선변제권을 인정한다면 저당권자가 예측할 수 없는 손해를 입게 되는 범위가 지나치게 확대되어 부당하므로, 이러한 경우에는 소액임차인은 대지의 환가대금에 대하여 우선변제를 받을 수 없다고 보아야 한다(대법원 1999. 7. 23. 선고 99다25532 판결).

6) 실제 임대차계약의 주된 목적이 주택을 사용·수익하려는 것인 이상, 처음 임대차계약을 체결할 당시에는 보증금액이 많아 주택임대차보호법상 소액임차인에 해당되지 않았지만 그 후 새로운 임대차계약에 의하여 정당하게 보증금을 감액하여 소액임차인에 해당하게 되었다면, 그 임대차계약이 통정허위표시에 의한 계약이어서 무효라는 등의 특별한 사정이 없는 한 그러한 임차인은 같은 법상 소액임차인으로 보호받을 수 있다(대법원

2008. 5. 15. 선고 2007다23203 판결).

(3) 최우선변제권의 판단

1) 임대인의 채무초과상태 여부를 비롯하여 수익자인 임차인의 선의를 판단함에 있어서는 실제로 보증금이 지급되었는지, 그 보증금의 액수는 적정한지, 등기부상 다수의 권리제한관계가 있어서 임대인의 채무초과상태를 의심할 만한 사정이 있었는데도 굳이 임대차계약을 체결할 사정이 있었는지, 임대인과 친인척관계 등 특별한 관계는 없는지 등을 종합적으로 고려하여 논리와 경험칙을 통하여 합리적으로 판단하여야 한다(대법원 2005. 5. 13. 선고 2003다50771 판결).

2) 현재 진행되는 경매물건에 담보권이 설정되어 있는 경우에는 등기사항전부증명서상 최초의 담보물권이 설정된 시점을 기준으로 소액임차인의 현행법 적용 여부를 판단한다. 같은 개정 시행령의 규정이 곧바로 위 법률의 시행시점으로 소급하여 위와 같은 근저당권에 대하여 적용될 수는 없다(대법원 2002. 3. 29. 선고 2001다84824 판결). 담보물권에 저당권이나 가등기담보권은 포함되나 가압류는 포함되지 않는다. 확정일자를 갖춘 임차인이 포함되는지에 대하여 확정일자를 갖춘 임차인은 부동산담보권에 유사한 지위에 있다는 판례(대법원 1992. 10. 13. 선고 92다30597 판결)를 근거로 긍정하는 견해도 있다.

3) 임대차관계가 지속되는 동안 임대차보증금의 증감·변동이 있는 경우, 소액임차인에 해당하는지 여부의 판단시점은 원칙적으로 배당시로 봄이 상당하고, 따라서 처음 임대차계약을 체결할 당시 임대차보증금의 액수가 적어서 소액임차인에 해당한다고 하더라도 그 후 갱신과정에서 증액되어 그 한도를 초과하면 더 이상 소액임차인에 해당하지 않게 되고, 반대로 처음에는 임대차보증금의 액수가 많아 소액임차인에 해당하지 않는다 하더라도 그 후 갱신과정에서 감액되어 한도 이하로 되었다면 소액임차인에 해당한다(대구지방법원 2004. 3. 31. 선고 2003가단134010 판결).

4) 대지에 관한 저당권설정 후에 비로소 건물이 신축되고 그 신축건물에 대하여 다시 저당권이 설정된 후 대지와 건물이 일괄경매 된 경우, 주택임대차보호법 제3조의2 제2항의 확정일자를 갖춘 임차인 및 같은 법 제8조 제3항의 소액임차인은 대지의 환가대금에

서는 우선하여 변제를 받을 권리가 없다고 하겠지만, 신축건물의 환가대금에서는 확정일자를 갖춘 임차인이 신축건물에 대한 후순위 권리자보다 우선하여 변제받을 권리가 있고, 주택임대차보호법 시행령 부칙의 '소액보증금의 범위변경에 따른 경과조치'를 적용함에 있어서 신축건물에 대하여 담보물권을 취득한 때를 기준으로 소액임차인 및 소액보증금의 범위를 정하여야 할 것이다(대법원 2010. 6. 10. 선고 2009다101275 판결).

주택소액임차인의 범위와 우선변제 되는 보증금

적용 기준일	지역 구분	소액임차인의 보증금 범위	보증금 중 일정액
2008. 8. 21.~	-(이상 기재 생략)-		
2010. 7. 26.~	서울특별시	7,500만원	2,500만원
	「수도권정비계획법」에 따른 과밀억제권역(서울특별시는 제외)	6,500만원	2,200만원
	광역시(「수도권정비계획법」에 따른 과밀억제권역에 포함된 지역과 군지역은 제외한다), 안산시, 용인시, 김포시, 및 광주시	5,500만원	1,900만원
	그 밖의 지역	4,000만원	1,400만원
2014. 1. 1.~	서울특별시	9,500만원	3,200만원
	「수도권정비계획법」에 따른 과밀억제권역(서울특별시는 제외)	8,000만원	2,700만원
	광역시(「수도권정비계획법」에 따른 과밀억제권역에 포함된 지역과 군지역은 제외한다), 안산시, 용인시, 김포시, 및 광주시	6,000만원	2,000만원
	그 밖의 지역	4,500만원	1,500만원
2016. 3. 31.~	서울특별시	10,000만원	3,400만원
	「수도권정비계획법」에 따른 과밀억제권역(서울특별시는 제외)	8,000만원	2,700만원
	광역시(「수도권정비계획법」에 따른 과밀억제권역에 포함된 지역과 군지역은 제외한다), 안산시, 용인시, 김포시, 및 광주시, 세종특별자치시	6,000만원	2,000만원
	그 밖의 지역	5,000만원	1,700만원

	서울특별시	11,000만원	3,700만원
2018. 9. 18.~	「수도권정비계획법」에 따른 과밀억제권역(서울특별시는 제외), 세종특별자치시, 용인시 및 화성시	10,000만원	3,400만원
	광역시(「수도권정비계획법」에 따른 과밀억제권역에 포함된 지역과 군지역은 제외한다), 안산시, 김포시, 파주시 및 광주시	6,000만원	2,000만원
	그 밖의 지역	5,000만원	1,700만원
	서울특별시	15,000만원	5,000만원
2021. 5. 11.~	「수도권정비계획법」에 따른 과밀억제권역(서울특별시는 제외), 세종특별자치시, 용인시 및 화성시, 김포시	13,000만원	4,300만원
	광역시(「수도권정비계획법」에 따른 과밀억제권역에 포함된 지역과 군지역은 제외한다), 안산시, 광주시 및 이천시, 파주시, 평택시	7,000만원	2,300만원
	그 밖의 지역	6,000만원	2,000만원
	서울특별시	16,500만원	5,500만원
2023. 2. 21.~	「수도권정비계획법」에 따른 과밀억제권역(서울특별시는 제외), 세종특별자치시, 용인시 및 화성시, 김포시	14,500만원	4,800만원
	광역시(「수도권정비계획법」에 따른 과밀억제권역에 포함된 지역과 군지역은 제외한다), 안산시, 광주시 및 이천시, 파주시, 평택시	8,500만원	2,800만원
	그 밖의 지역	7,500만원	2,500만원

3. 매각 사례와 배당

사례 1 최우선변제권 성립요건

신청채권자(갑)는 담보권의 실행으로 이 사건(2019타경21**) 인천시 중구 율목동 소재, 다세대주택(대지권 17.85㎡, 건물 59.84㎡)에 대한 임의경매신청을 하였다. 등기사항전부증명서상 권리는 아래와 같다.

구분	근저당(갑) 2018. 11. 15.	임의경매(갑) 2019. 7. 17.	가압류(을) 2019. 8. 22.	가압류(병) 2019. 8. 23.	임차인(손○○) 전입: 2019. 5. 10. 확정: 2019. 5. 10.
채권금액	81,600,000	67,510,200	7,425,000	8,490,821	25,000,000
소액보증금					25,000,000
우선순위	34,000,000				

매각물건명세서에는 "임차인(손○○)이 점유하며, 주민등록(2019. 5. 10. 전입) 및 확정일자(2019. 5. 10.)를 갖추고 보증금 25,000,000원에 대하여 배당요구신청서를 제출(2019. 8. 9.)함. 배당요구종기(2019. 9. 23.)"를 공시하고 매각절차가 진행되었다. 3차 매각기일에 매각되었다(감정가 102,000,000원, 매각가 61,500,000원, 매각가율 60.29%). 배당할 금액 59,000,000원.

(**해설**) 최우선순위배당 · 우선순위배당

① 소액임차인의 최우선변제권은 소액임차인으로서 대항력이 생긴 때 즉 인도와 주민등록을 마친 익일 오전 0시에 발생한다(대법원 1999. 5. 25. 선고 99다9981 판결). 임차인은 대항력(2019. 5. 10. 전입)을 갖추었다. ② 경매기입등기 전에 위 요건을 갖추어야 하고(주택임대차보호법 제8조 제1항), 배당요구의 종기까지 위 요건을 유지하여야 한다(주

택의 경우, 대법원 1997. 10. 10. 선고 95다44597 판결). 임차인은 경매기입등기 전에 위 요건을 갖추었다 ③ 소액보증금반환채권은 배당요구가 필요한 배당요구채권에 해당한다 (대법원 2002. 1. 22. 선고 2001다70702 판결). 임차인은 배당요구종기(2019. 9. 23.) 이내에 배당요구신청서를 제출하였다. 이 경우 최우선변제권은 임대차계약서에 확정일자를 받을 것을 요하지 않는다. 이 사건 임차인은 확정일자(2019. 5. 10.)도 받았다. ④ 소액임차인의 현행법 적용 여부는 최초의 담보물권이 설정된 시점(2018. 11. 15.)을 기준으로 판단한다(대법원 2002. 3. 29. 선고 2001다84824 판결). 보호대상 임차인의 범위는 보호되는 보증금 중 일정액을 지역에 따라 다르게 규정하고 있다. 이 사건 다세대주택은 인천광역시 율목동에 소재한다. 인천광역시는 과밀억제권역에 속하므로 소액임차인 범위는 담보권설정일 기준 1억원 이하 3,400만원이다. 임차인(손○○)은 여기에 해당되어 최우선순위로 보증금 2,500만원 전액을 배당받는다. ⑤ 신청채권자는 배당잔여금 3,400만원을 우선순위로 배당받는다. 임차인의 대항력은 낙찰기일까지 유지하여야 한다. 대항력 있는 임차인이 보증금을 돌려받지 못하고 근무지변경 등으로 주거지를 옮기거나 주민등록을 전출해야 할 필요가 있는 경우에는 법원에 임차권등기명령을 신청하여야 한다.

'수도권'이란 서울특별시와 대통령령으로 정하는 그 주변 지역이며 '수도권정비계획'은 수도권의 인구 및 산업의 집중을 억제하고 적정하게 배치하기 위하여 국토종합계획을 기본으로 하여 수도권정비계획법에 따라 수립되는 계획을 말한다. '수도권정비계획'은 수도권 정비의 기본방향, 인구 및 산업의 배치, 권역의 구분 및 정비방향, 광역시설의 정비 등에 관한 기본적인 사항을 정하는 장기종합계획으로서, 수도권 안에서 도·시·군계획, 그밖의 다른 법령에 따른 토지이용계획 또는 개발계획에 우선하고 그 계획의 기본이 된다. 이 계획에 따라 행정구역과 중첩하여 수도권을 3개 권역(과밀억제권역, 성장관리권역, 자연보전권역)으로 구분하고 각종 정책과 규제를 다르게 적용한다.

과밀억제권역, 성장관리권역 및 자연보전권역의 범위
(「수도권정비계획법시행령」 제9조)

과밀억제권역	성장관리권역	자연보전권역
1. 서울특별시	1. 인천광역시[강화군, 옹진군, 서구 대곡동·불로동·마전동·금곡동·오류동·왕길동·당하동·원당동, 인천경제자유구역(경제자유구역에서 해제된 지역을 포함한다) 및 남동 국가산업단지만 해당한다]	1. 이천시
2. 인천광역시[강화군, 옹진군, 서구 대곡동·불로동·마전동·금곡동·오류동·왕길동·당하동·원당동, 인천경제자유구역(경제자유구역에서 해제된 지역을 포함한다) 및 남동 국가산업단지는 제외한다]	2. 동두천시	2. 남양주시(화도읍, 수동면 및 조안면만 해당한다)
3. 의정부시	3. 안산시	3. 용인시(김량장동, 남동, 역북동, 삼가동, 유방동, 고림동, 마평동, 운학동, 호동, 해곡동, 포곡읍, 모현면, 백암면, 양지면 및 원삼면 가재월리·사암리·미평리·좌항리·맹리·두창리만 해당한다)
4. 구리시	4. 오산시	
5. 남양주시(호평동, 평내동, 금곡동, 일패동, 이패동, 삼패동, 가운동, 수석동, 지금동 및 도농동만 해당한다)	5. 평택시	
6. 하남시	6. 파주시	4. 가평군
7. 고양시	7. 남양주시(별내동, 와부읍, 진전읍, 별내면, 퇴계원면, 진건읍 및 오남읍만 해당한다)	5. 양평군
8. 수원시	8. 용인시(신갈동, 하갈동, 영덕동, 구갈동, 상갈동, 보라동, 지곡동, 공세동, 고매동, 농서동, 서천동, 언남동, 청덕동, 마북동, 동백동, 중동, 상하동, 보정동, 풍덕천동, 신봉동, 죽전동, 동천동, 고기동, 상현동, 성복동, 남사면, 이동면 및 원삼면 목신리·죽릉리·학일리·독성리·고당리·문촌리만 해당한다)	6. 여주시
9. 성남시	9. 연천군	7. 광주시
10. 안양시	10. 포천시	8. 안성시(일죽면, 죽산면 죽산리·용설리·장계리·매산리·장릉리·장원리·두현리 및 삼죽면 용월리·덕산리·율곡리·내장리·배태리만 해당한다)
11. 부천시	11. 양주시	
12. 광명시	12. 김포시	
13. 과천시	13. 화성시	
14. 의왕시	14. 안성시(가사동, 가현동, 명륜동, 숭인동, 봉남동, 구포동, 동본동, 영동, 봉산동, 성남동, 창전동, 낙원동, 옥천동, 현수동, 발화동, 옥산동, 석정동, 서인동, 인지동, 아양동, 신흥동, 도기동, 계동, 중리동, 사곡동, 금석동, 당왕동, 신모산동, 신소현동, 신건지동, 금산동, 연지동, 대천동, 대덕면, 미양면, 공도읍, 원곡면, 보개면, 금광면, 서운면, 양성면, 고삼면, 죽산면 두교리·당목리·칠장리 및 삼죽면 마전리·미장리·진촌리·기솔리·내강리만 해당한다)	
15. 군포시		
16. 시흥시[반월특수지역(반월특수지역에서 해제된 지역을 포함한다)은 제외한다]	15. 시흥시 중 반월특수지역(반월특수지역에서 해제된 지역을 포함한다)	

임차인(권○○)이 임대차보증금에 관한 집행력 있는 지급명령정본에 기하여 이 사건 (2022타경10**) 안양시 만안구 안양동 소재, 다세대주택(대지권 28.764㎡, 건물 31.2㎡)에 대한 강제경매신청을 하면서 이자채권도 포함하여 청구하였다. 등기사항전부증명서상 권리와 임차인 정보는 아래와 같다.

구분	압류(갑) 2019. 5. 31.	강제경매(권○○) 2022. 4. 8.	압류(병) 2022. 6. 8.	임차인(권○○) 전입: 2016. 7. 28. 확정: 미상
채권금액	교부청구액	130,627,100	교부청구액	130,000,000
소액보증금		48,000,000		
우선순위		69,000,000		
소멸(이자)		627,100		
인수 여부		13,000,000		

임차인은 전입(2016. 7. 28.)을 마쳤고 보증금 130,000,000원에 대하여 배당요구종기 (2022. 6. 21.) 이내에 배당요구신청서를 제출(2022. 4. 26.)하였다. 확정일자는 미상이다. 5차 매각기일에 매각되었다(감정가 176,000,000원, 매각가 120,000,000원, 매각가율 68.18%). 배당기일 2023. 4. 18., 배당할 금액 117,000,000원.

(해설) **최우선순위배당 · 우선순위배당, 미배당보증금 인수**

본 사례는 소액임차인의 현행법 적용 여부를 판단하는 최선순위담보권이 없다. 이 경우에는 배당시점(2023. 4. 18.)을 기준으로 판단한다(대구지방법원 2004. 3. 31. 선고 2003가단134010 판결; 민일영, 민법주해 [XVI], 266면).

① 말소기준권리는 갑의 압류(2019. 5. 31.)가 된다. 임차인은 말소기준권리보다 앞서 전입(2016. 7. 28.)하였으며 익일 0시부터 대항력이 발생한다. ② 이 사건 부동산은 과밀

억제권역에 속하는 안양시에 소재한다. 안양시에 적용되는 배당시점 기준 소액임차인의 보증금 범위는 1억4,500만원, 보증금 중 일정액은 4,800만원이다. 임차인의 보증금은 1억3,000만원이므로 이에 해당되어 최우선순위로 4,800만원을 배당받는다. ③ 임차인이 임대차계약서에 확정일자를 받지 않았으나 집행력 있는 판결정본에 기하여 보증금을 청구한 것이므로 배당할 금액 1억1,700만원에서 소액보증금을 공제한 배당잔여금 6,900만원을 집행력 있는 정본에 의한 일반채권자의 지위로 배당받는다. ④ 임차인은 대항력이 있으므로 미배당보증금 1,300만원은 매수인에게 인수된다. ⑤ 이자채권 627,100원은 일반채권이어서 배당잉여금이 있을 경우에 배당받을 수 있다. ⑥ 임차인의 확정일자는 '미상'이고 압류(병)등기의 교부청구액은 확인되지 않는다. 선순위 압류권자가 교부청구를 하지 않더라도 체납세액을 집행법원이 조사하여 우선배당 하는 경우 임차인보다 먼저 배당될 수 있고, 이 때문에 매수인에게 인수되는 보증금이 증가할 수 있다.

사례 3 최우선변제권과 우선변제권 겸유

선순위 근저당권자(갑)가 담보권의 실행으로 이 사건(2020타경12**) 인천시 미추홀구 숭의동 소재, 다세대주택(대지권 25.062㎡, 건물 46.83㎡)에 대한 임의경매신청을 하였다. 등기사항전부증명서상 권리와 임차인 정보는 아래와 같다.

구분	근저당(갑) 2020. 5. 26.	임의경매(갑) 2020. 6. 9.	압류(을) 2022. 4. 18.	압류(병) 2022. 8. 11.	임차인(장○○) 2018. 6. 19.
채권금액	1,274,000,000	1,052,617,128	교부청구액	교부청구액	55,000,000
소액보증금					34,000,000
우선순위	36,000,000				21,000,000

임차인(장○○)이 점유하며, 대항력(2018. 6. 19. 전입)과 확정일자(2018. 8. 20.)를 갖추었고, 보증금 55,000,000원에 대한 배당요구신청서를 제출(2020. 4. 21.)하였다(배당요구종기 2020. 11. 12.). 3차 매각기일에 매각되었다(감정가 174,499,997원, 매각가

93,652,400원, 매각가율 53.67%). 배당할 금액 91,000,000원.

> **해설** **최우선순위배당 · 우선순위배당**

최우선변제권(대항력)과 우선변제권(대항력+확정일자)을 가진 임차인이 배당요구 하는 방법으로 다른 채권자가 진행한 경매사건의 배당절차에 참가하여 보증금을 반환받은 사례이다. 확정일자를 갖춘 임차인이 소액임차인의 지위를 겸하는 경우에는 양 지위를 모두 인정하여 배당을 한다. 즉 먼저 소액임차인으로서 일정액을 우선배당 하고 그래도 남은 보증금이 있는 경우에는 그 금액부분에 대하여 확정일자를 갖춘 임차인의 순위로 배당한다.

말소기준권리는 갑의 근저당(2020. 5. 26.)이다. ① 인천시는 과밀억제권역에 속하므로 소액임차인의 범위와 보증금 중 일정액이 담보권설정일(2020. 5. 26.)기준 1억원 이하, 3,400만원이다. 임차인(장○○)의 보증금 5,500만원은 이에 해당되어 3,400만원을 최우선순위로 배당받는다. ② 임차인은 우선변제요건을 갖추었으므로 저당권설정일과의 선후를 따져 우선순위를 정해야 한다(대법원 2017. 4. 7. 선고 2016다248431 판결). 우선변제요건을 모두 갖춘 날(2018. 8. 20.)이 저당권설정일(2020. 5. 26.)보다 앞서므로 임차인이 우선순위로 보증금 2,100만원을 배당받는다. ③ 신청채권자는 배당잔여금 3,600만원을 배당받고 소멸된다. 다만 2건의 후순위 압류등기의 법정기일에 따라 근저당권자에게 배당되는 금액이 달라질 수 있다.

> **사례 4** **대항력의 효력발생 시기(임차인이 전 소유자인 경우)**

신청채권자(병)는 담보권의 실행으로 이 사건(2021타경53**) 경기도 광주시 오포읍 소재, 다세대주택(대지권 101.5㎡, 건물 75.19㎡)에 대한 임의경매신청을 하였다. 등기사항전부증명서(집합건물)상 권리는 아래와 같다.

구분	소유권(김○○) 2002. 10. 28.	소유권(을) 2017. 7. 19. 접수: 51546	근저당(병) 2017. 7. 19. 접수: 51547	주택임차권(김○○) 전입: 2002. 8. 30. 확정: 2018. 3. 14.	임의경매(병) 2021. 4. 21.
채권금액	김○자	신○조	150,000,000	50,000,000	126,816,102
소액보증금		2016타경543**		20,000,000	
우선순위			84,000,000		

주민등록전입자(김○○)는 주택임차권등기(2021. 3. 26. 등기)를 경료하였다. 대항력(2002. 8. 30. 전입)과 확정일자(2018. 3. 14.)를 갖추고 보증금(50,000,000원, 월차임 500,000원)에 관한 배당요구신청서를 배당요구종기(2021. 6. 28.) 이내에 제출(2021. 5. 6.)하였다. 한편 임차인(김○○)은 전 소유자이고 이 사건 현 소유자(을)는 전 경매사건에서 이 사건 부동산을 매수하고, 소유권이전등기(2017. 7. 19. 접수 51546호)를 하면서 같은 날 신청채권자(병)에게 근저당설정등기(채권최고액 150,000,000원, 접수 51547호)를 경료해 주고 금원을 대출받았다. 4차 매각기일에 매각되었다(감정가 182,000,000원, 매각가 107,260,000원, 매각가율 58.93%). 배당할 금액은 전 경매보증금 3,167,000원 포함 104,000,000원이다.

(해설) **최우선순위배당·우선순위배당, 임차권 소멸**

임차인이 전 소유자이고, 현 소유자와 임대차계약을 체결한 후 현 소유자 명의의 소유권이전등기가 경료되었다면 소유권이전등기 익일부터 임차인으로서 대항력을 가지게 된다(대법원 2000. 2. 11. 선고 99다59306 판결).

① 임차인(김○자)의 입주일은 매수인 명의로 소유권이전등기가 완료된 날 즉 등기사항전부증명서상 접수일(2017. 7. 19.)로 본다. 임차인의 대항력은 주민등록전입일(2002. 8. 30.) 익일부터 가지는 것이 아니라 매수인의 소유권이전등기 익일부터(임차인의 점유 시작일)부터 갖는다. 따라서 임차인은 우선변제권이 없다. ② 최초 담보권설정일(2017. 7. 19.)에 해당하는 경기도 광주시의 소액임차인 보증금 범위와 보증금 중 일정액은 6,000

만원 이하 2,000만원이다. 임차인은 이에 해당되어 소액보증금 2,000만원을 우선순위로
배당받는다. 대항력은 소유권이전등기일 익일(2017. 7. 20. 오전 0시)부터 생기므로 미배
당보증금은 인수되지 않는다. ③ 배당잔여금 8,400만원은 신청채권자에게 배당된다.

[사례 5] 2명 이상의 소액임차인

선순위 근저당권자(갑)가 이 사건(2021타경31**) 경기도 화성시 장안면 소재, 2층 주택
(대지 264㎡ 중 지분 90.05㎡, 건물 396.3㎡)에 대한 임의경매를 신청하였다. 5차 매각기
일에 매각되었다(감정가 158,089,900원, 매각가 43,588,800원, 매각가율 27.57%). 주민등
록전입자 6명 중 2명(101호 홍○○ 2011. 11. 17. 전입, 102호 신○○ 2017. 9. 25. 전입)
은 배당요구종기(2021. 6. 17.) 이내에 배당요구신청서를 제출하였다. 나머지 4명은 권
리신고를 하지 않아서 확정일자와 임대차관계를 알 수 없다(서○주 2017. 9. 25. 전입, 서
○호 2018. 2. 28. 전입, 전○진 2020. 10. 26. 전입, 박○규 2020. 11. 10. 전입). 일반건
축물대장의 변동사항 란에 무단증축으로 인한 위반건축물표시가 있다. 배당요구신청서
를 제출한 임차인 2명과 등기사항전부증명서(건물)상 권리는 아래와 같다. 배당할 금액
40,400,000원.

구분	근저당(갑) 2020. 7. 23.	근저당(을) 2020. 12. 18.	임의경매(갑) 2021. 3. 30.	임차인(홍○○) 전입: 2011. 11. 17. 확정: 2017. 3. 13.	임차인(신○○) 전입: 2017. 9. 25. 확정: 2017. 9. 25.
채권금액	40,000,000	30,000,000	19,043,835	40,000,000	40,000,000
소액보증금				10,100,000	10,100,000
우선변제권				20,200,000	
인수 여부				9,700,000	29,900,000

최우선순위배당 · 우선순위배당, 미배당보증금 인수

소액임차인이 여러 명인 경우, 소액임차인 상호 간에 누가 우선순위인지, 배당금을 어떤 기준으로 나누어 주는지에 관한 사례이다. 하나의 주택에 임차인이 2명 이상이고, 그 중 소액보증금을 합한 금액이 주택가액의 2분의 1을 초과하는 때에는 주택가액의 2분의 1에 해당하는 범위 안에서 임차보증금 비율로 안분한 금액으로 배당한다. 즉 여러 명의 소액임차인을 동순위로 보고 배당한다. 대항력의 발생 시기는 전입일자의 선·후에 따라 우선순위가 정해진다. 대항요건과 확정일자를 갖춘 임차인이 주택임대차보호법 제8조 제1항에 의하여 보증금 중 일정액의 보호를 받는 소액임차인의 지위를 겸하는 경우, 먼저 소액임차인으로서 보호받는 일정액을 우선배당 하고 난 후의 나머지 보증금채권액에 대하여는 대항요건과 확정일자를 갖춘 임차인으로서의 순위에 따라 배당한다(대법원 2007. 11. 15. 선고 2007다45562 판결). ① 4명의 임차인은 대항력이 있다. 이 중 2명(홍○○, 신○○)이 배당요구를 하였다. 최초의 담보권설정시점(2020. 7. 23.) 기준으로 화성시의 소액임차인 범위는 1억원 이하 3,400만원이다. 임차인 2명의 보증금은 각 4,000만원이므로 이에 해당한다. 배당할 금액은 4,040만원이고 2명의 보증금 합계는 8,000만원이어서 주택가액의 2분의 1을 초과한다. 따라서 주택가액의 2분의 1에 해당하는 금액 2,020만원을 소액임차인 2명에게 최우선순위로 각 1,010만원씩 배당한다. ② 배당잔여금 2,020만원은 확정일자가 앞선 임차인 홍○○에게 우선순위로 배당한다. ③ 배당요구 한 2명의 임차인이 말소기준권리보다 전입일자가 앞서므로 미배당보증금은 매수인에게 인수된다. ④ 배당요구를 하지 않은 서○주(2017. 9. 25. 전입)와 서○호(2018. 2. 28. 전입)는 대항력이 있으므로 보증금 있는 임차인일 경우 매수인에게 보증금이 인수될 여지가 있다.

사례 6 **보증금을 증액한 경우**

신청채권자(전○○)는 전세보증금반환사건의 집행력 있는 지급명령정본에 기해 이 사건(2021타경24**) 서울특별시 은평구 구산동 소재, 다세대주택(대지권 10.91㎡, 건물 30.12㎡)에 대한 강제경매를 신청하였다(이자채권 포함). 집합건축물대장(전유부분)상 제2종 근린생활시설(사무소)이나 현황 '주거용'으로 조사되었다. 임차인은 대항력(2017. 9. 5. 전입)과 확정일자(2017. 9. 5.)를 갖췄고, 증액한 5,000,000원을 포함한 보증금 105,000,000원(2차 확정일자 2019. 10. 24.)에 관한 배당요구신청서를 배당요구종기(2021. 11. 11.) 이내에 제출(2021. 10. 22.)하였다. 8차 매각기일에 매각되었다(감정가 103,000,000원, 매각가 21,602,000원, 매각가율 20.97%). 배당할 금액 19,000,000원. 등기사항전부증명서상 권리와 임차인 정보는 아래와 같다.

구분	가압류(갑) 2021. 2. 23	강제경매(전○○) 2021. 8. 31	압류(병) 2021. 12. 15	임차인(전○○) 전입: 2017. 9. 5 확정: 2017. 9. 5
채권금액	2,008,000,000	105,108,700	교부청구액	105,000,000
소액보증금		9,500,000		
우선변제권		9,500,000		
소멸(이자)		108,700		
인수 여부		86,000,000		

(해설) **최우선순위배당·우선순위배당, 미배당보증금 인수**

이 사건 물건의 용도는 사무소이나 현황 '주거용'인 경우 사실상의 용도로 보아 주택임대차보호법상 주택으로 본다. 임차인의 우선변제권은 임대차계약서에 확정일자를 받은 날과 전입일 중 늦은 날에 발생한다(증액분은 2019. 10. 24. 발생). 확정일자를 갖춘 경우 보증금 중 소액보증금은 주택임대차보호법 제8조에 의하여 최우선순위로, 나머지는 확정일자를 갖춘 시기에 따라 각각 그 순위에 따라 배당받는다. ① 소액임차인은 주택가액의 2분의 1 범위 내에서 최우선순위로 배당받을 수 있다. 이 사건 임차인은 주택가액 1,900만원의 2분의 1에 해당하는 950만원을 최우선순위로 배당받는다. ② 임차인은 말소기준권리보다 앞서 확정일자를 갖추었으므로 소액보증금을 공제한 잔액 950만원을 우선순위로 변제받는다. ③ 이자채권 108,700원은 배당잔여금이 없으므로 소멸된다. ④ 보증금 증액분 500만원을 포함한 미배당보증금 8,600만원은 임차인이 대항할 수 있으므로 매수인에게 인수된다. 본 사례의 증액보증금은 압류등기(병) 전에 증액하였지만, 대항력을 갖춘 임차인이 체납처분에 의한 압류등기 이후에 임대인과 보증금을 증액하기로 합의하고 초과부분을 지급한 경우 압류권자에게 대항할 수 없다(대법원 2010. 5. 13. 선고 2010다12753 판결). 후순위 조세채권의 법정기일이 빠른 경우 임차인보다 먼저 배당될 수 있고, 이 때문에 매수인에게 인수되는 보증금이 증가할 수 있다.

사례 7 최우선변제권의 한도

임차인(박○○)이 채무자에 대한 임대차보증금사건의 집행력 있는 지급명령정본에 기해 이 사건(2022타경53**) 경기도 화성시 능동 소재, 오피스텔(대지권 5.681㎡, 건물 20.15㎡)에 대한 강제경매신청을 하였다. 4차 매각기일에 매각되었다(감정가 82,000,000원, 매각가 29,000,000원, 매각가율 35.37%). 등기사항전부증명서상 권리는 아래와 같다.

구분	가압류(갑) 2020. 1. 21.	가압류(을) 2020. 2. 7.	가압류(병) 2020. 2. 18.	압류(정) 2020. 2. 20.	강제경매(박○○) 2022. 2. 25.
채권금액	71,433,174	49,673,081	123,369,935	교부청구액	85,000,000
소액보증금					13,250,000
우선변제권					13,250,000
인수 여부					58,500,000

전입세대열람결과 박○○가 세대주로 조사되었다. 대항력(2018. 6. 14. 전입)과 확정일자(2018. 6. 4.)를 갖추었고, 85,000,000원에 대하여 배당요구신청서를 제출(2022. 2. 25.)하였다. 매각물건명세서에는 "배당요구종기(2022. 5. 12.)와 매수인에게 대항할 수 있는 임차인이 있으며, 보증금 전액이 변제되지 아니하면 잔액을 매수인이 인수함"을 공시하였다. 배당할 금액 26,500,000원, 배당기일 2023. 3. 9.

최우선순위배당·우선순위배당, 미배당보증금 인수

현재 진행되는 경매물건에 담보권이 설정되어 있는 경우에는 등기사항전부증명서상 최초의 담보물권이 설정된 시점(대법원 2002. 3. 29. 선고 2001다84824 판결)을 기준으로 소액임차인의 현행법 적용 여부를 판단하지만, 소액임차인의 최우선변제지급기준이 되는 담보물권이 없으므로 배당기일기준으로 소액임차인 해당 여부를 판단한다.

등기사항전부증명서상 인수되는 권리는 없다. 배당기일(2023. 3. 9.) 기준 화성시의 소액임차인 범위는 1억4,500만원 이하, 4,800만원이다. 배당을 요구한 임차인의 보증금은 8,500만원이므로 이에 해당한다. ① 주택임차인의 소액보증금은 배당할 금액 2,650만원의 2분의 1에 해당하는 1,325만원을 임차인에게 최우선순위로, 확정일자부임차인이므로 배당잔여금 1,325만원을 우선순위로 각 배당한다. ② 임차인은 대항력이 있으므로 미배당보증금은 5,850만원은 매수인에게 인수된다. 다만 후순위 압류등기가 있으므로 법정기일이 빠른 조세채권자에게 임차인보다 먼저 배당될 수 있고, 이로 인하여 매수인에게 인수되는 보증금이 증가할 수 있다.

사례 8 주택임차권과 소액보증금

한국토지주택공사의 양수인(병)은 채무자(장○○)에 대한 구상금사건의 집행력 있는 지급명령정본에 기해 이 사건(2021타경10**) 아산시 권곡동 소재, 아파트(대지권 36㎡, 건물 44㎡)에 대한 강제경매를 신청하였다. 한국토지주택공사는 주택임차권등기(2018. 7. 10.)를 마쳤다. 매각물건명세서에는 "임대차보증금 5,500만원 중 5,225만원은 임차인의 보증금반환채권을 양수한 서울보증보험㈜가 우선변제권에 기하여 청구함. 주택임차권등기(2018. 7. 10. 제43183호)는 배당에서 보증금이 전액 변제되지 않으면 매수인에게 인수됨. 주택임차권(을)의 승계인(병) 서울보증보험㈜로부터 매각가격이 최초 감정가 대비 60% 이상일 경우, 우선변제권만 주장하고 대항력 및 잔존 임대차보증금반환청구권을 포기하며, 주택임차권등기말소에 동의한다는 확약서가 제출됨. 배당요구종기(2021. 9.

27.)"를 공시하고 매각절차를 진행하였다. 등기사항전부증명서상 권리는 다음과 같다.

구분	가압류(갑) 2017. 1. 3.	주택임차권(을) 전입: 2016. 6. 28. 확정: 2016. 6. 10.	강제경매(병) 2021. 6. 23.
채권금액	42,750,000	55,000,000	62,737,219
소액보증금		20,400,000	
우선변제권		20,400,000	
인수 여부		14,200,000	

3차, 6차, 7차 매각기일에 각 매각되었으나 최고가매수인의 대금미납으로 재매각에 부쳐져 9차 매각기일(2023. 7. 4.)에 매각되었다(감정가 52,000,000원, 매각가 37,788,000원, 매각가율 72.67%). 매수인이 2023. 8. 7. 대금을 납부하여 배당기일(2023. 10. 11.)이 지정되었다. 배당할 금액은 전 경매보증금 5,045,000원을 포함한 40,800,000원이다.

해설   최우선순위배당 · 우선순위배당, 미배당보증금 인수

가압류권자가 주택임차인보다 선순위인지 여부는 임대차계약증서상의 확정일자 부여일을 기준으로 삼는다(주택임대차보호법 제3조의2). 확정일자를 부여받은 날짜보다 가압류권자가 늦은 날인 경우에는 임차인이 우선변제권을 갖게 된다. 임차권자는 대항력(2016. 6. 28. 전입)과 우선변제권(확정일자 2016. 6. 10.)을 갖추었다. 소액임차인의 최우선변제금지급기준이 되는 담보물권이 없으므로 배당시점을 기준으로 소액임차인을 판단한다. 아산시의 배당시점 기준 소액임차인의 보증금 범위는 7,500만원 이하, 2,500만원이다. ① 주택가격의 2분의 1에 해당되는 소액보증금 2,040만원을 최우선순위로, 확정일자부임차인으로 2,040만원을 각 배당한다. ② 미배당보증금 1,420만원은 매수인에게 인수된다. 다만 양수인은 매각가격이 최초 감정가 대비 60% 이상일 경우, 우선변제권만 주장하고 대항력 및 잔존 임대차보증금반환청구권은 포기하였으므로 인수되는 보증금은 없다.

임차인(304호, 김○○)은 채무자에 대한 임대차보증금사건의 집행력 있는 화해조서에 기해 이 사건(2021타경61**) 시흥시 정왕동 소재, 근린주택(토지 255.7㎡, 건물 707.29㎡)에 대한 강제경매신청을 하였다. 건축물관리대장상 2015. 8. 18. 사용 승인된 1층과 2층은 공부상 1종 근린생활시설이고, 3층과 4층은 다가구주택이다. 감정평가서에 의하면 4개 층 및 옥탑은 모두 현황 다가구주택으로 이용하고 있다. 현황조사보고서에는 전입자 14명이 주민등록과 점유를 하는 것으로 보고되었다. 임차인 현황은 아래 표와 같다.

임차인 현황과 배당

임차인	점유부분	전입일자	확정일자	배당요구	보증금	대항력	소액보증금	확정일자부
홍○○	305호	2011. 6. 17.	2011. 6. 17.	2022. 2. 17.	35,000,000	있음	29,800,000	5,200,000
김○○	304호	2012. 8. 20.	2012. 8. 20.	2022. 1. 13.	35,000,000	있음	29,800,000	5,200,000
황○○	104호	2013. 7. 18.	2013. 7. 18.	2021. 12. 21.	35,000,000	있음	29,800,000	5,200,000
최○○	401호	2014. 3. 17.	2014. 3. 17.	2022. 2. 9.	40,000,000	있음	29,800,000	10,200,000
김○○	301호	2015. 11. 16.	미상	없음	미상	-	-	-
배○○	306호	2015. 12. 15.	2015. 12. 15.	2022. 1. 28.	34,000,000	있음	29,800,000	4,200,000
전○○	204호	2016. 6. 9.	2016. 6. 9.	2022. 2. 15.	40,000,000	있음	29,800,000	10,200,000
김○○	302호	2016. 8. 16.	2016. 8. 16.	2021. 12. 30.	34,000,000	있음	29,800,000	4,200,000
차○○	206호	2017. 3. 14.	2017. 3. 14.	2022. 2. 7.	35,000,000	있음	29,800,000	5,200,000
김○○	501호	2018. 2. 21.	2018. 2. 21.	2021. 12. 17.	55,000,000	있음	29,800,000	25,200,000
박○○	406호	2019. 1. 14.	미상	없음	미상	-	-	-
이○○	205호	2019. 5. 23.	2019. 5. 22.	2022. 1. 11.	35,000,000	있음	29,800,000	5,200,000
박○○	203호	2021. 1. 7.	미상	없음	미상	없음	-	-
김○○	201호	2021. 2. 3.	미상	없음	미상	없음	-	-
합계					378,000,000		298,000,000	80,000,000

매각물건명세서에는 임차인 10명의 보증금 합계 3억7,800만원과 함께 "배당요구를 하지 않은 임차인 4명 중 301호 김○○(2015. 11. 16. 전입), 406호 박○○(2019. 1. 14. 전입)는 전입일상 대항력이 있으므로, 보증금 있는 임차인일 경우 인수여지 있어 주의 요

함."이 기재되어 있고, '매각허가에 의하여 소멸되지 아니하는 것' 란에 "매수인에게 대항할 수 있는 임차권등기 있음(임대차보증금 3,500만원, 2012. 8. 20. 전입, 확정일자 2012. 8. 20.). 배당에서 보증금이 전액 변제되지 아니하면 잔액을 매수인이 인수함. 배당요구 종기(2022. 2. 21.)"를 공시하였다. 신청채권자는 주택임차권등기(2021. 4. 23. 등기)를 마친 이후 경매신청을 하였다. 3차 매각기일에 매각되었다(감정가 1,227,930,970원, 매각가 601,977,700원, 매각가율 49.02%). 배당할 금액은 596,000,000원. 등기사항전부증명서상 권리는 아래와 같다.

구분	근저당(갑) 2019. 5. 27.	주택임차권(김○○, 304호) 전입: 2012. 8. 20. 확정: 2012. 8. 20.	강제경매 (김○○, 304호) 2021. 12. 6.
채권금액	420,000,000	35,000,000	35,000,000
소액보증금			29,800,000
우선변제권			5,200,000
우선순위	218,000,000		

해설 **최우선순위배당·우선순위배당, 임차권 소멸**

말소기준권리는 갑의 근저당(2019. 5. 27.)이다. 임차인 14명 중 배당요구를 하지 않은 4명은 배당에서 제외된다. 대항력과 확정일자를 갖춘 10명의 소액임차인에게 최우선순위로 소액보증금을 배당한 후 확정일자부임차인에게는 확정일자를 갖춘 순서대로 배당한다.

시흥시 정왕동은 과밀억제권역에 속한다. 최선순위 저당설정등기일(2019. 5. 27.) 기준 소액임차인의 범위가 1억원 이하 3,400만원이다. 임차인들의 보증금은 최고 5,500만원과 최저 3,400만원 사이에 분포하므로 배당요구 한 10명 모두 이에 해당된다. 임차인들의 보증금(합계 3억7,800만원)이 주택가액(5억9,600만원)의 2분의 1을 초과한다. 여러 명의 소액임차인을 동순위로 보고 배당한다. ① 최우선변제권을 가지는 소액임차인 10명에게 주택가액의 2분의 1에 해당하는 2억9,800만원을 각 2,980만원씩 배당한다. ② 확정일자부임차인에게 확정일자를 먼저 갖춘 순서로 1차 배당에서 배당받지 못한 보증금 8,000만원을 지급한다. 10명의 임차인에게 보증금 합계 3억7,800만원 전액이 배당되었다. ③ 근저당권자는 배당잔여금 2억1,800만원을 배당받고 소멸된다. ④ 매수인에게 인수되는 권리는 없다.

사례 10 최우선변제권의 한도

임차인(김○○)이 채무자에 대한 임대차보증금사건의 집행력 있는 지급명령정본에 기해 이 사건(2021타경47**) 서울시 강북구 수유동 소재, 도시형생활주택 비동 101호(대지권 11.18㎡, 건물 17.22㎡)에 대한 강제경매신청을 하였다. 14차 매각기일에 매각되었다 (감정가 80,000,000원, 매각가 4,699,999원, 매각가율 5.87%). 등기사항전부증명서상 권리는 아래와 같다.

구분	주택임차권(김○○) 전입: 2018. 12. 10. 확정: 2018. 12. 10.	강제경매(김○○) 2021. 12. 6.	가압류(갑) 2022. 2. 25.
채권금액	70,000,000	72,502,740	24,285,299
소액보증금	1,150,000		
우선변제권	1,150,000		
인수 여부	67,700,000		

전입세대열람결과 세대주가 없는 것으로 조사되었다. 대항력과 확정일자를 갖추었고, 70,000,000원에 대하여 배당요구신청서를 제출(2021. 7. 15.)하였다. 매각물건명세서에는 "배당요구종기(2022. 2. 16.)와 매수인에게 대항할 수 있는 임차인이 있으며, 보증금 전액이 변제되지 아니하면 잔액을 매수인이 인수함"을 공시하였다. 배당할 금액 2,300,000원, 배당기일 2024. 2. 7.

현재 진행되는 경매물건에 담보권이 설정되어 있는 경우에는 등기사항전부증명서상 최초의 담보물권이 설정된 시점을 기준으로 소액임차인의 현행법 적용 여부를 판단하지만, 소액임차인의 최우선변제지급기준이 되는 담보물권이 없으므로 배당기일 기준으로 소액임차인 해당 여부를 판단한다.

등기사항전부증명서상 인수되는 권리는 없다. 배당기일(2024. 2. 7.) 기준 서울시의 소액임차인 범위는 1억6,500만원 이하, 5,500만원이다. 배당을 요구한 임차인의 보증금은 7,000만원이므로 이에 해당한다. ① 주택임차인의 소액보증금은 배당할 금액 230만원의 2분의 1에 해당하는 115만원을 임차인에게 최우선순위로, 확정일자부임차인이므로 배당 잔여금 115만원을 우선순위로 각 배당한다. ② 임차인은 대항력이 있으므로 미배당보증금은 6,770만원은 매수인에게 인수된다. 이자채권 2,502,740원은 인수되지 않는다.

사례 11　최우선변제권의 한도

임차인(나○○)이 채무자에 대한 임대차보증금사건의 집행력 있는 지급명령정본에 기해 이 사건(2020타경10**) 서울시 강서구 화곡동 소재, 다세대주택 203호(대지권 15.85 ㎡, 건물 25.68㎡)에 대한 강제경매신청을 하였다. 13차, 18차 매각기일에 매각되었으나 두 차례의 대금미납으로 20차 재매각기일에 매각되었다(감정가 160,000,000원, 매각가 3,602,000원, 매각가율 2.25%). 등기사항전부증명서상 권리는 아래와 같다.

구분	압류(갑) 2019. 2. 21.	주택임차권(나○○) 전입: 2018. 11. 20. 확정: 2018. 11. 20.	강제경매(나○○) 2020. 8. 18.	가압류(을) 2020. 11. 4.
채권금액	강서구	150,000,000	150,000,000	500,000,000
소액보증금		1,150,000		
우선변제권		1,150,000		
인수 여부		147,700,000		

공부상 제2종 근린생활시설(사무소)로 등재되어 있으나 현황 주택으로 이용 중인 것으로 조사되었다. 전입세대열람결과 세대주(나○○)의 주민등록이 조사되었다. 대항력과 확정일자를 갖추었고, 150,000,000원에 대하여 배당요구신청서를 제출(2020. 8. 13.)하였다. 매각물건명세서에는 "배당요구종기(2020. 11. 17.)와 매수인에게 대항할 수 있는 임차인이 있으며, 보증금 전액이 변제되지 아니하면 잔액을 매수인이 인수함"과 '매각허가에 의하여 소멸되지 아니하는 것' 란에 "을구 임차권등기 있음"을 공시하였다. 배당할 금액 2,300,000원, 배당기일 2024. 3. 30.

해설 최우선순위배당·우선순위배당, 미배당보증금 인수

주거용 건물이란 공부상의 표시에도 불구하고 그 실지용도에 따라서 정하여야 한다(대법원 1986. 1. 21. 선고 85다카1367 판결). "주거용 건물"의 임대차라 함은 임차목적물 중 건물의 용도가 점포나 사무실 등이 아닌 주거용인 경우의 임대차를 뜻하며(대법원 1996. 6. 14. 선고 96다7595 판결), 점포 및 사무실로 사용되던 건물이 주거용 건물로 용도 변경된 경우, 소액임차인의 우선변제권이 인정된다(대법원 2009. 8. 20. 선고 2009다26879 판결). 소액임차인의 최우선변제지급기준이 되는 담보물권이 없으므로 배당기일 기준으로 소액임차인 해당 여부를 판단한다.

등기사항전부증명서상 인수되는 권리는 없다. 배당기일(2024. 3. 30.) 기준 서울시의 소액임차인 범위는 1억6,500만원 이하, 5,500만원이다. 배당을 요구한 임차인의 보증금은 1억5,000만원이므로 이에 해당한다. ① 주택임차인의 소액보증금은 배당할 금액 230만원의 2분의 1에 해당하는 115만원을 임차인에게 최우선순위로, 확정일자부임차인이므로 배당잔여금 115만원을 우선순위로 각 배당한다. ② 임차인은 대항력이 있으므로 미배당보증금 1억4,770만원은 매수인에게 인수된다.

주택임차인의 우선변제권과 배당 사례

1. 의의

1) 주택임대차보호법 제3조의2 제1항은 같은 법 제3조 제1항의 대항요건과 임대차계약 증서상의 확정일자를 갖춘 임차인은 경매 등에 의한 환가대금에서 후순위 권리자 기타 채권자보다 우선하여 보증금을 변제받을 권리가 있다고 규정하고 있다. 여기서 '확정일자'는 증서에 대하여 그 작성한 일자에 관한 완전한 증거가 될 수 있는 것으로 법률상 인정되고 당사자가 나중에 변경하는 것이 불가능한 확정된 일자를 가리키는 것이고, 지명채권의 양도통지나 승낙이 확정일자 없는 증서에 의하여 이루어짐으로써 제3자에 대한 대항력을 갖추지 못하였으나 그 후 그 증서에 확정일자를 얻은 경우에는 그 일자 이후에 제3자에 대한 대항력을 취득한다(대법원 1988. 4. 12. 선고 87다카2429 판결). 주택의 임차인이 주택의 인도와 주민등록을 마친 당일 또는 그 이전에 임대차계약증서상에 확정일자를 갖춘 경우 같은 법 제3조의2 제1항에 의한 우선변제권은 같은 법 제3조 제1항에 의한 대항력과 마찬가지로 주택의 인도와 주민등록을 마친 다음 날을 기준으로 발생한다(대법원 1999. 3. 23. 선고 98다46938 판결).

2) 주택임대차보호법 소정의 요건을 갖춘 임차인은 임차인의 보호를 위한 동법의 취지에 비추어 볼 때, 임차주택의 양수인에게 대항하여 보증금의 반환을 받을 때까지 임대차관계의 존속을 주장할 수 있는 권리와 소액의 보증금에 관하여 임차주택의 가액으로부터 우선변제를 받음과 동시에 임차목적물을 명도할 수 있는 권리를 겸유하고 있다고 해석되고 이 두 가지 권리 중 하나를 선택하여 행사할 수 있다고 보아야 하며 임차인이 경매절차

에서 배당요구신청을 하였다가 이를 취하하였다 하여 이를 그 권리의 포기라고 볼 수는 없다(대법원 1987. 2. 10. 선고 86다카2076 판결).

3) 주택임대차보호법 제3조의2 제1항의 규정에 의하면, 제3자에 대한 대항요건과 확정일자를 갖춘 임차인은 민사소송법에 의한 경매시 임차주택의 환가대금에서 후순위 권리자 기타 채권자보다 우선하여 보증금을 변제받을 권리가 있으나, 다만 그와 같은 요건을 갖춤으로써 우선변제권이 있는 주택임차인이라고 하더라도 주택의 양수인에게 대항할 수 있는 경우에는 임대차가 종료된 후가 아니면 경매절차에서 우선순위에 따른 배당을 받을 수 없으며, 한편 임차주택이 경매되는 경우에 주택의 양수인에게 대항할 수 있는 임차인이 임대차기간이 만료되지 아니하였음에도 경매법원에 배당요구를 하는 것은 스스로 더 이상 임대차관계의 존속을 원하지 아니함을 명백히 표시하는 것이어서 다른 특별한 사정이 없는 한 이를 임대차해지의 의사표시로 볼 수 있고, 경매법원이 민사소송법 제606조 제1항에 따라 임대인에게 배당요구사실을 통지하여 임차인의 해지의사가 경매법원을 통하여 임대인에게 전달되면 이때 임대차관계는 해지로 종료되며, 임차인이 경매법원에 배당요구를 하였다는 사실만으로는 곧바로 임대차관계가 종료되지 아니한다(대법원 1998. 10. 27. 선고 98다1560 판결).

4) 우선변제권이 있는 임차인은 직접 집행권원을 획득하여 강제경매 신청하는 경우가 아닌 한 배당요구종기까지 배당요구를 하는 방법으로 우선변제권을 행사하여 배당금을 받거나 배당요구를 하지 않고 자신의 보증금 전액을 낙찰자에게 인수시킬 수 있다.

2. 임차인에 대한 배당

(1) 배당순위

1) 우선변제권이 있는 임차인이 집행권원을 얻어 스스로 강제경매를 신청하는 방법으로 우선변제권을 행사하고, 그 경매절차에서 집행관의 현황조사 등을 통하여 경매신청채권자인 임차인의 우선변제권이 확인되고 그러한 내용이 현황조사보고서, 매각물건명세서 등에 기재된 상태에서 경매절차가 진행되어 매각이 이루어졌다면, 특별한 사정이 없는

한 경매신청채권자인 임차인은 배당절차에서 후순위 권리자나 일반채권자보다 우선하여 배당받을 수 있다(대법원 2013. 11. 14. 선고 2013다27831 판결).

2) 확정일자를 갖춘 임차인이 배당을 요구하면 다른 물권과 그 성립의 순위에 따라 우선변제를 다투게 된다. 주택임대차보호법에 따른 주택임차인의 대항력발생일과 임대차계약서상 확정일자가 모두 당해 주택에 관한 1순위 근저당권설정일보다 앞서는 경우, 주택임차인은 특별한 사정이 없는 한 대항력뿐 아니라 1순위 근저당권자보다 선순위의 우선변제권도 가지므로, 그 주택에 관하여 개시된 경매절차에서 배당요구종기 이전에 배당요구를 하였다면 1순위 근저당권자보다 우선하는 배당순위를 가진다(대법원 2017. 4. 7. 선고 2016다248431 판결).

3) 주택임대차보호법상 대항요건과 확정일자를 갖춘 임차인들이 소액임차인의 지위를 겸하는 경우, 먼저 소액임차인으로서 보호받는 일정액을 우선배당 하고 난 후의 나머지 임차보증금 채권액에 대하여는 대항요건과 확정일자를 갖춘 임차인으로서의 순위에 따라 배당을 하여야 하는 것이다(대법원 2007. 11. 15. 선고 2007다45562 판결).

4) 임차인이 임대인에게 임차보증금의 일부만을 지급하고 주택임대차보호법 제3조 제1항에서 정한 대항요건과 임대차계약증서상의 확정일자를 갖춘 다음 나머지 보증금을 나중에 지급하였다고 하더라도 특별한 사정이 없는 한 대항요건과 확정일자를 갖춘 때를 기준으로 임차보증금 전액에 대해서 후순위 권리자나 그 밖의 채권자보다 우선하여 변제를 받을 권리를 갖는다(대법원 2017. 8. 29. 선고 2017다212194 판결).

(2) 우선변제권

1) 우선변제권은 대항력을 전제로 성립한다. 우선변제권의 성립요건으로 확정일자를 갖춰야 하는 시기에 대한 제한은 없다. 따라서 반드시 경매개시결정기입등기 전에 대항요건을 갖춰야 하는 소액임차인의 최우선변제권과는 차이가 있다. 우선변제권을 행사하여 배당을 요구하려면 확정일자를 갖춘 임대차계약서가 필요하므로 적어도 첫 매각기일 이전의 배당요구종기까지 확정일자를 갖추어야 한다.

2) 보증금이 전액 변제되지 아니한 대항력 있는 임차권은 소멸하지 아니한다는 내용의

주택임대차보호법 제3조의5 단서를 신설한 입법취지가 같은 법 제4조 제2항의 해석에 관한 종전의 대법원판례(대법원 1997. 8. 22. 선고 96다53628 판결 등)를 명문화하는 데에 있는 점 등으로 보아, "임대차가 종료된 경우에도 임차인이 보증금을 반환받을 때까지 임대차관계는 존속하는 것으로 본다."라고 규정한 같은 법 제4조 제2항과 동일한 취지를 경락에 의한 임차권소멸의 경우와 관련하여 주의적·보완적으로 다시 규정한 것으로 보아야 하므로, 소멸하지 아니하는 임차권의 내용에 대항력뿐만 아니라, 우선변제권도 당연히 포함되는 것으로 볼 수는 없다(대법원 2006. 2. 10. 선고 2005다21166 판결).

3) 주택임대차보호법상의 대항력과 우선변제권의 두 가지 권리를 겸유하고 있는 임차인이 먼저 우선변제권을 선택하여 임차주택에 대하여 진행되고 있는 경매절차에서 보증금 전액에 대하여 배당요구를 하였으나 그 순위가 늦은 까닭으로 보증금 전액을 배당받을 수 없었던 때에는, 보증금 중 경매절차에서 배당받을 수 있었던 금액을 뺀 나머지에 관하여 경락인에게 대항하여 이를 반환받을 때까지 임대차관계의 존속을 주장할 수 있고, 이 경우 임차인의 배당요구에 의하여 임대차는 해지되어 종료되며, 다만 같은 법 제4조 제2항에 의하여 임차인이 보증금의 잔액을 반환받을 때까지 임대차관계가 존속하는 것으로 의제될 뿐이어서, 경락인은 같은 법 제3조 제2항에 의하여 임대차가 종료된 상태에서의 임대인의 지위를 승계하고, 임차인의 우선변제권은 경락으로 인하여 소멸하는 것이다(대법원 1998. 6. 26. 선고 98다2754 판결).

4) 주택임대차보호법상의 대항력과 우선변제권의 두 가지 권리를 함께 가지고 있는 임차인이 우선변제권을 선택하여 제1경매절차에서 보증금 전액에 대하여 배당요구를 하였으나 보증금 전액을 배당받을 수 없었던 때에는 경락인에게 대항하여 이를 반환받을 때까지 임대차관계의 존속을 주장할 수 있을 뿐이고, 임차인의 우선변제권은 경락으로 인하여 소멸하는 것이므로 제2경매절차에서 우선변제권에 의한 배당을 받을 수 없는바, 이는 근저당권자가 신청한 1차 임의경매절차에서 확정일자 있는 임대차계약서를 첨부하거나 임차권등기명령을 받아 임차권등기를 하였음을 근거로 하여 배당요구를 하는 방법으로 우선변제권을 행사한 것이 아니라, 임대인을 상대로 보증금반환청구소송을 제기하여 승소판결을 받은 뒤 그 확정판결에 기하여 1차로 강제경매를 신청한 경우에도 마찬가지이다

(대법원 2006. 2. 10. 선고 2005다21166 판결).

5) 임차인이 임대인을 상대로 보증금반환청구소송을 제기하여 승소판결을 받고 그 확정판결에 기하여 강제경매를 신청하였으나 그 경매절차에서 보증금 전액을 배당받지 못한 경우, 후행 경매절차에서 우선변제권에 의한 배당을 받을 수 없다(대법원 2006. 2. 10. 선고 2005다21166 판결).

6) 임대차성립 당시 임대인의 소유였던 대지가 타인에게 양도되어 임차주택과 대지의 소유자가 서로 달라진 경우에도 임차인은 대지의 경매대금에 대하여 우선변제권을 행사할 수 있다. 이러한 법리는 여러 필지의 임차주택대지 중 일부가 타인에게 양도되어 일부 대지만이 경매되는 경우도 마찬가지라 할 것이다. 한편 임차인이 대항력과 확정일자를 갖춘 후에 임대차계약이 갱신되더라도 대항력과 확정일자를 갖춘 때를 기준으로 종전 임대차 내용에 따른 우선변제권을 행사할 수 있다(대법원 2012. 7. 26. 선고 2012다45689 판결).

7) 채권양수인이 우선변제권을 행사할 수 있는 주택임차인으로부터 임차보증금반환채권을 양수하였다고 하더라도 임차권과 분리된 임차보증금반환채권만을 양수한 이상 그 채권양수인이 주택임대차보호법상의 우선변제권을 행사할 수 있는 임차인에 해당한다고 볼 수 없다. 다만, 이와 같은 경우에도 채권양수인이 일반금전채권자로서의 요건을 갖추어 배당요구를 할 수 있음은 물론이다(대법원 2010. 5. 27. 선고 2010다10276 판결).

8) 주택임차인이 주택임대차보호법 제3조의2 제1항 소정의 우선변제권을 주장하기 위해서는 같은 법 제3조 제1항 소정의 대항요건과 임대차계약증서상의 확정일자를 갖추어야 하고, 그 대항요건은 주택의 인도와 주민등록을 마친 때에 구비된다 할 것인바, 같은 법 제1조는 "이 법은 주거용건물의 임대차에 관하여 민법에 대한 특례를 규정함으로써 국민의 주거생활의 안정을 보장함을 목적으로 한다."라고 규정하고 있어 위 법이 자연인인 서민들의 주거생활의 안정을 보호하려는 취지에서 제정된 것이지 법인을 그 보호대상으로 삼고 있다고는 할 수 없는 점, 법인은 애당초 같은 법 제3조 제1항 소정의 대항요건의 하나인 주민등록을 구비할 수 없는 점 등에 비추어 보면, 법인의 직원이 주민등록을 마쳤다 하여 이를 법인의 주민등록으로 볼 수는 없으므로, 법인이 임차주택을 인도받고 임대차계약서상의 확정일자를 구비하였다 하더라도 우선변제권을 주장할 수는 없다(대법원

1997. 7. 11. 선고 96다7236 판결).

(3) 배당요구의 철회

경매절차에서 배당요구를 한 채권자는 이를 자유롭게 철회할 수 있으나, 배당요구에 따라 매수인이 인수하여야 할 부담이 바뀌는 경우에는 배당요구의 종기가 지난 뒤에 이를 철회하지 못한다(민사집행법 제88조 제2항). 위와 같이 배당요구철회를 일정한 경우에 제한한 법의 취지는, 주택임대차보호법에 정한 소액임차인 등 경매부동산의 매수인에게 대항할 수 있는 배당요구채권자가 함부로 배당요구를 철회하게 되면 당초 매각대금에서 보증금 등을 회수하리라고 예상하였을 매수인으로서는 경락대금 외에 보증금 등의 인수라는 예기치 못한 부담을 떠안게 되는바, 이러한 위험을 방지하여 매수인을 보호하고자 하는 것이다(서울서부지방법원 2007. 6. 5. 선고 2006가단87708 판결).

3. 보증금의 배당과 부당이득

1) 배당요구채권자가 적법한 배당요구를 하지 아니하여 그를 배당에서 제외하는 것으로 배당표가 작성·확정되고 그 확정된 배당표에 따라 배당이 실시되었다면, 집행목적물의 교환가치에 대하여서만 우선변제권을 가지고 있는 법정담보물권자의 경우와는 달리 그가 적법한 배당요구를 한 경우에 배당받을 수 있었던 금액상당의 금원이 후순위 채권자에게 배당되었다 하여 이를 법률상 원인이 없는 것이라고 할 수 없다(대법원 1996. 12. 20. 선고 95다28304 판결).

2) 대항력과 우선변제권을 겸유하고 있는 임차인이 배당요구를 하였으나 보증금 중 일부만을 배당받은 후 동시이행의 항변권에 기하여 임차목적물을 계속 점유하는 경우, 그 점유는 불법점유라 할 수 없어 그로 인한 손해배상책임은 지지 아니하되, 다만 사용·수익으로 인하여 실질적으로 얻은 이익이 있으면 부당이득으로서 반환하여야 한다(대법원 1998. 7. 10. 선고 98다15545 판결).

3) 경락인이 낙찰대금을 납부하여 임차주택에 대한 소유권을 취득한 이후에 임차인이

임차주택을 계속 점유하여 사용·수익하였다고 하더라도 임차인에 대한 배당표가 확정될 때까지의 사용·수익은 소멸하지 아니한 임차권에 기한 것이어서 경락인에 대한 관계에서 부당이득이 성립되지 아니한다(대법원 2004. 8. 30. 선고 2003다23885 판결).

4) 임차인이 임대차계약 종료 이후에도 동시이행의 항변권을 행사하는 방법으로 목적물의 반환을 거부하기 위하여 임차건물부분을 계속 점유하기는 하였으나 이를 본래의 임대차계약상의 목적에 따라 사용·수익하지 아니하여 실질적인 이득을 얻은 바 없는 경우에는 그로 인하여 임대인에게 손해가 발생하였다 하더라도 임차인의 부당이득반환의무는 성립되지 아니한다(대법원 2001. 2. 9. 선고 2000다61398 판결).

5) 주택에 관한 임의경매절차에서 개정 전의 주택임대차보호법(1990. 3. 5. 법률 제3379호로 개정되기 전의 것) 제8조 소정의 우선변제권 있는 소액임차인이 배당요구를 하지 아니하여 근저당권자가 소액임차인이 배당받아야 할 임차보증금상당의 금원까지 배당받았다면 이에 의하여 실체법상의 권리가 확정되는 것이 아니므로 소액임차인은 근저당권자에 대하여 소액보증금 상당의 부당이득반환청구권을 갖게 된다(대법원 1990. 3. 27. 자 90다카315, 322, 339 결정).

6) 경매의 목적물에 대항력 있는 임대차가 존재하는 경우에 경락인이 이를 알지 못한 때에는 경락인은 이로 인하여 계약의 목적을 달성할 수 없는 경우에 한하여 계약을 해제하고 채무자 또는 채무자에게 자력이 없는 때에는 배당을 받은 채권자에게 그 대금의 전부나 일부의 반환을 구하거나, 그 계약해제와 함께 또는 그와 별도로 경매목적물에 위와 같은 흠결이 있음을 알고 고지하지 아니한 채무자나 이를 알고 경매를 신청한 채권자에게 손해배상을 청구할 수 있을 뿐, 계약을 해제함이 없이 채무자나 경락대금을 배당받은 채권자들을 상대로 경매목적물상의 대항력 있는 임차인에 대한 임대차보증금에 상당하는 경락대금의 전부나 일부를 부당이득 하였다고 하여 바로 그 반환을 구할 수 있는 것은 아니다(대법원 1996. 7. 12. 선고 96다7106 판결).

4. 매각 사례와 배당

사례 1 **임차인의 우선변제요건**

신청채권자(갑)는 담보권의 실행으로 이 사건(2022타경11**) 서울특별시 강북구 미아동 소재, 다세대주택(대지권 27.61㎡, 건물 45.31㎡)에 대한 임의경매를 신청하였다. 등기사항전부증명서상 권리는 아래와 같다.

구분	근저당(갑) 2017. 6. 5.	근저당(을) 2021. 2. 9.	임의경매(갑) 2021. 4. 6.	임차인(김○○) 전입: 2016. 4. 21.
채권금액	100,000,000	200,000,000	100,000,000	220,000,000
우선변제권				220,000,000
우선순위	15,000,000			

매각물건명세서에는 "매수인에게 대항할 수 있는 임차인이 있으며, 보증금 전액이 변제되지 아니하면 잔액을 매수인이 인수함"을 공시하였다. 전입세대열람결과 김○○가 등록되어 있다. 김○○은 대항력(2016. 4. 21. 전입)과 확정일자(2016. 4. 29.)를 갖춘 주택임차인으로 보증금 220,000,000원에 대하여 배당요구종기(2022. 6. 22.) 이내에 배당요구신청서를 제출(2022. 5. 27.)하였다. 매각결과 3차 매각기일에 매각되었다(감정가 333,000,000원, 매각가 238,999,500원, 매각가율 71.77%). 배당할 금액 235,000,000원.

해설 **우선순위배당**

확정일자를 갖춘 임차인의 우선변제권은 대항요건과 확정일자를 모두 갖춘 때에 발생한다. 확정일자는 우선변제권의 성립요건이다. '확정일자'란 증서에 관하여 그 작성한 일자에 관한 완전한 증거가 될 수 있는 것으로 법률상 인정되는 일자를 말하며, 당사자가 나중에 변경하는 것이 불가능한 확정된 일자를 가리킨다(대법원 1998. 10. 2. 선고 98다

29879 판결). 확정일자는 임대인과 임차인 사이의 담합으로 임차보증금의 액수를 사후에 변경하는 것을 방지하고, 허위로 날짜를 소급하여 주택임대차계약을 체결하여 우선변제권을 행사하는 것을 방지하기 위해 마련된 제도이다.

말소기준권리는 갑의 근저당(2017. 6. 5.)이며 이 사건 매각으로 소멸된다. ① 임차인(김○○)의 우선변제권은 전입일(2016. 4. 21.)과 확정일자(2016. 4. 29.) 중 늦은 날(2016. 4. 29.)에 발생한다. 배당을 요구한 임차인의 우선변제권은 말소기준권리보다 앞서므로 2억2,000만원 전액을 우선순위로 배당받는다. ② 배당잔여금 1,500만원은 신청채권자에게 배당된다.

사례 2 확정일자부임차인의 강제경매신청

신청채권자(김○○)는 채무자를 상대로 한 임대차보증금반환사건의 집행력 있는 판결정본에 기해 이 사건(2022타경50**) 인천시 계양구 귤현동 소재, 다세대주택에 대한 강제경매신청을 하였다. 등기사항전부증명서상 권리는 아래와 같다.

구분	가압류(갑) 2018. 12. 12.	가압류(을) 2020. 3. 17.	가압류(병) 2020. 10. 19.	가압류(정) 2021. 2. 2.	강제경매(김○○) 2022. 3. 11.
채권금액	19,160,000	12,048,127	5,607505	22,397,091	120,000,000
소액보증금					16,000,000
우선변제권					16,000,000
인수 여부					88,000,000

임차인(김○○)은 대항력(2017. 12. 4. 전입)과 확정일자(2017. 11. 21.)를 갖췄고 보증금 120,000,000원에 대하여 배당요구종기(2022. 6. 3.) 이내에 배당요구신청서를 제출(2022. 4. 21.)하였다. 매각물건명세서에는 "임차인은 매수인에게 대항할 수 있으며 보증금 전액이 변제되지 않으면 잔액을 매수인이 인수함"을 공시하였다. 매각결과 5차 매각기일에 매각되었다(감정가 145,000,000원, 매각가 35,000,000원, 매각가율 24.14%). 배당할 금액 32,000,000원.

최우선순위배당 · 우선순위배당, 미배당보증금 인수

보증금반환청구소송의 확정판결 등 집행권원을 얻어 임차주택에 대하여 스스로 강제경매를 신청하였다면 특별한 사정이 없는 한 대항력과 우선변제권 중 우선변제권을 선택하여 행사한 것으로 보아야 한다(대법원 2013. 11. 14. 선고 2013다27831 판결).

말소기준권리는 갑의 가압류(2018. 12. 12.)이다. 신청채권자(김○○)는 최우선변제요건을 갖췄으므로 우선변제권의 한도 3,200만원의 2분의 1 범위 내에서 최우선변제 받을 수 있다. ① 임차인은 소액보증금 1,600만원을 배당받고, 배당잔여금 1,600만원은 확정일자부임차인으로 배당받는다. ② 미배당보증금 8,800만원은 매수인에게 인수된다. ③ 선순위 가압류권자에게 배당되는 금액은 없다.

사례 3 | 임차인의 배당요구와 첨부서면

신청채권자(을)는 집행력 있는 공정증서에 기해 이 사건(2021타경78**) 대구광역시 중구 봉산동 소재, 단독주택(토지 86.9㎡, 건물 68.22㎡)을 강제경매신청 하였다. 근저당권자(갑)가 이중경매신청(2021타경100**)하였으나 배당요구종기 내에 취하(2022. 8. 12.)하였다. 등기사항전부증명서상 권리와 임차인은 아래와 같다.

구분	근저당(갑) 2017. 7. 5.	강제경매(을) 2021. 10. 12.	가압류(병) 2022. 4. 4.	임차인(정○○) 전입: 2017. 10. 17.
채권금액	78,000,000	72,096,575	11,096,132	45,000,000
우선순위	78,000,000	72,096,575	11,096,132	0
인수 여부				소멸

임차인(정○○)은 대항력(2017. 10. 17. 전입)과 확정일자(2019. 4. 26.)를 갖췄고 보증금 45,000,000원에 대한 배당요구신청서를 배당요구종기(2023. 2. 23.) 이내에 제출(2022. 12. 7.)하였으나 임대차계약서 등 자격 소명자료를 제출하지 않았다. 매각결

과 5차 매각기일에 매각되었다(감정가 182,172,440원, 매각가 207,199,000원, 매각가율 113.74%). 배당할 금액 204,000,000원.

우선순위배당, 임차권 소멸

후행사건 경매신청권자는 자유롭게 경매신청을 취하할 수 있다. 사례의 경우 임차인의 대항력(2017. 10. 17.)은 근저당설정등기(2017. 7. 5.)와 첫 경매기입등기(2021. 10. 12.) 사이에 있다. 임차인은 첫 경매기입등기 전에 대항력을 갖췄고, 근저당설정일 기준 대구 시의 소액보증금에 해당(6,000만원 이하 2,000만원)하므로 최우선순위로 2,000만원을 배당받을 수 있다. 그러나 임차인은 배당요구의 자격에 관한 소명자료의 제출 허용기간인 배당표가 확정되기 전까지 보완하지 못하였다(대법원 2009. 1. 30. 선고 2007다68756 판결). 배당요구는 서면신청 하여야 하며 구두신청은 허용되지 아니하고 첨부서면을 붙여야 한다. 배당요구의 하자 보완에 관한 선례 중에는 '배당요구의 종기까지' 보완되어야 한다고 보는 선례(집행력 있는 정본 미제출의 배당요구에 관한 대법원 2012다96045 판결, 가압류결정 후 집행 전 배당요구에 관한 대법원 2003다27696 판결)와 '배당표 확정시까지'로 보는 선례(확정일자부 임대차계약서 미첨부의 배당요구에 관한 대법원 2007다68756 판결, 임금채권자의 배당요구에 관한 대법원 2002다52312 판결)가 있다. 권리신고를 하면서 임대차계약서와 주민등록을 함께 제출한 경우에는 배당요구로 본다.

근저당설정일자와 제3의 집행채권자의 강제경매기입등기 사이에 대항력을 갖춘 주택 임차인이 있는 경우에, 동인이 경락인에게 대항할 수 있다고 한다면 경락인은 임차권의 부담을 지게 되어 부동산의 경매가격은 그만큼 떨어질 수밖에 없고 이는 임차권보다 선행한 담보권을 해치는 결과가 되어 설정 당시의 교환가치를 담보하는 담보권의 취지에 맞지 않게 되므로 동인의 임차권은 경락인에게 대항할 수 없다(대법원 86다카1718 판결). ① 임차인(정○○)의 대항력(2017. 10. 17. 전입)과 확정일자(2019. 4. 26.)는 말소기준권리(2017. 7. 5.)보다 늦어서 우선변제권이 없다. ② 임차인은 대항력이 없으므로 미배당보증금은 인수되지 않는다. ③ 저당권자에게 78,000,000원, 신청채권자에게 72,096,575원, 가압류권자에게 11,096,132원을 각 배당하고, 배당잔여금은 소유자에게 반환된다.

사례 4 **우선변제권 있는 임차인의 배당요구**

신청채권자(을)는 담보권의 실행으로 이 사건(2022타경10**) 서울특별시 중랑구 면목동 소재, 아파트(대지권 24.201㎡, 건물 84.975㎡)에 대한 임의경매를 신청하였다. 매각물건명세서에는 "임차인(이ㅇㅇ)이 대항력(2017. 8. 10. 전입)과 확정일자(2019. 3. 21.)를 갖추고 보증금 320,000,000원(점유기간 2017. 8. 10.~2022. 6. 현재)에 관하여 배당요구신청서 제출(2022. 6. 21.), 배당요구종기(2022. 7. 20.)"를 공시하였다. 매각결과 2차 매각기일에 매각되었으나(감정가 640,000,000원, 매각가 512,011,000원, 매각가율 80%) 매각허가 결정 이후 채무자 겸 소유자가 경매취소신청서를 제출하여 최종 기각되었다. 등기사항전부증명서상 권리는 아래와 같다. 배당절차가 진행되는 경우 배당할 금액 507,000,000원.

구분	근저당(갑) 2020. 6. 4.	근저당(을) 2020. 8. 11.	근저당(병) 2020. 12. 1.	임의경매(을) 2022. 5. 9.	임차인(이ㅇㅇ) 확정: 2019. 3. 21.
채권금액	135,000,000	52,500,000	30,000,000	49,544,657	320,000,000
우선변제권					320,000,000
우선순위	135,000,000	52,000,000	0		

해설 **우선순위배당**

우선변제요건을 갖춘 임차인은 대항력과 우선변제권의 선택적 행사가 가능하다. 우선변제권을 행사하거나 우선변제권을 행사하지 아니하였다고 하더라도 매수인에게 임대차로서 대항할 수 없다거나 임차보증금 반환채권을 포기한 것으로 볼 수 없다. 임차주택이 임대차기간의 만료 전에 경매되는 경우에 대항력 있는 임차인이 배당요구를 하고 그 배당요구의 통지가 임대인에게 도달하였다면 임대차관계는 이로써 종료되어 주택임대차보호법 제3조의2 제1항 단서에 해당하지 않게 되므로, 임차인에게 우선변제권을 인정하여야

한다(대법원 1996. 7. 12. 선고 94다37646 판결). 주택임대차보호법에 따른 주택임차인의 대항력발생일과 임대차계약서상 확정일자가 모두 당해 주택에 관한 1순위 근저당설정일보다 앞서는 경우, 주택임차인은 대항력뿐 아니라 1순위 근저당권자보다 선순위의 우선변제권도 가지므로, 그 주택에 관하여 개시된 경매절차에서 배당요구종기 이전에 배당요구를 하였다면 1순위 근저당권자보다 우선하는 배당순위를 가진다(대법원 2017. 4. 7. 선고 2016다248431 판결).

감정가격 대비 선순위채권금액이 적은 경우에는 사례와 같이 경매신청채권을 채무자가 변제하거나 대위변제에 의하여 취하될 가능성이 높다. 최종 기각된 사건이나 매각가를 기준으로 분석해 보면, 말소기준권리는 근저당(2020. 6. 4.)이 된다. 임차인은 대항력과 확정일자를 갖추었고, 권리신고 및 배당요구신청서를 제출(2022. 6. 21.)하였다. 다른 물권과 그 성립순서에 따라 우선순위를 다투게 된다. ① 임차인(이○○)은 말소기준권리보다 전입일자와 확정일자가 앞서므로 우선순위로 보증금 3억2,000만원 전액을 배당받는다. ② 저당권 상호간에는 설정일의 시간적 순서에 따라 배당순위가 정해진다(민법 제333조, 제370조). 배당잔여금 1억8,700만원은 저당권자 갑과 을에게 저당권설정일의 우선순위에 따라 배당된다.

사례 5 우선변제권 있는 임차인의 강제경매신청

신청채권자(이○○)는 채무자를 상대로 임대차보증금에 관한 소를 제기, 승소하여 집행력 있는 확정판결에 기해 이 사건(2022타경17**) 경기도 부천시 괴안동 소재, 다세대주택(대지권 25.41㎡, 건물 42.549㎡)에 대한 강제경매를 신청하였다. 등기사항전부증명서(집합건물)상 권리는 아래와 같다.

구분	근저당(갑) 2020. 11. 17.	압류(을) 2021. 3. 17.	압류(병) 2022. 5. 18.	강제경매(이○○) 2022. 6. 13.
채권금액	100,000,000	교부청구액	교부청구액	180,000,000
우선변제권				174,000,000
인수 여부				6,000,000

매각물건명세서에는 "매수인에게 대항할 수 있는 임차인이 있으며 보증금 전액이 변제되지 아니하면 잔액을 매수인이 인수함. 배당요구종기(2022. 9. 5.)"를 공시하였다. 전입세대열람결과 신청채권자 세대가 전입(2020. 9. 23.)되어 있다. 확정일자(2020. 9. 8.)를 갖춘 신청채권자는 보증금 180,000,000원에 관한 배당요구신청서를 제출(2022. 8. 2.)하였다. 3차 매각기일에 매각되었다(감정가 221,000,000원, 매각가 177,000,000원, 매각가율 80.09%). 배당할 금액 174,000,000원.

해설 　우선순위배당, 미배당보증금 인수

대항요건을 갖춘 임차인이 확정일자를 받아도 물권이 아닌 채권이므로 경매신청권이 당연히 부여되는 것이 아니다. 따라서 임차인이 대항력을 유지하면서 상대방에 대한 소를 제기하고, 집행권원을 얻어서 강제경매를 신청할 수 있다. 이 경우에 별도의 배당요구를 하여야 하는지 여부에 대하여 판례는 "우선변제권을 인정받기 위하여 배당요구의 종기까지 별도로 배당요구를 할 필요가 없고, 또한 경매절차에서 우선변제권이 확인되어 현황조사보고서 등에 기재되었다면 별도로 우선변제권을 소명하는 서류를 제출할 필요가 없다(대법원 2013. 11. 14. 선고 2013다27831 판결)"고 하였다.

신청채권자는 말소기준권리(2020. 11. 17. 근저당)보다 전입일과 확정일자 모두 앞서므로 우선하는 배당순위를 갖는다. ① 배당할 금액 1억7,400만원은 신청채권자에게 우선순위로 배당되고 미배당보증금 600만원은 매수인에게 인수된다. ② 다만 2건의 선순위 압류가 있으므로 조세채권이 임차인보다 앞 순위로 배당될 수 있고, 이 때문에 매수인에게 인수되는 보증금이 증가할 수 있다. 조세와 저당권의 피담보채권과의 우선순위는 조세의 법정기일과 저당권의 설정등기일 및 확정일자를 갖춘 임차인의 우선변제권 발생일의 선후를 따져 정한다(대법원 1992. 10. 13. 선고 92다30597 판결).

신청채권자(갑)는 채무자를 상대로 제기한 대여금사건에 관한 집행력 있는 판결정본에 기해 이 사건(2021타경10**) 서울 서초구 반포동 소재, 아파트(대지권 31.91㎡, 건물 84.4㎡)에 대한 강제경매(가압류의 본 압류로의 이행)를 신청하였다. 제3의 채권자 병(2021. 7. 22.)과 정(2021. 8. 12.)이 이중경매신청을 하였다. 등기사항전부증명서상 권리는 아래와 같다.

구분	가압류(갑) 2019. 11. 22.	가압류(을) 2019. 12. 3.	강제경매(갑) 2021. 3. 31.	강제경매(병) 2021. 7. 22.	강제경매(정) 2021. 8. 12.
채권금액	130,000,000	100,000,000	152,100,000	100,000,000	11,000,000
우선순위		100,000,000	152,100,000	100,000,000	11,000,000

임차인 정○○는 대항력(2017. 11. 6. 전입)과 확정일자(2017. 11. 6.)를 갖추고 보증금 560,000,000원에 대한 권리신고 및 배당요구신청서를 제출(2021. 6. 2.)한 이후 배당요구신청 철회서도 제출(2021. 6. 4.)하였다. 매각물건명세서에는 "대항력 있는 임차인의 보증금 전액을 매수인이 인수함. 배당요구종기(2021. 6. 11.)"를 공시하고 경매절차를 진행하였다. 3차 매각기일(2022. 8. 17.)에 매각(67.06%)되었으나 최고가매수인의 대금미납으로 재매각에 부쳐져 5차 매각기일에 매각되었다(감정가 940,000,000원, 매각가 488,590,000원, 매각가율 51.98%). 배당할 금액은 전 경매보증금 60,160,000원을 포함한 543,000,000원이다.

해설 우선순위배당, 미배당보증금 인수

경매절차에서 배당요구를 한 채권자는 이를 자유롭게 철회할 수 있으나, 배당요구에 따라 매수인이 인수하여야 할 부담이 바뀌는 경우에는 배당요구의 종기가 지난 뒤에 이를 철회하지 못한다(민사집행법 제88조 제2항). 임차인은 배당요구종기 전에 철회서를 제출하였다. 대항력과 우선변제권을 갖춘 임차인이 배당요구를 철회한 것은 임차인이 대항력을 행사하여 임대인의 지위를 승계하게 되는 최고가매수인에게 임대차관계의 존속을 주장하기 위한 것이라고 볼 수밖에 없다. 3차 매각기일에 매각되었으나 최고가매수인이 대금을 미납한 것은 낙찰자가 보증금 5억6,000만원 전액을 부담해야 하기 때문이다. 말소기준권리는 가압류(2019. 11. 22.)이다. 임차인의 배당요구철회로 배당할 금액 5억4,300만원은 등기사항전부증명서상 채권자들의 채권총액 3억4,100만원 모두를 만족하고 배당잉여금이 생긴다. ① 신청채권자 갑과 이중경매신청인 병과 정의 채권은 확정판결 기준으로, 을의 채권은 집행권원을 얻기 전에 배당이 실시되는 경우 가압류결정에 피보전채권액으로 적힌 청구금액을 기준으로 배당한다. ② 배당잉여금 1억7천990만원은 소유자에게 지급된다. ③ 임차인의 보증금 5억6,000만원 전액은 매수인에게 인수된다.

사례 7 **임차인이 종전 경매사건의 임차인**

신청채권자(을)는 담보권의 실행으로 이 사건(2022타경10**) 아산시 방축동 소재, 다세대주택(대지권 50.34㎡, 건물 56.9㎡)에 대한 임의경매를 신청하였다. 3차 매각기일에 매각되었다(감정가 130,000,000원, 매각가 79,299,900원, 매각가율 61%). 임차인은 대항력(2018. 1. 30. 전입)과 확정일자(2020. 6. 22.)를 갖추었고, 보증금 26,000,000원(월세 300,000원)에 관하여 배당요구신청서를 배당요구종기(2022. 8. 29.) 이내에 제출(2022. 6. 7.)하였다. 임차인(박○○)은 주택 207호 전부를 사용하는 종전사건(2018타경134**) 임차인이다. 종전 경매사건은 2020. 5. 4. 매각되었다(감정가 130,000,000원, 매각가 79,299,900원, 매각가율 61%). 종전사건 매수인이 대금을 납부(2020. 5. 4.)하고, 같은 날 접수 제26931호로 소유권이전등기, 같은 날 접수 제26932호로 근저당설정등기를 경료하였다. 배당할 금액 76,600,000원. 등기사항전부증명서상 권리와 임차인은 아래와 같다.

구분	소유권(갑) 2020. 5. 4.	근저당(을) 2020. 5. 4.	압류(병) 2022. 4. 26.	임의경매(을) 2022. 5. 27.	임차인(박○○) 2018. 1. 30.
채권금액	2018타경134**	94,800,000	교부청구액	80,233,755	26,000,000
소액임차인					17,000,000
우선순위	접수 제2931호	접수 제2932호		59,600,000	없음

해설 **최우선순위배당 · 우선순위배당**

경매절차에서 낙찰인이 주민등록은 되어 있으나 대항력은 없는 종전 임차인과의 사이에 새로이 임대차계약을 체결하고 낙찰대금을 납부한 경우, 종전 임차인은 당해 부동산에 관하여 매수인이 매각대금을 납부하여 소유권을 취득하는 즉시 임차권의 대항력을 취득한다(대법원 2001. 1. 30. 선고 2002다38361 판결).

말소기준권리는 근저당(2020. 5. 4.)이다. 임차인의 전입일(2018. 1. 30.)로 보면 말소기준권리보다 앞서므로 대항력이 있다. 그런데 종전사건 임차인이다. 따라서 ① 종전사건 임차인(박○○)은 매수인이 대금을 납부(2020. 5. 4.)한 날 대항력을 취득한다. 임차인은 현 소유자와 임대차계약을 체결하고, 임의경매기입등기 전에 확정일자(2020. 6. 22.)를 받았으나 우선변제권은 없다. 종전 사건에서 우선변제권을 행사하였기 때문이다. 충남 아산시의 담보권설정일(2020. 5. 4.) 기준 소액임차인의 범위와 보증금 중 일정액은 5,000만원 이하 1,700만원이다. 임차인에게 최우선순위로 소액보증금 1,700만원이 배당된다. ② 배당잔여금 5,960만원은 신청채권자에게 배당된다. ③ 임차인의 대항력은 전입일과 점유일 중 늦은 날 발생한다. 임차인은 낙찰자가 소유권을 취득한 시점부터 임차인으로서 점유를 시작하였다. 따라서 미배당보증금은 매수인에게 인수되지 않는다.

우선변제권 있는 임차인의 배당요구 철회

신청채권자(갑)가 이 사건(2020타경53**) 서울시 은평구 녹번동 소재, 오피스텔(대지권 15.16㎡, 건물 41.31㎡)에 대한 강제경매를 신청하고 을이 이중경매신청을 하였다(2021타경31**). 11차 매각기일에 매각되었다(감정가 224,000,000원, 매각가 30,030,000원, 매각가율 13.41%). 등기사항전부증명서상 권리는 아래와 같다.

구분	강제경매(갑) 2020. 6. 24.	강제경매(을) 2022. 1. 10.	임차인(이○○) 전입: 2019. 11. 17.
채권금액	165,000,000	164,000,000	180,000,000
안분배당	13,500,000	13,500,000	
인수 여부			180,000,000

임차인(이○○)이 점유하며 거주한다. 임차인은 대항력(2019. 11. 7. 전입)과 확정일자(2019. 11. 7.)를 갖추고 보증금 180,000,000원에 대하여 권리신고 및 배당요구신청서를 제출(2020. 8. 28.)하였으나, 배당요구종기 전에 배당요구는 철회(2020. 8. 6.)하고 권리신고는 유지하였다. 매각물건명세서에는 "대항력이 있는 임차인의 보증금 전액을 매수인이 인수함. 배당요구종기(2020. 9. 30.)"를 공시하였다. 배당할 금액 27,000,000원.

(해설) **안분배당, 미배당보증금 인수**

말소기준권리는 갑의 강제경매(2020. 6. 24.)이다. ① 대항력 있는 임차인이 배당요구종기 이전에 배당요구를 철회하였으므로 임차인의 보증금 1억8,000만원 전액은 매수인에게 인수된다. ② 배당할 금액 2,700만원은 신청채권자 갑과 이중경매신청권자 을에게 채권금액에 비례하여 안분배당 된다.

주택임대차보호법 소정의 요건을 갖춘 임차인은 임차인의 보호를 위한 같은 법의 취지에 비추어 볼 때, 임차주택의 양수인에게 대항하여 보증금의 반환을 받을 때까지 임대차관계의 존속을 주장할 수 있는 권리와 소액의 보증금에 관하여 임차주택의 가액으로부터 우선변제를 받음과 동시에 임차목적물을 명도할 수 있는 권리를 겸유하고 있다고 해석되고 이 두 가지 권리 중 하나를 선택하여 행사할 수 있다고 보아야 하며 임차인이 경매절차에서 배당요구신청을 하였다가 이를 취하하였다 하여 이를 그 권리의 포기라고 볼 수는 없다(대법원 1987. 2. 10. 선고 86다카2076 판결).

사례 9　**법인(주택공사)이 임차인**

신청채권자(을)는 담보권의 실행으로 이 사건(2021타경40**) 평택시 신장동 소재, 다세대주택(대지권 45.178㎡, 건물 53.44㎡)에 대한 임의경매를 신청하였다. 매각결과 3차(67.81%), 4차(68.19%), 8차(20.62%) 매각기일에 각 매각되었으나 최고가매수인이 대금을 미납하였다. 재매각절차에서 10차 매각기일에 매각되었다(감정가 146,000,000원, 매각가 17,300,000원, 매각가율 11.85%). 배당할 금액 22,000,000원(전 경매보증금 7,154,000원 포함). 등기사항전부증명서상 권리와 임차인은 아래와 같다.

구분	가압류(갑) 2021. 1. 5.	근저당(을) 2021. 1. 6.	임의경매(을) 2021. 2. 4.	압류(병) 2022. 2. 28.	임차인(변○○) 2018. 7. 16.
채권금액	320,000,000	50,000,000	50,000,000	교부청구액	100,000,000
안분배당	19,027,030	2,972,970			
인수 여부					100,000,000

전입세대열람결과 변○○이 세대주로 등재되어 있다. 변○○는 대항력(2018. 7. 16. 전입)과 확정일자(2018. 7. 16.)를 갖추고 보증금 100,000,000원에 대하여 배당요구종기(2021. 5. 6.) 전에 권리신고 및 배당요구신청서를 제출(2021. 3. 3.)하였다. 변○○는 임대차계약서상 임차인 '경기주택도시공사'가 임차한 이 사건 물건의 입주자이다. 경기주택도시공사는 배당요구신청서를 제출하지 않았다.

우선순위배당, 미배당보증금 인수

우선변제권과 대항력을 겸유하고 있는 임차인이 우선변제권을 선택하여 보증금 전액에 대하여 배당요구를 하였다고 하더라도 보증금 전액을 배당받을 수 없었던 때에는 보증금 중 경매절차에서 배당받을 수 있었던 금액을 공제한 잔액에 관하여 경락인에게 대항하여 이를 반환받을 때까지 임대차관계의 존속을 주장할 수 있다(대법원 2001. 3. 23. 선고 2000다30165 판결).

말소기준권리는 갑의 가압류(2021. 1. 5.)이다. ① 임대차계약서상 매수인에게 대항할 수 있는 경기주택도시공사는 배당요구 하지 않았으므로 보증금 1억원 전액은 매수인에게 인수된다. ② 배당할 금액은 선순위 가압류채권자와 신청채권자 을에게 채권금액에 비례하여 안분배당 한다. 다만 후순위 압류(병)가 다른 채권자의 압류일보다 법정기일에서 앞서는 경우 우선배당 받고 배당잔여금이 있는 때 다른 채권자에게 배당하게 된다.

임대차보증금반환채권의 양도

신청채권자(을)는 채무자의 신용카드이용대금에 대한 집행력 있는 판결정본에 기해 이 사건(2021타경11**) 서울특별시 양천구 신정동 소재, 다세대주택(대지권 17.56㎡, 건물 28.86㎡)에 대한 강제경매를 신청하였다. 등기사항전부증명서상 권리와 임차인 정보는 아래와 같다.

구분	가압류(갑) 2021. 10. 7.	강제경매(을) 2021. 12. 22.	임차인(김○○) 전입: 2021. 2. 8.
채권금액	31,908,625	33,020,020	180,000,000
우선변제권			180,000,000
안분배당	31,908,625	33,020,020	

세대주 김○○는 대항력(2021. 2. 8. 전입)과 확정일자(2021. 1. 11.)를 갖추었고, 보

증금 180,000,000원에 관한 배당요구종기(2022. 3. 28.) 이내에 배당요구신청서를 제출(2022. 1. 6.)하였고 임대보증금반환채권을 주택도시보증공사에 양도하였다. 주택도시보증공사는 김○○의 임대차보증금반환채권을 양수하였고, 집행법원에 권리신고 및 배당요구신청서를 제출(2022. 3. 14.)하였다. 매각결과 1차 매각기일에 매각되었다(감정가 183,000,000원, 매각가 282,600,000원, 매각가율 154.43%). 실제 배당할 금액은 280,000,000원이다.

> **해설** **우선순위배당 · 안분배당, 배당잉여금반환**

① 임차인(김○○)은 대항력과 확정일자를 갖춘 확정일자부임차인이므로 우선순위로 보증금 1억8,000만원 전액을 배당받는다. ② 배당잔여금 1억원은 가압류채권자와 신청채권자에게 채권금액 전부를 배당하여 채권자들의 채권은 모두 충족된다. ③ 배당잉여금 35,071,355원은 소유자에게 반환된다.

사례 11 임차보증금반환채권의 양도

신청채권자(갑)가 담보권의 실행으로 이 사건(2018타경86**) 서울특별시 양천구 화곡동 소재, 아파트(대지권 6.84㎡, 건물 48.49㎡)에 대한 임의경매를 신청하였다. 매각결과 9차 매각기일(2019. 12. 9.)에 매각되었다(감정가 224,000,000원, 매각가 37,980,000원, 매각가율 16.96%). 배당할 금액 35,665,961원. 등기사항전부증명서상 권리는 아래와 같다.

구분	소유권 2017. 4. 14.	소유권 2018. 2. 5.	근저당(갑) 2018. 2. 8.	임의경매(갑) 2018. 9. 27.	주택임차권 전입: 2018. 2. 2. 확정: 2018. 2. 14.
채권금액	(조○○)	(육○○)	210,000,000	114,728,767	210,000,000
우선변제권					35,665,961
인수 여부					174,329,253

① 임차인은 임대차보증금 210,000,000원, 임대차기간 24개월로 정하여 임차하는 내용의 채권적 전세계약을 체결(2018. 1. 13.)하고, 주택의 인도 및 전입신고(2018. 2. 2.)를 마치고, 확정일자(2018. 2. 14.)를 부여받았다. ② 임차인은 전세보증금 대출을 위하여 주택도시보증공사와 주채무자 임대인, 보증채권자 임차인, 보증금액 210,000,000원, 보증대상을 전세보증금반환채무로 하는 전세보증금반환보증계약을 체결하고, ③ 주채무자 임차인, 보증채권자 신한은행, 보증금액 168,000,000원, 보증대상을 전세자금대출금반환채무로 하여 지급보증하기로 하는 전세자금특약대출보증계약을 체결하였다. ④ 임차인은 위 보증계약에 따라 전세보증금 210,000,000원에 대한 반환채권을 주택도시보증공사에게 양도하는 내용의 채권양도계약을 체결하였고, 임대인에게 양도통지를 하여 그 통지가 그 무렵 도달되었다. ⑤ 그 후 이 사건 주택의 소유권은 제3자 육○○에게 이전(2018. 2. 5.)되고 신청채권자 이○○ 앞으로 채권최고액 210,000,000원으로 된 근저당권이 설정(2018. 2. 8.)되었다. ⑥ 임차인의 임차권등기명령신청으로 임차보증금을 210,000,000원으로 한 임차권등기(2020. 6. 12.) 절차를 마쳤다. 근저당권자 이○○의 신청으로 이 사건 주택에 대하여 임의경매개시결정이 내려졌고, 전세보증금반환채권 210,000,000원에 대한 배당요구신청서를 주택도시보증공사는 양수인의 지위에서 제출(2018. 11. 23.)하였다.

해설 **우선순위배당, 미배당보증금 인수**

전세계약이 종료되었음에도 전세보증금을 반환하지 않음에 따라 임차인의 신청으로 임차권등기명령(2020. 6. 12.)이 이루어졌고, 양수인은 우선변제권을 선택하여 배당요구 하였다. 배당절차(배당기일 2020. 2. 25.)에서 주택도시보증공사 앞으로 35,665,961원이 배당되어 이자 등을 포함한 배당금을 지급받았다. 임차인은 위 임차권등기명령에 따른 임차권등기절차를 마친 후 이 사건 전세보증금반환보증계약의 보증채권자로서 주택도시보증공사에게 전세보증금반환채무에 대한 보증채무금을 청구하였고, 주택도시보증공사는 미회수 전세보증금액인 174,329,253원을 주채무자인 임대인을 대위하여 임차인에게 대위변제(2020. 6. 25.) 하였다. 주택도시보증공사는 낙찰자를 상대로 구상금청구의 소를 제기하였다(서울중앙지방법원 2020가단5221504). 대상판결은 해당 금융기관이 임차주택에 대한 경매절차에서 우선변제권에 따른 배당요구권을 행사하여 배당을 받았다 하더라도 이를 임차인의 임대차계약해지 의사표시로 간주할 수 없다고 할 것이며, 해당주택임차인은 주택임대차보호법상의 대항요건을 상실하지 않는 한 여전히 임차주택에 대한 대항력을 가지고 있으면서 임차주택의 신소유자에게도 그 대항력을 행사할 수 있다고 판시하였다. 이에 낙찰자가 항소하였으나 항소심은 임차인이 위 경매절차에서 보증금 전액에 대하여 배당요구를 하였다고 하더라도 보증금 전액을 배당받을 수 없었으므로, 보증금 중 경매절차에서 배당받을 수 있었던 금액을 공제한 나머지 잔액 174,329,253원에 관하여 주택임대차보호법 제3조의5 단서에 따라 경락인에게 대항하여 이를 반환받을 때까지 임대차관계의 존속을 주장할 수 있다는 판단을 하여 원심의 판단을 유지하였다(서울중앙지방법원 2022. 6. 22. 선고 2021나20766 판결).

주택임대차보호법 제3조의2 제7항, 9항의 규정은, 주택임대차보호법상의 우선변제권을 행사할 수 있는 주택임차인이 보증금반환채권을 담보로 전세자금 등을 빌리는 경우 그 보증금반환채권을 담보로 양수한 금융기관 등에게 우선변제권이 인정되지 않는 대법원 선례(대법원 2010. 5. 27. 선고 2010다10276 판결)로 인하여 초래된 문제점을 해소하기 위하여 2013. 8. 13. 법률 제12043호로 주택임대차보호법을 개정하면서 신설된 규정으로서, 우선변제권을 행사할 수 있는 주택임차인으로부터 임차권과 분리하여 보증금반환채권을 양수한 금융기관 등이 우선변제권만을 승계하도록 한 것이다.

보증금 중 일부를 배당받은 경우, 주택임대차의 대항요건이 존속되는 한 임차인은 보증금반환채권을 양수한 금융기관이 보증금 잔액을 반환받을 때까지 임차주택의 양수인을 상대로 임대차관계의 존속을 주장할 수 있다(대법원 2023. 2. 2. 선고 2022다255126 판결).

주택임차권등기와 배당 사례

1. 의의

1) 임차인이 임대차기간이 만료되었으나 임차보증금을 지급받지 못할 경우를 위해 민법에서는 전세권제도를 마련하였고, 주택임대차보호법에서는 대항력을 부여하고, 확정일자제도를 통한 우선변제권을 확보할 수 있는 제도를 두었다. 더불어 임차인이 임차보증금을 지급받지 못한 상황에서 해당 부동산에서 주민등록을 옮겨야 할 경우에 해당 주소지에 주민등록이 유지될 수 있는 임차권등기명령절차를 1999. 3. 1.부터 시행된 주택임대차보호법에 도입하였다. 2023년 개정 주택임대차보호법은 임대인에게 임차권등기명령 결정이 고지되기 전에 임차권등기가 신속하게 이루어질 수 있도록 절차를 신속화하여 임차인의 보증금반환청구권 보호를 보다 강화하였다.

2) 임차권등기는 채권으로 본다. 따라서 임의경매신청권이 없으므로 법원의 판결을 받아서 강제경매신청을 해야 한다. 특히 위 임차권등기는 임차인으로 하여금 기왕의 대항력이나 우선변제권을 유지하도록 해 주는 담보적기능만을 주목적으로 하는 점 등에 비추어 볼 때, 임대인의 임대차보증금의 반환의무가 임차인의 임차권등기 말소의무보다 먼저 이행되어야 할 의무이다(대법원 2005. 6. 9. 선고 2005다4529 판결). 따라서 임차권자는 임대차기간이 종료한 후에도 임차보증금을 반환받기까지는 임대인이나 그 승계인에 대하여 임차권등기의 말소를 거부할 수 있다고 할 것이고, 따라서 임차권등기가 원인 없이 말소된 때에는 그 방해를 배제하기 위한 청구를 할 수 있다(대법원 2002. 2. 26. 선고 99다67079 판결).

3) 임차권등기명령에 따른 임차권등기는 특정목적물에 대한 구체적 집행행위나 보전처분의 실행을 내용으로 하는 압류 또는 가압류, 가처분과 달리 어디까지나 주택임차인이 주택임대차보호법에 따른 대항력이나 우선변제권을 취득하거나 이미 취득한 대항력이나 우선변제권을 유지하도록 해 주는 담보적기능을 주목적으로 한다. 임차권등기명령에 따른 임차권등기에는 민법 제168조 제2호에서 정하는 소멸시효 중단사유인 압류 또는 가압류, 가처분에 준하는 효력이 있다고 볼 수 없다(대법원 2019. 5. 16. 선고 2017다226629 판결).

4) 임차인이 대항력 또는 우선변제권을 갖추고 민법 제621조의 규정에 의하여 임대인의 협력을 얻어 임차권등기를 신청한 경우에는 신청서에 부동산등기법 제156조에 규정된 사항 이외에 다음 각호의 사항을 기재하여야 하며, 이를 증명할 수 있는 서면을 첨부해야 한다. ① 주민등록을 마친 날(상가의 경우 사업자등록신청일), ② 임차주택(건물)을 점유한 날, ③ 임대차계약서상 확정일자를 받은 날

5) 주택임차권등기는 위와 같은 사항을 등기사항으로 기재하여 이를 공시하지만 전세권설정등기는 이러한 대항요건을 공시하는 기능이 없으므로 근거규정 및 성립요건을 달리하는 별개의 권리라 할 것이다. 임차권등기를 한 임차인은 임차권등기 이전에 이미 대항력과 우선변제권을 취득해 있다면 등기한 때부터 주택임대차보호법 제3조 제1항, 제2항 또는 제3항의 대항요건을 상실하더라도 대항력과 우선변제권은 그대로 유지된다.

2. 임차권등기

(1) 배당순위와 배당액

1) 임차권등기가 첫 경매개시결정등기 전에 등기된 경우, 배당받을 채권자의 범위에 관하여 규정하고 있는 민사집행법 제148조 제4호의 "저당권·전세권, 그 밖의 우선변제청구권으로서 첫 경매개시결정등기 전에 등기되었고 매각으로 소멸하는 것을 가진 채권자"에 준하여, 그 임차인은 별도로 배당요구를 하지 않아도 당연히 배당받을 채권자에 속하는 것으로 보아야 한다(대법원 2005. 9. 15. 선고 2005다33039 판결).

2) 근저당권자가 신청한 1차 임의경매절차에서 확정일자 있는 임대차계약서를 첨부하거나 임차권등기명령을 받아 임차권등기를 하였음을 근거로 하여 배당요구 하였으나 보증금 전액을 배당받을 수 없었던 때에는 임차인의 우선변제권은 경락으로 인하여 소멸하는 것이므로 제2경매절차에서 우선변제권에 의한 배당을 받을 수 없다(대법원 2006. 2. 10. 선고 2005다21166 판결).

(2) 대항력과 우선변제권

1) 임대차가 종료된 후 보증금을 반환받지 못한 임차인이 주택임차권등기명령의 집행에 의한 임차권등기가 경료되면 임차인은 주택임대차보호법에 의한 대항력 및 우선변제권을 취득할 뿐만 아니라, 그 임차인이 임차권등기 이전에 이미 대항력 또는 우선변제권을 취득한 경우에는 주택임차권등기는 임차인으로 하여금 기왕의 대항력을 유지하도록 해 주는 담보적기능만을 주목적으로 하고 있다.

2) 대항력을 취득하지 못한 임차인의 경우에는 임차권등기명령에 의한 등기가 된 때에 비로소 대항력이 생기므로 등기된 때를 기준으로 매수인에 대항할 수 있는지를 판단하지만, 임차권등기 이전에 대항력을 갖춘 임차인의 경우에는 임차권등기명령에 의한 등기가 됨으로써 그 후 대항요건을 갖추지 아니하여도 이미 취득한 대항력취득의 효력이 계속 유지되므로, 이 경우에는 임차권등기가 된 때가 아닌 본래의 대항력을 취득한 때를 기준으로 매수인에 대항할 수 있는지를 판단하여야 한다(부산고등법원 2006. 5. 3. 선고 2005나17600 판결).

3) 대항력 있는 임차인이 경매절차에서 임차보증금을 전액 배당받지 못하였음에도 경매법원의 잘못된 촉탁에 의하여 임차권등기가 원인 없이 말소되었고, 그에 대하여 임차인에게 책임을 물을 만한 사유도 없는 이상, 임차권등기의 말소는 원인무효라 할 것이므로 임차인은 대항력 있는 주택임차권자로서의 지위를 주장할 수 있다(부산고등법원 2006. 5. 3. 선고 2005나17600 판결).

4) 임차권등기제도는 종전에 취득한 대항력 및 우선변제권을 그대로 유지시키는 제도일 뿐이므로 주택임차권등기에 기하여 직접 경매를 신청할 수는 없다. 임차권등기명령에

의한 임차권등기를 한 임차인은 임차권등기 이전에 이미 대항력과 우선변제권을 취득해 있다면 등기한 때부터 주택임대차보호법 제3조 제1항, 제2항 또는 제3항의 대항요건을 상실하더라도 이미 취득한 대항력과 우선변제권의 효력이 계속 유지된다.

5) 경매목적부동산이 경락된 경우에는 소멸된 선순위 저당권보다 뒤에 등기되었거나 대항력을 갖춘 임차권은 함께 소멸하는 것이고, 따라서 그 경락인은 주택임대차보호법 제3조에서 말하는 임차주택의 양수인 중에 포함된다고 할 수 없을 것이므로 경락인에 대하여 그 임차권의 효력을 주장할 수 없다(대법원 2000. 2. 11. 선고 99다59306 판결).

6) 압류 이후 임차권등기를 한 자는 배당요구를 해야 배당이 된다. 임차권등기명령의 집행에 따른 임차권등기가 끝난 주택(임대차의 목적이 주택의 일부분인 경우에는 해당 부분으로 한정한다)을 그 이후에 임차한 임차인은 제8조에 따른 우선변제를 받을 권리가 없다(주택임대차보호법 제3조의3 제6항).

3. 임차보증금 반환채권의 양도

(1) 의의

주택임대차보호법상 임대차종료 후에도 임차인이 대항력을 유지하고 있는 경우에는 임차보증금반환채권이 유사 담보물권으로서의 권능을 가지게 된다. 주택도시보증공사(HUG)의 전세보증금반환보증보험은 임차인의 전세보증금반환채권을 양도받아서, 전세만기 때 임차인이 임대인으로부터 임차보증금을 반환받지 못할 경우 보증기관에서 먼저 보증금을 반환한 후 임대인에게 청구하는 것이다. 임차인이 채권양도담보로 양도한 임차보증금반환채권은 조건부장래채권으로 조건부장래채권도 양도담보의 목적으로 할 수 있다.

(2) 채권양도담보의 요건

양도되는 채권은 양도성이 있는 한 현재의 채권이든 장래의 채권이든 이를 가리지 아니하고, 개별적으로 양도하든 다수의 채권을 일괄적으로 양도하든 상관이 없다. 다만 양도담보계약에는 반드시 명시 또는 묵시로 담보목적을 위하여 채권을 양도한다는 의사의 합치가 있어야 한다. 이 의사가 바로 보통의 채권양도와 채권양도담보를 구별하는 징표가 된다. 그리고 채권의 양도담보는 채권을 그 수단으로 하므로, 채권양도의 효력에 관하여 대항요건주의를 취하는 법제에서는 양도담보가 완전한 효력을 발생하려면 대항요건도 갖추어야 한다.

(3) 주택도시보증공사(HUG)의 전세보증금반환보증보험

주택도시보증공사(HUG)는 전세권이 설정된 전세보증금에 대해 전세보증금반환보증보험을 실행하고 있다. 주택임대차보호법상 임차인이 대항요건을 갖춘 경우도 이를 준용하여 보증보험가입을 운용하고 있다. 주택도시보증공사(HUG)의 전세보증금반환보증 요건은 ① 전세계약기간 종료 후 1월까지 정당한 사유 없이 전세보증금을 반환받지 못하였을 때, ② 전세계약기간 중 전세목적물에 대하여 경매 또는 공매가 실시되어, 배당 후 전세보증금을 반환받지 못하였을 때로서 ①의 경우는 주택임차권등기명령을 마친 후 이행청구가 가능하다고 되어 있다.

(4) 우선변제권의 승계

은행 등의 금융기관 등이 우선변제권을 취득한 임차인의 보증금반환채권을 양수한 경우에는 양수한 금액의 범위에서 우선변제권을 승계한다. 우선변제권을 승계한 금융기관 등은 임차인이 대항요건을 상실하였다거나 임차권등기가 말소된 경우에는 우선변제권을 행사할 수 없다. 금융기관 등은 우선변제권을 행사하기 위하여 임차인을 대리하거나 대위하여 임대차를 해지할 수 없다. 임차인은 채권양도 후에도 목적물의 점유 및 주민등록의 유지를 통해서나 주택임대차보호법상 임차권등기를 함으로써 채무의 이행을 준수하는 것이 된다. 주택임대차기간 만료와 동시에 보증기관이 임대인에 대한 임차인의 임차보증금반환채권 양도통지의 위임을 받아 제3채무자인 임대인에게 채권양도통지를 마치거나 또는 주택임차인의 임차권과 함께 임차보증금반환채권의 양도 및 임차인이 임차보증금담보를 위해 임차권등기명령 신청절차를 이행한다는 특약을 함께 소명자료로 제출하여 임차인의 임차권등기명령신청을 대위하는 경우이다.

(5) 임차권등기권자의 지위

1) 임대인의 동의나 승낙을 얻어 적법하게 임차인으로부터 임차권을 양도받은 자도 임차권양도계약서 등으로 그 사실을 소명하여 임차권등기명령을 신청할 수 있는바, 주택임대차보호법 제3조 제1항에 의한 대항력을 갖춘 주택임차인이 임대인의 동의를 얻어 적법하게 임차권을 양도한 경우에 있어서 임차인이 주민등록을 유지하고 있는 동안에 양수인이 전입신고를 마치고 주택을 인도받아 점유를 계속하고 있다면 비록 위 임차권의 양도에 의하여 임차권의 공시방법인 점유와 주민등록이 변경되었다 하더라도 원래의 임차인이 갖는 임차권의 대항력은 소멸되지 아니하고 동일성을 유지한 채로 양수인에게 이전된다(대법원 1988. 4. 25. 선고 87다카2509 판결).

2) 임대주택이 양도된 경우에 그 양수인은 주택의 소유권과 결합하여 임대인의 임대차계약상의 권리·의무 일체를 그대로 승계한다. 그 결과 양수인은 임대차보증금반환채무를 면책적으로 인수하고, 양도인은 임대차관계에서 탈퇴하여 임차인에 대한 임대차보증금반환채무를 면하게 된다(대법원 2013. 1. 17. 선고 2011다49523 판결). 그러나 임차인의 보호를 위한 주택임대차보호법의 입법취지에 비추어 임차인이 임대인의 지위승계를 원하지 않는 경우에는 임차인이 임차주택의 양도사실을 안 때로부터 상당한 기간 내에 이의를 제기함으로써 승계되는 임대차관계의 구속으로부터 벗어날 수 있다고 봄이 상당하고, 그와 같은 경우에는 양도인의 임차인에 대한 보증금 반환채무는 소멸하지 않는다(대법원 2002. 9. 4. 선고 2001다64615 판결).

4. 매각 사례와 배당

사례 1 첫 경매개시결정등기 전에 등기된 주택임차권

신청채권자(병)는 채무자에 대한 구상금사건의 집행력 있는 지급명령정본에 기해 이 사건(2022타경32**) 경기도 부천시 내동 소재, 다세대주택(대지권 30.25㎡, 건물 49.02㎡)에 대한 강제경매신청을 하였다. 임차인(정○○)의 주택임차권은 첫 경매개시결정등기 전에 등기되었고, 주택도시보증공사(병)는 배당요구종기 이내에 권리승계 및 배당요구신청서를 제출(2022. 5. 30.)하였다. 등기사항전부증명서상 권리는 아래와 같다.

구분	주택임차권(정○○) 전입: 2019. 8. 1. 확정: 2019. 6. 26.	압류(갑) 2022. 1. 21.	압류(을) 2022. 3. 22.	강제경매(병) 2022. 4. 6.
채권금액	226,000,000	교부청구액	교부청구액	233,944,053
우선변제권	192,000,000			
인수 여부	26,000,000			

매각물건명세서에는 "주택도시보증공사(병)가 제출한(2022. 11. 1.) 권리승계 및 배당요구신청서에 의하면 '매각시 임차인(정○○)이 보증금 전액을 변제받지 못하더라도 매수인에 대하여 반환청구권을 포기하고, 선순위임차권등기말소에 동의한다'는 기재가 있다. 배당요구종기(2022. 6. 16.)"의 기재가 있다. 매각결과 3차 매각기일에 매각되었다(감정가 263,000,000원, 매각가 195,819,999원, 매각가율 74.46%). 배당할 금액 192,000,000원.

(해설) **우선순위배당, 미배당보증금 인수**

임차권등기권자의 우선변제권은 ⓐ 임차권등기명령에 의하여 등기되었거나 민법 제621조의 규정에 의하여 등기된 임차권일 것, ⓑ 첫 경매개시결정등기 후에 등기된 임차인은 배당요구의 종기까지 배당요구를 하였을 것 등이 우선변제권의 발생요건이다. 등기된 때를 기준으로 담보권과 유사한 우선변제권을 취득한다. ⓒ 위 임차권등기가 첫 경매개시결정등기 전에 등기된 경우, 배당받을 채권자의 범위에 관하여 규정하고 있는 민사집행법 제148조 제4호의 '저당권·전세권, 그 밖의 우선변제청구권으로서 첫 경매개시결정 등기 전에 등기되었고 매각으로 소멸하는 것을 가진 채권자'에 준하여, 그 임차인은 별도로 배당요구를 하지 않아도 당연히 배당받을 채권자에 속하는 것으로 본다(대법원 2005. 9. 15. 선고 2005다33039 판결).

본 사례의 말소기준권리는 을의 압류(2022. 1. 21.)이다. 주택임차권등기는 첫 경매개시결정등기 전에 등기되어 별도로 배당요구를 하지 않아도 당연히 배당받는다. 전입일자와 확정일자는 말소기준권리보다 앞에 있다. ① 배당할 금액은 임차인에게 우선순위로 배당되고 미배당보증금 2,600만원은 매수인에게 인수된다. 임차인(정○○)의 승계인(병)이 제출한 미배당보증금반환청구권 포기와 임차권등기말소동의에 따라 대항력이 소멸하는 것으로 분석할 수 있다. ② 후순위 2건의 압류권자에게 우선변제권이 있는 경우 임차인의 배당금이 줄어들 수 있다.

사례 2 첫 경매개시결정등기 전에 등기된 주택임차권

임차인(윤○○)은 소유자 겸 채무자에 대한 임차보증금반환사건의 집행력 있는 판결정본에 기해 이 사건(2021타경39**) 구미시 고아읍 소재, 아파트(대지권 32.23㎡, 건물 59.76㎡)에 대한 강제경매를 신청하였다. 등기사항전부증명서(집합건물)상 권리는 아래와 같다.

구분	주택임차권(윤○○) 전입: 2016. 2. 26. 확정: 2016. 2. 26.	가압류(을) 2021. 8. 26.	강제경매(윤○○) 2021. 11. 3.	압류(병) 2022. 7. 18.	가압류(을) 2022. 8. 11.
채권금액	95,000,000	55,000,000	95,000,000	교부청구액	52,250,000
우선변제권	77,000,000				
인수 여부	18,000,000				

임차권등기(2021. 5. 10.)는 첫 경매개시결정등기(2021. 11. 3.) 전에 경료되었고, 보증금 95,000,000원에 대한 배당요구신청서를 제출(2021. 11. 2.)하였다. 매각물건명세서에는 "매수인에게 대항할 수 있는 임차인이 있으며, 보증금 전액이 변제되지 아니하면 잔액을 매수인이 인수함. 배당요구종기일(2022. 6. 16.)"를 공시하였다. 매각결과 8차 매각기일에 매각되었다(감정가 95,000,000원, 매각가 80,000,000원, 매각가율 84.21%). 배당할 금액은 77,000,000원.

우선순위배당, 미배당보증금 인수

말소기준권리는 을의 가압류(2021. 8. 26.)이다. ① 주택임차권은 첫 경매개시결정등기 전에 등기되었고 말소기준권리보다 앞서므로 우선변제권에 기해 7,700만원을 우선순위로 배당받고 1,800만원은 배당받지 못하였다. ② 임차인은 대항력이 있으므로 미배당보증금은 매수인에게 인수된다. 후순위 압류(병)의 조세채권이 임차인보다 우선하여 배당될 수 있고, 이로 인하여 매수인에게 인수되는 미배당보증금이 증가할 수 있다. 본건은 주택임차권자가 낙찰받은 것으로 추정된다.

사례 3 **첫 경매개시결정등기 전에 등기된 주택임차권**

임차인(이○○)의 임대차보증금반환채권을 양수한 신청채권자 주택도시보증공사(을)는 이 사건(2021타경10**) 서울특별시 도봉구 도봉동 소재, 다세대주택 502호(대지권 14.26㎡, 건물 29.33㎡)에 대한 강제경매신청을 하였다. 등기사항전부증명서(집합건물)상 권리는 아래와 같다.

구분	주택임차권(이○○) 전입: 2018. 2. 14. 확정: 2018. 2. 5.	강제관리(을) 2021. 9. 10.	강제경매(을) 2021. 10. 14.	압류(병) 2021. 10. 22.
채권금액	190,000,000	취소	204,106,849	교부청구액
우선변제권	139,000,000			
인수 여부	51,000,000			

매각물건명세서에는 "신청채권자는 우선변제권만 행사하고 대항력은 포기한다는 확약서를 제출함. 매수인에게 대항할 수 있는 임차인이 있으며 보증금 전액이 변제되지 아니하면 잔액을 매수인이 인수함. 배당요구종기(2021. 12. 27.)"의 기재가 있다. 전입세대열람결과 2명의 세대주가 전입되어 있다. 장○○는 대항력(2021. 5. 31. 전입)과 확정일

자(2021. 5. 31.)를 갖추고 보증금 195,000,000원에 관하여 배당요구신청서를 제출(2021. 11. 1.)하였다. 이ㅇㅇ는 첫 경매개시결정등기(2021. 10. 14.) 전에 주택임차권등기(접수 2020. 2. 25., 전입일자 2018. 2. 14., 확정일자 2018. 2. 5., 임차보증금 190,000,000원)를 마치고 배당요구신청서를 제출(2020. 2. 25.)하였다. 3차 매각기일에 매각되었다(감정가 215,000,000원, 매각가 142,350,000원, 매각가율 66.21%). 배당할 금액 139,000,000원.

해설 우선순위배당, 미배당보증금 인수

금융기관이 임차인으로부터 보증금반환채권을 계약으로 양수하여 양수한 금액의 범위에서 우선변제권을 승계한 다음 경매절차에서 배당요구를 하여 보증금 중 일부를 배당받은 경우, 주택임대차의 대항요건이 존속되는 한 임차인은 보증금반환채권을 양수한 금융기관이 보증금 잔액을 반환받을 때까지 임차주택의 양수인을 상대로 임대차관계의 존속을 주장할 수 있다(대법원 2023. 2. 2. 선고 2022다255126 판결).

대항력과 확정일자를 갖추고 주택임차권등기를 마친 임차인(이ㅇㅇ)의 승계인 주택도시보증공사가 강제경매를 신청한 사건이다. 말소기준권리는 강제경매기입등기(2021. 10. 14.)이다. 채권자의 강제관리신청은 취소되었다. ① 장ㅇㅇ는 임차인(이ㅇㅇ)의 주택임차권등기(2020. 2. 25.) 경료 후에 전입(2021. 5. 31.)하였으므로 최우선변제를 받을 권리가 없다. ② 배당할 금액은 신청채권자에게 우선순위로 1억3,900만원을 배당한다. 미배당보증금 5,100만원은 매수인에게 인수된다. 주택도시보증공사가 우선변제권만 행사하고 대항력은 포기한다는 확약서를 제출하였으나 집행법원의 인용 여부에 따라 배당결과는 달라질 수 있다. ③ 후순위 압류는 교부청구를 하지 않더라도 집행법원이 체납세액을 조사하여 임차인보다 먼저 배당될 수 있고, 이로 인하여 인수되는 미배당보증금이 증가할 수 있다.

한편, 강제관리는 채무자 소유의 부동산으로부터 생기는 천연과실이나 법정과실 등의 수익을 총괄하여 집행의 목적물로 삼아 그 부동산을 압류하고 국가가 채무자의 관리수익 기능을 박탈하여, 관리인으로 하여금 그 부동산을 관리하게 하고 그 수익을 추심·현금화하여 변제에 충당하는 강제집행절차이다. 부동산에 대한 강제경매를 원본집행이라 하고, 강제관리는 수익집행이라고 한다. 임대용 빌딩이나 아파트와 같이 매각을 통한 현금화보다 임대료를 통한 고수익을 얻을 수 있을 때, 선순위 채권자들 때문에 부동산의 매각대금으로는 집행의 실효성이 없을 때, 집행채권이 비교적 소액일 때 등에 활용된다.

사례 4 주택임차권과 전세권 겸유

신청채권자(하○○)는 채무자에 대한 보증금반환사건의 집행력 있는 판결정본에 기해 이 사건(2020타경60**) 서울특별시 양천구 신정동 소재, 근린상가 202호(대지권 34.54㎡, 건물 59.08㎡)에 대한 강제경매를 신청하였다. 전세권자 겸 임차인 하○○는 대항력 (2017. 10. 13. 전입)과 확정일자(2017. 9. 6.)를 갖추었고, 보증금 195,000,000원에 대한 배당요구신청서를 제출(2020. 9. 4.)한 이후 주택임차권등기(2021. 10. 13.)를 경료하였다. 등기사항전부증명서상 권리는 아래와 같다.

구분	전세권(하○○) 2019. 3. 25.	압류(을) 2020. 3. 18.	강제경매(갑) 2020. 8. 20.	압류(병) 2020. 9. 29.	주택임차권(하○○) 전입: 2017. 10. 13. 확정: 2017. 9. 6.
채권금액	195,000,000	교부청구액	195,000,000	10,061,000,000	195,000,000
우선변제권	164,000,000				
인수 여부	소멸				소멸

매각물건명세서에는 "특별매각조건[채권자는 매수인에 대해 배당받지 못하는 잔액에 대한 임대차보증금반환청구권을 포기하고, 임차권등기를 말소하는 것을 조건(2021. 9. 30. 제출)으로 매각]"을 공시하였다. 매각결과 7차 매각기일에 매각되었다(감정가 189,000,000원, 매각가 152,222,220원, 매각가율 80.54%). 배당할 금액 164,000,000원.

특별매각조건은 법원 직권으로 정해진다. 일반적으로 ⓐ 농지취득자격증명원 미제출시 보증금 몰수, ⓑ 재매각시 20%의 입찰보증금, ⓒ 주무관청의 허가서나 승인서 제출을 조건으로 매각하는 경우, ⓓ 공유자우선매수권 행사 1회 제한 등이 그것이다. 본 사례는 채권자가 제출한 포기서에 의해서 그 매각조건을 매각물건명세서에 특별매각조건으로 공시하였다. ① 배당할 금액은 신청채권자(하○○)에게 우선순위로 1억6,400만원이 배당된다. ② 미배당보증금은 특별매각조건에 따라 소멸된다. 따라서 최선순위 전세권도 소멸된다. 후순위 압류채권은 교부청구를 하지 않더라도 집행법원이 체납세액을 조사하여 임차인보다 먼저 배당할 수 있고, 이로 인하여 미배당보증금이 증가할 수 있다.

사례 5　이중경매와 배당요구

신청채권자(갑)는 근저당권에 기해 이 사건(2020타경29**) 부산광역시 북구 구포동 소재, 오피스텔(대지권 22.964㎡, 건물 73.39㎡)에 대한 임의경매를 신청하였다. 등기사항전부증명서상 권리는 아래와 같다.

구분	근저당(갑) 2018. 12. 18.	근저당(을) 2018. 12. 19.	임의경매(갑) 2020. 4. 17.	주택임차권(최○○) 전입: 2017. 4. 24. 확정: 2017. 4. 17.	강제경매(최○○) 2020. 8. 5
채권금액	260,000,000	58,500,000	205,223,420	150,000,000	150,000,000
우선순위	4,500,000				
인수 여부				150,000,000	

임차인(최○○)은 배당요구종기(2020. 7. 9.)까지 권리신고 및 배당요구신청서를 제출하지 않았다. 임차인은 첫 경매개시결정등기 후에 주택임차권등기(2020. 6. 22.)를 마치고, 배당요구종기 이후에 중복경매신청(2020타경105**호, 2020. 8. 5.)을 하였다. 매각물

건명세서의 '매각허가에 의하여 소멸되지 아니하는 것' 란에 "매수인에게 대항할 수 있는 주택임차권등기(2020. 6. 22. 등기) 있음(보증금 150,000,000원, 전입일자 2017. 4. 24., 확정일자 2017. 4. 17.). 임차인은 배당요구종기까지 배당요구를 하지 않아 보증금 전액을 매수인이 인수함"을 공시하였다. 15차 매각기일에 매각되었으나 최고가매수인이 미납하여 재매각한 결과 17차 매각기일에 매각되었다(감정가 193,000,000원, 매각가 6,790,000원, 매각가율 3.52%). 배당할 금액 4,500,000원.

(해설) **우선순위배당, 미배당보증금 인수**

주택임대차보호법에 따른 주택임차인의 대항력발생일과 임대차계약서상 확정일자가 모두 당해 주택에 관한 1순위 근저당권설정일보다 앞서는 경우, 주택임차인은 대항력뿐 아니라 1순위 근저당권자보다 선순위의 우선변제권도 가진다(대법원 2017. 4. 7. 선고 2016다248431 판결).

임차권등기(2020. 6. 22.)를 마친 임차인은 이미 취득한 대항력의 효력이 유지되므로 본래의 대항력(2017. 4. 24.)을 취득한 때를 기준으로 대항할 수 있는지 판단한다. 주택임차인의 대항력발생일과 임대차계약서상 확정일자가 모두 당해 주택에 관한 1순위 근저당권설정일보다 앞선다. ① 임차인은 첫 경매개시결정등기 이후에 임차권등기를 마쳤으나 배당요구종기까지 배당요구를 하지 않았다. ② 이중경매신청권자는 선행사건의 배당요구종기까지 경매를 신청한 경우에는 배당에 참가할 수 있다(민사집행법 제148조 1호). 이 사건 임차권자는 배당요구종기 이후에 중복경매신청을 하였다. 따라서 임차권등기와 이중경매신청만으로는 배당요구로 볼 수 없어 배당에서 제외된다. 다만 대항력이 있으므로 보증금 전액(1억5,000만원)은 매수인에게 인수된다. ② 근저당권자(갑)에게 450만원이 배당된다.

최선순위 근저당권자(갑)가 이 사건(2022타경60**) 대전시 중구 석교동 소재, 다세대주택(대지권 104.875㎡, 건물 71.994㎡)에 대한 임의경매를 신청하였다. 전입세대열람 결과 3명의 전입자가 조사되었으나 점유관계는 알 수 없다. ① 한국토지주택공사(을)는 임차보증금 57,000,000원(전세보증금 60,000,000원 중 반환받지 못한 금액)에 관한 임차권등기(2020. 12. 28. 등기)를 첫 경매기입등기 전에 마쳤고 배당요구신청서를 배당요구종기(2022. 12. 5.) 이내에 제출(2022. 11. 2.)하였다. 입주자는 김○○이다. 한국토지주택공사(을)의 승계인 서울보증보험㈜는 위 이 사건 101호에 대한 주택임차권을 승계하였다(대전지방법원 2020카임262). ② 주민등록전입자 서○○는 대항력(2021. 3. 19. 전입)을 갖추었고 권리신고 및 배당요구신청서는 제출하지 않았다. ③ 전입자 황○○는 대항력(2021. 3. 19. 전입)과 확정일자(2021. 3. 19.)를 갖추고 보증금(20,000,000원, 월세 400,000원)에 대한 배당요구신청서를 제출(2022. 10. 11.)하였다. 2차 매각기일에 매각되었다(감정가 136,000,000원, 매각가 106,990,000원, 매각가율 78.67%). 배당할 금액 104,000,000원. 등기사항전부증명서상 권리는 아래와 같다.

구분	근저당(갑) 2019. 5. 3.	주택임차권(을) 전입: 2020. 4. 9. 확정: 2020. 4. 10.	근저당(병) 2021. 7. 21.	임의경매(갑) 2022. 8. 31.
채권금액	144,000,000	57,000,000	100,000,000	112,473,614
소액보증금		20,000,000		
우선순위	84,000,000	소멸		

(**해설**) **최우선순위배당·우선순위배당**

임차인통지를 하기 위해 작성된 현황조사서에서 임차인 3명과 임차보증금합계 8,000만원, 월세 합계 40만원이 조사된 다세대주택이다. 주택임차권등기와 전입일, 확정일자에 의해서 기존의 대항력과 우선변제권이 발생한 날을 판단한다. ① 한국토지주택공사(입주자 김○○)의 전입일(2020. 4. 9.)이 말소기준권리(2019. 5. 3.)보다 늦다. 첫 경매신청등기 전에 임차권등기(2020. 12. 28.)를 경료하여 대항력을 취득하였다. 대전광역시 주택의 최우선변제권은 담보권설정일(2019. 5. 3.) 기준 보증금 6,000만원 이하 2,000만원이 보호된다. 따라서 임차권등기권자(을)는 소액보증금 2,000만원을 변제받는다. ② 임차인 황○○와 주민등록 전입자 서○○은 주택임차권등기명령이 경료된 주택을 그 이후에 전입하였으므로 주택임대차보호법 제3조의3 제6항에 의거하여 소액우선변제를 받을 권리가 없다. ③ 미배당보증금 3,000만원은 매수인에게 인수되지 않는다.

사례 7 선순위 근저당권과 주택임차권

신청채권자(권○○)는 채무자에 대한 임대차보증금사건의 집행력 있는 판결정본에 기해 이 사건(2022타경63**) 대전시 서구 변동 소재, 다세대주택(대지권 29.765㎡, 건물 33.03㎡)에 대한 강제경매신청을 하였다. 임차권등기(2021. 6. 24.)는 첫 경매개시결정등기(2022. 9. 19.) 전에 경료되었다. 매각물건명세서의 '매각허가에 의하여 소멸되지 아니하는 것' 란에 "매수인에게 대항할 수 있는 임차권등기(2021. 6. 24. 등기) 있음. 배당에서 보증금이 전액 변제되지 아니하면 잔액을 매수인이 인수함"을 공시하였다. 1차 매각기일에 매각되었다(감정가 63,000,000원, 매각가 63,000,000원, 매각가율 100%). 배당할 금액 60,500,000원. 앞 순위 가압류권자(을)는 근로복지공단이다. 등기사항전부증명서상 권리는 아래와 같다.

구분	근저당(갑) 2019. 2. 28.	가압류(을) 2020. 4. 22.	주택임차권(권○○) 전입: 2018. 12. 26. 확정: 2019. 1. 23.	압류(정) 2021. 11. 12.	강제경매(권○○) 2022. 9. 19.
채권금액	60,000,000	1,424,390	87,000,000	교부청구액	87,000,000
우선변제권			60,500,000		
인수 여부			26,500,000		

배당연습

우선순위배당, 미배당보증금 인수

말소기준권리(2019. 2. 28.) 앞에 다른 권리가 없다. 임차인은 1순위 근저당권자보다 대항력(2018. 12. 26.)과 확정일자(2019. 1. 23.)가 앞서므로 선순위의 우선변제권을 가진다. 주택임차권등기(2021. 6. 24.)는 말소기준권리(2019. 2. 28.)보다 뒤에 등기되었으나 첫 경매개시결정등기(2022. 9. 19.)보다 앞서므로 이러한 등기를 한 임차인은 법률상 당연히 배당요구를 한 것으로 보아야 하므로 우선변제를 받기 위하여 배당요구를 하지 않아도 된다. 이 사건 임차인은 배당요구를 하였다. ① 배당할 금액 6,050만원은 임차인(권○○)에게 우선배당 되며, 미배당보증금은 매수인에게 인수된다. ② 근로기준법상 우선 보호받을 수 있는 임금채권은 최우선적으로 배당받을 수 있고, 후순위 압류권자(정)로 인하여 매수인에게 인수되는 임차인의 미배당보증금이 증가할 수 있다.

사례 8 선순위 근저당권과 주택임차권

임차권자(우○○)는 보증금을 지급받기 위하여 집행력 있는 지급명령정본에 기해 이 사건(2021타경55**) 부산광역시 동래구 온천동 소재, 오피스텔에 대한 강제경매신청을 하였다. 전입세대열람결과 해당 주소에 세대주는 존재하지 않는 것으로 조사되었다. 매각물건명세서에는 '매각허가에 의하여 소멸되지 아니하는 것' 란에 "매수인에게 대항할 수 있는 주택임차권등기(2021. 3. 9. 등기) 있음. 배당에서 보증금 전액이 변제되지 아니하면 잔액을 매수인이 인수함. 신청채권자가 매각결정금액이 150,000,000원 이상일 경우, 배당금을 수령하고 남은 잔여금액에 대한 대항력을 포기한다는 포기서를 제출(2022. 8. 2.)"을 공시하였다. 매각결과 8차 매각기일에 매각되었다(감정가 201,000,000원, 매각가 42,153,000원, 매각가율 20.97%). 배당할 금액 39,000,000원. 등기사항전부증명서상 권리는 아래와 같다.

구분	근저당(갑) 2020. 11. 5.	주택임차권(우○○) 전입: 2018. 12. 26. 확정: 2018. 12. 10.	압류(병) 2021. 6. 23.	강제경매(우○○) 2021. 7. 22.
채권금액	120,000,000	173,000,000	교부청구액	177,209,303
우선변제권		39,000,000		
인수 여부		134,000,000		

(해설) **우선순위배당, 미배당보증금 인수**

해당 주소에 세대주는 존재하지 않는 것으로 조사되었다. 임차권등기 이후에는 대항요건을 상실하더라도 이미 취득한 대항력 또는 우선변제권은 상실하지 아니한다. 권리신고 및 배당요구신청은 하지 않았으나 경매신청은 배당요구 한 것으로 간주된다(대법원 2013. 11. 14. 선고 2013다29831 판결). ① 대항력(2018. 12. 26.)과 우선변제권을 가진 주택임차인(우○○)은 선순위저당권설정이후 주택임차권등기를 경료하였다. 임차인에게 배당할 금액 3,900만원을 우선순위로 배당하고 미배당보증금 1억3,400만원은 매수인에게 인수된다. ② 후순위 압류권자의 조세채권으로 인해 매수인에게 인수되는 보증금이 증가할 수 있다.

사례 9 **선순위 가압류와 주택임차권**

선순위 가압류권자(을)가 채무자를 상대로 제기한 대여금사건의 판결정본에 기해 가압류의 본 압류로의 이행으로 이 사건(2021타경65**) 의정부시 금오동 소재, 다세대주택(대지권 27.92㎡, 건물 60.51㎡)을 강제경매신청 하였다. 임차인(배○○)은 첫 경매개시결정등기(2021. 6. 22.) 후에 임차권등기(2022. 5. 19. 등기)를 마쳤으나 배당요구신청은 하지 않았다. 매각물건명세서에는 "대항력 있는 임차인의 보증금 전액을 매수인이 인수함"을 공시하였다. 7차 매각기일에 매각되었으나 최고가매수인이 미납하였다. 재매각한 결과 13차 매각기일에 매각되었다(감정가 232,000,000원, 매각가 9,011,000원, 매각가율

3.88%). 배당할 금액 8,400,000원(전 경매보증금 2,729,400원 포함), 등기사항전부증명서상 권리는 아래와 같다.

구분	가압류(갑) 2020. 8. 12.	가압류(을) 2020. 9. 23.	가압류(병) 2021. 3. 30.	강제경매(을) 2021. 6. 22.	주택임차권(배○○) 전입: 2020. 3. 23. 확정: 2020. 4. 3.
채권금액	5,755,353	39,339,365	9,206,686	42,352,394	170,000,000
안분배당	843,500		1,349,330	6,207,170	
인수 여부					170,000,000

(해설) **안분배당, 미배당보증금 인수**

임차권등기가 경료되면 그날부터 대항력과 우선변제권을 취득하며, 이미 대항력과 우선변제권을 지닌 임차인의 경우 이미 취득한 그 효력은 그대로 유지된다. 임차권자는 보증금반환의무가 선이행될 때까지 매수인에게 대항할 수 있다. 본 사례의 말소기준권리는 최선순위 가압류등기(2020. 8. 12.)이다. ① 주택임차권등기(2022. 5. 19.)는 첫 경매개시결정등기(2021. 6. 22.) 이후 경료되었고, 우선변제권은 발생(2020. 4. 3.)하였으나 임차인(배○○)은 배당요구를 하지 않았다. 따라서 보증금 전액은 매수인에게 인수된다. ② 배당할 금액은 채권자 갑, 을, 병에게 채권자평등의 원칙에 따라 동등한 순위로 보아 안분배당 한다.

(사례 10) **임차보증금에 대한 이자채권**

신청채권자(김○○)가 채무자에 대한 보증금반환사건의 집행력 있는 판결정본에 기해 서울시 동작구 상도동 소재, 이 사건(2022타경10**) 다세대주택(대지권 22.36㎡, 건물 37.47㎡)에 대한 강제경매신청을 하면서 임차보증금 150,000,000원 및 이에 대해 소정의 이자를 청구채권으로 하였다. 매각물건명세서에는 '매각허가에 의하여 소멸되지 아니하는 것' 란에 "매수인에게 대항할 수 있는 주택임차권등기(2021. 7. 30. 등기) 있음. 배당에서 보증금 전액이 변제되지 아니하면 잔액을 매수인이 인수함"을 공시하였다. 임차권등기(2021. 7. 30.)는 첫 경매기입등기(2022. 6. 13.) 전에 경료되었고, 임차권자는 채권계산서를 제출(2022. 6. 28.)하였다. 매각결과 3차 매각기일에 매각되었다(감정가 215,000,000원, 매각가 182,200,000원, 매각가율 84.74%). 배당할 금액 179,000,000원, 배당기일 2023. 3. 22., 등기사항전부증명서상 권리는 아래와 같다.

구분	가압류(갑) 2019. 3. 6.	가압류(을) 2019. 4. 11.	주택임차권(김○○) 전입: 2017. 10. 26. 확정: 2017. 9. 25.	압류(정) 2022. 5. 10.	강제경매(김○○) 2022. 6. 13.
채권금액	95,000,000	130,000,000	150,000,000	교부청구액	154,253,423
소액보증금			55,000,000		
우선변제권			95,000,000		
안분배당	12,017,270	16,444,680			538,050

(해설) **최우선순위배당 · 우선순위배당 · 안분배당**

선순위 담보물권이 없으므로 배당시점(2023. 3. 22.)을 기준으로 소액임차인을 판단한다. ① 이 사건 물건은 서울시 상도동에 소재한다. 배당재단의 2분의 1에 해당되는 8,950만원을 상한으로 임차인(김○○)에게 소액보증금 5,500만원을 배당하고, 확정일자부임차인으로 미배당보증금 9,500만원을 우선순위로 배당한다. ② 이자채권은 보증금이 아니어서 배당잔여금이 있는 경우에 일반채권으로 배당받게 된다. ③ 배당잔여금 2,900만원은 가압류권자 갑과 을의 채권액 및 임차인(김○○)의 이자채권(4,253,423원)에 비례하여 각 안분배당을 받는다.

사례 11 선순위 가압류와 주택임차권

신청채권자(유○○)가 채무자를 상대로 보증금반환소송에서 승소, 확정판결을 받아 이를 집행권원으로 이 사건(2022타경52**) 부산광역시 동래구 온천동 소재, 오피스텔에 대한 강제경매를 신청하였다. 매각물건명세서의 '매각허가에 의하여 소멸되지 아니하는 것' 란에 "매수인에게 대항할 수 있는 주택임차권등기(2021. 10. 22. 등기, 전입일자 2016. 6. 17., 확정일자 2016. 5. 30., 임차보증금 150,000,000원) 있음. 배당에서 보증금 전액이 변제되지 아니하면 잔액을 매수인이 인수함"을 공시하였다. 전입세대열람결과 신청채권자 세대가 전입되어 있다. 3차 매각기일에 매각되었다(감정가 157,000,000원, 매각가 153,400,000원, 매각가율 97.71%). 임차인은 배당요구신청서를 제출(2022. 6. 22.)하였다. 배당할 금액 150,800,000원, 등기사항전부증명서(집합건물)상 권리는 아래와 같다.

구분	가압류(갑) 2017. 8. 24.	가압류(을) 2019. 2. 19.	주택임차권(유○○) 전입: 2016. 6. 17. 확정: 2016. 5. 30.	강제경매(유○○) 2022. 3. 25.
채권금액	629,804,060	168,000,000	150,000,000	150,000,000
우선변제권			150,000,000	
안분배당	631,540	168,460		

해설 우선순위배당 · 안분배당

임차보증금채권자의 우선변제권보다 선순위의 가압류채권자가 있는 경우에는, 우선변제권을 갖게 되는 임차보증금채권자도 선순위의 가압류채권자와는 평등배당의 관계에 있게 된다(대법원 1992. 10. 13. 선고 92다30597 판결). 주택임차권등기(2021. 10. 22.)는 갑의 가압류(2017. 8. 24.)보다 뒤에 등기되었으나 우선변제권은 확정일자와 전입일자 중 늦은 날(2016. 6. 17.) 발생한다. 임차인(유○○)은 확정일자부임차인이므로 1억5,000만원을 우선순위로 배당받는다. 배당잔여금 80만원은 가압류권자 갑과 을에게 채권금액을 기준으로 각 안분배당 된다.

선순위 가압류와 주택임차권

신청채권자(현○○)는 임차보증금사건의 집행력 있는 판결정본에 기해 군포시 금정동 소재, 이 사건(2022타경41**) 근린상가 202호(대지권 32.844㎡, 건물 61.45㎡)에 관한 강제경매신청을 하였다. 매각물건명세서에는 "송○○(2017. 6. 20. 전입, 확정일자 미상)은 배당요구가 없고, 현○○는 대항력(2021. 11. 16. 전입)과 확정일자(2018. 3. 9.)를 갖춘 임차권등기권자(2021. 12. 1. 등기)로서 배당요구신청서 제출(2021. 12. 1.). 송○○은 전입일상 대항력이 있으므로 보증금이 있는 임차인일 경우 인수여지 있음. 배당요구종기(2022. 5. 25.)"를 공시하였다. 매각결과 5차 매각기일에 매각되었다(감정가 252,000,000원, 매각가 115,000,000원, 매각가율 45.63%). 등기사항전부증명서(집합건물)상 권리는 다음과 같다. 배당할 금액 111,000,000원.

구분	가압류(갑) 2020. 9. 23.	주택임차권(현○○) 전입: 2021. 11. 16. 확정: 2018. 3. 9.	근저당(병) 2022. 1. 26.	강제경매(현○○) 2022. 3. 14.
채권금액	171,620,650	150,000,000	180,000,000	154,475,341
안분배당	37,977,420	33,192,080	39,830,500	
흡수배당		39,830,500	-39,830,500	
최종배당액		73,022,580	0	

(해설) **우선순위배당 · 안분배당 · 흡수배당**

선순위 가압류권자가 있는 경우에는 확정일자를 갖춘 임차인은 가압류권자에게 우선권을 주장할 수 없고 안분배당을 받는다(대법원 1992. 10. 13. 선고 92다30597 판결). ① 주민등록전입자(현○○)의 임차권등기는 첫 경매개시결정등기 전에 경료되었다. 확정일자를 갖춘 임차인이 가압류권자에게 우선권을 주장할 수 없으므로 가압류권자와 안분배당을 받는다. ② 임차인의 전입일과 확정일자는 병의 저당권설정일보다 앞서므로, 배당받지 못한 금액에 달할 때까지 후순위 저당권자로부터 흡수하여 배당받는다. ③ 저당권자는 임차인에게 흡수당하여 배당받지 못한다. ④ 임차인의 보증금 이자채권 4,475,341원은 미수채권이 된다. ⑤ 배당요구를 하지 않은 주민등록전입자(송○○)는 전입일상 대항력이 있다. ⑥ 대항력이 없는 임차인 현○○의 미배당보증금은 매수인에게 인수되지 않는다.

사례 13 선순위 근저당권과 주택임차권

신청채권자(병) 주택도시보증공사는 서울특별시 동작구 상도동 소재, 근린생활시설(대지권 25.87㎡, 건물 42.33㎡)에 대한 가압류집행(2020. 9. 11.)을 한 이후 소유자를 상대로 제기한 구상금사건의 판결정본에 기해 3억원의 임대차보증금반환채권을 승계하였고, 이 사건(2021타경11**) 강제경매(가압류의 본 압류로의 이행)신청을 하였다. 신청채권자는 임차인(송○○)의 주택임차권을 승계하였다는 권리신고 및 배당요구신청서를 제출(2022. 2. 14.)하였다. 현황조사보고서에는 주민등록전입자가 없다. 매각물건명세서의 '매각허가에 의하여 소멸되지 아니하는 것' 란에 "매수인에게 대항할 수 있는 임차권등기(2020. 6. 30. 등기, 임차인 송○○) 있음. 배당에서 보증금이 전액 변제되지 않으면 매수인에게 인수됨"을 공시하였다. 4차 매각기일에 매각되었으나 최고가매수인이 미납하여 재매각기일이 지정되고, 6차 매각기일에 매각되었다(감정가 383,000,000원, 매각가 320,010,000원 매각가율 83.55%). 배당할 금액 331,000,000원(전 경매보증금 4,719,000원 포함). 등기사항전부증명서상 권리는 아래와 같다.

구분	근저당(갑) 2018. 6. 7.	주택임차권(송○○) 전입: 2018. 4. 26. 확정: 2018. 3. 21.	가압류(병) 2020. 9. 11.	압류(정) 2021. 11. 15.	강제경매(병) 2021. 12. 20.
채권금액	130,000,000	300,000,000	629,000,000	교부청구액	571,217,915
우선순위	31,000,000	300,000,000			
인수 여부	소멸	소멸			

우선순위배당, 임차권 소멸

말소기준권리는 갑의 근저당권(2018. 6. 7.)이다. ① 주택임차권등기가 강제경매기입등기보다 앞서는 임차인(송○○)이다. 배당요구를 하지 않아도 당연히 배당받을 채권자에 속한다(대법원 2005다33039 판결). 선순위 근저당보다 임차권등기는 늦게 마쳤으나 대항력과 확정일자가 앞서므로 우선변제권을 가진다. 임차인에게 보증금 3억원을 배당한다. ② 배당잔여금 3,100만원은 근저당권자 갑에게 배당된다. 매수인에게 인수되는 권리는 없다.

사례 14 멸실된 건물의 주택임차권

신청채권자(을)는 근저당권의 실행으로 이 사건 부산시 영도구 신선동 소재, 대지(대지 20.87㎡ 중 51㎡, 건물은 매각제외)에 대한 임의경매를 신청하였다(2022타경12**). 해당 물건의 제시외 건물에는 소유자(황○○) 세대가 전입되어 있고 점유하며 거주한다. 주택임차권자(김○○)는 이 사건 물건 지상의 멸실된 건물에 관하여 주택임차권등기를 경료하였다(1999. 10. 26. 접수). 매각결과 2차 매각기일에 매각되었다(감정가 35,558,400원, 매각가 29,000,000원, 매각가율 81.56%). 배당할 금액 27,000,000원. 등기사항전부증명서(건물과 토지)상 권리는 아래와 같다.

구분	근저당(갑) 1996. 1. 10.	근저당(을) 1997. 11. 18.	주택임차권(김○○) 전입: 1997. 5. 21. 확정: 1998. 12. 21.	임의경매(을) 2022. 4. 11.	비고
채권금액	9,800,000	26,000,000	8,000,000	26,000,000	주택임차권은 멸실한 건물에 관한 등기임
우선순위	9,800,000	17,200,000			
인수 여부			소멸		

부동산이 없어지거나 매각 등으로 말미암아 권리를 이전할 수 없는 사정이 명백하게 된 때에는 법원은 강제경매의 절차를 취소하여야 한다(민사집행법 제96조 제1항). 취소사유의 발생 원인이 무엇인가는 묻지 않는다. 소유자가 고의로 이를 멸실시켰다고 하더라도 상관없고, 이 취소사유를 알게 된 경위도 불문한다. 따라서 등기관의 통지에 의하여 알게 된 경우뿐만 아니라 다른 경로를 통하여 이러한 사실을 알게 된 경우에도 집행법원은 매각절차를 취소하여야 한다.

본 사례는 대지만의 매각사건이다. 현황 멸실된 건물은 감정평가에서 제외하였으며 매각대상이 아니다. 멸실된 건물에 관한 임차권등기(김○○)이므로 임차권자는 배당받을 수 없고, 매수인은 주택임차권등기 말소등기신청이 가능하다.

사례 15) **주택임차권과 소액보증금**

신청채권자(황○○)가 채무자를 상대로 보증금에 관한 본안소송에서 승소, 확정판결을 받아 이를 집행권원으로 이 사건(2022타경78**) 인천시 부평구 부평동 소재, 다세대주택(대지권 17.7㎡, 건물 47.48㎡)에 대한 강제경매를 신청하였다. 집행관의 현황조사보고서에서는 전입세대가 등재되어 있지 않고, 그 점유관계 등이 확인되지 않는다. 임차인은 임차권등기(2022. 1. 18. 등기)를 경료하고 배당요구신청서를 제출(2022. 8. 25.)하였다. 매각물건명세서에는 "매수인에게 대항할 수 있는 임차인 있음(임대차보증금 75,000,000원). 배당에서 보증금이 전액 변제되지 아니하면 잔액을 매수인이 인수함"을 공시하였다. 매각결과 2차 매각기일에 매각되었다(감정가 82,000,000원, 매각가 63,900,000원, 매각가율 77.93%). 배당할 금액은 61,000,000원, 배당기일 2023. 4. 20.이다. 등기사항전부증명서상 권리는 아래와 같다.

구분	압류(갑) 2021. 3. 12.	주택임차권(황○○) 전입: 2021. 12. 14. 확정: 2019. 12. 5.	강제경매(황○○) 2022. 6. 27.	가압류(병) 2022. 8. 25.
채권금액	교부청구액	75,000,000	77,254,109	3,142,000,000
소액보증금		30,500,000		
우선변제권		30,500,000		
소멸		14,000,000		

해설 **최우선순위배당 · 우선순위배당, 미배당보증금 인수**

주택임차인이 확정일자를 갖춘 후에 주택의 인도와 주민등록을 마친 경우에는 우선변제권은 주택의 인도와 주민등록을 마친 익일 0시에 발생한다(대법원 1999. 3. 23. 선고 98다46938 판결).

말소기준권리는 갑의 압류(2021. 3. 12.)이다. ① 임차인의 확정일자(2019. 12. 5.)는 말소기준권리보다 앞서지만 전입일(2021. 12. 14.)은 늦어서 대항할 수 없다. 미배당보증금은 매수인에게 인수되지 않는다. 첫 경매개시결정등기 전에 대항력은 갖추었고, 소액임차인의 최우선변제금지급기준이 되는 담보물권이 없으므로 배당시점(2023. 4. 20.)을 기준으로 소액임차인을 판단한다. 임차인은 주택가격의 2분의 1 범위(3,050만원) 내에서 최우선순위로 3,050만원을 배당받는다. ② 선순위 조세채권자에게 교부청구액을 배당한다. ③ 우선변제권은 확정일자와 전입일 중 늦은 날 발생(2021. 12. 15. 오전 0시)하므로 배당잔여금 3,050만원을 우선순위로 배당받는다. 갑의 조세채권으로 인해 주택임차권자의 배당금이 줄어들 수 있다.

사례 16 **증액한 보증금**

임차권자(이○○)는 건물소유자와의 건물인도에 관한 집행력 있는 조정조서에 기해 이 사건(2022타경10**) 군포시 산본동 소재, 아파트(대지권 41.559㎡, 건물 84.97㎡)에 대한 강제경매신청을 하였다. 주택임차권(2021. 12. 30.)은 첫 경매개시결정등기 전에 등기되고, 보증금 300,000,000원 중 10,000,000원을 1차 증액(2017. 3. 14.)하고, 10,000,000원을 2차 증액(2017. 8. 28.)하였다. 임차인은 배당요구종기(2022. 4. 5.) 이내에 배당요구신청서를 제출(2021. 12. 30.)하였다. 4차 매각기일에 매각되었다(감정가 1,300,000,000원, 매각가 752,990,000원, 매각가율 57.92%). 배당할 금액은 747,000,000원. 등기사항전부증명서(집합건물)상 권리는 다음과 같다.

구분	근저당(갑) 2010. 12. 21.	가압류(을) 2021. 9. 16.	주택임차권(이○○) 전입: 2015. 11. 22. 확정: 2015. 11. 11.	강제경매(이○○) 2022. 1. 20.
채권금액	216,000,000	404,340,000	300,000,000	300,000,000
우선순위	216,000,000		280,000,000	
안분배당		239,169,860	11,830,140	

(해설) **우선순위배당·안분배당**

저당권설정등기 후에 건물주와의 사이에 임차보증금을 증액하기로 한 합의는 당사자 사이에서만 효력이 있는 것이고 저당권자에게는 대항할 수 없다. 임차인은 매수인에게 증액 전 임차보증금을 상환받을 때까지 그 건물을 명도할 수 없다고 주장할 수 있으나 저당권설정등기 이후에 증액한 임차보증금으로써는 소유자에게 대항할 수 없다(대법원 1990. 8. 14. 선고 90다카11377 판결). 확정일자를 갖춘 후 보증금을 인상한 경우 인상한 보증금에 대하여는 새로 확정일자를 갖춰야 그때부터 우선변제권이 발생한다. 다만 임차권등기명령의 집행에 의한 임차권등기가 되면 그때 대항력과 확정일자를 갖춘 임차인으로서의 우선변제권을 취득한다. ① 근저당권자 갑에게 2억1,600만원, 임차인에게 2억8,000만원을 성립순위에 따라 각 배당한다. 배당잔여금 2억5,100만원이 남는다. ② 임차인의 보증금 3억원 중 증액한 보증금 2,000만원은 일반채권으로 보아 이 금액과 가압류채권자 을의 채권액을 기준으로 안분배당 한다. ③ 임차인은 대항력이 없으므로 증액한 보증금 중 미배당보증금 8,169,864원은 매수인에게 인수되지 않는다.

상가건물임차인의 권리와 배당 사례

1. 의의

1) 상가건물임대차보호법 제3조 제1항에서 건물의 인도와 더불어 대항력의 요건으로 규정하고 있는 사업자등록은 거래의 안전을 위하여 임차권의 존재를 제3자가 명백히 인식할 수 있게 하는 공시방법으로 마련된 것이다. 따라서 사업자등록이 어떤 임대차를 공시하는 효력이 있는지 여부는 일반 사회통념상 그 사업자등록으로 당해 임대차건물에 사업장을 임차한 사업자가 존재하고 있다고 인식할 수 있는지 여부에 따라 판단하여야 한다. 사업자등록신청서에 첨부한 임대차계약서상의 임대차목적물 소재지가 당해 상가건물에 대한 등기부상의 표시와 불일치하는 경우에는 특별한 사정이 없는 한 그 사업자등록은 제3자에 대한 관계에서 유효한 임대차의 공시방법이 될 수 없다. 또한 위 각 법령의 위 각 규정에 의하면, 사업자가 상가건물의 일부분을 임차하는 경우에는 사업자등록신청서에 해당 부분의 도면을 첨부하여야 하고, 이해관계인은 임대차의 목적이 건물의 일부분인 경우 그 부분 도면의 열람 또는 제공을 요청할 수 있도록 하고 있으므로, 건물의 일부분을 임차한 경우 그 사업자등록이 제3자에 대한 관계에서 유효한 임대차의 공시방법이 되기 위해서는 사업자등록신청시 그 임차한 부분을 표시한 도면을 첨부하여야 한다(대법원 2008. 9. 25. 선고 2008다44238 판결).

2) 상가건물 일부를 임차한 사업자가 사업자등록신청을 하면서 임차부분을 기재한 임대차계약서 사본만 첨부하였을 뿐 해당 부분의 도면을 첨부하지 않은 사안에서, 사업자등록의 내용으로 볼 때 도면이 없더라도 일반 사회통념상 등록사항 기재만으로 사업자가 임

차한 부분이 다른 부분과 명확히 구분될 수 있을 정도로 특정되었다고 볼 수 없어 위 사업자등록은 제3자에 대한 관계에서 유효한 임대차 공시방법이 될 수 없다(대법원 2011. 11. 24. 선고 2010다56678 판결).

3) 상가건물임대차보호법의 목적과 같은 법 제2조 제1항 본문, 제3조 제1항에 비추어 보면, 상가건물임대차보호법이 적용되는 상가건물임대차는 사업자등록 대상이 되는 건물로서 임대차 목적물인 건물을 영리를 목적으로 하는 영업용으로 사용하는 임대차를 가리킨다. 그리고 상가건물임대차보호법이 적용되는 상가건물에 해당하는지는 공부상 표시가 아닌 건물의 현황·용도 등에 비추어 영업용으로 사용하느냐에 따라 실질적으로 판단하여야 하고, 단순히 상품의 보관·제조·가공 등 사실행위만이 이루어지는 공장·창고 등은 영업용으로 사용하는 경우라고 할 수 없으나 그곳에서 그러한 사실행위와 더불어 영리를 목적으로 하는 활동이 함께 이루어진다면 상가건물임대차보호법 적용 대상인 상가건물에 해당한다(대법원 2011. 7. 28. 선고 2009다40967 판결).

4) 임차인이 상가건물임대차보호법상의 대항력 또는 우선변제권 등을 취득한 후에 목적물의 소유권이 제3자에게 양도된 다음 새로운 소유자와 임차인이 종전 임대차계약의 효력을 소멸시키려는 의사로 별개의 임대차계약을 새로이 체결한 경우, 임차인이 종전 임대차계약을 기초로 발생하였던 대항력 또는 우선변제권 등을 새로운 소유자 등에게 주장할 수 없다고 할 것이다(대법원 2013. 12. 12. 선고 2013다211919 판결).

2. 상가임차인에 대한 배당

(1) 배당순위와 배당액

1) 임대차계약서에 확정일자를 갖춘 임차인은 임차한 상가건물이 경매 또는 공매시 임차건물(임대인 소유의 대지 포함)의 환가대금에서 후순위 권리자나 그 밖의 채권자보다 우선하여 보증금을 변제받을 권리가 있다(상가건물임대차보호법 제5조 제2항, 대법원 2006. 1. 13. 선고 2005다64002 판결).

2) 임차인이 수 개의 구분점포를 동일한 임대인에게서 임차하여 하나의 사업장으로 사

용하면서 단일한 영업을 하는 경우 등과 같이, 임차인과 임대인 사이에 구분점포 각각에 대하여 별도의 임대차관계가 성립한 것이 아니라 일괄하여 단일한 임대차관계가 성립한 것으로 볼 수 있는 때에는, 비록 구분점포 각각에 대하여 별개의 임대차계약서가 작성되어 있더라도 구분점포 전부에 관하여 상가건물임대차보호법 제2조 제2항의 규정에 따라 환산한 보증금액의 합산액을 기준으로 상가건물임대차보호법 제14조에 의하여 우선변제를 받을 임차인의 범위를 판단하여야 한다(대법원 2015. 10. 29. 선고 2013다27152 판결).

(2) 대항력

1) 주택임대차보호법 소정의 요건을 갖춘 임차인은 임차주택의 양수인에게 대항하여 보증금의 반환을 받을 때까지 임대차관계의 존속을 주장할 수 있는 권리와 소액의 보증금에 관하여 임차주택의 가액으로부터 우선변제를 받음과 동시에 임차목적물을 명도할 수 있는 권리를 겸유하고 있다고 해석되고 이 두 가지 권리 중 하나를 선택하여 행사할 수 있다고 보아야 할 것이므로 임차인이 임차주택의 경매당시 우선변제권을 행사하지 아니하였다 하더라도 그 임차보증금에 기한 대항력 행사에 어떤 장애가 있다고 할 수 없고(대법원 1986. 7. 22. 선고 86다카466 판결 참조), 이는 상가건물에 있어서도 마찬가지라 할 것이다.

2) 상가건물임대차보호법 제3조는 '대항력 등'이라는 표제로 제1항에서 대항력의 요건을 정하고, 제2항에서 "임차건물의 양수인(그 밖에 임대할 권리를 승계한 자를 포함한다)은 임대인의 지위를 승계한 것으로 본다."라고 정하고 있다. 이 조항은 임차인이 취득하는 대항력의 내용을 정한 것으로, 상가건물의 임차인이 제3자에 대한 대항력을 취득한 다음 임차건물의 양도 등으로 소유자가 변동된 경우에는 양수인 등 새로운 소유자(이하 '양수인'이라 한다)가 임대인의 지위를 당연히 승계한다는 의미이다. 소유권변동의 원인이 매매 등 법률행위든 상속·경매 등 법률의 규정이든 상관없이 이 규정이 적용되므로, 상속에 따라 임차건물의 소유권을 취득한 자도 위 조항에서 말하는 임차건물의 양수인에 해당한다. 임대인지위를 공동으로 승계한 공동임대인들의 임차보증금반환채무는 성질상 불가분채무에 해당한다(대법원 2021. 1. 28. 선고 2015다59801 판결).

3) 2015. 5. 13. 개정된 상가건물임대차보호법에서는 보증금의 액수와 상관없이 대항력과 계약갱신요구권, 권리금회수방해금지에 따른 손해배상청구권 등의 권리를 새로운 건물 주인에게도 행사할 수 있다. 임차인이 임대차기간 만료 전 6개월부터 1개월까지 사이에 임대인에게 계약갱신을 요구할 수 있고, 이 경우 임대인은 정당한 사유가 없는 한 이를 거절하지 못한다(상가건물임대차보호법 제10조 1항). 임차인의 계약갱신요구는 최초의 임대차기간을 포함한 전체 임대차기간이 10년을 초과하지 않는 범위 내에서만 행사할 수 있다.

(3) 최우선변제권

1) 임차인은 보증금 중 일정액을 다른 담보물권자보다 우선하여 변제받을 권리가 있다. 이 경우 임차인은 건물에 대한 경매신청의 등기 전에 제3조 제1항의 요건을 갖추어야 한다. 우선변제를 받을 임차인 및 보증금 중 일정액의 범위와 기준은 임대건물가액(임대인 소유의 대지가액을 포함)의 2분의 1 범위에서 해당 지역의 경제여건, 보증금 및 차임 등을 고려하여 대통령령으로 정한다.

2) 임차인의 보증금 중 일정액이 상가건물가액의 2분의 1을 초과하는 경우에는 상가건물가액의 2분의 1에 해당하는 금액에 한하여 최우선변제권이 있다. 하나의 건물에 임차인이 2인 이상이고, 그 각 보증금 중 일정액의 합산액이 상가건물가액의 2분의 1을 초과하는 경우에는 그 각 보증금 중 일정액의 합산액에 대한 각 임차인의 보증금 중 일정액의 비율로 그 상가건물의 가액의 2분의 1에 해당하는 금액을 분할한 금액을 각 임차인의 보증금 중 일정액으로 본다.

3) 임대차관계가 지속되는 동안 임대차보증금의 증감·변동이 있는 경우, 소액임차인에 해당하는지 여부의 판단시점은 원칙적으로 배당시로 봄이 상당하고, 따라서 처음 임대차계약을 체결할 당시 임대차보증금의 액수가 적어서 소액임차인에 해당한다고 하더라도 그 후 갱신과정에서 증액되어 그 한도를 초과하면 더 이상 소액임차인에 해당하지 않게 되고, 반대로 처음에는 임대차보증금의 액수가 많아 소액임차인에 해당하지 않는다 하더라도 그 후 갱신과정에서 감액되어 한도 이하로 되었다면 소액임차인에 해당한다(대구지

방법원 2004. 3. 31. 선고 2003가단134010 판결).

4) 상가건물의 경우 상가건물임대차보호법의 적용 범위에는 제한이 있다. 임차보증금이 그 상한을 넘는 경우에는 처음부터 위 법의 적용 대상이 아니다. 법 제14조의 규정에 의하여 최우선변제를 받을 임차인은 보증금과 차임이 있는 경우 법 제2조 제2항의 규정에 의하여 환산한 금액의 합계가 대통령령의 적용 범위 구분에 의한 금액 이하인 임차인으로 한다.

※ 환산보증금 = 보증금 + (월세 × 100)

5) 사업자등록신청서에 첨부한 임대차계약서와 등록사항현황서(이하 '등록사항현황서 등'이라 한다)에 기재되어 공시된 임대차보증금 및 차임에 따라 환산된 보증금액이 구 상가건물임대차보호법(2013. 6. 7. 법률 제11873호로 개정되기 전의 것, 이하 '구 상가임대차법'이라 한다)의 적용 대상이 되기 위한 보증금액 한도를 초과하는 경우에는, 실제 임대차계약의 내용에 따라 환산된 보증금액이 기준을 충족하더라도, 임차인은 구 상가임대차법에 따른 대항력을 주장할 수 없다(대법원 2016. 6. 9. 선고 2013다215676 판결).

6) 임차인이 부담하기로 한 부가가치세액이 상가건물임대차보호법 제2조 제2항에 정한 '차임'에 포함되는지 여부에 관하여 보건대, 부가가치세법 제2조, 제13조, 제15조에 의하면 임차인에게 상가건물을 임대함으로써 임대용역을 공급하고 차임을 지급받는 임대사업자는 과세관청을 대신하여 임차인으로부터 부가가치세를 징수하여 이를 국가에 납부할 의무가 있는바, 임대차계약의 당사자들이 차임을 정하면서 '부가세 별도'라는 약정을 하였다면 특별한 사정이 없는 한 임대용역에 관한 부가가치세의 납부의무자가 임차인이라는 점, 약정한 차임에 위 부가가치세액이 포함된 것은 아니라는 점, 나아가 임대인이 임차인으로부터 위 부가가치세액을 별도로 거래 징수할 것이라는 점 등을 확인하는 의미로 해석함이 상당하고, 임대인과 임차인이 이러한 약정을 하였다고 하여 정해진 차임 외에 위 부가가치세액을 상가건물임대차보호법 제2조 제2항에 정한 '차임'에 포함시킬 이유는 없다(수원지방법원 2009. 4. 29. 선고 2008나27056 판결).

(4) 우선변제권

1) 상가건물의 임차인이 임대차보증금반환채권에 대하여 상가건물임대차보호법 제3조 제1항 소정의 대항력 또는 같은 법 제5조 제2항 소정의 우선변제권을 가지려면 임대차의 목적인 상가건물의 인도 및 부가가치세법 등에 의한 사업자등록을 구비하고, 관할 세무서 장으로부터 확정일자를 받아야 하며, 그중 사업자등록은 대항력 또는 우선변제권의 취득 요건일 뿐만 아니라 존속요건이기도 하므로, 배당요구의 종기까지 존속하고 있어야 한다 (대법원 2006. 1. 13. 선고 2005다64002 판결).

2) 상가건물을 임차하고 사업자등록을 마친 사업자가 임차건물의 전대차 등으로 당해 사업을 개시하지 않거나 사실상 폐업한 경우에는 그 사업자등록은 부가가치세법 및 상가 건물임대차보호법이 상가임대차의 공시방법으로 요구하는 적법한 사업자등록이라고 볼 수 없고, 이 경우 임차인이 상가건물임대차보호법상의 대항력 및 우선변제권을 유지하기 위해서는 건물을 직접 점유하면서 사업을 운영하는 전차인이 그 명의로 사업자등록을 하 여야 한다(대법원 2006. 1. 13. 선고 2005다64002 판결).

3) 상가임차인이 최우선변제를 받으려면 당해 건물에 대한 경매개시결정의 기입등기 이전에 대항력을 갖추고 첫 매각기일 전까지 대항력을 유지하고 배당요구를 하여야 한다.

(5) 상가임차권등기

1) 상가건물임대차보호법 제6조에 의한 임차권등기명령이 임대인에게 고지되어 효력 이 발생하면 법원사무관 등은 지체 없이 촉탁서에 재판서등본을 첨부하여 등기관에게 임 차권등기의 기입을 촉탁하도록 되어 있고, 상가건물임대차보호법 제6조 제5항에 의하면, 위와 같이 임차권등기명령의 집행에 의한 임차권등기가 경료되면 임차인은 제3조 제1항 의 규정에 의한 대항력 및 제5조 제2항의 규정에 의한 우선변제권을 취득하고(임차인이 임차권등기 이전에 이미 대항력 또는 우선변제권을 취득한 경우에는 그 대항력 또는 우선 변제권이 그대로 유지된다), 임차권등기 이후에는 제3조 제1항의 대항요건을 상실하더라 도 이미 취득한 대항력 또는 우선변제권을 상실하지 아니하는 효력이 있다.

2) 진정한 임차권자가 아니면서 허위의 임대차계약서를 법원에 제출하여 임차권등기명

령을 신청하면 그로써 소송사기의 실행행위에 착수한 것으로 보아야 하고, 나아가 그 임차보증금반환채권에 관하여 현실적으로 청구의 의사표시를 하여야만 사기죄의 실행의 착수가 있다고 볼 것은 아니다(대법원 2012. 5. 24. 선고 2010도12732 판결).

3. 상가권리금

1) 권리금은 상가건물의 영업시설·비품 등 유형물이나 거래처, 신용, 영업상의 노하우(know-how) 혹은 점포 위치에 따른 영업상의 이점 등 무형의 재산적 가치의 양도 또는 일정기간 동안의 이용대가이다. 임차권양도계약에 수반되어 체결되는 권리금계약은 임차권양도계약과는 별개의 계약이지만 위 두 계약의 체결경위와 계약내용 등에 비추어 볼 때, 권리금계약이 임차권양도계약과 결합하여 전체가 경제적·사실적으로 일체로 행하여진 것으로서, 어느 하나의 존재 없이는 당사자가 다른 하나를 의욕하지 않았을 것으로 보이는 경우에는 그 계약 전부가 하나의 계약인 것과 같은 불가분의 관계에 있다고 보아야 한다(대법원 2013. 5. 9. 선고 2012다115120 판결 참조).

2) 임대인이 정당한 사유 없이 임차인이 신규임차인이 되려는 자를 주선하더라도 그와 임대차계약을 체결하지 않겠다는 의사를 확정적으로 표시한 경우에는 임차인이 실제로 신규임차인을 주선하지 않았더라도 위와 같은 손해배상책임을 진다(대법원 2019. 7. 4. 선고 2018다284226 판결). 임차인이 구체적인 인적사항을 제시하면서 신규임차인이 되려는 자를 임대인에게 주선하였음에도 임대인이 상가임대차법 제10조의4 제1항에서 정한 기간에 이러한 신규임차인이 되려는 자에게 권리금을 요구하는 등 위 제1항 각호의 어느 하나에 해당하는 행위를 함으로써 임차인이 신규임차인으로부터 권리금을 회수하는 것을 방해한 때에는 임대인은 임차인이 입은 손해를 배상할 책임이 있다(대법원 2022. 8. 11. 선고 2022다202498 판결). 임대인의 권리금회수기회 방해로 인한 손해배상책임은 상가임대차법이 그 요건, 배상범위 및 소멸시효를 특별히 규정한 법정책임이고, 그 손해배상채무는 임대차가 종료한 날에 이행기가 도래하여 그 다음 날부터 지체책임이 발생하는 것으로 보아야 한다(대법원 2023. 2. 2. 선고 2022다260586 판결).

3) 임대차기간이 5년이 지나도 임차인이 형성한 고객, 거래처, 신용 등 재산적 가치는 여전히 유지돼 임차인의 권리금회수를 보장할 필요성이 있다. 따라서 구 상가임대차법 제10조 제2항에 따라 최초의 임대차기간을 포함한 전체 임대차기간이 5년을 초과하여 임차인이 계약갱신요구권을 행사할 수 없는 경우에도 임대인은 같은 법 제10조의4 제1항에 따른 권리금 회수기회보호 의무를 부담한다고 보아야 한다(대법원 2022. 8. 11. 선고 2022다202498 판결).

4) A씨는 2017. 5.경부터 경주시 상가건물을 빌려 음식점을 운영했다. 임대조건은 월세 300만원과 보증금 5,000만원이었다. 그는 한 차례 갱신한 임대차계약 기간이 끝날 무렵 권리금 회수를 위해 임대인에게 새 임차인을 주선했다. 그러나 임대인은 A씨의 월세 연체를 이유로 새 임차인과 계약 체결을 거부했다. 상가임대차법은 임대차계약이 종료될 때 임차인이 새로운 임차인에게서 권리금을 회수할 기회를 보장하도록 하고 있다. 임대인은 임차인이 주선한 신규임차인과 정당한 사유 없이 임대차계약 체결을 거절해서는 안 된다. 다만 '임차인이 3기의 차임액(월세)에 해당하는 금액을 연체한 경우'에는 예외가 인정된다. A씨는 임대인을 상대로 손해배상청구소송을 내는 한편 해당 상가임대차법 조항이 자신의 재산권을 침해한다며 위헌법률심판제청을 신청했다. 그러나 헌재에서 기각되자 2021년 9월 헌법소원을 냈다. 이에 대해 헌재는 "3기에 이르는 차임액을 연체한 후 임대차가 종료된 상황에서까지 임차인이 주선하는 신규임차인과 계약을 체결하도록 강제해 임대인에게 사용수익권의 제한을 감내하도록 하는 것은 일방적으로 가혹하다."며 "심판대상조항이 임차인의 재산권을 침해한다고 할 수 없다."는 결정을 하였다(2021헌바264, 2023. 6. 29).

4. 계약갱신청구권과 계약해지권

1) 상가는 기본적으로 영리활동을 목적으로 하는 공간으로서 사적자치에 의해 규율되는 것이 원칙이다. 또한 상가건물임대차보호법은 투자회수 및 영업상 이익의 보호를 위한 계약갱신요구권을 인정하는 반면, 주택임대차보호법은 생존가족의 주거권 보호를 위한 상속의 특례 규정을 두는 등 그 보호내용에도 차이를 두고 있다.

2) 상가건물임대차보호법은 건물의 인도와 사업자등록에 의한 임대차관계의 대항력을 인정하고(제3조), 대항요건 및 임대차계약서상의 확정일자에 의해 보증금에 대한 우선변제권을 인정하며(제5조), 임대인이 차임연체 등 정당한 사유 없이는 5년의 범위 내에서 임차인의 계약갱신요구를 거절할 수 없도록 하여 임대차의 존속을 보장하고(제10조), 차임 또는 보증금의 증액도 대통령령이 정하는 기준에 따른 비율을 초과할 수 없도록 하여 임대인의 과도한 증액 요구로부터 임차인을 보호하는(제11조) 등의 내용을 담고 있다.

3) 상가건물임대차보호법 제10조 제1항에서는 임대인은 임차인이 임대차기간이 만료되기 6개월 전부터 1개월 전까지 사이에 계약갱신을 요구할 경우 정당한 사유없이 거절하지 못하는 것으로 규정하고 있고, 같은 법 제10조 제3항에서는 갱신되는 임대차는 전 임대차와 동일한 조건으로 다시 계약된 것으로 보되, 다만, 차임과 보증금은 제11조에 따른 범위에서 증감할 수 있다고 규정하고 있다. 같은 법 제11조는 차임 또는 보증금이 임차건물에 관한 조세, 공과금, 그 밖의 부담의 증감이나 경제사정의 변동으로 인하여 상당하지 아니하게 된 경우에는 당사자는 장래의 차임 또는 보증금에 대하여 증감을 청구할 수 있으나, 증액의 경우에는 대통령령으로 정하는 기준에 따른 비율을 초과하지 못하는 것으로 규정하고 있는데, 갱신 전 임대차계약이 만료되던 2006. 1. 15. 당시 적용되던 구 상가건물임대차보호법 시행령(2008. 8. 21. 대통령령 제20970호로 개정되기 전의 것) 제4조는 법 제11조 제1항의 규정에 의한 차임 또는 보증금의 증액청구는 청구 당시의 차임 또는 보증금의 100분의 12의 금액을 초과하지 못하는 것으로 규정하고 있고, 위 각 법령규정은 상가건물임대차보호법 제15조에서 정한 바에 따라 강행규정에 해당한다 할 것인바, 위 각 법령규정을 종합하면 임대인과 임차인 사이에 임차인의 갱신청구권에 따라 갱신되는 임대차계약의 경우 보증금 또는 차임에 관한 약정 중 그 금액이 갱신 전 금액의 100분의 12를 초과하는 부분에 관하여는 효력을 인정할 수 없고, 따라서 이를 초과하여 지급한 부분에 대하여는 부당이득으로 반환을 청구할 수 있을 것이다(서울중앙지방법원 2012. 9. 24. 선고 2012가단13130 판결).

4) 상가건물임대차보호법에서 정한 임대인의 갱신요구거절권은 계약해지권과 행사시기, 효과 등이 서로 다를 뿐만 아니라, 상가건물임대차보호법 제10조 제1항이 민법 제640

조에서 정한 계약해지에 관하여 별도로 규정하고 있지 아니하므로, 상가건물임대차보호법 제10조 제1항 제1호가 민법 제640조에 대한 특례에 해당한다고 할 수 없다. 그러므로 상가건물임대차보호법의 적용을 받는 상가건물의 임대차에도 민법 제640조가 적용되고, 상가건물의 임대인이라도 임차인의 차임연체액이 2기의 차임액에 이르는 때에는 임대차계약을 해지할 수 있다. 그리고 같은 이유에서 민법 제640조와 동일한 내용을 정한 약정이 상가건물임대차보호법의 규정에 위반되고 임차인에게 불리한 것으로서 위 법 제15조에 의하여 효력이 없다고 할 수 없다(대법원 2014. 7. 24. 선고 2012다28486 판결).

5) 갱신 전후 상가건물 임대차계약의 내용과 성질, 임대인과 임차인 사이의 형평, 상가건물임대차보호법 제10조와 민법 제640조의 입법취지 등을 종합하여 보면, 상가건물의 임차인이 갱신 전부터 차임을 연체하기 시작하여 갱신 후에 차임연체액이 2기의 차임액에 이른 경우에도 임대차계약의 해지사유인 '임차인의 차임연체액이 2기의 차임액에 달하는 때'에 해당하므로, 이러한 경우 특별한 사정이 없는 한 임대인은 2기 이상의 차임연체를 이유로 갱신된 임대차계약을 해지할 수 있다(대법원 2014. 7. 24. 선고 2012다28486 판결).

6) 상가건물임대차보호법에서 정한 임대인의 갱신요구거절권은 계약해지권과 그 행사시기, 효과 등이 서로 다를 뿐만 아니라, 상가건물임대차보호법 제10조 제1항이 민법 제640조에서 정한 계약해지에 관하여 별도로 규정하고 있지 아니하므로, 상가건물임대차보호법 제10조 제1항 제1호가 민법 제640조에 대한 특례에 해당한다고 할 수 없다. 그러므로 상가건물임대차보호법의 적용을 받는 상가건물의 임대차에도 민법 제640조가 적용되고, 상가건물의 임대인이라도 임차인의 차임연체액이 2기의 차임액에 이르는 때에는 임대차계약을 해지할 수 있다고 할 것이다(대법원 2014. 7. 24. 선고 2012다58975 판결).

헌재결정례 상가건물임대차보호법 제10조의4 제1항 단서 등 위헌소원[전원재판부 2021헌바264, 2023. 6. 29.]

【당사자】

사건 2021헌바264 상가건물임대차보호법 제10조의4 제1항 단서 등 위헌소원

당해 사건 대구지방법원 2021가단110254 임대차보증금

선고일 2023. 6. 29.

【주문】

상가건물임대차보호법(2018. 10. 16. 법률 제15791호로 개정된 것) 제10조의4 제1항 단서 중 제10조 제1항 단서 제1호에 관한 부분은 헌법에 위반되지 아니한다.

【이유】

1. 사건개요

가. 청구인은 2017. 4. 9. 한○○과 사이에, 청구인이 경주시 ○○동 (주소 생략) 대 182㎡ 및 그 지상 일반목구조 기와지붕 일반음식점 19㎡, 부속건축물 일반목구조 스레이트지붕 일반음식점 11㎡ 및 미등기건물 1동과, 같은 동 (주소 생략) 대 182㎡ 및 그 지상 목조기와 지붕 단층주택 20㎡ 및 미등기건물 1동(이하 합하여 '이 사건 부동산'이라 한다)을 보증금 5,000만원, 월차임 300만원(매월 1일 지급), 임대차기간 2017. 5. 1.부터 2019. 4. 30.까지로 정하여 임차하는 한편, 한○○이 이 사건 부동산에서 운영하고 있던 카페의 기자재 및 민박 시설의 침구류와 소모품 등 시설물건비 명목으로 3,000만원을 지급하기로 하는 내용의 임대차계약(이하 '이 사건 임대차계약'이라 한다)을 체결하였다.

나. 청구인은 이 사건 임대차계약에 따라 임대차보증금 5,000만원과 시설물건비 3,000만원을 모두 지급한 뒤 2017. 5. 1. 이 사건 부동산을 인도받아 영업을 개시하였다. 청구인과 한○○은 2018. 1.경 이 사건 임대차계약에 따른 차임을 260만원으로 감액하는 데에 합의하였고, 이 사건 임대차계약은 2021. 4. 30.까지 묵시적으로 갱신되었다.

다. 청구인은 2019. 2.부터 차임 중 일부를 연체하기 시작하였고, 2020. 3.말경까지 차임 합계 964만원을 미지급하였다.

라. 청구인은, 이 사건 임대차계약의 기간 만료 무렵 한○○에게 신규임차인을 주선하였으나 한○○이 위 신규임차인과 임대차계약을 체결하지 아니함으로써 청구인의 권리금 회수 기회를 방해하였다고 주장하면서 2021. 3. 23. 한○○에 대하여 '상가건물임대차보호법' 제

10조의4 제1항 본문 제4호, 같은 조 제3항에 따른 손해배상을 구하는 소를 제기하였고(대구지방법원 2021가단110254), 위 소송에서 한○○은 청구인이 3기 이상의 차임을 연체하여 '상가건물임대차보호법' 제10조의4 제1항 단서, 제10조 제1항 제1호에 따라 같은 법 제10조의4 제1항에 따른 권리금 회수를 주장할 수 없다고 항변하였다.

마. 청구인은 위 소송 계속 중 '상가건물임대차보호법' 제10조의4 제1항 단서, 제10조 제1항 제1호에 대하여 위헌법률심판제청신청을 하였으나(대구지방법원 2021카기11239), 2021. 8. 9. 위 신청은 기각되었다. 이에 청구인은 2021. 9. 6. 이 사건 헌법소원심판을 청구하였다.

2. 심판대상

가. 청구인은 '상가건물임대차보호법' 제10조의4 제1항 단서, 제10조 제1항 제1호에 대하여 헌법소원심판을 청구하고 있으나, 당해 사건에서는 청구인이 신규임차인으로부터 권리금을 회수할 기회를 한○○이 방해하였다고 주장하며 손해배상을 구하고 있고 이와 같은 청구인 주장에 대하여 청구인이 3기의 차임액에 해당하는 금액에 이르도록 차임을 연체하였음을 한○○이 항변함에 따라, 그 항변의 근거가 되는 조항들을 심판대상으로 삼는 것이 타당하다.

나. 한편, 청구인은 2023. 2. 15. 제출한 의견서에서, 2020. 9. 29.부터 시행된 '상가건물임대차보호법' 제10조의9가 그 시행일부터 6개월까지의 기간 동안 연체한 차임액은 같은 법 제10조 제1항 제1호, 제10조의4 제1항 단서 등의 적용에 있어 차임연체액으로 보지 아니한다고 규정함에 따라 코로나19로 팬데믹 상황이 발생한 2020. 3. 경부터 2020. 9. 28.까지의 기간 동안 차임을 연체한 상가임차인은 위 조항의 적용을 받을 수 없게 되었는바, 위 조항은 이 사건 심판대상과 불가분의 관계에 있다고 주장하며 위 조항의 위헌 여부에 대해서도 판단해 줄 것을 요청하고 있다.

그런데 청구인은 당해 사건 법원에 위 조항에 대해 위헌법률심판제청신청을 한 바 없고 이에 대한 법원의 결정도 없었으므로, 위 조항은 이 사건 심판대상으로 삼지 아니한다.

다. 그렇다면 이 사건 심판대상은 '상가건물임대차보호법'(2018. 10. 16. 법률 제15791호로 개정된 것, 이하 '상가임대차법'이라 한다) 제10조의4 제1항 단서 중 제10조 제1항 단서 제1

호에 관한 부분(이하 '심판대상조항'이라 한다)이 헌법에 위반되는지 여부이다. 심판대상조항 및 관련조항은 다음과 같다.

[심판대상 조항]

상가건물임대차보호법(2018. 10. 16. 법률 제15791호로 개정된 것)

제10조의4(권리금 회수기회 보호 등) ① 임대인은 임대차기간이 끝나기 6개월 전부터 임대차 종료 시까지 다음 각호의 어느 하나에 해당하는 행위를 함으로써 권리금 계약에 따라 임차인이 주선한 신규임차인이 되려는 자로부터 권리금을 지급받는 것을 방해하여서는 아니 된다. 다만, 제10조 제1항 각호의 어느 하나에 해당하는 사유가 있는 경우에는 그러하지 아니하다.

1. 임차인이 주선한 신규임차인이 되려는 자에게 권리금을 요구하거나 임차인이 주선한 신규임차인이 되려는 자로부터 권리금을 수수하는 행위

2. 임차인이 주선한 신규임차인이 되려는 자로 하여금 임차인에게 권리금을 지급하지 못하게 하는 행위

3. 임차인이 주선한 신규임차인이 되려는 자에게 상가건물에 관한 조세, 공과금, 주변 상가건물의 차임 및 보증금, 그 밖의 부담에 따른 금액에 비추어 현저히 고액의 차임과 보증금을 요구하는 행위

4. 그 밖에 정당한 사유 없이 임대인이 임차인이 주선한 신규임차인이 되려는 자와 임대차계약의 체결을 거절하는 행위

[관련조항]

상가건물임대차보호법(2009. 1. 30. 법률 제9361호로 개정된 것)

제10조(계약갱신 요구 등) ① 임대인은 임차인이 임대차기간이 만료되기 6개월 전부터 1개월 전까지 사이에 계약갱신을 요구할 경우 정당한 사유 없이 거절하지 못한다. 다만, 다음 각호의 어느 하나의 경우에는 그러하지 아니하다.

1. 임차인이 3기의 차임액에 해당하는 금액에 이르도록 차임을 연체한 사실이 있는 경우

상가건물임대차보호법(2015. 5. 13. 법률 제13284호로 개정된 것)

제10조의4(권리금 회수기회 보호 등) ② 다음 각호의 어느 하나에 해당하는 경우에는 제1항 제4호의 정당한 사유가 있는 것으로 본다.

1. 임차인이 주선한 신규임차인이 되려는 자가 보증금 또는 차임을 지급할 자력이 없는 경우

2. 임차인이 주선한 신규임차인이 되려는 자가 임차인으로서의 의무를 위반할 우려가 있거나 그 밖에 임대차를 유지하기 어려운 상당한 사유가 있는 경우

3. 임대차 목적물인 상가건물을 1년 6개월 이상 영리목적으로 사용하지 아니한 경우

4. 임대인이 선택한 신규임차인이 임차인과 권리금계약을 체결하고 그 권리금을 지급한 경우

③ 임대인이 제1항을 위반하여 임차인에게 손해를 발생하게 한 때에는 그 손해를 배상할 책임이 있다. 이 경우 그 손해배상액은 신규임차인이 임차인에게 지급하기로 한 권리금과 임대차 종료 당시의 권리금 중 낮은 금액을 넘지 못한다.

④ 제3항에 따라 임대인에게 손해배상을 청구할 권리는 임대차가 종료한 날부터 3년 이내에 행사하지 아니하면 시효의 완성으로 소멸한다.

⑤ 임차인은 임대인에게 임차인이 주선한 신규임차인이 되려는 자의 보증금 및 차임을 지급할 자력 또는 그 밖에 임차인으로서의 의무를 이행할 의사 및 능력에 관하여 자신이 알고 있는 정보를 제공하여야 한다.

3. 청구인의 주장

가. 심판대상조항은 임차인이 3기의 차임액에 해당하는 금액에 이르도록 차임을 연체한 사실이 있는 경우 임대인의 권리금 회수기회 보호의무가 발생하지 않는 것으로 규정함으로써 임차인의 권리금 회수기회를 박탈시키고 있는데, 보증금의 존재나 연체 차임의 사후 지급 여부를 전혀 고려하지 않은 채 오로지 차임의 연체만을 기준으로 권리금 회수기회의 보호 여부를 결정하고 있는 것은 임차인에게 매우 가혹한 점, 차임 연체의 기준을 3기가 아니라 6기 혹은 9기 등으로 좀 더 완화하거나 당사자의 약정에 의한 차임 지급 기간이 아닌 보다 객관적인 일정한 기간을 그 기준으로 설정할 수도 있는 점, 임차인에게 권리금 회수기회가 보장되지 않는 결과 권리금 상당의 이익이 임대인에게 부당하게 귀속되는 점, 임차인의

입장에서는 권리금 회수기회가 보장되지 않을 경우 기존에 자신이 투여한 자본과 노력에 대한 대가를 전혀 회수할 수 없는 매우 큰 불이익을 겪게 되는 점 등을 고려할 때, 심판대상조항은 과잉금지원칙에 위반되어 청구인의 재산권을 침해한다.

나. 심판대상조항은 귀책사유 없이 3기의 차임액에 해당하는 금액에 이르도록 차임을 연체한 임차인과 귀책사유로 말미암아 차임을 연체한 임차인을 동일하게 취급함으로써 청구인의 평등권도 침해한다.

4. 판단

가. 상가임대차법상 임차인의 권리금 회수기회

(1) 임차인의 권리금 회수기회의 보호

(가) 2015. 5. 13. 법률 제13284호로 개정된 상가임대차법은 그간 판례에 의하여 인정되어 온 권리금 및 권리금 계약의 정의 조항(제10조의3)과 임차인의 권리금 회수기회 보호 조항(제10조의4)을 신설하였다. 상가임대차법 제10조의4의 취지는 임차인이 지불한 권리금 그 자체를 보호하기보다는 임대차 종료 당시를 기준으로 하여 임차인이 임대차 목적물인 상가건물에서 영업을 통해 창출한 유·무형의 재산적 가치를 신규임차인으로부터 회수할 수 있는 기회를 제도적으로 보장하는 것이라 할 수 있다(대법원 2023. 2. 2. 선고 2022다260586 판결 참조).

(나) 임대인은 임대차기간이 끝나기 6개월 전부터 임대차 종료 시까지 권리금 계약에 따라 임차인이 주선한 신규임차인이 되려는 자로부터 권리금을 지급받는 것을 방해하여서는 아니 된다(제10조의4 제1항). 임대인의 입장에서 보면 임대인은 임차인이 주선한 신규임차인과의 임대차계약 체결이 강제되는 것이므로, 결국 여기서 방해하지 못한다는 의미는 임대인이 신규임차인과 임대차계약을 체결해 주어야 하는 것을 주된 내용으로 한다.

임대인이 해서는 안 되는 행위의 구체적 유형은 ① 임차인이 주선한 신규임차인이 되려는 자에게 권리금을 요구하거나 임차인이 주선한 신규임차인이 되려는 자로부터 권리금을 수수하는 행위(제1호), ② 임차인이 주선한 신규임차인이 되려는 자로 하여금 임차인에게 권리금을 지급하지 못하게 하는 행위(제2호), ③ 임차인이 주선한 신규임차인이 되려는 자에게 상가건물에 관한 조세, 공과금, 주변 상가건물의 차임 및 보증금, 그 밖의 부담에 따른 금액에 비추어 현저히 고액의 차임과 보증금을 요구하는 행위(제3호), ④ 그 밖에 정당한 사유 없이 임차인이 주선한 신규임차인이 되려는 자와 임대차계약의 체결을 거절하는 행위(제4호)이다.

만일 임대인이 제10조의4 제1항을 위반하여 임차인에게 손해를 발생하게 한 때에는 그 손해를 배상할 책임이 있고, 그 손해배상액은 신규임차인이 임차인에게 지급하기로 한 권리금과 임대차 종료 당시의 권리금 중 낮은 금액을 넘지 못한다(제10조의4 제3항).

(2) 임대인의 권리금 회수기회 보호의무 발생의 예외사유

상가임대차법 제10조 제1항 단서 각호의 어느 하나에 해당하는 사유, 즉, 임대인이 임차인의 임대차계약 갱신요구를 거절할 사유가 있는 경우에는 임대인에게 권리금 회수기회 보호의무가 발생하지 않는다(제10조의4 제1항 단서). 임차인의 차임 연체(제1호), 부정한 방법에 의한 임차(제2호), 무단 전대(제4호), 고의·중과실에 의한 임차목적물 파손(제5호), 현저한 의무 위반(제8호)과 같이 임차인의 귀책사유로 임대인과 임차인 사이의 신뢰가 파괴된 경우, 임차목적물의 멸실(제6호), 재건축(제7호)과 같이 객관적으로 임대차가 지속될 수 없는 경우, 그리고 당사자 간의 합의가 있는 경우(제3호)에는 당해 임차인은 권리금 회수기회 보호대상에서 제외된다.

나. 쟁점

(1) 헌법 제23조가 보장하는 재산권은 경제적 가치가 있는 모든 공법·사법상의 권리를 뜻하며, 사적 유용성 및 그에 대한 원칙적인 처분권을 내포하는 재산가치 있는 구체적 권리를 의미한다(헌재 2005. 7. 21. 2004헌바57 참조). 상가임대차법이 제10조의4를 통해 임대인으로 하여금 임차인이 주선하는 신규임차인과 새로운 임대차계약을 체결하도록 하여 임대차 종료 당시의 영업 가치인 권리금을 금전적으로 회수할 수 있도록 하고 임대인이 정당한 사유 없이 이를 거절할 경우 임차인에 대하여 손해배상책임까지 부담하도록 하고 있는 점

에 비추어 보면, 이는 임차인이 권리금을 회수할 수 있는 지위를 보장하는 것으로서 헌법상 재산권 보장의 대상이 된다.

한편, 위와 같이 상가임대차법은 임대인에게 직접 임차인의 권리금을 지급할 의무를 부여한 것이 아니라 임차인을 간접적으로 보호하는 형식을 취하였고, 제10조 제1항 단서 각호의 사유가 있는 임차인에 대해서는 임대인이 권리금 회수기회 보호의무를 부담하지 않는 것으로 정하였는바, 임차인의 권리금 회수기회 보호제도를 형성함에 있어서는 입법자에게 재량이 있으므로, 심판대상조항이 임차인의 재산권을 침해하는지 여부를 심사함에 있어서는 입법형성권의 한계 일탈 여부를 기준으로 삼기로 한다(헌재 2020. 7. 16. 2018헌바242 등 참조).

(2) 청구인은 심판대상조항이 귀책사유와 관계없이 3기의 차임액에 해당하는 금액에 이르도록 차임을 연체하면 임대인의 권리금 회수기회 보호의무가 발생하지 않는 것으로 규정하고 있어 평등권을 침해한다고도 주장한다. 그러나 이는 임차인이 3기의 차임액에 이르도록 차임을 연체하기만 하면 일률적으로 권리금 회수기회 보호대상에서 제외하는 것이 위헌이라는 주장으로서 재산권을 침해한다는 주장과 다르지 않으므로, 이 부분에 대해서는 별도로 판단하지 아니한다.

다. 재산권 침해 여부

(1) 상가임대차법 제10조의4는 임대차가 종료할 때 임차인이 권리금 계약을 통하여 신규임차인으로부터 권리금을 회수할 수 있는 기회를 보장하고 임대인은 이를 방해하지 않도록 하되 임대인이 방해행위를 한 때에는 임차인에 대해 손해배상책임을 지도록 함으로써, 비록 임대차계약이 종료되어 임차인이 더 이상 영업을 할 수 없게 되었다 하더라도 임차인 자신이 그간 임대차 목적물인 상가건물에 형성한 영업의 시장가치를 금전적으로 회수할 수 있도록 하고 있다. 그런데 임대인의 입장에서 보면 임대인은 이와 같은 내용의 권리금 회수기회 보호의무를 부담하게 됨에 따라 임차인이 주선하는 신규임차인과의 계약 체결이 사실상 강제되고 그 결과 자신이 원하는 임차인과 계약을 체결하거나 자신이 원하는 방식으로 임대차 목적물을 활용할 자유에 상당한 제한을 받게 된다.

심판대상조항은 '임차인이 3기의 차임액에 해당하는 금액에 이르도록 차임을 연체한 경우'

임대인의 권리금 회수기회 보호의무가 발생하지 않도록 규정하고 있는바, 이는 임차인이 임대차계약에 있어 임차인의 가장 기본적이고 주된 의무인 차임의 지급을 3기의 차임액에 해당하는 금액에 이르도록 이행하지 아니한 경우에 임대인과 임차인 간의 신뢰관계가 깨어졌다고 보아 당해 임차인을 권리금 회수기회의 보호대상에서 제외함으로써 임대인과 임차인 양자 간의 이해관계를 조절하고 있는 것이라 할 수 있다.

(2) 만일 임차인이 3기의 차임액에 해당하는 금액에 이르도록 차임을 연체한 경우에도 임대인은 임차인이 주선하는 신규임차인과 임대차계약을 체결하여야 한다면, 임대인의 입장에서 이는 차임지급의무를 성실히 이행하지 않아 이미 신뢰를 잃은 임차인과 사실상 계약을 갱신하는 것과 크게 다르지 않을 수 있다. 비록 상가임대차법상 임차인은 임대인에게 자신이 주선한 신규임차인이 되려는 자의 보증금 및 차임을 지급할 자력 또는 그 밖에 임차인으로서의 의무를 이행할 의사 및 능력에 관하여 자신이 알고 있는 정보를 제공할 의무를 부담하지만(제10조의4 제5항), 이와 같은 정보가 객관적으로 얼마나 정확한지 확인하기 어렵고, 임차인이 정보제공의무를 성의껏 다하지 않는다고 하여 임대인으로서 이를 강제할 수 있는 방법도 없으므로 이것으로 새로운 임차인과의 신뢰관계가 담보될 수 있는 것도 아니다.

나아가 현실적으로 권리금이 보증금을 넘는 고액으로 형성되는 경우가 빈번하다고 하더라도, 권리금은 상가건물의 소유자인 임대인의 의사와 관계없이 임차인과 신규임차인 사이에 주고받은 금전으로서 이들 사이에 임의로 권리금의 액수를 정하는 경우가 대부분이다. 이와 같은 사정을 고려해 볼 때, 임차인이 3기의 차임액에 해당하는 금액에 이르도록 차임을 연체한 후 임대차가 종료된 상황에서까지 임대인으로 하여금 스스로 애초에 관여하지도 않은 권리금을 임차인이 회수할 수 있도록 임차인이 주선하는 신규임차인과 계약을 체결하도록 강제하여 임대차 목적물에 대한 사용수익권의 제한을 감내하도록 하는 것은, 임대인에게 일방적으로 가혹하다.

(3) 한편, 급격한 경제상황의 변동 등과 같은 사정으로 말미암아 임차인이 귀책사유 없이 차임을 연체하는 경우가 있을 수 있다. 이 경우 임차인은 상가임대차법 제10조 제1항 단서 제1호에 의하여 임대차계약의 갱신을 거절당하거나 같은 법 제10조의8에 의하여 아예 임대차계약이 해지될 수도 있는바, 심판대상조항으로 인하여 권리금을 회수할 기회까지 갖

지 못하게 된다면 임차인에게 다소 가혹하다고 볼 여지도 있다. 그러나 기본적으로 경제상황의 변동은 일차적으로 임차인 스스로가 감수하여야 할 위험에 해당하고, 적어도 임대차계약 체결 당시 임차목적물이 위치한 지역의 경제적 상황이나 시장의 분위기 및 계약당사자들이 임대차계약 체결 당시 예측 가능한 범위 내에서의 경제상황의 변동은 임대차계약의 보증금 및 차임의 액수를 정하는 데에 반영되기 마련이다. 그리고 상가임대차법은 경제사정의 변동 등으로 인하여 기존의 차임 또는 보증금이 상당하지 아니하게 된 경우 장래의 차임 또는 보증금의 증감을 청구할 수 있다고 규정하여(제11조 제1항) 임차인 측에서는 차임의 감액을 청구할 수 있도록 함으로써, 애초에 임차인이 차임 연체를 이유로 계약해지를 당하거나 계약갱신을 거절당하지 않고 더 나아가 권리금 회수기회의 보호대상에서 제외되지 않을 수 있는 기회를 부여하고 있다.

이에 더하여 심판대상조항은 임차인이 차임을 단순히 3회 연체하는 경우가 아니라 3기의 차임액에 해당하는 금액에 이르도록 차임을 연체하였을 경우에 한하여 임대인의 권리금 회수기회 보호의무가 발생되지 않도록 규정하고 있는 점까지 고려해 볼 때, 심판대상조항이 3기 이상의 차임 연체에 임차인의 귀책사유가 있는지 여부를 불문하고 임대인의 권리금 회수기회 보호의무가 발생하지 않는 것으로 정하였다고 해서 임차인에게 일방적으로 가혹하다고 할 수는 없다.

(4) 청구인은, ① 연체 차임을 공제한 잔존 보증금이 일정 기간의 차임액(예컨대 3기, 6기, 9기, 12기 등)에 미달하는 경우에만 임차인을 권리금 회수기회의 보호대상에서 제외할 수 있음에도 심판대상조항은 보증금의 존재나 액수는 전혀 고려하지 않은 채 차임의 연체만을 기준으로 권리금 회수기회의 보호대상을 정하고 있고, ② 심판대상조항이 차임 연체의 기준을 객관적인 일정한 기간 중의 연체가 아니라 당사자의 약정에 따른 3기분의 연체로 규정한 결과, 극단적인 예를 들면 차임을 매일 지급하기로 하는 약정이 있는 경우 임차인은 단 3일의 차임을 연체하기만 하면 권리금 회수기회를 잃게 됨으로써 임차인에게 현저히 불리한 결과가 발생할 수 있도록 방치하고 있으며, ③ 연체된 차임이 사후 지급되더라도 권리금 회수기회가 보장되지 않도록 하고 있어 심판대상조항이 재산권을 침해한다고도 주장한다.

그러나 ① 차임 지급은 임대차계약관계에 있어 임차인의 가장 기본적이고 주된 의무로서

배당연습

임대차계약관계가 계속되는 동안 정기적, 지속적으로 발생하는 의무이므로, 임차인이 임대인과의 신뢰관계를 유지하고 있는지 여부에 관한 판단기준이 되고, 차임이 3기의 차임액에 해당하는 금액에 이르도록 연체되었다면 남는 보증금의 액수와 상관없이 임대인과 임차인 간의 신뢰는 이미 깨어졌다고 볼 수 있다. 더욱이 차임 및 보증금의 액수는 사적자치 원리에 따라 당해 상가건물이 위치한 상권, 유동인구, 건물 내 인테리어 및 시설, 비품 등 다양한 요소들을 고려하여 임대인과 임차인 사이의 협의에 의해 정해지는 것으로서 차임액이 다소 높더라도 보증금 액수는 상대적으로 낮은 경우나 그 반대의 경우 등 매우 다양한 경우가 존재할 수 있으므로, 청구인이 주장하는 방식을 모든 임대차관계에 적용하기란 현실적으로 상당히 어렵다.

② 한편, 임차인의 성실한 의무이행 및 임대인과 임차인 사이의 신뢰관계 유지를 판단함에 있어서는 일률적으로 일정한 기간을 정하는 것보다 당사자 사이의 약정을 기준으로 하는 것이 보다 적절할 수 있다. 청구인은 당사자가 임의로 정한 차임 지급 기간이 1달이 아니라 1일에 해당할 경우 심판대상조항이 임차인에게 매우 불리하게 작용할 수 있다고 주장하나, 이는 현실적으로 존재하기 어려운 상황을 가정한 주장일 뿐만 아니라 임차인에게 일방적으로 불리한 계약이 있다면 이는 민법의 일반원칙에 따라 무효가 될 수도 있으므로, 청구인의 이 부분 주장은 더 나아가 살피지 아니한다.

③ 마지막으로 3기의 차임액에 해당하는 금액에 이르도록 차임이 연체된 상황이라면 이미 임대인과 임차인 간의 신뢰관계가 깨어졌다고 볼 수 있으므로, 추후 차임이 지급된 사정을 고려하지 않은 입법자의 판단이 명백히 잘못되었다고 볼 수도 없다.

(5) 이와 같은 점들을 모두 종합하여 볼 때, 심판대상조항은 입법형성권의 한계를 일탈하여 임차인의 재산권을 침해한다고 할 수 없다.

5. 결론

그렇다면 심판대상조항은 헌법에 위반되지 아니하므로, 관여 재판관 전원의 일치된 의견으로 주문과 같이 결정한다.

상가건물 소액임차인 적용 범위와 최우선변제액

적용 기준일	지역 구분	적용 범위(상한)	보증금 적용 범위	최우선 변제액
2002. 11. 1.	서울특별시	2억4천만원 이하	4,500만원 이하	1,350만원
	「수도권정비계획법」에 따른 과밀억제권역(서울특별시는 제외)	1억9천만원 이하	3,900만원 이하	1,170만원
	광역시(군지역과 인천광역지역은 제외한다)	1억5천만원 이하	3,000만원 이하	900만원
	그 밖의 지역	1억4천만원 이하	2,500만원 이하	750만원
2008. 8. 21.	서울특별시	2억6천만원 이하	4,500만원 이하	1,350만원
	과밀억제권역(서울특별시는 제외)	2억1천만원 이하	3,900만원 이하	1,170만원
	광역시(군지역과 인천광역지역은 제외한다)	1억6천만원 이하	3,000만원 이하	900만원
	그 밖의 지역	1억5천만원 이하	2,500만원 이하	750만원
2010. 7. 26.	서울특별시	3억원 이하	5,000만원 이하	1,500만원
	「수도권정비계획법」에 따른 과밀억제권역(서울특별시 제외)	2억5천만원 이하	4,500만원 이하	1,350만원
	광역시(과밀억제권역에 포함된 지역과 군지역은 제외), 안산시, 용인시, 김포시 및 광주시	1억8천만원 이하	3,000만원 이하	900만원
	그 밖의 지역	1억5천만원 이하	2,500만원 이하	750만원
2014. 1. 1.	서울특별시	4억원 이하	6,500만원 이하	2,200만원
	과밀억제권역(서울특별시 제외)	3억원 이하	5,500만원 이하	1,900만원
	광역시(과밀억제권역에 포함된 지역과 군지역은 제외), 안산시, 용인시, 김포시 및 광주시	2억4천만원 이하	3,800만원 이하	1,300만원
	그 밖의 지역	1억8천만원 이하	3,000만원 이하	1,000만원
2018. 1. 26.	서울시	6억1천만원 이하	6,500만원 이하	2,200만원
	과밀억제권역(서울시 제외)	5억원 이하	5,500만원 이하	1,900만원
	부산시(기장군 제외)	5억원 이하	3,800만원 이하	1,300만원
	광역시(과밀억제권역에 포함된 지역과 군지역, 부산광역시 제외), 안산시, 용인시, 김포시, 광주시	3억9천만원 이하	3,800만원 이하	

배당연습

	부산시(기장군)	5억원 이하	3,000만원 이하	1,000만원
	세종특별자치시, 파주시, 화성시	3억9천만원 이하		
	그 밖의 지역	2억7천만원 이하		
2019. 4. 2.~	서울특별시	9억원 이하	6,500만원 이하	2,200만원
	과밀억제권역(서울시 제외)	6억9천만원 이하	5,500만원 이하	1,900만원
	부산광역시(기장군 제외)	6억9천만원 이하	3,800만원 이하	1,300만원
	광역시(과밀억제권역에 포함된 지역과 군지역, 부산광역시 제외), 안산시, 용인시, 김포시, 광주시	5억4천만원 이하		
	부산광역시(기장군)	6억9천만원 이하	3,000만원 이하	1,000만원
	세종특별자치시, 파주시, 화성시	5억4천만원 이하		
	그 밖의 지역	3억7천만원이하		

5. 매각 사례와 배당

사례 1 상가임차인의 대항력

신청채권자(갑)는 순위 2번 담보권의 실행으로 이 사건(2022타경10**) 서울특별시 강남구 역삼동 소재, 근린상가(대지권 24.93㎡, 건물 59.16㎡ 중 조○○ 지분 2분의 1)에 대한 임의경매를 신청하였다. 등기사항전부증명서(집합건물)상 권리(요약)와 임차인은 아래와 같다.

구분	1번 근저당(갑) 2019. 11. 27.	2번 근저당(갑) 2021. 5. 18.	임의경매(갑) 2022. 4. 21.	임차인(유○○) 사업: 2021. 2. 8.
채권금액	420,000,000	60,000,000	51,572,016	30,000,000
우선순위	246,000,000			

현황조사서에는 확정일자 미상인 ㈜꼬르○○(사업자등록 2021. 2. 8.)와 확정일자 미상인 유○○(사업자등록 2020. 8. 31.)가 조사되었으나 점유관계는 알 수 없다. 상가임대

차현황서에 의하면 ㈜꼬르○○은 점포 205호를 보증금 30,000,000원, 월세 2,000,000원을 지급하고 사용한다. 이에 대하여 ㈜꼬르○○은 배당요구를 하지 않았다. 유○○은 배당요구종기일(2022. 7. 8.)에 배당요구신청서를 제출(2022. 7. 8.)하였으나 임대차현황은 알 수 없다. 3차 매각기일에 매각되었다(감정가 385,000,000원, 매각가 250,130,000원, 매각가율 64.97%). 배당할 금액 246,000,000원.

해설   우선순위배당

상가임차인이 우선변제권을 가지려면 임대차의 목적인 상가건물의 인도 및 사업자등록을 구비하고, 관할 세무서장으로부터 확정일자를 받아야 하며, 그중 사업자등록은 대항력 또는 우선변제권의 취득요건일 뿐만 아니라 존속요건이기도 하므로, 배당요구의 종기까지 존속하고 있어야 한다(대법원 2006. 1. 13. 선고 2005다64002 판결).

근저당권자 갑은 선순위 근저당권에 기하지 않고 후순위 2번 근저당권을 실행하였다. 임차인의 사업자등록은 후순위 2번 저당권자에게는 대항할 수 있으나 선순위 1번 저당권보다 뒤에 등록되었으므로 경락인에 대하여 그 임차권의 효력을 주장할 수 없다(대법원 1990. 1. 23. 자 89다카33043 결정). 대항력 없는 임차인에게는 우선변제권이 주어지지 않는다. 따라서 매수인에게 인수되는 보증금은 없다. 상가임차인의 최우선변제권은 첫 경매개시결정등기 전에 대항력을 갖추고 배당요구종기일 이내에 배당요구신청서를 제출하여야 하며, 최우선변제대상에 해당하여야 보증금 중 일정액이 보호된다. ㈜꼬르○○은 배당요구가 없고, 유○○는 배당요구를 하였으나 임대차현황을 알 수 없으므로 보호받을 수 없다. 배당할 금액 2억4,600만원은 선순위 근저당권자에게 배당된다.

사례 2   대항력 있는 상가임차인

신청채권자(갑)는 담보권의 실행으로 경상남도 고성군 마암면 소재, 이 사건(2021타경46**) 양어장(토지 4211㎡, 건물 815.4㎡)에 대한 임의경매를 신청하였다. 등기사항전부

배당연습

증명서(건물)상 권리는 아래와 같다.

구분	근저당(갑) 2019. 9. 3.	압류(을) 2021. 4. 27.	가압류(병) 2021. 6. 22.	임의경매(갑) 2021. 7. 27.
채권금액	518,400,000	교부청구액	398,273,715	445,459,216
우선순위	185,000,000			

상가임대차현황서에 의하면 어업회사법인 ㈜대명○○가 사업자등록(2019. 1. 9.)을 하였다. 임차인은 권리신고 및 배당요구신청서를 제출하지 않았다. 5차 매각기일에 매각되었다(감정가 540,158,800원, 매각가 191,000,000원, 매각가율 35%). 배당할 금액 185,000,000원.

해설 우선순위배당, 보증금 인수여지

말소기준권리는 근저당(2019. 9. 3.)이다. 임차인의 권리신고가 없으므로 임대차관계는 알 수 없다. ① 상가임대차현황서에 의하면 어업회사법인 ㈜대명○○의 사업자등록일이 말소기준권리보다 앞서므로 대항력은 있다. 보증금 있는 임차인일 경우 매수인에게 보증금이 인수될 여지가 있다. ② 실제 배당할 금액 1억8,500만원은 신청채권자 갑에게 배당된다.

사례 3 대항력 있는 상가임차인

신청채권자(갑)는 근저당권 실행으로 이 사건(2022타경95**) 여수시 학동 소재, 근린상가(대지권 100.994㎡, 건물 306.37㎡)에 대한 임의경매를 신청하였다. 등기사항전부증명서상 권리는 아래와 같다.

구분	근저당(갑) 2019. 1. 15.	가압류(을) 2019. 8. 22.	가압류(병) 2020. 10. 21.	임의경매(갑) 2022. 3. 23.
채권금액	455,000,000	98,000,000	9,084,510	360,036,000
우선순위	359,000,000			

상가임대차현황서에 의하면 모○○이 등재(사업자등록 2017. 4. 28.)되어 있으나 장기 휴업상태이다. 모○○은 점포 104.72㎡(보증금 10,000,000원, 월세 1,000,000원)와 점포 189.81㎡(보증금 10,000,000원, 월세 1,500,000원)를 사용하며 확정일자는 미상이다. 모○ ○은 이에 대한 배당요구신청서를 제출하지 않았다. 4차 매각기일에 매각되었다(감정가 742,000,000원, 매각가 365,000,000원, 매각가율 49.19%). 배당할 금액은 359,000,000원.

(해설) **우선순위배당, 보증금 인수여지**

민사집행법 제148조는 매각대금 등 배당할 금액을 배당받을 채권자 중 하나로 '배당요 구의 종기까지 배당요구를 한 채권자'를 규정(제2호)하고, 같은 법 제88조 제1항은 '집행 력 있는 정본을 가진 채권자, 경매개시결정이 등기된 뒤에 가압류를 한 채권자, 민법·상 법 그 밖의 법률에 의하여 우선변제청구권이 있는 채권자는 배당요구를 할 수 있다'고 규 정하고 있는바, 민법·상법 그 밖의 법률에 의하여 우선변제권을 갖지 않는 일반채권자는 집행력 있는 정본에 의하지 않고서는 배당요구를 할 수 없다. ① 임차인(모○○)의 사업 자등록(2017. 4. 28.)이 말소기준권리(2019. 1. 15. 근저당)보다 앞서므로 대항력이 있다. 배당요구를 하지 않았으므로, 보증금 2,000만원 전액은 매수인에게 인수된다. ② 배당할 금액 3억5,900만원은 신청채권자 갑에게 배당된다.

(사례 4) **상가소액임차인**

신청채권자(갑)는 근저당권실행으로 이 사건(2021타경19**) 전라남도 목포시 산정동 소재, 근린시설(토지 562㎡, 건물 627.46㎡)에 대한 임의경매를 신청하고, 가압류권자(병)

는 가압류의 본 압류로의 이행으로 중복경매신청(2021타경20**)을 하였다. 2차 매각기일에 매각되었다(감정가 475,421,500원, 매각가 297,112,000원, 매각가율 62.49%). 배당할 금액은 292,000,000원, 등기사항전부증명서(건물)상 권리는 아래와 같다.

구분	근저당(갑) 2016. 5. 26.	근저당(을) 2016. 6. 30.	가압류(병) 2019. 9. 24.	임의경매(갑) 2021. 4. 20.	강제경매(병) 2021. 4. 20.
채권금액	540,000,000	91,000,000	321,266,673	343,347,323	230,113,628
우선순위	282,000,000				

상가임대차현황서에 의하면 사업자등록자 3명이 조사되었다. 세○○상회(사업자등록 2013. 8. 14., 확정일자 미상)는 보증금 12,000,000원에 관한 배당요구신청서를 제출(2021. 5. 27.)하고, 순○○상회(사업자등록 2012. 8. 23., 확정일자 2018. 8. 1.)는 보증금 40,000,000원에 관한 배당요구신청서를 제출(2021. 5. 31.)하였다. 확정일자 미상의 (유)고구○○축산(사업자등록 2015. 3. 31.)은 보증금 5,000,000원에 관한 배당요구신청서를 제출하지 않았다.

해설) **우선순위배당, 미배당보증금 인수**

임차인 3명은 사업자등록일상 대항력 있는 임차인이다. 목포시의 최우선변제권 적용 대상 임차인의 범위는 담보권설정일(2016. 5. 26.) 기준 환산보증금 1억8,000만원, 보증금 3,000만원 이하 1,000만원이다. ① 세○○상회에게 최우선순위로 1,000만원을 배당한다. ② 순○○상회는 소액보증금 범위를 초과한다. 확정일자를 갖추었으나 말소기준권리(2016. 5. 26. 근저당)보다 늦어서 우선변제권이 없다. 보증금 4,000만원 전액은 매수인에게 인수된다. ③ 배당잔여금 2억8,200만원은 선순위 근저당권자 갑에게 배당된다. ④ (유)고구○○축산의 보증금 500만원과 세○○상회에 대한 미배당보증금 200만원은 매수인에게 인수된다.

신청채권자(갑)가 담보권실행으로 이 사건(2021타경11**) 서울시 금천구 가산동 소재, 근린상가 203호(대지권 29.61㎡, 건물 47.53㎡)에 대한 임의경매를 신청하였다. 건축물대장상 위반건축물(패널, 14.4㎡, 사무소, 203호 무단증축)로 등재되어 있다. 등기사항전부증명서상 권리는 아래와 같다.

구분	소유권이전 2018. 6. 7.	전세권(203호 전부)(갑) 2018. 6. 7.	임의경매(갑) 2021. 11. 26.
채권금액	홍○○	235,000,000	235,000,000
우선순위		171,000,000	
인수 여부		소멸	

신청채권자는 소유자에게 보증금 235,000,000원을 지급하고 집합건물 203호 전부를 점유(2018. 6. 7.)하며 종합○○㈜ 사무실로 이용한다. 상가임대차현황서에 의하면 사업자등록과 확정일자는 미상이다. 신청채권자는 자신의 지위를 강화하기 위하여 전세권을 설정하였다(2018. 6. 7. 등기, 점유부분 203호 전부, 권리자 종합○○㈜, 전세금 235,000,000원). 5차 매각기일에 매각되었다(감정가 327,000,000원, 매각가 174,979,799원, 매각가율 53.51%). 배당할 금액 171,000,000원.

(**해설**) 우선순위배당, 전세권 소멸

집합건물의 경우 전유부분에 설정된 전세권은 대지권에 효력이 미치기 때문에 건물의 매각대금 전부에서 우선변제를 받을 수 있다. 전세권(2018. 6. 7. 설정)이 말소기준권리가 된다. 최선순위 전세권자가 신청채권자이므로 전세권은 배당금을 지급받고 소멸된다.

신청채권자(갑)가 담보권의 실행으로 이 사건(2021타경23**) 경상남도 창원시 마산회원구 양덕동 소재, 근린상가 301호(대지권 122.82㎡, 건물 255.08㎡)에 대한 임의경매를 신청하였다. 상가임대차현황서에 의하면 ㈜한국**(을)이 근린생활시설로 이용 중이며, 사업자등록(1982. 5. 7.) 절차는 마쳤으나 확정일자 미상이다. 전세권설정(2019. 11. 1. 등기, 전세금 50,000,000원, 월세 1,500,000원)을 하였고 이에 대한 배당요구신청서를 제출(2021. 8. 6.)하였다. 등기사항전부증명서(집합건물)상 권리는 아래와 같다.

구분	근저당(갑) 2019. 1. 2.	전세권(을) 2019. 11. 1.	압류(병) 2021. 5. 18.	임의경매(갑) 2021. 6. 9.
채권금액	2,640,000,000	50,000,000	교부청구액	2,102,189,908
우선순위	362,000,000			
인수 여부		소멸		

매각물건명세서에는 "이○○는 유치권신고(2022. 8. 12. 자 301호, 501호 공사대금 10,000,000원)를 하였으나 그 성립여부는 불분명함. 이에 대하여 신청채권자(갑)가 유치권배제신청서를 접수(2022. 8. 26.)함. 매수인에게 대항할 수 있는 임차인이 있으며, 보증금이 전액 변제되지 아니하면 잔액을 매수인이 인수함. 배당요구종기(2021. 9. 2.)"를 공시하였다. 3차 매각기일에 매각되었다(감정가 523,000,000원, 매각가 367,100,000원, 매각가율 70.19%). 배당할 금액 362,000,000원.

해설 우선순위배당, 전세권 소멸

말소기준권리는 갑의 근저당(2019. 1. 2.)이다. 저당권자는 배당할 금액을 우선순위로 배당받는다. 전세권은 후순위 전세권과 전세권자가 배당요구를 한 경우에 소멸된다. 임차인의 후순위 전세권은 소멸이 되나 상가임차인으로서의 지위도 겸하며 대항요건(1982.

5. 7.)을 갖추었으므로 5,000만원 미배당보증금 전액은 매수인에게 인수된다.

사례 7 점포가 여러 개인 경우 소액임차인

신청채권자(갑)가 담보권의 실행으로 이 사건(2021타경15**) 인천광역시 계양구 계양 문화로 소재, 근린상가동 지하층 비01호 외 6개 호(대지권 119.95㎡, 건물 314.2㎡)에 대한 임의경매를 신청하였다. 근린상가동 지하층 비01호 외 6개 호의 임차인 수는 6명이며, 임차보증금 합계 60,000,000원, 월세 합계 2,900,000원이다. 상가 임차인은 아래와 같다. 매각물건명세서에서 "매수인에게 대항할 수 있는 임차인 있음. 보증금이 전액 변제되지 아니하면 잔액을 매수인이 인수함. 배당요구종기(2022. 1. 3.)"를 공시하였다.

상가임차인 현황

임차인	점유	사업자등록	확정일자	배당요구	보증금	차임
노○○	비07	2021. 9. 24.	미상	없음	20,000,000	1,300,000
안○○	비06	미상	미상	2021. 12. 31.	5,000,000	350,000
이○○	비02	2020. 2. 4.	2021. 10. 29.	2021. 12. 29.	10,000,000	300,000
이○○	비01	미상	미상	2021. 12. 29.	10,000,000	300,000
이○○	비03	2020. 2. 4.	2021. 10. 29.	2021. 12. 29.	10,000,000	300,000
장○○	비06	2021. 10. 15.	2021. 10. 15.	2021. 12. 31.	5,000,000	350,000
계					60,000,000	2,900,000

등기사항전부증명서(집합건물)상 권리는 아래와 같다. 3차 매각기일에 매각되었다(감정가 595,000,000원, 매각가 434,740,000원, 매각가율 73.07%). 배당할 금액 429,000,000원.

구분	근저당(갑) 2020. 6. 8.	임의경매(갑) 2021. 10. 13.	압류(을) 2022. 4. 12.
채권금액	697,000,000	598,555,924	교부청구액
우선순위	409,000,000		

인천시의 상가소액임차인 최우선변제액은 최초의 담보권설정일(2019. 6. 8.) 기준 환산보증금 6억9,000만원, 보증금 5,500만원 이하 1,900만원이다. 임차인이 최우선변제를 받으려면 배당요구를 하여야 하고, 당해 건물에 대한 경매개시결정기입등기 전에 대항력을 갖추고 첫 매각기일 전까지 대항력을 유지하여야 한다. 배당을 요구한 임차인 5명 중 경매기입등기(2021. 10. 13.) 전에 대항력을 갖춘 임차인은 2명이다. ① (비02) 이○○과 (비03) 이○○에게 상가소액보증금 각 1,000만원이 배당된다. ② 배당잔여금 4억900만원은 신청채권자 갑에게 배당된다. ③ 매수인에게 인수되는 보증금은 없다.

사례 8 **소액상가임차인**

신청채권자(병)가 집행력 있는 판결정본에 기해 근저당권을 압류한 후 추심권자의 지위에서 경매신청 한 서울특별시 은평구 신사동 소재, 이 사건(2021타경23**) 근린상가 101호(대지권 22.1㎡, 건물 41.99㎡)는 매각결과 1차 매각기일에 매각되었으나 매각불허가결정으로 2차 매각기일에 매각되었다(감정가 110,680,000원, 매각가 131,110,000원, 매각가율 118.46%). 등기사항전부증명서상 권리와 임차인은 아래와 같다. 배당예상액 128,000,000원.

구분	가등기(갑) 2005. 12. 22.	근저당(을) 2019. 7. 17.	근저당권부 채권압류(병) 2020. 11. 12.	임의경매(병) 2021. 8. 27.	임차인(조○○) 사업: 2014. 5. 7.
채권금액		48,000,000		20,000,000	20,000,000
소액보증금					20,000,000
우선순위		48,000,000	20,000,000		
인수 여부	인수				

현황조사결과 상가임대차현황서에는 임차인(조○○)은 사업자등록(2014. 5. 7.)과 확정일자(2014. 5. 7.)를 갖추었고 보증금 20,000,000원, 월세 440,000원(계약서상 400,000원, 부가세 별도)을 지급하고 사용 중인 것으로 보고되었다. 임차인은 이에 관한 배당요구신청서를 제출(2021. 10. 5.)하였다. 매각물건명세서에는 '매각허가에 의하여 소멸되지 아니하는 것' 란에 "갑구 순위 3번 가등기(2005. 12. 22. 등기)는 말소되지 않고 매수인이 인수함. 만약 가등기된 매매예약이 완결되는 경우에는 매수인이 소유권을 상실하게 됨. 배당요구종기(2021. 11. 9.)"를 공시하였다. 집행법원이 가등기권자에게 최고서와 사실조회서를 발송하였으나 아무런 반응을 하지 않아 송달간주처리하고 이 사건 매각절차를 진행하였다.

해설) 최우선순위배당, 가등기 인수

가등기권자에게 배당기일통지서도 발송하였으나 송달되지 않았다. 최선순위가등기(갑)는 매수인에게 인수되는 권리이나 제척기간 10년이 도과하여 말소등기가 가능하다. 서울시의 소액임차인 적용 범위와 최우선변제액은 담보권설정일(2019. 7. 17.) 기준 적용 범위 9억원, 보증금 6,500만원 이하, 2,200만원이다. ① 상가임차인(조○○)은 이에 해당하여 보증금 2,000만원을 최우선 변제받는다. ② 근저당권을 압류한 병에게 압류채권 2,000만원을 배당하고, ③ 나머지 4,800만원은 근저당권자(을)에게 배당된다. ④ 배당잉여금 6,000만원은 소유자에게 반환한다.

사례 9 확정일자부 상가임차인

신청채권자(을)가 담보권의 실행으로 전주시 완산구 효자동 소재, 이 사건(2022타경 36**) 근린상가(대지권 119.95㎡, 건물 314.2㎡)에 대한 임의경매를 신청하였다. 등기사항전부증명서상 권리와 임차인은 아래와 같다.

구분	소유권(갑) 2011. 6. 10.	근저당(을) 2020. 7. 24.	임의경매(을) 2022. 7. 26.	임차인(황○○) 사업: 2015. 3. 5.
채권금액	유○○	1,104,000,000	920,000,000	50,000,000
우선변제권				50,000,000
우선순위		312,000,000		

상가임대차현황서에 의하면 확정일자(2015. 3. 5.)를 갖춘 황○○가 등재(사업자등록 2015. 3. 5.)되어 있다. 매각물건명세서에는 "매수인에게 대항할 수 있는 임차인 있음. 보증금 전액이 변제되지 아니하면 잔액을 매수인이 인수함. 월세는 종전 월 1,000,000원에서 12개월 13,000,000원으로 증액됨[2022. 8. 12. 증액, 확정일자(2022. 8. 12.) 있음]. 배당요구종기(2022. 10. 24.)"를 공시하였다. 임차인은 보증금(50,000,000원, 월세 1,000,000원)에 관하여 배당요구신청서를 제출(2022. 8. 16.)하였다. 3차 매각기일에 매각되었다(감정가 751,000,000원, 매각가 367,991,000원, 매각가율 49%). 배당할 금액은 362,000,000원.

해설 **우선순위배당**

본 사례의 말소기준권리는 근저당(2020. 7. 24.)이다. 상가임차인(황○○)의 사업자등록 (2015. 3. 5.)이 말소기준권리보다 앞서므로 대항력이 있다. ① 임차인은 대항력을 갖추었고 확정일자(2015. 3. 5.)도 받았으므로 확정일자부상가임차인이다. 보증금 5,000만원 전액을 우선순위로 배당받는다. ② 배당잔여금 3억1,200만원은 신청채권자에게 배당된다.

사례 10 **첫 경매개시결정등기 후의 상가임차권**

신청채권자(을)가 집행력 있는 지급명령정본에 기해 인천시 연수구 송도동 소재, 이 사건(2021타경50**) 아파트형공장(대지권 58.24㎡, 건물 140.13㎡)에 대한 강제경매를 신청하였고, 근저당권자(갑)가 담보권의 실행으로 임의경매를 신청한 이중경매사건(2021타경320**)이다. 등기사항전부증명서상 권리는 아래와 같다.

구분	근저당(갑) 2016. 8. 29.	가압류(을) 2020. 7. 1.	강제경매(을) 2021. 1. 21.	상가임차권(장○○) 사업: 2019. 9. 9. 확정: 2019. 9. 9.	임의경매(갑) 2021. 2. 22.
채권금액	300,000,000	252,450,000	269,074,982	15,000,000	254,930,718
우선변제권				15,000,000	
우선순위	300,000,000		110,000,000	소멸	

임차권자는 파산자 서천○○㈜의 파산관재인 장○○이다. 상가임대차현황서에는 3명의 사업자등록이 등재(2019. 9. 9. 서천○○㈜ 점포 84㎡, 2017. 9. 9. 서천○○㈜ 점포 14.01㎡, 2019. 9. 9. 장○○ 공장 140.13㎡)되어 있다. 장○○은 배당요구종기일(2021. 4. 26.) 이내에 배당요구신청서를 제출(2021. 2. 8.)하였다. 확정일자(2019. 9. 9.)를 받았고 보증금 15,000,000원, 월세 750,000원을 지급하고, 공장 140.13㎡ 전부를 사용한다. 이에 대하여 상가임차권등기(2021. 1. 21.)를 마쳤다. 다른 2명은 배당요구신청서를 제출하지 않았다. 3차 매각기일에 매각되었다(감정가 430,000,000원, 매각가 431,111,000원, 매각가율 100.26%). 배당할 금액 425,000,000원.

(해설) **우선순위배당**

말소기준권리는 갑의 근저당(2016. 8. 29.)이다. 배당요구를 한 임차인(장○○)의 사업자등록(2019. 9. 9.)은 말소기준권리보다 뒤에 등록되었고, 확정일자(2019. 9. 9.)도 늦어서 대항력이 없다. ① 최선순위 근저당권자에게 3억원이 배당된다. ② 임차인(장○○)의 사업자등록은 선순위 근저당과 제3채권자(을) 사이에 있다. 이 경우의 배당순위는 등기된 임차인과 후순위 가압류의 성립 선후에 의한다. 임차인은 첫 경매기입등기 전에 사업자등록을 마치고 제3채권자보다 앞서 우선변제요건을 갖추었다. 확정일자부임차인으로 1,500만원을 배당받는다. ③ 배당잔여금 1억1,000만원은 신청채권자 을에게 배당된다.

배당연습

신청채권자(을)가 채무자에 대한 구상금사건의 집행력 있는 지급명령정본에 기해 이 사건(2021타경10**) 부산시 남구 용호동 소재, 자동차관련 시설(토지 359.1㎡, 건물 253.2㎡)에 대한 강제경매(가압류의 본 압류로의 이행)를 신청하였다. 등기사항전부증명서상 권리와 임차인은 아래와 같다.

구분	근저당(갑) 2018. 7. 10.	가압류(을) 2018. 12. 21.	압류(병) 2019. 10. 28.	강제경매(을) 2021. 6. 15.	임차인(강○○) 사업: 2009. 5. 18.
채권금액	300,000,000	315,000,000	교부청구액	370,977,282	100,000,000
우선변제권					100,000,000
우선순위	300,000,000	40,000,000			

매각물건명세서에는 "매수인에게 대항할 수 있는 임차인 있음. 보증금 전액이 변제되지 아니하면 잔액을 매수인이 인수함. 배당요구종기(2021. 6. 30.)"의 기재가 있다. 상가임차인(강○○)은 대항력(사업자등록 2009. 5. 18.)과 확정일자(2009. 5. 18.)를 갖추었고, 보증금(100,000,000원, 월세 2,500,000원)에 대한 배당요구신청서를 제출(2021. 6. 30.)하였다. 3차 매각기일에 매각되었다(감정가 638,982,900원, 매각가 444,000,000원, 매각가율 69.5%). 배당할 금액 440,000,000원.

(해설) **우선순위배당**

말소기준권리는 근저당(2018. 7. 10.)이다. ① 상가임차인은 대항력과 확정일자(2009. 5. 18.)를 갖추었으므로 우선변제권이 있다. 보증금 1억원을 우선순위로 변제받는다. ② 배당잔여금 3억4,000만원은 성립순위가 우선하는 근저당권자에게 3억원을 먼저 배당하고 신청채권자 을에게 후순위로 4,000만원을 배당한다.

신청채권자(갑)는 담보권실행으로 제주특별자치도 서귀포시 서귀동 소재, 이 사건 (2010타경16**) 근린시설(토지 1387.8㎡, 건물 2709.09㎡)에 대한 임의경매를 신청하였다. 갑의 근저당은 채권최고액 30억원으로 하는 근저당권설정(2007. 6. 12.)을 마쳤다. 매각결과 5차 매각기일에 매각되었다(감정가 3,379,897,440원, 매각가 1,050,000,000원, 매각가율 31.07%). 등기사항전부증명서상 권리는 아래와 같다.

구분	근저당(갑) 2007. 6. 12.	근저당(을) 2010. 1. 7.	압류(병) 2010. 4. 15.	임의경매(갑) 2010. 12. 8.
채권금액	3,000,000,000	625,000,000	교부청구액	1,994,390,409
우선순위	1,034,000,000			

상가임대차현황서상 임차인 수 22명, 임차보증금 합계 218,000,000원, 월세 합계 6,640,000원으로 조사되었다. 이 중 2명의 상가임차인이 보증금이 증액되어 임대차계약을 계속 갱신하여 오다가 이 사건의 배당요구종기 내에 권리신고 및 배당요구신청서를 제출하면서 임차인(강○○)은 최종임대차계약서의 보증금(9,000,000원, 월차임 200,000원), 임대차계약일, 확정일자를 기재하고 임대차계약서는 최초임대차계약서(보증금 6,000,000원)를 첨부하고, 임차인(이○○)은 최종임대차계약서의 보증금(20,000,000원, 월차임 200,000원), 임대차계약일, 확정일자를 기재하고 임대차계약서는 최초임대차계약서(보증금 10,000,000원)를 첨부하였다. 배당기일에 임차인(강○○)에게는 6,000,000원, 임차인(이○○)에게는 10,000,000원을 각 배당하는 배당표를 작성하였다. 대항력과 확정일자를 갖춘 2명의 임차인은 배당기일에서 근저당권자의 배당액 중 6,000,000원과 10,000,000원에 대하여 각 배당이의 하였다.

　　임차인의 대항력과 우선변제권을 가진 임대차계약이 갱신된 경우에도 종전 보증금의 범위 내에서는 최초 임대차계약에 의한 대항력과 우선변제권이 그대로 유지된다(대법원 2012. 7. 12. 선고 2010다42990 판결). 신청채권자는 임차인들의 확정일자보다 앞선 2007. 6. 12. 이 사건 저당권설정등기를 마친 채권자로서 선순위 채권자라는 주장이다. 원심은 임차인이 배당요구의 종기 후에 최초 임대차계약에 의한 확정일자를 주장하는 것은 이미 배당요구 한 채권에 관한 주장을 보완하는 것에 불과하여 허용된다 하고 '우선하여 변제받을 권리가 있다'는 판단을 하였다. 그러나 대법원은 배당요구종기 후 배당순위의 변동을 초래하여 매수인이 인수할 부담에 변동을 가져오는 것으로서 특별한 사정이 없는 한 허용될 수 없다는 판시를 하였다.

사례 13　후순위 상가임차권

　　신청채권자(을)가 근저당권의 실행으로 이 사건(2019타경33**) 경기도 김포시 통진읍 소재, 자동차관련 시설(토지 946㎡, 건물 1786.58㎡)에 대한 임의경매를 신청하였다. 등기사항전부증명서(건물)상 권리는 아래와 같다.

구분	근저당(갑) 2011. 11. 30.	(갑)근저당 일부 이전(을) 2014. 9. 23.	상가임차권(심○○) 사업: 2012. 4. 10. 확정: 2012. 3. 13.	임의경매(을) 2019. 7. 4.
채권금액	1,512,000,000	700,000,000	100,000,000	839,000,000
우선변제권			0	
우선순위	842,000,000		소멸	

　　현황조사서에는 3명의 사업자등록(우○○ 2018. 4. 3., ㈜쾌○○ 2018. 6. 21., 심○○ 2012. 3. 13.)이 조사되었다. 심○○는 보증금(100,000,000원)에 대하여 상가임차권등기

(2018. 4. 16. 등기)를 마치고 배당요구종기(2019. 8. 14.) 이내에 배당요구신청서를 제출 (2019. 8. 12.)하였다. 다른 2명은 배당요구신청서를 제출하지 않았다. 우○○는 ㈜쾌○ ○과 1층 사무실을 공동으로 사용하는 것으로 조사되었다. 매각결과 3차 매각기일에 매 각되었다(감정가 1,628,624,820원, 매각가 850,150,000원, 매각가율 52.2%). 배당할 금액 842,000,000원.

> **해설** **우선순위배당, 상가임차권 소멸**

후순위 저당권의 실행으로 목적부동산이 경락된 경우에는 민사소송법 제728조, 제608 조 제2항의 규정에 의하여 선순위 저당권까지도 당연히 소멸하는 것이므로, 이 경우 비 록 후순위 저당권자에게는 대항할 수 있는 임차권이라 하더라도 소멸된 선순위 저당권보 다 뒤에 등기되었거나 대항력을 갖춘 임차권은 함께 소멸하는 것이고, 따라서 그 경락인 은 주택임대차보호법 제3조에서 말하는 임차주택의 양수인 중에 포함된다고 할 수 없을 것이므로 경락인에 대하여 그 임차권의 효력을 주장할 수 없다(대법원 1999. 4. 23. 선고 98다32939 판결). ① 배당을 요구한 상가임차인(심○○)의 사업자등록일자와 확정일자는 말소기준권리(2011. 11. 30. 갑의 근저당)보다 늦어서 대항력이 없고 우선변제권도 없다. 임차인의 보증금은 매수인에게 인수되지 않는다. ② 선순위 근저당권자 갑에게 배당할 금액 8억4,200만원 전액을 배당한다. 다만 을에게 일부 이전된 근저당으로 인해 배당금액 은 달라진다.

사례 14 종전사건 임차인

신청채권자(을)는 담보권실행으로 이 사건(2022타경51**) 인천광역시 미추홀구 주안 동 소재 근린상가 106호 외 1개 호(대지권40.93㎡, 건물 125.52㎡)에 관한 임의경매를 신 청하였다. 한편 이 사건 부동산은 종전 경매사건(2012타경269**)에서 현 소유자가 낙찰 (2012. 12. 14.)받았다. 소유권이전을 하면서 ○○수협으로부터 근저당설정(접수 2013.

1. 22., 채권최고액 465,000,000원)을 경료하고 금원을 대출받았다. 신청채권자는 위 근저당권부 채권을 확정채권대위변제를 원인으로 이전받았다(2014. 12. 4.). 종전 경매사건에서 임차인(황○○)은 보증금(50,000,000원, 월세 2,650,000원)에 관한 권리신고 및 배당요구신청서를 제출(2012. 7. 4.)하였다(주거용 104호~106호 전부 점유, 2011. 2. 24. 전입, 2011. 3. 23. 임차권설정, 채권금액 80,000,000원). 사업자등록은 조사되지 않았으며, 전입세대열람내역에는 황○○이 전입(2011. 2. 24. 전입, 확정일자 없음)되어 있다. 임차인은 배당요구신청서를 제출하지 않았다. 매각대상물건의 상가임대차현황서에 의하면 임차인(황○○)는 104호~106호를 보증금(80,000,000원, 월세 4,950,000원)을 지급하고 임차하여 벽체 등에 의한 구분 없이 음식점으로 이용(공부상의 용도는 세탁소, 소매점임) 중인 것으로 조사되고 감정평가 되었다. 1차 매각기일에 매각되었다(감정가 552,000,000원, 매각가 618,500,000원, 매각가율 112.05%). 배당할 금액 613,000,000원. 등기사항전부증명서상 권리는 아래와 같다.

구분	소유권(갑) 2013. 1. 22.	근저당(을) 2013. 1. 22.	근저당(병) 2013. 2. 21.	압류(정) 2018. 5. 23.	임의경매(을) 2022. 7. 29.
채권금액	2012타경269*	465,000,000	650,000,000	교부청구액	465,000,000
우선순위		465,000,000	148,000,000		

(해설) **보호대상 임차인의 적용 범위**

배당할 금액은 저당권의 성립순위에 따라 신청채권자(을)와 후순위 근저당권자(병)에게 배당된다. 임차한 물건의 용도가 종전사건과 같은 주거용으로 인정되는 경우 대항력은 소유권이전등기 익일(2013. 1. 23.)부터 발생한다. 이 사건 물건의 용도가 변경되어 현재 음식점으로 이용 중이다. 임차인의 환산보증금(5억7,500만원)은 최초의 담보권설정일(2013. 1. 22.) 기준 상가임대차보호법 적용 대상이 아니다. 이 사건은 임차인이 낙찰받은 것으로 추정된다.

신청채권자(갑)가 담보권의 실행으로 이 사건(2022타경10**) 세종특별자치시 아름동 소재, 근린상가 701호 외 1개 호(대지권 115.04㎡, 건물 330.68㎡)에 관한 임의경매신청을 하였다. 매각물건명세서에는 "㈜위드○○는 사업자등록(2021. 9. 14.)을 마치고 확정일자(2022. 7. 26.)를 받았으며, 점유 중인 점포의 보증금(80,000,000원, 월세 4,000,000원)에 관한 배당요구신청서를 제출(2022. 7. 26.)하였다. 박○○는 사업자등록(2019. 12. 24.)은 마쳤으나 배당요구신청서를 제출하지 않았다. 박○○ 사업자등록일상 대항력이 있으므로, 보증금 있는 임차인일 경우 인수여지 있어 주의 요함"의 기재가 있다. 현황조사서에서 상가임차인 ㈜위드○○는 박○○가 전 임차인이라고 진술하였다고 한다. 매각결과 3차 매각기일에 매각되었다(감정가 1,520,000,000원, 매각가 793,000,000원, 매각가율 52.17%). 배당할 금액 783,000,000원. 등기사항전부증명서상 권리는 아래와 같다.

구분	근저당(갑) 2020. 1. 23.	가압류(을) 2021. 4. 12.	가압류(병) 2022. 1. 26.	임의경매(갑) 2022. 4. 26.
채권금액	1,584,000,000	26,056,617	149,223,503	1,430,334,659
우선순위	783,000,000			

해설 점유하지 않는 사업자등록

부가가치세법 제8조(사업자등록)에서는 사업자가 폐업한 경우, 지체 없이 사업자등록을 말소하는 규정을 두고 있다. 임대인은 위 규정을 근거로 관할 세무서의 직권말소 발동을 촉구하는 사업자등록말소를 신청할 수 있다.

말소기준권리는 근저당(2020. 1. 23.)이다. 상가임차인 ㈜위드○○는 사업자등록일(2021. 9. 14.)이 말소기준권리보다 늦어서 대항력이 없다. 대항력 없는 임차인에게는 우선변제권도 없다. 배당할 금액은 신청채권자에게 배당된다. 사업자등록자 박○○은 사업자등록일상 대항력이 있으나 현 점유자는 전 임차인이라 진술하였으므로 폐업에 의한 사업자등록말소신청이 가능할 것이다.

사례 16 대항력 있는 상가임차인

신청채권자(을)가 담보권의 실행으로 이 사건(2021타경69**) 경기도 화성시 송동 소재, 근린상가 101호(대지권 미등기, 건물 40.7㎡)에 관한 임의경매신청을 하였다. 상가임대차현황서에는 2명의 사업자등록이 등재되어 있다. 장○○는 101호 일부 20㎡를 점유하며, 사업자등록(2020. 4. 16.)을 마치고 확정일자(2020. 4. 20.)를 받았으며, 보증금(20,000,000원, 월세 1,200,000원)에 대하여 배당요구신청서를 제출(2022. 1. 25.)하였다. 김○○는 101호 20.350㎡를 점유하며 사업자등록(2017. 2. 28.)과 확정일자(2021. 8. 30.)를 갖추고 보증금(20,000,000원, 월세 1,200,000원)에 대한 배당요구신청서를 제출하지 않았다. 매각물건명세서에는 "대항력 있는 임차인의 보증금 전액을 매수인이 인수함. 대항력 있는 임차인이 존재하므로 입찰시 주의 요망"을 공시하고 매각절차를 진행하였다. 매각결과 3차 매각기일에 매각되었다(감정가 961,000,000원, 매각가 531,234,000원, 매각가율 55.28%). 배당할 금액 525,000,000원. 등기사항전부증명서상 권리는 아래와 같다.

구분	근저당(갑) 2018. 2. 7.	근저당(을) 2019. 2. 27.	근저당(병) 2021. 9. 8.	가압류(정) 2021. 9. 14.	임의경매(을) 2021. 11. 8.
채권금액	180,000,000	400,000,000	500,000,000	500,000,000	400,000,000
우선순위	180,000,000	345,000,000			

해설 대항력 있는 상가임차인의 보증금 인수

① 배당요구를 하지 않은 임차인(김○○)는 사업자등록일(2017. 2. 28.)상 대항력이 있으므로 보증금 2,000만원은 매수인에게 인수된다. ② 배당을 요구한 임차인(장○○)는 사업자등록일(2020. 4. 16.)이 말소기준권리보다 늦어서 대항력이 없다. 확정일자를 갖추고 배당요구 하였으므로 배당잔여금이 있는 경우에 배당순위가 있으나 배당잔여금이 없으

므로 소멸된다. ③ 배당할 금액 5억2,500만원은 근저당권자 갑과 을에게 성립순서에 따라 배당된다.

사례 17 대항력 있는 상가임차인

신청채권자(갑)는 채무자에 대한 집행력 있는 판결정본에 기해 이 사건(2022타경64**) 고양시 일산서구 대화동 소재 근린상가 208호(대지권 27.649㎡, 건물 145.92㎡)에 관한 강제경매신청을 하였다. 등기사항전부증명서상 권리와 임차인은 아래와 같다.

구분	임차인(김ㅇㅇ) 사업: 2019. 12. 10.	가처분(갑) 2020. 9. 7.	강제경매(갑) 2022. 4. 28.	가압류(을) 2022. 6. 28.
채권금액	30,000,000	사해행위취소원인	313,329,772	937,421,040
우선순위			139,786,450	418,213,550
인수 여부	인수	소멸		

상가임대차현황서에 의하면 김ㅇㅇ는 사업자등록(2019. 12. 10.)을 마치고 확정일자 (2022. 6. 29.)를 받았다. 보증금(30,000,000원, 월세 2,500,000원)에 관하여 배당요구신 청서를 제출(2022. 7. 20.)하였다. 가압류권자는 배당요구종기(2022. 8. 5.) 이내에 권리 신고 및 배당요구신청서를 제출(2022. 7. 4.)하였다. 매각물건명세서에는 '매각허가에 의 하여 소멸되지 아니하는 것' 란에 "을구 순위번호 5번 가처분등기(2020. 9. 7. 접수번호 제 137783호) 있음. 이에 대해 가처분권자인 신청채권자가 말소동의서를 제출(2022. 12. 2.) 함"의 기재가 있고 '비고란'에 "매수인에게 대항할 수 있는 임차인 있으며, 보증금이 전액 변제되지 아니하면 잔액을 매수인이 인수함"을 공시하였다. 매각결과 1차 매각기일에 매 각되었다(감정가 531,000,000원, 매각가 562,210,000원, 매각가율 105.88%). 배당할 금액 558,000,000원.

배당할 금액은 신청채권자(갑)와 가압류권자(을)에게 채권금액을 기준으로 안분하여 배당된다. 임차인(김○○)은 확정일자(2022. 6. 29.)를 갖추었으나 말소기준권리(2022. 4. 28. 강제경매)보다 늦다. 대항력(2019. 12. 10.)은 있으므로 미배당보증금 3,000만원은 매수인에게 인수된다. 가처분은 말소동의서가 제출되어 소멸된다.

사례 18 채무자 겸 소유자 아들의 사업자등록

신청채권자(을)는 채무자에 대한 매매대금사건의 집행력 있는 판결정본에 기해 이 사건(2022타경31**) 전주시 완산구 중화산동 소재 근린상가 401호(대지권 140.07㎡, 건물 245.93㎡)에 관한 강제경매신청(가압류의 본 압류로의 이행)을 하였다. 등기사항전부증명서상 권리와 임차인은 아래와 같다.

구분	임차인(송○○) 사업: 2016. 1. 15.	근저당(갑) 2016. 7. 27.	가압류(을) 2018. 2. 9.	강제경매(을) 2022. 3. 14.
채권금액	10,000,000	377,000,000	102,297,798	102,297,798
우선순위		366,000,000		
인수 여부	인수			

송○○은 보증금 10,000,000원, 월세 1,200,000원을 지급하고 점포 전부를 임차하여 스튜디오사무실로 이용하는 채무자 겸 소유자의 아들로 조사되었다. 송○○는 사업자등록(2016. 1. 15.)을 마치고 확정일자(2018. 7. 27.)를 받았으며, 위 보증금에 관한 배당요구신청서를 제출(2022. 6. 13.)하였다. 매각물건명세서에는 "압류채권자로부터 330,000,000원의 매수신청의 보증이 있음. 매수인에게 대항할 수 있는 임차인이 있으며, 보증금이 전액 변제되지 아니하면 잔액을 매수인이 인수함. 배당요구종기일(2022. 6. 13.)"을 공시하고 매각절차를 진행하였다. 2차 매각기일에 매각되었다(감정가 453,000,000원, 매각가

370,000,000원, 매각가율 81.68%). 배당할 금액 366,000,000원.

상가소액보증금 인수

임차인(송○○)은 대항력과 확정일자를 갖추었으나 확정일자(2018. 7. 27.)는 말소기준권리(2016. 7. 27. 근저당)보다 늦어서 우선변제권은 없다. 대항력은 있으므로 미배당보증금 1,000만원은 매수인에게 인수된다. 배당할 금액 3억6,600만원은 선순위 저당권자 갑에게 배당된다.

사례 19 대항력의 적용 범위

신청채권자(갑)는 근저당권의 실행으로 이 사건(2021타경26**) 경기도 포천시 신읍동 소재 근린상가 153호(대지권 73.95㎡, 건물 352.74㎡)에 관한 임의경매를 신청하였다. 등기사항전부증명서상 권리는 아래와 같다.

구분	근저당(갑) 2019. 6. 27.	근저당(을) 2020. 6. 24.	압류(병) 2021. 1. 18.	임의경매(갑) 2021. 3. 11.
채권금액	715,000,000	200,000,000	교부청구액	538,121,300
우선순위	267,000,000			

상가임대차현황서에 의하면, ㈜이팜○○는 사업자등록(2013. 8. 7.)은 하였으나 확정일자 미상이며, 보증금(50,000,000원, 월세 500,000원)에 관한 배당요구를 하지 않았다. 윤○○는 사업자등록(2018. 1. 24.)은 하였으나 확정일자 미상이고 보증금(50,000,000원, 월세 10,000,000원)에 관한 배당요구를 하지 않았다. 현황조사결과 점유관계 등에 관한 상세내역은 알 수 없다는 보고가 되었다. 매각물건명세서에는 "대항력 있는 임차인의 보증금 전액을 매수인이 인수함"을 공시하였다. 매각결과 6차 매각기일에 매각되었다(감정가 743,000,000원, 매각가 255,500,000원, 매각가율 34.39%). 배당할 금액 267,000,000원.

상가건물임대차보호법이 적용되는 기준금액이 2019. 4. 2. 현재와 같이 개정되었으며, 법 제2조 제3항은 환산보증금을 초과한 상가임대차에도 대항력의 적용이 된다. 환산보증금이 지역별 기준을 초과하는 경우에는 대항력, 계약갱신요구권, 권리금은 인정되지만, 예외적으로 적용이 가능한 조항을 열거한 내용 중에 우선변제권, 최우선변제권, 임차권등기명령은 없다. 사례의 경우 임차인 ㈜이팜○○의 환산보증금 1억원, 임차인 윤○○의 환산보증금 10억5천만원이다. 임차인들은 배당요구를 하지 않았다. ㈜이팜○○과 윤○○는 모두 대항력이 있으므로 보증금 전액은 매수인에게 인수된다. 신청채권자 갑의 근저당은 배당할 금액 2억6,700만원을 변제받고 소멸된다.

제5장

절차법상 권리와 경매

가압류와 배당 사례

1. 의의

1) 가압류는 금전채권이나 금전으로 환산할 수 있는 채권(예컨대, 매매대금, 대여금, 어음금, 양수금, 공사대금, 손해배상청구권 등)에 대하여 동산 또는 부동산에 대한 강제집행을 보전하기 위하여 할 물건이 있는 곳을 관할하는 지방법원이나 본안의 관할법원에 채권자의 신청으로 하며, 그 신청에 대한 재판은 결정으로 한다. 가압류의 집행에 대하여는 강제집행에 관한 규정을 준용한다. 경매신청은 가압류집행 후에 가압류채무자를 상대로 집행권원을 얻어서 한다. 가압류권자는 상당한 기간 이내에 본안의 소를 제기하여 집행권원을 받아서 본 압류에의 이행 또는 강제경매를 신청하고 이를 통해 채권을 회수하거나 다른 금전 채권자들이 신청한 경매절차에 참가하여 배당받는 방법으로 자신의 채권을 회수한다.

2) 가압류등기가 경매개시결정등기 전에 된 경우에는 가압류권자가 배당요구를 하지 않았다고 하더라도 배당에서 제외시킬 수 없지만, 그 이후에 등기된 가압류권자는 배당요구종기 내에 배당요구를 하여야 배당받는다. 다른 금전 채권자가 경매신청을 한 경우에 가압류권자를 이해관계인으로 보아야 한다는 견해가 있으나, 판례는 가압류권자를 경매절차에서 이해관계인으로 보지 아니하므로(대법원 1999. 4. 9. 선고 98다53240 판결) 경매실무에서도 매각기일통지 등은 하지 않고 가압류권자가 배당에 참가할 수 있도록 배당기일 통지만 하고 있다.

3) 배당요구신청서에 첨부해야 할 배당요구의 자격을 소명하는 서면은 가압류가 기입

된 등기사항전부증명서등본, 가압류결정 등인데, 등기사항전부증명서에 가압류의 청구금액(피보전채권액)이 적혀 있고, 그 채권이 우선권이 있는 채권이 아닌 경우에는 등기사항전부증명서 등본만 제출하여도 되지만, 그렇지 아니한 경우에는 청구금액이나 우선권 있는 채권임을 소명하는 자료도 함께 제출하여야 한다. 가압류결정은 사본이라도 무방하다.

2. 가압류에 대한 배당

(1) 배당순위와 배당액

1) 가압류권자는 다른 채권자들과 순위에 무관하게 안분비례에 의하여 평등배당을 받는다. 선순위 담보물권자에게는 배당순위에서 항상 밀리지만, 후순위 담보물권자(즉 저당권자, 담보가등기권자, 등기된 전세권자 등과 물권에 준하는 채권인 확정일자부주택임차권)와는 같은 순위로 취급되어 평등배당을 받게 된다(대법원 1987. 6. 9. 선고 86다카2570 판결). 가압류채권자도 우선변제청구권을 가지는 것은 아니므로 가압류채권자보다 후순위의 담보가등기권자라 하더라도 가등기담보 등에 관한 법률 제16조 제1, 2항에 따라 채권신고를 하면 가압류채권자와 채권액에 비례하여 평등하게 배당받을 수 있다(대법원 1987. 6. 9. 선고 86다카2570 판결).

2) 가압류채권의 배당순위는 가압류에 의하여 보전된 피보전권리의 민법·상법 그 밖의 법률에 의한 우선순위에 따른다. 따라서 피보전권리가 우선변제권이 있으면 가압류채권으로서도 우선변제를 받는다. 예컨대, 근로기준법상의 임금채권은 우선변제를 받게 된다. 그렇지 아니한 경우에는 일반채권자로서만 배당받는데, 그 소명을 언제까지 하여야 하는가에 관하여, 판례는 우선변제권이 있는 채권임에 관한 소명은 배당표 확정시까지 하면 된다고 한다(대법원 2002. 5. 14. 선고 2002다4870 판결). 따라서 판례에 의하면, 우선변제권이 있는 채권이라는 사실의 소명은 배당이의가 있는 경우에는 배당이의 소송의 확정시에 배당표도 확정되므로 사실심변론 종결시까지 하면 될 것이고, 배당이의가 없는 경우에는 배당기일의 실시가 끝날 때까지 하면 될 것이다.

3) 첫 경매개시결정등기 전에 등기된 가압류권자는 배당요구가 없어도 당연히 배당을

받지만(민사집행법 제148조 제3호), 그 채권자가 민사집행법 제84조 제4항에 의한 법원사무관 등의 채권신고의 최고에 대한 신고를 하지 아니한 때에는 그 채권자의 채권액은 등기사항전부증명서 등 집행기록에 있는 서류와 증빙에 따라 계산하고, 이 경우 다시 채권액을 추가하지 못한다. 첫 경매개시결정등기 후에 등기된 가압류권자가 배당받을 금액은 경매실무에서는 가압류의 청구금액을 채권금액으로 보고 배당한다. 가압류의 청구금액 내에서 원금·이자 및 비용이다. 따라서 채권계산서에 적힌 채권액이 등기부등본이나 가압류결정에 표시된 청구금액을 초과하는 경우에는 위의 청구금액을 채권금액으로 본다.

4) 가압류등기에 청구금액이 적혀 있지 아니한 경우에는 법원은 늦어도 배당기일 3일 전까지 가압류채권자로 하여금 가압류결정의 정본이나 사본을 제출하게 하여 그 청구금액을 확인할 것이며 만약 가압류채권자가 위 서류를 제출하지 아니한 때에는 직권으로 가압류결정법원에 그 청구금액을 조회하거나 가압류기록을 송부촉탁 하는 방법으로 그 청구금액을 조사하여 배당표를 작성하여야 한다.

5) 가압류에 대한 본안의 확정판결에서 피보전채권의 원금 중 일부만이 남아 있는 것으로 확정된 경우, 나머지 원금과 청구기초의 동일성이 인정되는 지연손해금이 가압류채권의 피보전채권에 포함되므로, 이를 가산한 금액이 가압류 청구금액을 넘는지 여부를 가리고 만약 가압류 청구금액에 미치지 못하는 경우에는 그 금액을 기초로 배당액을 조정하여야 한다. 배당금 조정시에 다른 배당채권자들의 채권액은 종전 배당기일의 채권원리금액을 기준으로 하고 가압류채권자의 경우에도 종전 배당기일까지의 지연손해금을 가산한 채권원리금액을 기준으로 하여 조정한 후 공탁금 중에서 그 감액 조정된 금액을 가압류채권자에게 지급하며, 나머지 공탁금은 특별한 사정이 없는 한 종전 배당기일의 채권액을 기준으로 하여 다른 배당채권자들에게 추가로 배당함이 타당하다(대법원 2013. 6. 13. 선고 2011다75478 판결).

⑵ 선순위 가압류와 근저당권

1) 가압류채권자와 근저당권자 및 근저당권설정등기 후 강제경매신청을 한 압류채권자 사이의 배당관계에 있어서, 근저당권자는 선순위 가압류채권자에 대하여는 우선변제

권을 주장할 수 없으므로 1차로 채권액에 따른 안분비례에 의하여 평등배당을 받은 다음, 후순위 경매신청압류채권자에 대하여는 우선변제권이 인정되므로 경매신청압류채권자가 받을 배당액으로부터 자기의 채권액을 만족시킬 때까지 이를 흡수하여 배당받을 수 있다(대법원 1994. 11. 29. 자 94마417 결정).

2) 근저당권의 채권최고액을 초과하는 부분으로서 우선변제의 효력이 미치지 않는 채권에 관하여 다른 가압류채권자와의 사이에 같은 순위로 안분 비례하여 배당하기 위해서는 근저당권에 기한 경매신청이나 채권계산서의 제출이 있는 것만으로는 안 되고, 그 채권최고액을 초과하는 채권에 관하여 별도로 민사소송법 제728조, 제605조의 규정에 의한 적법한 배당요구를 하였거나 그 밖에 달리 배당을 받을 수 있는 채권으로서의 필요한 요건을 갖추고 있어야 한다(대법원 1998. 1. 10. 선고 97다28216 판결).

3) 부동산에 대하여 가압류등기가 먼저 되고 나서 근저당권설정등기가 마쳐진 경우에 경매절차의 배당관계에서 근저당권자는 선순위 가압류채권자에 대하여는 우선변제권을 주장할 수 없으므로 그 가압류채권자는 근저당권자와 일반채권자의 자격에서 평등배당을 받을 수 있고, 따라서 가압류채권자는 채무자의 근저당권설정행위로 인하여 아무런 불이익을 입지 않으므로 채권자취소권을 행사할 수 없다. 그러나 채권자의 실제 채권액이 가압류채권금액보다 많은 경우 그 초과하는 부분에 관하여는 가압류의 효력이 미치지 아니하여 그 범위 내에서는 채무자의 처분행위가 채권자들의 공동담보를 감소시키는 사해행위가 되므로 그 부분채권을 피보전채권으로 삼아 채권자취소권을 행사할 수 있다(대법원 2008. 2. 28. 선고 2007다77446 판결).

(3) 선순위 가압류와 주택임차인의 우선변제권

1) 우선변제권을 갖는 임차보증금채권자는 담보권자보다 선순위의 가압류채권자가 있는 경우에 그 담보권자가 선순위의 가압류채권자와 채권액에 비례한 평등배당을 받을 수 있는 것과 마찬가지로 위 규정에 의하여 우선변제권을 갖게 되는 임차보증금채권자도 선순위의 가압류채권자와는 평등배당의 관계에 있게 된다(대법원 1992. 10. 13. 선고 92다30597 판결).

2) 가압류채권자가 주택임차인보다 선순위인지 여부는 주택임대차보호법 제3조의2의 법문상 임차인이 확정일자 부여에 의하여 비로소 우선변제권을 가지는 것으로 규정하고 있음에 비추어, 임대차계약증서상의 확정일자 부여일을 기준으로 삼는 것으로 해석함이 타당하므로, 대항요건을 미리 갖추었다고 하더라도 확정일자를 부여받은 날짜가 가압류일자보다 늦은 경우에는 가압류채권자가 선순위라고 볼 수밖에 없다(대법원 1992. 10. 13. 선고 92다30597 판결).

(4) 피보전채권의 동일성 문제

가압류의 채권이 확정되지 아니한 경우 즉, 가압류권자가 집행권원을 얻기 전에 배당이 실시되는 경우에는 가압류결정에 피보전채권액으로 적힌 청구금액이 가압류권자에 대한 배당액 산정의 기준이 되며, 집행법원이 배당을 실시함에 있어서 가압류의 경우에 확정되지 아니한 채권의 배당액은 공탁을 하여야 하고, 그 후 가압류권자의 피보전채권의 존재가 본안의 확정판결 등에 의하여 확정된 때 가압류권자가 확정판결 등을 제출하면 가압류권자에게 배당액을 지급하는 것인바, 이 경우 가압류의 피보전권리와 본안의 소송물인 권리는 엄격히 일치함을 요하지 아니하며, 청구기초의 동일성이 인정되는 한 가압류에 대한 관계에서 본안이라고 보아야 한다. 따라서 집행법원은 가압류권자에 대한 배당액을 산정함에 있어서 가압류권자가 가압류의 피보전채권 및 그와 청구기초의 동일성이 인정되는 채권을 청구채권으로 하는 내용의 채권계산서를 제출하였으나, 피보전채권 중 가압류결정에 피보전채권액으로 적힌 금액의 범위 내에서는 위 보전채권의 존재가 인정되는 나머지 부분 외에 그와 청구기초의 동일성이 인정되는 채권도 그 존재가 인정되는 한 이를 포함시켜야 한다(대법원 1992. 2. 28. 선고 95다22788 판결).

3. 가압류채권 양수인의 지위

첫 경매개시결정등기 전에 등기된 가압류채권자로부터 피보전권리를 양수한 채권양수인이 경매법원에 채권신고를 하였으나 배당표가 확정되기 전까지 채권양수 사실을 제대로 소명하지 못함에 따라 가압류채권자에게 배당된 경우에, 다른 배당참가채권자가 가압류채권자의 피보전권리는 채권양수인에게 양도되어 이미 소멸하였다는 이유로 가압류채권자에게 배당된 금액에 대하여 배당이의를 제기하고 배당이의 소를 통해 가압류채권자에게 배당된 금액을 배당받는다면 채권양수인은 그 채권자를 상대로 가압류채권자의 배당액에 관하여 부당이득반환청구를 할 수 있다(대법원 2012. 4. 26. 선고 2010다94090 판결).

4. 가압류채권이 소멸하는 시기

1) 가압류는 집행보전절차이므로 매각으로 말소의 대상이 되며 배당절차에서 집행력 있는 판결정본을 제출하지 않으면 배당금을 영수하지 못한다. 가압류권자는 배당절차에서 바로 배당을 받을 수 없고 가압류에 대한 본안판결 등에서 피보전채권액이 확정되어야 비로소 배당받을 수 있다.

2) 본안판결의 확정시와 실제 배당금을 수령하는 시기가 다른 경우 어느 시점이 변제의 효력이 발생하는지가 문제 된다. 판례는 판결확정시, 또는 조정성립일자(대법원 2014. 9. 4. 선고 2012다65874 판결)에 가압류채권자의 채권은 배당으로 충당되는 범위에서 소멸한다고 보았다.

3) 가압류채권자에 대한 배당액을 공탁한 뒤 그 공탁금을 가압류채권자에게 전액 지급할 수 없어서 추가배당이 실시됨에 따라 배당표가 변경되는 경우에는 추가배당표가 확정되는 시점까지 배당요구에 의한 권리행사가 계속된다고 볼 수 있으므로, 그 권리행사로 인한 소멸시효 중단의 효력은 추가배당표가 확정될 때까지 계속된다(대법원 2022. 5. 12. 선고 2021다280026 판결). 가압류에 의한 시효중단의 효력은 가압류의 집행보전의 효력이 존속하는 동안 계속된다(대법원 2013. 11. 14. 선고 2013다18622, 18639 판결).

5. 가압류채권자에 대한 배당금의 공탁금 처리

배당절차에서 집행력 있는 판결정본을 제출하지 않으면 배당받지 못한다. 이 경우에 안분배당액을 공탁금 처리한다. 가압류권자가 승소하면 공탁된 배당금을 즉시 지급하고, 패소하면 다른 채권자가 배당이의 하지 않은 경우에는 가압류권자가 채무자에게 패소하였으므로 이미 공탁된 가압류채권자의 배당액은 채무자에게 귀속한다.

임의경매에서는 민사집행법의 배당절차규정이 준용되지 아니하므로 가압류권자가 패소하여 피보전채권이 부존재로 확정되거나 가압류결정의 취소 등으로 가압류 집행이 취소되면 이미 공탁된 가압류채권자의 배당액은 다른 채권자에게 추가배당을 한다.

6. 전 소유자에 대한 가압류

전 소유자의 가압류권이 본 압류로의 이행으로 매각되어 남은 잉여금에 관하여 제3취득자에게 귀속시키느냐 아니면 제3취득자의 채권자들에게 또다시 배당이 되느냐가 문제가 되었으나 이왕 경매가 진행된 것이라면 제3취득자인 채무자에게 귀속되지 않고 체3취득자의 채권자들에게 각기 순위에 따라 배당된다고 판시하였다(대법원 2005. 7. 29. 선고 2003다40637 판결). 선순위 가압류등기 후 가압류목적물의 소유권이 제3취득자에게 이전되고 제3취득자의 채권자가 경매신청 하여 매각된 경우, 선순위 가압류권자는 가압류결정 당시의 청구금액을 한도로 배당받을 수 있고 그 가압류등기는 말소촉탁의 대상이 된다(2006. 7. 28. 선고 2006다19986 판결). 즉 전 소유자나 현 소유자에 대한 가압류 모두 배당절차에 참가하고, 말소기준권리가 되며 말소촉탁의 대상이 된다.

가압류 이후의 제3취득자에 대한 채권자는 위 가압류가 전이한 강제경매사건의 배당에 참가하지 못하는 것이고, 참가가 가능하다 하더라도 배당할 금액에서 먼저 집행채권자인 가압류채권자가 전액을 배당받은 후 그 잔여액이 있는 경우에 한하여 비로소 그 우선순위에 따라 배당받을 수 있는 것이어서, 결국 전 소유자에 대한 가압류채권자는 그 가압류채권금액에 관하여는 제3취득자의 채권자들에 대하여 언제나 우선변제권이 있는 자와 같이 취급된다.

7. 가압류의 사정변경에 의한 취소

가. 사정변경에 등에 따른 가압류취소

1) 가압류권자가 본안소송에서 승소하는 경우 가압류한 물건에 대하여 경매신청을 할 수 있으나 패소하는 경우 채무자의 말소신청으로 소멸한다. 가압류권자가 3년간 본안의 소를 제기하지 아니한 때 등의 경우에는 그 취소신청을 할 수 있다. 민사집행법 제288조는 사정변경 등에 따른 가압류취소사유를 규정하고 있다.

> **민사집행법 제288조(사정변경에 등에 따른 가압류취소)**
>
> ① 채무자는 다음 각호의 어느 하나에 해당하는 사유가 있는 경우에는 가압류가 인가된 뒤에도 그 취소를 신청할 수 있다. 제3호에 해당하는 경우에는 이해관계인도 신청할 수 있다.
>
> 1. 가압류이유가 소멸되거나 그 밖에 사정이 바뀐 때
>
> 2. 법원이 정한 담보를 제공한 때
>
> 3. 가압류가 집행된 뒤에 3년간 본안의 소를 제기하지 아니한 때
>
> ② 제1항의 규정에 의한 신청에 대한 재판은 가압류를 명한 법원이 한다. 다만 본안이 이미 계속된 때에는 본안법원이 한다.
>
> ③ 제1항의 규정에 의한 신청에 대한 재판에는 제286조 제1항 내지 제4항, 제6항 및 제7항을 준용한다.

2) 이와 같은 규정의 취지는, 가압류는 권리관계가 최종적으로 실현될 때까지 긴급하고 잠정적으로 권리를 보전하는 조치에 불과하므로, 채권자로 하여금 채권의 보전에만 머물러 있지 말고 채권의 회수·만족이라는 절차까지 진행하여 법률관계를 신속히 마무리 짓도록 하고, 채권자가 이를 게을리한 경우에는 채무자가 가압류로 인한 제약으로부터 벗어날 수 있도록 하려는 데 있다(대법원 2016. 3. 24. 자 2013마1412 결정).

3) 가압류, 가처분의 사정변경에 따른 취소할 수 있는 기간(소멸기간)은 민사집행법이 제정 및 시행(2002. 7. 1.)되기 전에는 민사소송법이 적용되어 10년이었으며, 민사집행법

이 제정 및 시행(2002. 7. 2.~2005. 7. 27.)되면서 5년으로 변경되었고, 민사집행법의 개정 및 시행(2005. 7. 28.~현재까지)으로 3년으로 변경되었다. 위의 규정을 경매사건에 획일적으로 적용할 수 없다. 그 이유는 소멸시효의 중단·정지의 사유가 가압류에 내재하고 있기 때문이다.

나. 가압류취소사유에 기한 배당이의

1) 배당이의의 소를 제기한 자는 배당이의 소송에서 상대방에 대하여 배당이 잘못되었다는 모든 사유를 들어 다툴 수 있는데, 대부분 배당순위가 잘못되었다거나 상대방의 채권이 허위채권이라는 사유이다. 그러나 이와 다소 다른 사유인, 피고의 가압류가 10년의 가압류 보전기간을 도과하여 취소되었음을 들어 원고의 청구를 인용하였다(대법원 2015. 6. 11. 선고 2015다10523 판결). 다만 현행 민사집행법 제288조 제1항 제3호는 가압류 보전기간을 3년으로 규정하고 있으므로, 이에 의하면 배당받을 채권자 중 가압류권자가 3년이 경과하도록 본안의 소를 제기하지 않은 경우 다른 채권자는 배당이의 소를 제기할 수 있다고 본다.

2) 채권자가 받은 가압류결정이 취소되었다면 채권자는 가압류채권자로서의 배당받을 지위를 상실하므로 가압류결정의 취소는 배당이의 소에서 가압류채권자에 대한 배당이의의 사유가 될 수 있다. 나아가 배당이의 소에서 원고는 배당기일 후 사실심 변론종결시까지 발생한 사유도 이의사유로 주장할 수 있으므로, 배당기일 후 배당이의 소송 중에 가압류결정이 취소된 경우에도 이를 이의사유로 주장할 수 있다(대법원 2015. 6. 11. 선고 2015다10523 판결).

3) 부동산에 대한 가압류가 집행된 후 가압류가 강제경매개시결정으로 본 압류로 이행되었으나, 강제경매개시결정이 이미 경매절차를 개시하는 결정을 한 부동산에 대한 것이고 배당요구종기 이후의 경매신청에 의한 것인 경우, 채무자나 이해관계인이 가압류에 대한 취소를 구할 이익이 있다(대법원 2016. 3. 24. 자 2013마1412 결정). 가압류가 강제경매개시결정으로 인하여 본 압류로 이행된 경우, 본집행이 유효하게 진행되는 한 채무자는 가압류에 대한 이의신청이나 취소신청 또는 가압류집행 자체의 취소를 구할 수 없다(대법원 2010. 11. 30. 자 2008마950 결정).

8. 매각 사례와 배당

사례 1 **가압류권자의 배당금 산정**

신청채권자 ㈜케이○○는 이 사건(2021타경11**) 대구시 내동 소재, 토지(임야) 2808㎡ 중 유○수 지분 2106㎡에 대한 가압류집행(순위 을11, 2004. 11. 19., 청구금액 38,653,333 원)을 하였다. 이후 신청채권자는 채무자를 상대로 제기한 양수금사건의 지급명령을 받아 이를 집행권원으로 강제경매(가압류의 본 압류로의 이행)를 신청하였다. 등기사항전부증명서(토지)상 권리는 아래와 같다.

등기사항전부증명서(토지)(요약)

순위	접수일	권리종류	권리자	채권금액	비고
갑1	1986. 6. 6.	소유권이전	유○수, 류○수		매매
갑6	2001. 1. 9.	가압류	한국자산관리공사	30,983,942	말소기준권리
갑8	2001. 12. 14.	가압류	한국자산관리공사	72,985,863	
갑9	2003. 12. 17.	가압류	보증보험㈜	29,524,230	
을10	2004. 5. 3.	가압류	신용보증기금	63,025,949	
을11	2004. 11. 19.	가압류	㈜케이○○	38,653,333	유○수 지분
갑12	2005. 1. 6.	압류	국(북대구세무서)		류○수 지분
갑13	2006. 1. 13.	압류	건강보험공단		류○수 지분
갑15	2009. 7. 16.	가압류	보증보험㈜	24,340,690	
갑16	2009. 11. 23	전부이전	유○○		류○수 지분
갑18	2021. 12. 29.	전부이전	류○○		공유자 지분
갑21	2022. 1. 5.	강제경매	㈜케이○○	8,032,400	유○수 지분
갑22	2022. 2. 14.	가압류	한국자산관리공사	260,044,114	

감정평가서에서는 연고자 미상의 분묘 3기가 소재하고, 공유지분토지로서 전체면적을 기준으로 평균가격으로 평가하였음을 특이사항으로 기재하고, 매각물건명세서에는 "지

상에 소재하는 분묘 3기로 인한 분묘기지권 성립여지 있음"을 공시하고 매각절차를 진행하였다. 3차 매각기일에 매각되었다(감정가 33,204,600원, 매각가 24,600,000원, 매각가율 74.09%). 배당할 금액은 23,234,000원이다.

(해설) **안분배당**

말소기준권리는 최선순위가압류(2001. 1. 9.)가 된다. 신청채권자는 가압류청구금액 38,653,333원보다 적은 8,032,400원을 청구채권으로 경매신청을 하였다. 신청채권자의 채권액은 소정의 이자와 비용을 포함한 신청채권액으로 분석해야 한다. 배당할 금액은 집행비용을 배당한 후 배당잔여금 23,234,000원을 가압류채권자의 확정된 채권액의 비율대로 안분배당을 한다. 다만 이해관계인이 아니면 가압류권자가 제출한 채권계산서를 확인할 수 없으므로 채권자별로 가압류결정 당시의 청구채권을 기준으로 배당금을 산정한다. 실제 배당절차에서는 경매개시결정등기(2022. 1. 5.) 전에 집행된 2건의 압류채권도 법정기일에 따라 우선배당 될 수 있다.

예상배당표

매각대금(A)			전 입찰보증금(B)	집행비용(C)	배당할 금액(D)	비고 D=A+B-C
	24,600,000		0	1,366,000	23,234,000	
순위	권리종류	권리자	채권금액	배당금	배당잔여금	미배당액
0		신청채권자	공익비용	집행비용		
1	압류	북대구세무서	체납상당액	교부청구액		
2	압류	건강보험공단	체납상당액	교부청구액		
3	가압류	자산관리공사	30,983,942	1,385,564	21,848,436	29,598,378
4	가압류	자산관리공사	72,985,863	3,263,838	18,584,598	69,722,025
5	가압류	서울보증보험	29,524,230	1,320,287	17,264,311	28,203,943
6	가압류	신용보증기금	63,025,979	2,818,444	14,445,867	60,207,535
7	가압류	㈜케이○○	38,653,333	1,728,529	12,717,338	36,924,804
8	가압류	서울보증보험	24,340,690	1,088,486	11,628,852	23,252,204
9	가압류	자산관리공사	260,044,114	11,628,852		248,415,262
합계			519,558,151	23,234,000		496,324,151

가압류권자는 경매절차에서 배당을 요구할 권리가 있다. 가압류권자가 동일채권에 기한 집행권원을 얻어 강제경매신청을 한 때에는 법원사무관 등은 경매개시결정등기촉탁서 작성시 등기목적 란에 '강제경매개시결정(○번 가압류의 본 압류로의 이행)'이라고 기재한다. ① 가압류권자들에 대한 배당금은 안분배당공식을 이용하여 산정한다. 순위 3번 자산관리공사의 경우 배당금 1,385,564원[=23,234,000원×(30,983,942원/519,558,151원)]. ② 다른 가압류권자도 같은 방법으로 산정하면 채권자들에 대한 배당금은 위 표와 같이 각 채권액에 비례하여 공평하게 배당한다. ③ 등기사항전부증명서(토지)상 말소기준권리보다 앞서는 권리가 없으므로 이하 권리는 모두 소멸되며 매수인에게 인수되는 권리는 없다.

사례 2 선순위 가압류와 주택임차권

신청채권자(유○○)는 이 사건(2022타경52**) 부산시 동래구 온천동 소재, 주거용 오피스텔을 사용하는 임대차계약(2016. 5. 28. 임대차계약, 임차보증금 150,000,000원)을 체결하고, 주택의 인도(2016. 6. 17.)와 전입신고(2016. 6. 17.)를 마치고 확정일자(2016. 5. 30.)를 받았다. 임대차기간이 만료하였으나 소유자가 보증금반환을 지체하자 임차권등기(2021. 10. 22.)를 경료한 후 채무자를 상대로 임대차보증금반환의 본안소송에서 승소, 확정판결을 받아 이를 집행권원으로 강제경매를 신청하였다. 3차 매각기일에 매각되었다(감정가 157,000,000원, 매각가 153,000,000원, 매각가율 97.45%). 매수인이 채권상계신청서를 제출(2023. 1. 25.)하였다. 등기사항전부증명서(집합건물)상 권리는 아래와 같다.

구분	가압류(갑) 2017. 8. 24.	가압류(을) 2019. 2. 19.	주택임차권(유○○) 전입: 2016. 6. 17. 확정: 2016. 5. 30.	강제경매(유○○) 2022. 3. 25.
채권금액	629,804,060	168,000,000	150,000,000	150,000,000
우선변제권			150,000,000	
안분배당	394,710	105,290		

매각물건명세서에는 "매수인에게 대항할 수 있는 임차권등기(2021. 10. 22.) 있음. 배당에서 보증금이 전액 변제되지 아니하면 잔액을 매수인이 인수함. 임차인이 배당요구신청서 제출(2022. 6. 22.), 배당요구종기(2022. 6. 27.)"를 공시하였다. 배당할 금액 150,500,000원.

해설) 우선순위배당·안분배당

말소기준권리는 갑의 가압류(2017. 8. 24.)가 된다. 등기사항전부증명서상 말소기준권리보다 앞서는 권리가 없으므로 낙찰자에게 인수되는 권리는 없다. 임차권등기가 경료되면 그날부터 대항력과 우선변제권을 취득하며 이미 대항력과 우선변제권을 지닌 임차인의 경우 그 효력은 그대로 유지된다.

① 임차인은 대항력(2016. 6. 17.)과 확정일자(2016. 5. 30.)를 갖춘 날 중 늦은 날(2016. 6. 17.) 익일 오전 0시에 우선변제권이 생긴다. ② 주택임차권등기(2021. 10. 22.)는 가압류(2017. 8. 24.)보다 늦게 등기되었으나 우선변제권 발생일이 앞서므로 임차인은 보증금 1억5천만원을 우선순위로 배당받는다. ③ 배당잔여금(50만원)은 가압류권자 갑과 을의 채권액에 비례하여 안분배당 한다. 본 사례는 신청채권자가 낙찰받고 채권상계신청서를 제출하는 방법으로 매각대금을 납부하였다.

신청채권자(현○○)가 채무자를 상대로 임대차보증금사건에서 승소, 확정판결을 받아 이를 집행권원으로 임차권등기가 되어 있는 천안시 서북구 성정동 소재, 이 사건(2022타경36**) 아파트(대지권 5.237㎡, 건물 30.214㎡)에 대한 강제경매를 신청하였다. 등기사항전부증명서상 권리는 아래와 같다.

구분	가압류(갑) 2019. 10. 7.	주택임차권(현○○) 전입: 2017. 4. 10. 확정: 2017. 4. 10.	가압류(을) 2021. 7. 16.	강제경매(현○○) 2022. 7. 28.
채권금액	31,536,164	95,000,000	34,000,000	95,000,000
우선변제권		49,000,000		
인수 여부		46,000,000		

매각물건명세서의 '매각허가에 의하여 소멸되지 아니하는 것' 란에 "매수인에게 대항할 수 있는 임차권등기(2021. 2. 8. 등기, 임차보증금 95,000,000원, 건물의 전부, 주민등록일자 2017. 4. 10., 확정일자 2017. 4. 10., 임차권자 현○○) 있음. 배당에서 보증금이 전액 변제되지 아니하면 잔액을 매수인이 인수함. 임차인이 배당요구신청서 제출(2022. 7. 27.). 배당요구종기(2022. 10. 31.)"를 공시하였다. 매각결과 3차 매각기일에 매각되었다(감정가 106,000,000원, 매각가 51,941,000원, 매각가율 49%). 배당할 금액 49,000,000원.

해설 우선순위배당, 미배당보증금 인수

확정일자와 전입일자가 같은 날인 경우의 사례이다. 임차인의 주택임차권은 선순위 가압류(2019. 10. 7.)보다 뒤에 등기(2021. 2. 8.)되었으나 우선변제권은 전입일(2017. 4. 10.) 다음 날 0시에 발생한다. 따라서 가압류보다 앞서므로 배당할 금액 4,900만원을 임차인에게 우선순위로 배당한다. 미배당보증금 4,600만원은 매수인에게 인수된다. 임차권자는 보증금 전액이 배당되지 않으면 보증금반환의무가 선이행될 때까지 매수인에게 대항할 수 있다(대법원 2005. 9. 15. 선고 2005다33039 판결).

사례 4 선순위 가압류와 주택임차권

신청채권자(정○○)가 채무자를 상대로 본안소송에서 승소, 확정판결을 받아 이를 집행권원으로 주택임차권등기(윤○○)가 경료된 이 사건(2022타경61**) 경기도 파주시 금촌동 소재, 아파트(대지권 43.28㎡, 건물 59.92㎡)에 대한 강제경매신청을 하였다. 등기사항전부증명서상 권리는 아래와 같다.

구분	가압류(갑) 2021. 4. 20.	가압류(을) 2021. 4. 27.	주택임차권(윤○○) 전입: 2012. 10. 15. 확정: 2019. 3. 8.	강제경매(정○○) 2022. 2. 23.
채권금액	12,167,981	20,072,926	180,000,000	7,461,327
우선변제권			180,000,000	
안분배당	1,838,890	3,033,520		1,127,590

매각물건명세서의 '매각허가에 의하여 소멸되지 아니하는 것' 란에 "매수인에게 대항할 수 있는 임차권등기(2021. 10. 14. 등기, 주민등록일자 2012. 10. 15., 임대차계약일자 2019. 3. 7., 확정일자 2019. 3. 8., 건물의 전부, 임차보증금 180,000,000원) 있음. 배당에서 보증금이 전액 변제되지 아니하면 잔액을 매수인이 인수함. 배당요구종기(2022. 5. 19.)"를 공시하였다. 임차인은 배당요구신청서를 제출(2022. 3. 4.)하였다. 매각결과 3차 매각기일에 매각되었다(감정가 323,000,000원, 매각가 190,000,000원, 매각가율 58.82%). 집행비용을 공제한 배당할 금액 186,000,000원.

우선변제권을 갖는 주택임차권자는 선순위 가압류채권자와는 평등배당의 관계에 있다. 가압류권자가 주택임차인보다 선순위인지 여부는 임대차계약증서상의 확정일자 부여일을 기준으로 삼는다(대법원 1992. 10. 13. 선고 92다30597 판결). ① 주택임차권등기(2021. 10. 14. 등기)는 최선순위 가압류(2021. 4. 20.)보다 늦게 등기되었지만, 대항력(2012. 10. 15.)과 확정일자(2019. 3. 8.)는 가압류보다 앞서므로 우선변제권을 갖는다. 임차인은 보증금 1억8천만원 전액을 우선순위로 배당받는다. ② 배당잔여금(600만원)은 신청채권자 정과 가압류채권자(갑, 을)에게 채권액의 비율대로 안분배당 한다.

사례 5 선순위 가압류와 저당권

가압류권자(갑)는 채무자를 상대로 제기한 본안소송에서 승소, 확정판결을 받아 이를 집행권원으로 이 사건(2021타경28**) 제주시 구좌읍 소재, 토지(임야) 12992㎡ 중 윤○○ 지분 1/4에 대한 강제경매(가압류의 본 압류로의 이행)를 신청하였다. 등기사항전부증명서상 권리는 아래와 같다.

구분	가압류(갑) 2021. 11. 5.	근저당(을) 2021. 11. 17.	강제경매(갑) 2021. 12. 7.	비고
채권금액	31,792,821	14,000,000	30,000,000	윤○○ 지분
안분배당		10,118,180	21,681,820	

매각물건명세서에는 "공유자의 우선매수권 행사에 따른 매수신고가 매수보증금의 미납으로 실효되는 경우, 그 공유자는 해당 부동산의 다음 매각기일에서는 우선매수청구권을 행사할 수 없음"을 공시하였다. 4차 매각기일에 매각되었다(감정가 64,960,000원, 매각가 33,865,000원, 매각가율 52.13%). 배당할 금액 31,800,000원.

안분배당

가압류는 장래 회수할 금전채권에 대한 보전책으로 집행한 것이므로 자기채권전액의 회수 여부를 불문하고 말소되는 것이 원칙이다. 경매개시결정등기 전에 등기된 가압류권자는 배당요구 하지 않았더라도 당연히 배당요구 한 것과 동일하게 취급된다(대법원 1995. 7. 28. 94다57718 판결). ① 배당절차에서 1번 가압류와 2번 근저당이 동일한 순위에 있는 것으로 보아 근저당권자의 채권최고액 1,400만원과 가압류권자가 본안판결에서 승소한 3,000만원을 기준으로 안분배당 한다. ② 을의 배당금은 10,118,182원 [=31,800,000원×(14,000,000원/44,000,000원)]이다. ③ 갑의 배당금도 같은 방법으로 산정한다. 원 미만은 사사오입한다.

사례 6 후순위 가압류권자의 배당금 산정

신청채권자(갑)는 담보권의 실행으로. 이 사건(2022타경16**) 태안군 남면 소재, 농지 2692㎡에 대한 임의경매를 신청하였다. 가압류권자는 배당요구종기(2022. 7. 12.) 이내에 배당요구신청서를 제출(을 2022. 6. 22., 병 2022. 6. 24.)하였다. 등기사항전부증명서(집합건물)상 권리는 아래와 같다.

구분	근저당(갑) 2021. 6. 14.	임의경매(갑) 2022. 4. 12.	가압류(을) 2022. 5. 18.	가압류(병) 2022. 7. 11.
채권금액	30,000,000	21,525,479	30,314,142	34,689,943
우선순위		21,525,480		
안분배당			12,346,180	14,128,340

매각물건명세서에는 "농지취득자격증명이 필요함(증명서 미제출시 매수신청보증금 몰수)"을 공시하였다. 4차 매각기일에 매각되었다(감정가 139,940,000원, 매각가 50,505,000원, 매각가율 36.08%). 배당할 금액 48,000,000원.

담보권자에게 경매신청 당시 확정된 청구채권 21,525,479원을 우선순위로 배당하고 배당잔여금(26,474,521원)은 후순위 가압류권자 을과 병에게 채권금액에 비례하여 안분배당 한다. 근저당권자의 채권최고액에는 이자, 손해배상, 위약금도 포함되므로 이로 인해 가압류권자에게 배당되는 배당금이 줄어들 수 있다.

농지법상 농지에 관한 경·공매절차에서 매각결정과 대금납부가 이루어졌다고 하더라도 매수인은 농지법에서 정한 농지취득자격증명을 발급받지 못하는 이상 소유권을 취득할 수 없다. 농지에 관한 경매절차에서 농지취득자격증명의 발급은 매각허가요건에 해당한다. '농지취득자격증명'이란 농지를 취득하기 위한 자격을 얻었음을 증빙하는 서류이다. 소유권이전등기신청시에 이 자격증명을 첨부해야만 소유권이전등기가 가능하다. 경매로 농지를 취득하는 경우에는 최고가매수신고인으로 정해지면 법원에서 최고가매수신고인증명서를 발급받아 그 증명서를 농지 소재지를 관할하는 시장, 구청장, 읍장 또는 면장에게 제시하고, 농지취득자격증명을 발급받아 법원에 제출해야 한다. 농지취득자격증명을 기간 내에 제출하지 못하면 소명자료를 첨부해서 매각결정기일 변경신청을 하거나 부득이하게 제출하지 못한 사유를 소명해 입찰보증금을 반환받을 수 있는 방법이 있지만, 대부분은 기간 내에 농지취득자격증명을 발급받아 제출하지 못하면 매각불허가결정을 하며 입찰보증금을 몰수당할 수 있다.

2021. 8. 17. 농지법이 개정되면서 금지행위(농지법 제7조의2)가 신설되고, 농지취득에 대해 강화된 개정 농지법이 2022. 5. 18.부터 시행되고 있다. 여기에 더하여 2023. 5. 11. 최근 문제가 되고 있는 농막불법증축과 별장 사용 등의 위반사례를 예방하기 위해 농지법 시행규칙 개정안을 마련해 입법예고한다는 보도자료를 냈으나 2023. 6. 19. 관련법의 개정 중단을 발표하였다. 하지만 전국의 농막실태점검결과 약 50% 이상의 불법내용을 확인하고 개정안을 마련하고자 한 것이므로 언제든지 입법이 진행될 수 있다는 점에서 농지경매시장에 미치는 영향도 적지 않을 것이다.

강화된 개정농지법은 ① 농업진흥지역 내 농지의 주말·체험 영농목적 취득제한, ② 농지취득자격증명심사요건 강화, ③ 거짓이나 그 밖의 부정한 방법으로 농지취득자격증명을 발급받아 농지를 소유한 것으로 시장·군수 또는 구청장이 인정한 경우 등에 대해 6개월 이내에 해당 농지에 대한 처분을 명함, ④ 농지법 위반행위에 대한 벌칙 상향, ⑤ 이행강제금부과액상향 등이 그 내용이다.

사례 7 선순위 가압류와 저당권

선순위 가압류권자(갑)는 채무자를 상대로 본안소송에서 승소, 확정판결을 받아 이를 집행권원으로 금산군 부리면 소재, 임야 24749㎡ 중 채무자 지분 13499.45㎡(일부 농지 포함)를 채권자대위권을 행사하여 상속인 앞으로 이전등기(2015. 7. 27. 채무자 사망)한 후 이 사건(2021타경10**) 강제경매를 신청하였다. 4차 매각기일에 매각되었다(감정가 115,076,742원, 매각가 50,100,000원, 매각가율 43.54%). 등기사항전부증명서상 권리는 아래와 같다.

구분	가압류(갑) 1999. 9. 7.	근저당(을) 2000. 1. 4.	근저당(병) 2001. 1. 9.	가압류(정) 2011. 8. 3.	강제경매(갑) 2022. 3. 16.
채권금액	30,250,000	8,000,000	20,000,000	45,011,601	29,200,000
안분배당	13,768,430	3,641,230	9,103,100	20,487,240	
흡수배당		4,358,770	10,896,900	-15,255,670	
최종배당액	13,768,430	8,000,000	20,000,000	5,231,570	

매각물건명세서에는 "공유자우선매수청구권행사 1회 제한함. 특별매각조건(농지취득자격증명 필요, 매각허가결정시까지 미제출시 매수보증금 몰수)"을 공시하였다. 배당할 금액 47,000,000원.

  채무자가 상속을 하였으나 아직 상속등기를 마치지 않은 경우에는 민법 제404조, 부동산등기법 제29조, 제52조에 의하여 대위에 의한 상속등기를 한 다음 상속인에 대하여 강제경매를 신청할 수 있다. 이 경우 대위원인을 증명하는 서면은 집행력 있는 정본 또는 근저당이 설정된 등기사항전부증명서이면 된다. 경매신청을 위한 상속등기비용은 집행비용이다(대법원 2016다21197 판결). 첫 경매개시결정등기 전에 등기된 가압류는 배당요구가 없어도 당연히 배당받는다. 첫 경매개시결정등기 후에 등기된 가압류권자가 배당요구한 경우에는 배당받을 금액은 가압류의 청구금액 내에서 원금·이자 및 비용이다. 따라서 채권계산서에 적힌 채권액이 등기사항전부증명서나 가압류결정에 표시된 청구금액을 초과하는 경우에는 위의 청구금액을 채권금액으로 본다.

  공유지분매각사건이므로 공유자가 우선매수청구권을 행사할 수 있고, 농지에 대하여는 농지취득자격증명이 필요하다. 말소기준권리(1999. 9. 7.)보다 앞서는 권리가 없으므로 낙찰자에게 인수되는 권리는 없다. 부동산에 대하여 가압류등기가 먼저 되고 나서 근저당권 설정등기가 마쳐진 경우에 근저당권자는 선순위 가압류권자에 대하여는 우선변제권을 주장할 수 없으므로 1단계로 각 채권액에 따른 안분 비례에 의하여 배당한 후 선순위 각 채권자들이 후순위로부터 흡수하는 방식으로 배당한다. ① 채권자들을 동등한 순위로 보아 동순위로 파악하여 채권금액을 기준으로 안분배당액을 산정한다. ② 채권자들 사이의 우선순위에 따라 2번, 3번 근저당권자는 4번 가압류권자에게 배당할 금액을 흡수하여 근저당권자가 우선배당 받는다. ③ 후순위 가압류권자 정은 을과 병에게 흡수당한 금액을 공제한 잔액 5,231,570원을 배당받는다.

가처분의 인수와 소멸 사례

1. 의의

1) 매각에 의하여 소멸하지 않는 가처분등기가 있는 경우 가처분권자가 본안에서 승소하게 되면 경매의 효력을 가지고 가처분권자에게 대항할 수 없으므로 매수인은 소유권을 상실하게 된다. 부동산경매에서 자주 볼 수 있는 가처분은 다음과 같은 것이 있다. ① 소유권, 근저당권, 기타권리에 대한 처분금지가처분 ② 점유자에 대한 점유이전금지가처분 ③ 건물철거 및 토지 인도를 청구하기 위한 가처분 ④ 명도단행가처분 등이다.

2) 경매절차에서 매각대금이 지급되면 법원사무관 등은 매수인 앞으로 소유권을 이전하는 등기와 함께 매수인이 인수하지 아니한 부동산의 부담에 관한 기입을 말소하는 등기 등도 촉탁하여야 하는데(민사집행법 제144조 제1항), 이때 토지소유자가 그 소유 토지 위에 채무자 소유 건물철거청구권을 보전하기 위하여 건물에 대한 처분금지가처분으로 마쳐진 가처분등기는 건물에 관한 압류 또는 근저당권설정등기 이후에 마쳐졌더라도 말소되지 않은 채 남아 있지만, 이는 위 가처분이 건물 자체에 대한 어떠한 권리를 보전하기 위한 것이 아니기 때문이다(대법원 2022. 3. 31. 선고 2017다9121, 9138 판결).

3) 채무자 소유 건물에 대한 철거청구권을 피보전권리로 한 가처분에도 불구하고 채무자가 건물을 처분하였을 때에는 이를 채권자에게 대항할 수 없으므로 채권자에 대한 관계에 있어서 채무자가 여전히 그 건물을 처분할 수 있는 지위에 있다고 볼 수 있다. 처분행위가 가처분에 저촉되는지 여부는 그 처분행위에 따른 등기와 가처분등기의 선후에 따라 정해진다(대법원 2009. 9. 24. 선고 2009다32928 판결).

2. 가처분의 인수와 소멸

1) 처분금지가처분이나 소유권이전청구권보전의 가등기가 매각에 의하여 소멸하는 근저당권 등 타물권이나 가압류의 등기보다 후에 경료된 경우에는 가처분권자는 매수인에게 대항할 수 없고 대금납부 후 그 가처분등기나 가등기는 말소하게 되므로(대법원 1988. 4. 28. 자 87마1169, 결정), 경매의 개시나 진행을 방해할 사유가 되지 않는다.

2) 근저당권이 소멸되는 경매절차에서 부동산이 매각된 경우에는 근저당권설정등기와 가처분등기의 선후에 따라 채무자가 채권자에게 대항할 수 있는지 여부가 정해진다. 따라서 가처분등기보다 먼저 설정등기가 마쳐진 근저당권이 소멸되는 경매절차에서의 매각으로 채무자가 건물소유권을 상실한 경우에는 채권자로서도 가처분효력을 내세워 채무자가 여전히 그 건물을 처분할 수 있는 지위에 있다고 주장할 수 없다(대법원 2022. 3. 31. 선고 2017다9121, 9138 판결).

3) 처분금지가처분의 등기 후 체납처분에 의한 압류등기가 되고 이어 가처분권자가 본안소송에서 승소판결을 받아 확정이 되면 체납처분의 피보전권리의 범위 내에서 가처분 위반행위의 효력을 부정할 수 있다(대법원 1993. 2. 19. 선고 92마903 결정).

4) 처분금지가처분 결정에 기한 가처분등기는 집행법원의 가처분결정 취소나 집행취소의 방법에 의해서만 말소될 수 있고 비록 가처분결정이 어떤 이유로 사실상 효력이 상실되거나 대항력이 없는 것이라도 가처분등기 그 자체의 말소를 소로써 구할 수 없다(대구고등법원 1975. 9. 3. 선고 74나1031, 1032 제3민사부 판결).

5) 강제경매개시 당시 근저당권설정이 되어 있으나 피담보채권이 없다면 가처분등기가 근저당권 이후에 기입되어 경매절차에서 말소되었더라도 최선순위 근저당권은 효력이 없다. 이때 말소기준권리는 경매기입등기가 되어 말소된 가처분등기는 회복된다(대법원 1998. 10. 27. 선고 97다26104, 26111 판결).

3. 가처분의 취소

민사집행법 제288조 제1항은 제1호에서 '가압류이유가 소멸되거나 그 밖에 사정이 바뀐 때'에 가압류를 취소할 수 있도록 규정하면서, 제3호에서 '가압류가 집행된 뒤에 3년간 본안의 소를 제기하지 아니한 때'(이하 '제3호 사유'라고 한다)에도 가압류를 취소할 수 있도록 규정하고 있고, 이 규정은 같은 법 제301조에 의해 가처분 절차에도 준용된다. 채권자가 가처분결정이 있은 후 보전의사를 포기하였거나 상실하였다고 볼 만한 사정이 있는 경우에는 제1호 사유인 '사정이 바뀐 때'에 해당하여 가처분을 취소할 수 있는데, 제3호 사유는 채권자가 보전의사를 포기 또는 상실하였다고 볼 수 있는 전형적인 경우로 보아 이를 가처분취소사유로 규정한 것이다. 그 취지는 가처분은 권리관계가 최종적으로 실현될 때까지 긴급하고 잠정적으로 권리를 보전하는 조치에 불과하므로 채권자로 하여금 채권의 보전에만 머물러 있지 말고 채권의 회수·만족이라는 절차까지 진행하여 법률관계를 신속히 마무리 짓도록 하고, 채권자가 이를 게을리한 경우에는 채무자가 가처분으로 인한 제약으로부터 벗어날 수 있도록 하려는 데에 있다.

이와 같은 민사집행법 규정의 내용과 취지에 비추어 보면, 가처분이 제3호 사유에 해당하여 취소사유가 발생한 이후 채권자가 다시 동일한 내용의 가처분을 신청한 경우, 그 보전의 필요성 유무는 최초의 가처분신청과 동일한 기준으로 판단하여서는 아니 되고, 채권자와 채무자의 관계, 선행 가처분의 집행 후 발생한 사정의 변경 기타 제반사정을 종합하여, 채권자가 선행 가처분의 집행 후 3년이 지나도록 본안소송을 제기하지 아니하였음에도 불구하고 채권자가 보전의사를 포기 또는 상실하였다고 볼 수 없는 특별한 사정이 인정되는 경우에 한하여 보전의 필요성을 인정할 수 있다. 그렇지 않으면 제3호 사유가 발생한 경우를 채권자가 보전의사를 포기 또는 상실한 전형적인 사정으로 보아 채무자로 하여금 가처분취소를 통해 가처분으로 인한 제약으로부터 벗어날 수 있도록 하려는 법의 취지를 형해화시키기 때문이다(대법원 2018. 10. 4. 자 2017마6308 결정).

4. 매각 사례와 배당

사례 1 선순위가처분과 근저당

신청채권자(을)가 담보권실행으로 이 사건(2020타경17**) 원주시 문막읍 소재, 임야 860㎡ 중 김○○ 지분 661/992에 대한 임의경매신청을 하였다. 등기사항전부증명서상 권리는 아래와 같다.

구분	가처분(갑) 2005. 1. 24.	근저당(을) 2020. 1. 23.	임의경매(을) 2020. 4. 13.	비고
채권금액		75,000,000	50,000,000	김○○ 지분
우선순위		2,500,000		
인수 여부	인수	소멸		

매각물건명세서에는 '매각허가에 의하여 소멸되지 아니하는 것' 란에 "갑구 순위번호 4번 가처분등기(2005. 1. 24. 제4877호 등기)는 말소되지 않고 매수인에게 인수됨"을 공시하였다. 매각결과 1차 매각기일에 매각(100.09%)되었으나 최고가매수인이 대금을 미납하여 8차 매각기일에 매각되었다(감정가 20,055,000원, 매각가 3,818,000원, 매각가율 19.04%). 배당할 금액 2,500,000원.

해설 우선순위배당, 가처분 인수

다툼의 대상에 관한 현상이 바뀌면 당사자가 권리를 실행하지 못하거나 이를 실행하는 것이 매우 곤란할 염려가 있는 경우에 가처분을 한다(민사집행법 제300조). ① 말소기준권리는 근저당(2020. 1. 23. 설정등기)이다. 등기사항전부증명서상 가처분(갑 2005. 1. 24.)은 선순위이므로 낙찰자에게 인수된다. 선순위 가처분은 민사집행법 제288조 제1항 제3호, 제301조에 따라 보전처분집행 후 5년(2005. 7. 28.부터 3년으로 변경됨)간 본안소송을 집행하지 않았다는 이유로 채무자나 제3취득자가 사정변경에 의한 가처분취소를 구할 수 있다. ② 배당할 금액 250만원 전액은 근저당권자에게 배당된다. 신청채권자가 청구채권 5,000만원과 이에 대한 소정의 이자를 청구한 것이라면 약 7,000만원은 미수채권으로 남는다.

사례 2 **선순위 가처분과 강제경매**

신청채권자(정)는 집행력 있는 판결정본에 기해 충청남도 부여군 옥산면 소재, 이 사건 (2022타경31**) 사무실(토지 611㎡, 건물 155.11㎡)에 대한 강제경매신청을 하였다. 3차 매각기일에 매각되었다(감정가 102,538,100원, 매각가 50,300,000원, 매각가율 49.05%). 배당할 금액은 48,000,000원. 등기사항전부증명서상 권리는 아래와 같다.

구분	가처분(갑) 2018. 9. 21.	압류(을) 2021. 5. 24.	압류(병) 2021. 8. 6.	강제경매(정) 2022. 3. 3.
채권금액	이혼원인재산분할	교부청구액	교부청구액	30,959,939
우선순위				30,959,939
인수 여부	인수			

가처분은 이혼을 원인으로 한 재산분할청구권 중 일부이다. 매각물건명세서에는 '매각허가에 의하여 소멸되지 아니하는 것' 란에 "갑구 순위번호 4번 가처분등기(2018. 9. 21. 접수번호 제14784호)는 인수됨. 이에 대해 가처분권자인 윤○철의 한정후견인 윤○숙이 권리신고 및 배당요구신청서 제출(2022. 4. 12.). 채권신고액을 전액 배당받음과 동시에 매각으로 말소하는 데 이의가 없다는 확인서(2022. 9. 19.)가 접수됨"을 공시하였다.

해설 **우선순위배당, 가처분 인수**

말소기준권리는 을의 압류(2021. 5. 24.)등기이다. 등기사항전부증명서상 가처분은 선

순위 권리이므로 낙찰자에게 인수된다. 가처분권자에게는 배당되지 않는다. 배당할 금액은 신청채권자에게 배당되고, 배당잉여금은 소유자에게 지급된다. 다만 가처분권자의 후견인으로부터 권리신고 및 배당요구신청서가 제출되고, 말소하는 데 이의가 없다는 확인서가 접수되었으므로 배당요구 한 금액을 통해서 가처분권자의 의사를 확인할 수 있다. 가처분의 본안사건이 소유권이전등기나 그 등기의 말소를 명하는 판결이 제출되었거나 가처분권자의 말소동의서가 제출된 경우에는 가처분은 말소가 가능하다 할 것이다.

사례 3 공유물분할경매의 가처분

신청채권자(최○○)는 공유물분할을 위한 조정을 갈음하는 강제조정에 기하여 인천시 강화도 송해면 소재, 주택(토지 443㎡, 건물 64.68㎡)에 대한 이 사건(2022타경50**) 형식적 경매를 신청하였다. 청구채권금액이 0원이다. 등기사항전부증명서(토지)상 권리는 아래와 같다.

구분	지분이전(최○○) 2020. 6. 29.	지분이전(서○○) 2021. 3. 4.	가처분(최○○) 2021. 6. 10.	임의경매(최○○) 2022. 4. 22.
채권금액	지분 2/12	지분 10/12	서○○ 지분	
참고사항	2019타경264**	2020타경741**		
인수 여부			소멸	

한편, 신청채권자(최○○)는 이 사건 부동산의 공유지분 2/12 전부를 전 경매사건(2019타경264**호)에서 매수(2020. 6. 29.)하고, 공유자 서○○은 공유지분 10/12 전부를 전 경매사건(2020타경741**호)에서 매수(2021. 3. 4.)하였다. 최○○는 서○○ 지분 전부에 대하여 소유권이전등기청구권(공유물분할)가처분(2021. 6. 10.)을 하였다. 2차 매각기일에 매각되었다(감정가 115,965,300원, 매각가 113,720,000원, 매각가율 98.06%). 배분 예상액은 110,500,000원.

매각대금교부, 가처분 소멸

말소기준권리는 임의경매기입등기(2022. 4. 22.)이다. 본 사례의 가처분은 선순위로서 매수인에게 인수되는 권리이나, 가처분권자가 경매신청권자와 동일한 경우 목적달성을 이유로 가처분등기말소촉탁신청을 하거나 사정변경을 이유로 가처분취소신청을 하는 방법으로 말소할 수 있다. 매각대금에서 집행비용을 배당한 후 배당잔여금은 각 공유지분 비율(최○○ 2/12, 서○○ 10/12)에 따라 공유자에게 교부된다.

사례 4 **공유물분할경매의 가처분과 가등기**

공유물분할을 피보전권리로 이○○ 외 4명의 지분에 대하여 가처분을 한 공유자 장○○은 이 사건(2021타경78**) 경기도 가평군 청평면 소재, 임야 1100㎡에 대한 형식적 경매를 신청하였다. 매각물건명세서에는 '매각허가에 의하여 소멸되지 아니하는 것' 란에 "가등기(2020. 12. 17. 등기)는 매수인에게 인수됨. 만약 가등기된 매매예약이 완결되는 경우에는 매수인이 소유권을 상실할 수 있음. 가처분등기는 인수됨"을 공시하였다. 등기사항전부증명서상 권리는 아래와 같다.

구분	지분전부이전(장○○) 2020. 6. 26	가등기(을) 2020. 12. 17	가처분(장○○) 2020. 12. 29	임의경매(장○○) 2021. 6. 1.
채권금액	공매 495.8/1100	매매예약	공유물분할원인	
인수 여부		소멸	소멸	

한편, 신청채권자 장○○는 자신의 소유지분을 공매사건에서 매수(2020. 6. 26. 등기, 박○○ 지분 495.8/1100)하였다. 매각결과 3차 매각기일에 매각되었다(감정가 112,260,000원, 매각가 68,880,000원, 매각가율 61.36%).

말소기준권리는 임의경매기입등기(2021. 6. 1.)이다. 최선순위 가등기는 소멸되지 않고 인수되는 것이 원칙이다. 대법원은 "대금분할을 명한 공유물분할 확정판결의 효력은 민사소송법 제218조 제1항이 정한 변론종결 후의 승계인에 해당하는 가등기권자에게 미치므로, 특별한 사정이 없는 한 위 가등기상의 권리는 매수인이 매각대금을 완납함으로써 소멸한다(대법원 2021. 3. 11. 선고 2020다253836 판결)"는 판시를 하였다.

가처분등기는 신청채권자가 가처분권자이고 공유물분할을 위한 가처분이므로 말소등기 대상이다. 가처분권자가 경매신청권자와 동일한 경우 목적달성을 이유로 가처분등기 말소촉탁신청을 하여 소멸시킬 수 있다. 매각대금에서 집행비용을 공제한 배당잔여금은 공유자들에게 배분될 것이다.

사례 5 공유물분할경매의 가처분과 가등기

신청채권자(이○○)는 공유물분할사건의 조정을 갈음하는 강제조정에 기해 경기도 연천군 전곡읍 소재, 이 사건(2020타경77**) 농지 1140㎡에 대한 형식적 경매신청을 하였다. 등기사항전부증명서상 권리는 아래와 같다.

구분	지분전부이전(이○○) 2016. 2. 18	가처분(이○○) 2018. 11. 26	가등기(을) 2020. 4. 14	임의경매(이○○) 2020. 5. 1
채권금액	지분 1/4	공유물분할원인	매매예약, 1/4	9,975,000
우선순위	2014타경607**	이○학 지분		9,975,000
인수 여부		소멸	소멸	

한편, 공유자 이○○는 전 경매사건(2014타경607**호)에서 지분 1/4 전부를 낙찰(2016. 2. 18.)받고, 공유자 최○○, 박○○는 전 경매사건(2015타경245**호)에서 다른 공유자 이상○ 지분 1/4 전부를 각 2/40, 8/40 비율로 낙찰(2016. 8. 17.)받았다. 4차 매각기일에 매

각되었다(감정가 79,800,000원, 매각가 46,600,000원, 매각가율 58.4%). 배분 예상금액 44,400,000원.

(해설) 매각대금 교부, 가처분 소멸, 가등기 소멸

신청채권자는 공유물분할을 피보전권리로 가처분을 한 공유자이다. 말소기준권리는 임의경매기입등기(2020. 5. 1.)가 된다. 가처분은 공유물분할가처분이므로 말소대상이다. 가등기도 조정을 갈음하는 강제조정 이후 공유지분에 대한 가등기이므로 말소대상이다. 신청채권자에게 청구채권 9,975,000원을 배당하고 배당잔여금은 나머지 공유자들에게 배분된다.

사례 6 선순위 주택임차권과 가처분

신청채권자(정)는 채무자에 대한 부당이득금 사건의 집행력 있는 판결정본에 기해 경산시 중방동 소재, 이 사건(2019타경11**) 다가구주택(건물만 매각)에 대한 강제경매신청을 하였다. 매각물건명세서에는 "임차인 10명 중 6명(임차보증금 합계 99,000,000원)이 기재되어 있음. 나머지 4명은 임차권등기가 말소된 등기사항전부증명서가 채권자로부터 제출됨. 2명은 주택임차권등기(갑 2008. 7. 21. 등기, 을 2008. 7. 25. 등기)를 경료하고 배당요구신청서 제출."이라고 기재되어 있으며 '매각허가에 의하여 소멸되지 아니하는 것'란에 "가처분은 말소되지 않고 매수인이 인수함. 압류권자로부터 48,000,000원의 매수신청의 보증이 있음"의 기재가 있다. 등기사항전부증명서상 권리는 아래와 같다.

구분	주택임차권(갑) 전입: 2001. 12. 31. 확정: 2001. 12. 31.	주택임차권(을) 전입: 1999. 9. 30. 확정: 1999. 9. 30.	압류(병) 2008. 12. 17.	가처분(정) 2019. 6. 15.	강제경매(정) 2019. 12. 31.
채권금액	14,000,000	25,000,000	교부청구액	건물철거청구	72,859,9006
소액보증금	11,000,000	11,000,000			
우선변제권	3,000,000	14,000,000			5,000,000
인수 여부	소멸	소멸		인수	

한편, 신청채권자는 이 사건 건물이 있는 토지를 전 경매사건(2016타경 319**호)에서 소유권이전(2017. 2. 22.)을 하였고, 소유권에 기한 건물철거 및 토지인도청구권을 피보전권리로 가처분(2019. 6. 15.)하였다. 건물철거 판결은 확정되었다. 매각결과 6차 매각기일에 매각되었다(감정가 252,741,600원, 매각가 48,000,100원, 매각가율 18.99%). 배당할금액 44,000,000원.

> **해설** ## 최우선순위배당·우선순위배당, 가처분 인수

주택임대차보호법 제8조에 의하여 다른 담보물권자보다 우선변제를 받을 주택임차인은 그 임차주택에 대한 경매신청의 등기 전에 주택을 인도받고 전입신고를 마쳐야 하는 것이며, 그 요건을 갖추었을 때에만 제3항에 의하여 주택의 경락가액(대지가액을 포함)의 2분의 1의 범위 안에서 최우선변제를 받게 된다. ① 주택가액 4,400만원의 2분의 1에 해당하는 금액(2,200만원)의 범위 내에서 소액임차인 2명에게 각 1,100만원을 최우선순위로 배당하고, 배당잔여금 2,200만원 중 선순위 임차인(을)에게 1,400만원, 후순위 임차인(갑)에게 300만원을 각 우선순위에 따라 미배당보증금을 배당한다. ② 임차인 6명 중 나머지 4명은 임차권등기가 말소되어 배당에서 제외된다. ③ 건물철거 및 토지인도청구 가처분은 매각으로 소멸하지 않고 매수인에게 인수된다. 본 사례는 토지소유권을 가지고 있는 신청채권자가 매수신청의 보증을 제공하여 낙찰받은 것으로 추정된다.

사례 7 ### 최선순위 근저당과 후순위 가처분

신청채권자(정)는 채무자에 대한 약정금사건의 집행력 있는 지급명령정본에 기해 경기도 양주시 백석읍 소재, 이 사건(2018타경21**) 강제경매(가압류의 본 압류로의 이행)를 신청하였다. 농지 1907㎡를 포함한 임야 6704㎡를 일괄매각 한다. 등기사항전부증명서(토지)상 권리는 아래와 같다.

구분	근저당(갑) 2005. 9. 20.	가처분(을) 2011. 3. 4.	근저당(병) 2011. 7. 7.	가압류(정) 2011. 11. 15.	강제경매(정) 2018. 10. 5.
채권금액	247,000,000	소유권이전청구권	250,000,000	80,000,000	80,745,389
우선순위	247,000,000		250,000,000	65,000,000	
인수 여부		소멸			

매각물건명세서에는 "지목은 전이나 현황 도로인 토지의 농지취득자격증명이 불필요함"을 공시하였다. 가처분권자(을)는 소유권이전등기청구권을 피보전권리로 가처분을 하고, 가사사건의 청구금액 413,628,900원에 관한 배당요구신청서를 제출하였다. 2차 매각기일에 매각되었다(감정가 638,177,000원, 매각가 567,000,000원, 매각가율 88.8%). 배당할 금액 562,000,000원.

해설 우선순위배당, 가처분 소멸

등기사항전부증명서상 말소기준권리(2005. 9. 20.)보다 선순위권리가 없으므로 낙찰자에게 인수되는 권리는 없다. 가처분권자는 배당요구를 하였으나 배당금이 지급되지 않는다. 그 대상이 금전채권이 아닌 소유권에 관한 권리이기 때문이다. 배당할 금액 5억6,200만원은 저당권설정일의 선후에 따라 배당순위가 정해진다. 신청채권자의 채권은 근저당권자 병의 후순위로 배당된다. 농지가 일부현황 도로인 경우 농지취득자격증명이 발급되지 않지만, 원상복구를 명하기도 한다.

사례 8 진정명의회복가처분

신청채권자(윤○○)는 공유물분할을 위하여 이 사건(2021타경32**) 음성군 원남면 소재, 농지 1262㎡에 대한 임의경매를 신청하였다. 한편, 신청채권자는 전 경매사건(2019타경228**호)에서 7/34 지분을 매수(2020. 6. 3.)하였다. 매각물건명세서에는 '매각허가에 의하여 소멸되지 아니하는 것' 란에 '가처분'을 공시하였다. 매각결과 5차 매각기일에 매각되었다(감정가 79,506,000원, 매각가 42,710,000원, 매각가율 53.72%). 배당할 금액은 전 경매보증금 7,950,000원을 포함한 48,500,000원, 등기사항전부증명서(토지)상 권리는 아래와 같다.

구분	가처분(갑) 2008. 4. 15.	소유권이전(윤○○) 2020. 6. 3.	가처분(윤○○) 2020. 9. 23.	임의경매(윤○○) 2021. 8. 12.
채권금액	진정명의회복	2019타경228**	공유물분할	
교부금		박○○ 지분 7/34		
인수 여부	인수		소멸	

(해설) **매각대금교부, 가처분 인수**

말소등기에 갈음하여 허용되는 진정명의회복을 원인으로 한 소유권이전등기청구권과 무효등기의 말소청구권은 어느 것이나 진정한 소유자의 등기명의를 회복하기 위한 것으로서 실질적으로 그 목적이 동일하고 두 청구권 모두 소유권에 기한 방해배제청구권으로서 그 법적근거와 성질이 동일하므로 그 소송물은 실질상 동일한 것으로 보아야 한다(대법원 2001. 9. 20. 선고 99다37894 판결, 2003. 3. 28. 선고 2000다24856 판결).

후순위 가처분권자가 경매신청권자(윤)이므로 후순위 가처분(윤)은 매각으로 소멸하고 선순위 가처분(갑)은 매수인에게 인수된다. 매각대금에서 집행비용을 배당한 후 배당잔여금은 공유자들에게 교부될 것이다.

사례 9 **건물철거 및 대지인도청구 가처분**

신청채권자(갑)는 담보권의 실행으로 익산시 모현동 소재, 이 사건(2021타경41**) 다세대주택(대지권 없음, 건물 63.96㎡, 건물만 매각)에 대한 임의경매를 신청하였다. 주민등록 전입자 송○○는 대항력(2016. 12. 26. 전입)과 확정일자(2016. 12. 26.)를 갖춘 임차인으로 배당요구신청서를 제출(2021. 11. 12.)하였다. 매각물건명세서에는 "갑구 순위 13

번 가처분등기(2018. 9. 11. 등기)는 매각으로 소멸하지 않고 매수인에게 인수됨. 대지소
유자가 건물의 일부 소유자 등을 상대로 제기한 확정된 건물 등 철거소송(전주지방법원
2018가단13891 판결)이 있음. 주택임차권등기(2019. 11. 12.)는 점유자 송○○임"을 공시
하고 매각절차를 진행하였다. 5차 매각기일에 매각되었다(감정가 100,300,000원, 매각가
40,444,000원, 매각가율 40.32%). 배당할 금액 41,000,000원(전 경매보증금 3,440,300원
포함). 등기사항전부증명서상 권리는 아래와 같다.

구분	근저당(갑) 2013. 12. 12.	가등기(을) 2017. 10. 12.	가처분(병) 2018. 9. 11.	주택임차권(송○○) 전입: 2016. 12. 26. 확정: 2016. 12. 26.	임의경매(갑) 2021. 8. 24.
채권금액	104,000,000	매매예약	건물철거청구	15,000,000	246,957,560
소액보증금				14,000,000	
우선순위	27,000,000				
인수 여부		소멸	인수	소멸	

(해설) **최우선순위배당, 가등기 소멸, 가처분 인수**

근저당권이 소멸되는 경매절차에서 부동산이 매각된 경우에는 근저당권설정등기와 가
처분등기의 선후에 따라 채무자가 채권자에게 대항할 수 있는지 여부가 정해진다. 토지
소유자가 그 소유 토지 위에 채무자 소유 건물철거청구권을 보전하기 위하여 건물에 대한
처분금지가처분으로 마쳐진 가처분등기는 건물에 관한 압류 또는 근저당권설정등기 이
후에 마쳐졌더라도 말소되지 않은 채 남아 있지만, 이는 위 가처분이 건물 자체에 대한 어
떠한 권리를 보전하기 위한 것이 아니기 때문이다. 말소기준권리는 2013. 12. 12. 근저당
이다. ① 담보권설정일 기준(2010. 7. 26.~2013. 12. 31.) 전북 익산시에 적용되는 소액임
차인의 보증금 범위와 보증금 중 일정액은 4,000만원 이하 1,400만원이다. 임차인은 이에
해당되어 최우선순위로 소액보증금 1,400만원을 배당받는다. 매수인에게 인수되는 보증
금은 없다. ② 신청채권자에게 우선순위로 2,700만원이 배당된다. ③ 건물철거 및 토지인

도청구 가처분은 매각으로 소멸하지 않고 매수인에게 인수된다. 근저당보다 뒤에 등기된 가등기는 소멸된다.

사례 10 사해행위취소 가처분과 건물철거 가처분

신청채권자(지○○)는 43,936,342원을 지급받기 위하여 이 사건(2019타경94**) 김해시 풍유동 소재, 아파트(대지권 없음, 건물 83.92㎡)를 강제경매신청 하였다. 등기사항전부증명서(집합건물)상 권리는 아래와 같다.

구분	가등기(최○○) 2017. 7. 10.	가처분(을) 2018. 7. 17.	강제경매(지○○) 2019. 1. 17.	가처분(정) 2019. 5. 27.	강제경매(최○○) 2019. 8. 16.
채권금액	매매예약, 각 1/2	사해행위취소	43,936,342	건물철거청구	573,150,684
안분배당			4,414,370		57,585,630
인수 여부	소멸	인수		인수	

가등기권자(최○○)는 청구금액 573,150,684원을 지급받기 위하여 이중경매신청(2019타경119**)을 하였다. 매각물건명세서에는 "김○○으로부터 공사대금 180,000,000원의 유치권신고서가 제출(2019. 10. 18.)되었으나 그 성립 여부는 불분명함. '매각허가에 의하여 소멸되지 아니하는 것' 란에 '가처분등기(2019. 5. 27. 등기)는 말소되지 않고 매수인에게 인수됨. 이와 관련하여 건물철거를 명하는 확정판결 있음. 점유자(2018. 6. 14. 전입)는 보증금 없이 점유한다는 김○○의 진술이 있다"는 등의 기재가 있다. 매각결과 5차 매각기일에 매각되었다(감정가 148,000,000원, 매각가 65,000,000원, 매각가율 43.92%). 배당할 금액 62,000,000원.

해설 안분배당, 가처분 인수

원칙적으로 후순위 가처분은 매각으로 소멸된다. 토지소유자가 그 지상 건물 소유자에 대하여 한 후순위 가처분은 소멸되지 않는다. ① 선순위 가처분(을)과 건물철거청구권을 피보전권리로 한 후순위 가처분(정)은 인수된다. ② 이중경매사건이므로 가등기권자(최 ○○)가 임의경매신청 한 2019타경119**호의 채권 573,150,684원과 이 사건 2019타경94** 호 지○○의 채권 43,936,342원의 각 채권금액 비율로 안분하여 배당한다. 최○○에게 57,585,626원, 지○○에게 4,414,374원이 각 배당된다. 원 미만은 사사오입하는 방법으로 한다. ③ 가등기권자(최○○)가 이중경매신청채권자이므로 가등기는 소멸된다.

사례 11 선순위 가처분과 상세주소변경

신청채권자(을)는 집행력 있는 공정증서에 기해 이 사건(2019타경88**) 서울시 관악구 신림동 소재, 다세대주택 101호(대지권 미등기, 건물 68.16㎡)에 대한 강제경매를 신청하였다. 임대차계약서상 임차보증금은 150,000,000원(실제 100,000,000원 지급)이다. 등기 사항전부증명서상 권리는 아래와 같다.

구분	가처분(갑) 2018. 7. 25.	강제경매(을) 2019. 11. 7.	가압류(병) 2019. 11. 29.	가압류(정) 2020. 1. 8.	임차인(최○○) 2017. 3. 31.
채권금액	건물철거	60,000,000	256,468,579	34,798,097	100,000,000
소액보증금					16,100,000
우선변제권					16,100,000
인수 여부	인수				67,800,000

본 사건 공동주택은 가압류등기 촉탁에 의한 소유권 보존등기(2008. 9. 26. 등기)된 공동주택으로 건축법상 사용승인을 받지 않은 장기 미준공건물로 건축물대장에 등재되어 있지 않다. 임차인 최○○는 대항력(2017. 3. 31. 전입)과 확정일자(2017. 3. 31.)를 갖추고 배당요구신청서를 제출(2019. 11. 28.)하였다. 임차인이 제출(2021. 11. 5.)한 보정 서에 의하면 주민등록표상 지번만 표시되어 있는 전입신고였으나 101호로 상세주소가 변경(2021. 11. 3.)되었다. 매각물건명세서에는 '매각허가에 의하여 소멸되지 아니하는

것' 란에 "가처분(2018. 7. 25. 제137762호, 피보전권리 토지소유권에 기한 건물철거청구권)"을 공시하고 매각절차가 진행되었다. 매각결과 10차 매각기일에 매각되었다(감정가 100,000,000원, 매각가 33,200,000원, 매각가율 33.2%). 배당할 금액 32,200,000원이다(전 경매보증금 2,735,000원 포함).

해설 **최우선순위배당·우선순위배당, 미배당보증금인수, 가처분인수**

말소기준권리는 강제경매기입등기(2019. 11. 7.)이다. ① 가처분은 토지소유권에 기한 건물철거권으로 소멸되지 않고 매수인에게 인수된다. ② 장기 미준공건물로 건축물대장에 등재되어 있지 않다. 집행법원이 상세주소변경을 인정하는 경우에는, 임차인은 소액임차인으로 주택가액의 2분의 1에 해당되는 1,610만원을 변제받는다. 임차인은 확정일자 (2017. 3. 31.)를 받았으므로 확정일자부주택임차인의 지위에서 배당잔여금 1,610만원을 배당받는다. ③ 미배당보증금 6,780만원은 매수인에게 인수된다.

'특수주소'란 주민등록관리 전산화업무지침에 의해 주민등록관리 전산입력시 사용되는 용어로서 공동주택의 주소를 표기할 때 지번 다음에 명칭, 동, 호수를 표기하는 것을 의미한다. 임차주택이 공동주택인 경우 임차인의 주민등록표에 임차주택의 동·호수가 등재되어 있지 아니하다면 그 주민등록은 임차권의 존재에 관한 적절한 공시방법이 될 수 없다. 다만 임차인이 전입신고서에 호수를 기재하여 전입신고 하였으나 주민등록담당 공무원이 주민등록표에 호수의 등재를 누락함으로써 호수가 표시되어 있지 아니하다가 그 후 특수주소변경 등의 절차를 거쳐 호수가 등재되었다면 임차인은 전입신고시에 대항력을 취득한다(대법원 1991. 8. 13. 선고 91다18118 판결, 부산고등법원 2005. 4. 22. 선고 2004 나8395 판결 등).

처음에 다가구용 단독주택으로 소유권보존등기가 경료된 건물의 일부를 임차한 임차인은 이를 인도받고 임차건물의 지번을 정확히 기재하여 전입신고를 하면 주택임대차보호법 소정의 대항력을 적법하게 취득하고, 나중에 다가구용 단독주택이 다세대주택으로 변경되었다는 사정만으로 임차인이 이미 취득한 대항력을 상실하게 되는 것은 아니다(대법원 2007. 2. 8. 선고 2006다70516 판결).

사해행위취소가처분과 배당금지급금지가처분

신청채권자(무)는 집행력 있는 공정증서에 기해 이 사건(2021타경30**) 남양주시 오남읍 소재, 아파트(대지권 64.629㎡, 건물 84.877㎡)에 대한 강제경매를 신청하였다. 현황조사결과 본건 소재지에는 주민등록표에 등록된 채무자 겸 소유자의 가족이 거주하고 있고 그 외 다른 거주자는 없으며 별도의 임대차관계 없이 거주하고 있다. 가처분권자 정은 사해행위취소를 원인으로 가처분을 하였다. 근저당권자(병)은 담보권에 기해 2021. 10. 20. 이중경매신청을 하였다. 한편, 가처분권자 정(서울보증보험)은 2019. 6. 3.경 농업회사법인 제우스○○㈜와 보증보험계약을 체결하였고, 이 사건 소유자 을은 위 보증보험계약에 따른 위 회사의 정에 대한 구상금 채무를 연대보증하였다. 위 보증보험계약에서 정한 보험사고가 2019. 12. 2.경 발생함에 따라 정은 2020. 1. 10. 피보험자에게 보험금 120,000,000원을 지급하였다. 을과 그 배우자인 갑은 2016. 11. 4. 이 사건 아파트 중 각 1/2 지분에 관하여 소유권이전등기를 마쳤고, 같은 날 이 사건 아파트에 관하여 주식회사 하나은행(이하 '하나은행'이라 한다) 명의로 근저당권설정등기(채무자 을, 채권최고액 180,400,000원)가 마쳐졌다. 을은 2019. 12. 31. 갑과 이 사건 아파트 중 자기 소유인 1/2 지분에 관한 증여계약을 체결하고, 같은 날 갑에게 그 이전등기를 마쳐 주었다. 등기사항전부증명서상 권리는 아래와 같다.

구분	소유권(갑, 을) 2016. 11. 4. 접수: 115266	근저당(병) 2016. 11. 4. 접수: 115267	소유권(갑) 2019. 11. 7.	가처분(정) 2020. 2. 4.	강제경매(무) 2021. 3. 29.
채권금액	지분 1/2, 갑	180,400,000			154,323,287
소유지분	지분 1/2, 을	채무자 을	지분 1/2, 갑	지분 1/2, 갑	지분 1/2, 을
우선순위		156,313,258			133,132,402

이 사건 아파트는 매각되어(감정가 430,000,000원, 매각가 441,888,000원, 매각가율 102.76%). 실제 배당할 금액 437,758,843원은 1순위로 교부권자(당해세) '남양주시'에 225,390원, 2순위로 신청채권자 겸 근저당권자 '하나은행'에 156,313,258원, 3순위로 공정 증서에 따른 신청채권자(무)에게 133,132,402원, 4순위로 채무자 겸 소유자인 갑에게 잉여금 148,087,793원이 각 배당액으로 기재되었다. 저당권이 설정된 부동산이 사해행위로 증여되었다가 저당권의 실행 등으로 수증자인 수익자에게 돌아갈 배당금청구권이 있음에도 배당금지급금지가처분 등으로 인하여 현실적으로 지급되지 못하였다.

해설 채권자취소권의 행사에 따른 원상회복의 방법

저당권이 설정된 부동산이 사해행위로 증여되었다가 그 저당권 실행 등으로 말미암아 수증자인 수익자에게 돌아갈 배당금청구권이 있음에도 배당금지급금지가처분 등으로 인하여 현실적으로 지급되지 못한 경우, 채권자 취소권의 행사에 따른 원상회복의 방법은 수익자가 취득한 배당금청구권을 채무자에게 반환하는 방법으로 이루어져야 하고, 이는 배당금채권의 양도와 그 채권양도의 통지를 배당금채권의 채무자에게 할 것을 명하는 형태가 된다.

채권자취소권의 행사에 따른 가액배상은 사해행위 당시 채무자의 일반채권자들의 공동 담보로 되어 있어 사해행위가 성립하는 범위 내의 부동산 가액 전부의 배상을 명하는 것으로, 저당권이 설정된 부동산에 관하여 사해행위가 이루어진 경우 부동산의 가액에서 그 저당권의 피담보채권액을 공제한 잔액의 범위 내에서만 사해행위가 성립하므로, 사실심 변론종결시 기준의 부동산 가액에서 저당권의 피담보채권액을 공제한 잔액의 한도에서 사해행위를 취소하고 가액의 배상을 구할 수 있다. 따라서 사해행위 이후 그 부동산에 관하여 제3자가 저당권을 취득한 경우에는, 그 피담보채권액은 사해행위 당시 일반채권자들의 공동담보였던 부분에 속하므로 채권자취소권의 행사에 따른 원상회복의 범위에서 이를 공제할 수 없고, 이를 포함한 전부가 가액배상 등 원상회복의 범위에 포함된다 할 것 인데, 이는 채무자의 부동산에 관하여 증여 등 사해행위로 수익자에게 그 소유권이 이전된 후 경매의 실행으로 배당절차가 진행된 경우에도 마찬가지로, 그 부동산 가액 중 수익자의 채권자가 배당절차에 참여하여 취득한 배당액 상당은 사해행위 당시 채무자의 일반채권자들의 공동담보였으므로 가액배상 등 원상회복의 범위에서 공제하여 산정할 것은 아니고, 수익자의 채권자가 채무자의 일반채권자에 해당하는 지위를 겸하고 있다고 하여 달리 볼 것도 아니다(대법원 2023. 6. 29. 선고 2022다244928 판결).

가등기의 인수와 소멸 사례

1. 의의

1) 경매대상부동산의 가등기 원인이 대물변제예약보다 매매예약으로 표시된 경우가 많다. 매매예약이 매매계약을 체결하는 전 단계에서 '예약'을 하기 위한 차원에서뿐 아니라 금전대여에 따른 채권담보의 목적으로 활용되는 경우도 많기 때문이다. 집행법원에서는 가등기권자에게 담보가등기이면 배당요구의 종기까지 채권계산서의 제출을, 순위보전가등기이면 보전가등기라는 권리신고를 하라는 최고를 한다(가등기담보법 제16조 제1, 2항).

2) 가등기담보법 제3조 및 제4조의 규정에 의하면 담보가등기의 경우 청산금의 평가액을 채무자 등에게 통지한 후 채무자에게 정당한 청산금을 지급하거나 지급할 청산금이 없는 경우에는 채무자가 그 청산의 통지를 받은 날로부터 2개월의 청산기간이 경과하여야 하는 청산절차를 거친 후에야 그 가등기에 기한 본등기를 청구할 수 있는데, 위 각 규정을 위반하여 담보가등기에 기한 본등기가 이루어진 경우에는 그 본등기는 무효이고, 다만 가등기권리자가 이러한 청산절차를 거치면 위 무효인 본등기는 실체적 법률관계에 부합하는 유효한 등기가 될 수 있을 뿐이다(대법원 2002. 6. 11. 선고 99다41657 판결).

2. 가등기의 유형과 구별

(1) 소유권이전청구권 순위보전 가등기

선순위 순위보전가등기는 말소기준권리가 되지 못하며 낙찰자에게 인수되고 후순위는 말소된다. 그 대상이 금전채권이 아닌 소유권에 대한 권리이기 때문이다. 부동산매매계약을 체결하고 매매대금을 지불하였으나 매수인 명의로 소유권이전등기를 하지 않고 있는 경우, 매도자가 이중매매를 하거나 매도자의 채권자가 매매예약 한 부동산을 압류할수도 있기 때문에 이를 방지하기 위하여 매수인 앞으로 순위보전가등기를 한다.

(2) 채권을 위한 담보가등기

선순위인 담보가등기는 말소기준권리로 취급된다. 선순위와 후순위 모두 말소되는 것이 원칙이다. 그러나 선순위 담보가등기권자가 경매개시결정기입등기 전에 본등기를 위한 청산절차를 모두 마친 경우 그 가등기는 매각으로 소멸하지 않는다. 담보가등기권자는 가등기담보법에 따라 2개월의 청산절차를 거쳐서 청산금을 지급 또는 공탁을 하고 본등기를 하거나, 청산절차진행 중에 담보권을 행사하여 채권을 회수할 수 있기 때문이다. 선순위 담보가등기권자가 경매개시결정기입등기 전에 본등기를 위한 청산절차를 모두 마친 경우 배당요구를 하지 않고 집행정지신청을 한 후 본등기를 실행할 것이어서 그 가등기는 매각으로 소멸하지 않는다.

(3) 가등기 구별기준

1) 소유권이전청구권보전가등기는 '등기부 사항' 란에 소유권이전청구권가등기로, 담보가등기는 소유권이전담보가등기로 표시되고 '등기원인' 란에 대물반환예약으로 기재하는 것이 원칙이다.

2) 가등기(담보가등기)인지 여부는 그 등기부상 표시나 등기시에 주고받은 서류의 종류에 의하여 형식적으로 결정될 것이 아니고 거래의 실질과 당사자의 의사해석에 따라 결정될 문제라고 할 것이므로(대법원 1992. 2. 11. 선고 91다36932 판결), 후순위 가등기는 매각으로 말소되지만 선순위 가등기는 매각으로 소멸되지 않고 매수인에게 이전되는 것이 원칙이다.

3) 가등기권리자가 채권신고를 하지 않고 채권계산서도 제출하지 않은 이상 권리신고서에 담보가등기로 신고하는 내용을 담고 있기는 하지만 그 전체적인 취지로 보면 오히려 그 가등기는 소유권이전청구권 보전을 위하여 경료된 것임을 신고한 것으로 해석된다(대

법원 1996. 9. 6. 선고 95다51694 판결).

3. 가등기에 대한 배당 등

가. 가등기의 인수와 소멸

1) 가등기담보권자는 목적 부동산에 대한 강제경매나 임의경매절차에 참가하여 우선변제를 받을 수 있고 이 경우에 순위는 가등기담보권을 저당권으로 보고 그 담보가등기가 된 때에 그 저당권의 설정등기가 행하여진 것으로 본다(가등기담보법 제13조). 그러나 그 권리자가 채권을 증명하여 집행법원에 신고하지 않으면 순수한 순위보전을 위한 가등기인지 또는 담보를 위한 가등기인지 알 수 없으므로 채권자의 신고가 있어야 우선채권의 범위에 들어간다.

2) 가등기담보법 제15조는 "담보가등기를 마친 부동산에 대하여 강제경매 등이 행하여진 경우에는 담보가등기권리는 그 부동산의 매각에 의하여 소멸한다."라고 정하고 있고, 같은 법 제16조 제1항은 "법원은 소유권의 이전에 관한 가등기가 되어 있는 부동산에 대한 강제경매 등의 개시결정이 있는 경우에는 가등기권리자에게 해당 가등기가 담보가등기인 경우 그 내용과 채권의 존부·원인 및 금액에 관하여 법원에 신고하도록 적당한 기간을 정하여 최고하여야 한다."고 정하고, 제2항은 "압류등기 전에 이루어진 담보가등기권리가 매각에 의하여 소멸되면 제1항의 채권신고를 한 경우에만 그 채권자는 매각대금을 배당받거나 변제금을 받을 수 있다."라고 정하고 있다. 민사집행법 제148조에 따르면 '저당권·전세권, 그 밖의 우선변제청구권으로서 첫 경매개시결정등기 전에 등기되었고 매각으로 소멸하는 것을 가진 채권자(제4호)'는 배당요구 없이도 배당받을 수 있다(대법원 2021. 2. 25. 선고 2016다232597 판결).

3) 담보가등기가 아닌 경우에는 그 내용을 법원에 신고할 것을 상당한 기간을 정하여 최고하여야 하고, 압류등기 전에 이루어진 담보가등기권리자가 집행법원이 정한 기간안에 채권신고를 하지 아니하면 매각대금의 배당을 받을 권리를 상실한다(대법원 2008. 9. 11. 선고 2007다25278 판결). 위 최고에 따른 신고기간은 민사집행법 제84조 제4항의 최고와 마찬가지로 배당요구의 종기까지 하는 것이 바람직하다. 일부 경매실무에서는 담보목적의 가등기로 밝혀지면 최고기간 내에 채권신고를 하지 않더라도 실권효를 인정하지

아니하고 배당기일까지 배당요구가 들어오면 배당을 하여 준다.

4) 가등기담보권에 대하여 선순위 및 후순위 가압류채권이 있는 경우, 부동산의 경매에 의한 매득금 중 경매비용을 제외한 나머지 금원을 배당함에 있어 가등기담보권자는 선순위 가압류채권에 대하여는 우선변제권을 주장할 수 없어 그 피담보채권과 선순위 및 후순위 가압류채권에 대하여 1차로 채권액에 따른 안분비례에 의하여 평등배당을 하되, 담보가등기권자는 위 후순위 가압류채권에 대하여는 우선변제권이 인정되어 그 채권으로부터 받을 배당액으로부터 자기의 채권액을 만족시킬 때까지 이를 흡수하여 변제받을 수 있으며 선순위와 후순위 가압류채권이 동일인의 권리라 하여 그 귀결이 달라지는 것이 아니다(대법원 1992. 3. 27. 선고 91다44407 판결).

5) 담보가등기를 마친 부동산에 대하여 강제경매 등이 개시된 경우에 담보가등기권리자는 다른 채권자보다 자기채권을 우선변제 받을 권리가 있고, 이 경우 그 순위에 관하여는 그 담보가등기권리를 저당권으로 보고, 그 담보가등기를 마친 때에 그 저당권의 설정등기가 행하여진 것으로 본다(가등기담보법 제13조). 담보가등기를 마친 부동산에 대하여 강제경매 등이 행하여진 경우에는 담보가등기권리는 그 부동산의 매각에 의하여 소멸한다(가등기담보법 제15조, 대구고등법원 2016. 8. 17. 선고 2015나23100 판결).

6) 가등기는 그보다 선순위인 저당권설정등기에 대항할 수 없는 것이므로 저당권이 소멸하는 한 그보다 후순위로 가등기된 권리도 소멸하므로 이 가등기 역시 민사소송법 제661조 제1항 제2호 소정의 "경락인이 인수하지 아니한 부동산상의 부담의 기입"으로서 말소촉탁의 대상이 된다(대법원 1988. 4. 28. 자 87마1169 결정, 대법원 1980. 12. 30. 자 80마491 결정).

나. 공유물분할경매의 가등기

대금분할을 명한 공유물분할판결의 변론이 종결된 뒤(변론 없이 한 판결의 경우에는 판결을 선고한 뒤) 해당 공유자의 공유지분에 관하여 소유권이전청구권의 순위보전을 위한 가등기가 마쳐진 경우, 대금분할을 명한 공유물분할 확정판결의 효력은 민사소송법 제218조 제1항이 정한 변론종결 후의 승계인에 해당하는 가등기권자에게 미치므로, 특별한 사정이 없는 한 위 가등기상의 권리는 매수인이 매각대금을 완납함으로써 소멸한다(대법원 2021. 3. 11. 선고 2020다253836 판결).

4. 선순위 가등기의 소멸시효

1) 예약완결권은 가등기권자가 매매예약 완결의 의사표시를 하여 매매의 효력을 생기게 하는 권리일 뿐이다. 예약완결권을 행사하면 매매계약으로 전환되고, 당사자 사이에 그 행사기간을 약정한 때에는 그 기간 내에, 그러한 약정이 없는 때에는 그 예약이 성립한 때로부터 10년 내에 이를 행사하여야 하고, 그 기간을 지난 때에는 예약완결권은 제척기간의 경과로 소멸한다. 선순위가등기가 소유권이전청구권가등기인 경우에도 제척기간 10년이 지나면 매수인이 인수하지 않는다(대법원 2017. 1. 25. 선고 2016다42077 판결).

2) 본등기 전환이 없었더라도 매매예약완결권을 이미 행사하여 계약이 체결된 이후에 어떤 사정으로 본등기가 되지 않을 수 있다. 오래된 가등기라 하더라도 무작정 제척기간 도과로 실효되었다고 단정할 수 없다. 가등기가 10년 이상 경과되었다고 해도 가등기권자가 그 부동산을 인도받아 점유하고 있을 경우에는 시효중단에 의해 가등기가 여전히 유효할 수 있다(대법원 2010. 1. 28. 선고 2009다73011 판결). 그러나 매수인이 그 목적물의 점유를 상실하여 더 이상 사용·수익하고 있는 상태가 아니라면 그 점유상실시점부터 이전등기청구권에 관한 소멸시효는 진행한다. 매수인이 목적부동산을 인도받아 계속 점유하는 경우에는 그 소유권이전등기청구권의 소멸시효가 진행하지 않는다(대법원 1976. 11. 6. 선고 76다148 판결, 대법원 1999. 3. 18. 선고 98다32175 판결).

3) 토지를 매수한 후 소유권이전청구권보전을 위한 가등기를 경료하고 그 토지상에 타인이 건물 등을 축조하여 점유·사용하는 것을 방지하기 위하여 지상권을 설정한 뒤 가등기에 기한 본등기청구권이 시효의 완성으로 소멸하면 위 지상권도 그 목적을 잃어 소멸된다(대법원 1991. 3. 12. 90다카27570 판결).

4) 가등기에 기한 소유권이전등기청구권이 시효의 완성으로 소멸되었다면 그 가등기 이후에 그 부동산을 취득한 제3자는 그 소유권에 기한 방해배제청구로서 그 가등기권자에 대하여 본등기청구권의 소멸시효를 주장하여 그 등기의 말소를 구할 수 있다(대법원

1991. 3. 12. 90다카27570 판결).

5. 매각 사례와 배당

사례 1 **최선순위 가등기**

신청채권자(병)가 채무자를 상대로 본안소송에서 승소, 그 확정판결에 기하여 이 사건
(2020타경55**) 서천군 판교면 소재, 농지(답 1246㎡)에 대한 강제경매신청을 하였다. 감
정인은 본 사건 물건은 농지이지만 일시적 이용으로 판단되어 주거용 나지로 평가하였
다. 등기사항전부증명서(토지)상 권리는 아래와 같다.

구분	소유권이전(갑) 2003. 3. 20.	가등기(을) 2004. 7. 31.	강제경매(병) 2020. 10. 13.	비고
채권금액	증여	매매예약	373,098,501	
우선순위			139,000,000	
인수 여부		인수		

매각물건명세서의 '매각허가에 의하여 소멸되지 아니하는 것' 란에 "가등기(2004. 7. 31.
등기)는 말소되지 않고 매수인에게 인수됨. 만약 가등기된 매매예약이 완결되는 경우에는
매수인이 소유권을 상실하게 됨"이 기재되어 있다. 매각결과 2차 매각기일에 매각되었다
(감정가 188,828,000원, 매각가 141,630,000원, 매각가율 75%). 배당할 금액 139,000,000원.

(해설) **우선순위배당, 가등기 인수**

선순위 가등기는 낙찰자가 잔금을 납부해도 말소되지 않는다. 선순위 가등기권자가 권
리신고를 하지 않아 담보가등기인지 순위보전의가등기인지 알 수 없는 경우 집행법원으
로서는 일단 이를 순위보전을 위한 가등기로 보아 매수인에게 그 부담이 인수될 수 있다

는 취지를 매각물건명세서에 기재한 후 경매절차를 진행한다.

　본 사례에서 감정인은 본 사건 물건은 농지이지만 일시적 이용으로 판단되어 주거용 나지로 평가하고, 이 사건 일부 토지가 현황 도로에 이용 중이어서 집행법원은 농지취득자격증명서 제출을 요구하지 않았다. 강제경매등기(2020. 10. 13.)가 말소기준권리가 된다. ① 등기사항전부증명서상 말소기준권리보다 앞에 있는 가등기(2004. 7. 31.)는 말소되지 않고 매수인에게 인수된다. 가등기가 소유권이전청구권가등기인 경우에도 제척기간 10년이 지나면 매수인에게 인수되지 않는다(대법원 2017. 1. 25. 선고 2016다42077 판결). 예약완결권을 행사하면 매매계약으로 전환이 되고, 10년이 경과하면 제척기간 도과로 본 등기청구권의 소멸시효를 주장하여 가등기말소청구를 구할 수 있다(대법원 1991. 3. 12. 90다카27570 판결). ② 신청채권자에게 1억3,900만원이 배당된다.

사례 2 ▎담보가등기권자의 경매신청

　신청채권자(갑)는 담보가등기에 기해 이 사건(2022타경92**) 평택시 현덕면 소재, 농지 2241㎡ 중 채무자 지분 331㎡를 임의경매신청을 하였다. 5차 매각기일에 매각되었다(감정가 81,757,000원, 매각가 19,630,000원, 매각가율 24.01%). 등기사항전부증명서(토지)상 권리는 아래와 같다.

구분	담보가등기(갑) 2021. 8. 26.	근저당(을) 2022. 2. 28.	임의경매(갑) 2022. 3. 11.	압류(병) 2022. 5. 12.
채권금액	대물반환예약	330,000,000	38,758,904	교부청구액
우선순위			17,500,000	
인수 여부	소멸			

　매각물건명세서에는 "최고가매수인이 농지취득자격증명을 제출하지 아니하면 매각 불허가결정이 되고 매수신청보증금은 반환하지 않는다"는 기재가 있다. 배당할 금액 17,500,000원.

우선순위배당, 가등기 소멸

담보가등기권자는 채무자가 피담보채권을 변제하지 아니하는 경우에 가등기담보법의 규정에 따라 목적부동산에 대한 경매를 청구하여 우선변제를 받을 수 있고, 선택에 따라 본등기 절차로 진행할 수 있다. 다만 채권자가 가등기에 기한 본등기를 하려면 가등기담보법 제3조와 제4조에서 정하고 있는 청산절차를 거쳐야 한다. 가등기권자가 신청채권자이거나 배당을 요구한 경우에는 그 가등기는 소멸된다. 말소기준권리는 담보가등기(2021. 8. 26.)가 된다. 가등기권자에게 우선변제 될 채권금액은 '실행통지' 당시를 기준으로 확정된다. 따라서 본 사례에서 가등기권자는 1,750만원을 배당받고 미배당채권 21,258,904원은 미수채권으로 남는다.

사례 3 **가등기권자의 소유권취득**

임차인(성○○)이 채무자 겸 소유자에 대하여 보증금반환청구소송을 제기하여 승소판결을 받고, 그 확정판결에 기하여 강제경매신청을 한 파주시 아동동 소재, 이 사건(2021타경69**) 아파트(대지권 34.311㎡, 건물면적 84.942㎡)는 3차 매각기일에 매각되었다(감정가 315,000,000원, 매각가 204,350,000원, 매각가율 64.87%). 배당할 금액 200,000,000원, 등기사항전부증명서상 권리는 아래와 같다.

등기사항전부증명서(집합건물)(요약)

순위	접수일	권리종류	권리자	채권금액(원)	비고
갑4	2004. 2. 18.	가등기	박○○		매매예약
갑5	2007. 11. 8.	소유권	박○○		거래가: 200,000,000
갑12	2020. 3. 27.	소유권	(유)선파○○		거래가: 170,000,000
을10	2020. 4. 1.	근저당	정○○	120,000,000	
갑13	2020. 8. 10.	가압류	주택도시보증공사	840,000,000	
을11	2021. 4. 28.	주택임차권	성○○	170,000,000	전입: 2017. 2. 14. 확정: 2017. 1. 3.
갑14	2021. 11. 17.	압류	파주시		
갑15	2021. 11. 17.	강제경매	성○○	170,000,000	

매각물건명세서에는 '매각허가에 의하여 소멸되지 아니하는 것' 란에 "가등기(2004. 2. 18. 등기)는 말소되지 않고 매수인이 인수함. 매수인에게 대항할 수 있는 주택임차권등기 (2021. 4. 28. 등기, 2017. 2. 14. 전입, 확정일자 2017. 1. 3., 임대차보증금 170,000,000원) 있음. 배당에서 보증금이 전액 변제되지 아니하면 잔액을 매수인이 인수함"을 공시하였다.

해설 우선순위배당, 가등기 소멸

소유권이전청구권 보전을 위한 가등기를 경료한 후 가등기와는 상관없이 소유권이전등기를 넘겨받은 경우 가등기에 기한 본등기청구권이 혼동으로 소멸되지 않는다(대법원 1995. 12. 26. 선고 95다29888 판결). 가등기권자는 예약완결권을 행사하지 않고 거래가격 2억원으로 소유권이전등기(2007. 11. 8.)를 마쳤다. 가등기권자가 별도의 소유권이전등기에 의해 이전한 후 계속 이전되어 현재 이 사건 채무자 겸 소유자는 (유)선파○○이다. 말소기준권리는 근저당(2020. 4. 1.)이 된다. ① 주택임차권의 확정일자가 근저당설정일보다 앞서므로 임차인(성○○)이 1억7,000만원을 우선순위로 배당받는다. ② 배당잔여금 3,000만원은 근저당권자(정○○)에게 배당된다. ③ 가등기는 낙찰자가 잔금을 납부해도 말소되지 않지만 말소등기가 가능하다. 가등기를 마친 이후 제3자 명의의 중간등기가되어 있지 않고, 그 가등기와 소유권이전등기의 등기원인도 실질상 같다면 가등기에 의하여 보전되는 소유권이전등기청구권은 소멸하였다고 보아야 하므로 가등기권자는 가등기에 의한 본등기 절차의 이행을 구할 수 없다(등기선례1-630).

사례 4 담보가등기와 주택임차권

신청채권자(김○○)는 채무자를 상대로 보증금에 관한 본안소송에서 승소, 집행력 있는 화해권고결정에 기해 이 사건(2021타경64**) 서울시 강서구 화곡동 소재, 다세대주택 (대지권 32.25㎡, 건물 52.59㎡)에 대한 강제경매신청을 하였다. 등기사항전부증명서상 권리는 아래와 같다.

구분	담보가등기(갑) 2020. 11. 2.	가압류(을) 2021. 2. 16.	주택임차권(김○○) 전입: 2019. 9. 2. 확정: 2019. 8. 12.	강제경매(김○○) 2021. 11. 15.
채권금액	대물반환예약	2,008,000,000	240,000,000	240,000,000
우선변제권			240,000,000	
우선순위	4,000,000			

현황조사서에는 신청채권자 김○○(2019. 9. 2. 전입) 세대가 조사되었다. 문건처리내역에는 가등기권자가 배당요구신청서를 제출(2021. 2. 17.)한 것으로 나타난다. 매각물건명세서의 '매각허가에 의하여 소멸되지 아니하는 것' 란에 "매수인에게 대항할 수 있는 임차인이 있음. 보증금 240,000,000원, 확정일자(2019. 8. 12.), 배당에서 보증금이 전액 변제되지 않으면 잔액을 매수인이 인수함"을 공시하고 매각절차를 진행하였다. 5차 매각기일에 매각되었다(감정가 358,000,000원, 매각가 248,530,000원, 매각가율 69.42%). 배당할 금액 244,000,000원. 임차인은 임차권등기(2021. 9. 15.)를 마쳤다.

(해설) **우선순위배당, 가등기 소멸**

담보가등기의 말소는 채무변제로 가능하지만, 부동산경매절차에서 가등기권자가 권리신고를 하지 않은 경우 담보가등기의 성격이 불분명하다. 경매절차에서 담보가등기인지 여부, 채권신고 등을 법원으로부터 최고를 받지 못하여 배당받을 기회를 얻지 못한 경우에는 경매실무는 소멸하는 것으로 보고 있다. 말소기준권리는 배당요구신청서를 제출한 담보가등기가 된다. ① 신청채권자는 앞 순위 가등기에 우선하는 우선변제요건을 갖추었으므로 우선순위로 2억4,000만원을 배당받는다. ② 담보가등기권자에게 배당잔여금 400만원이 배당되고 소멸된다.

신청채권자(병)는 채무자를 상대로 제기한 본안소송에서 승소, 확정판결을 받아 이를 집행권원으로 이 사건(2018타경84**) 논산시 가야곡면 소재, 대지 725㎡(건물 제외)에 대한 강제경매신청을 하였다. 등기사항전부증명서상 권리는 아래와 같다.

구분	소유권(갑) 2009. 11. 11.	담보가등기(을) 2010. 5. 6.	강제경매(병) 2018. 3. 7.	비고
채권금액	지분상속, 각 1/2	매매예약	39,563,452	
우선순위		인수	39,563,452	3,936,548

현황조사보고서상 점유자 최○○는 보증금이 없으며 미전입자로 배당요구 하지 않았다. 매각물건명세서의 '최선순위설정' 란에 "2010. 5. 6. 담보가등기"가 기재되어 있고, '매각허가에 의하여 소멸되지 아니하는 것' 란에 "담보가등기(2010. 5. 6. 등기)는 말소되지 않고 매수인이 인수함. 만약 가등기된 매매예약이 완결되는 경우에는 매수인이 소유권을 상실하게 됨"이 기재되어 있다. 가등기권자에 대한 법원의 통지는 송달간주 처리되었다. 매각결과 1차 매각기일에 매각되었다(감정가 45,450,000원, 매각가 45,450,000원, 매각가율 100%). 배당할 금액 43,500,000원.

해설   우선순위배당, 가등기말소등기신청가능

말소기준권리는 강제경매기입등기(2018. 3. 7.)이다. 가등기담보법 제15조에 해당하는 가등기는 소유권에 기한 방해배제청구로서 그 가등기권자에 대하여 본등기청구권의 소멸시효를 주장하여 그 등기의 말소를 구할 수 있다. 가등기권자가 매각절차에서 배당요구신청을 하지 아니하였거나 배당금을 수령하지 아니하였어도 마찬가지이다(대법원 1992. 4. 14. 91다41996 판결). 신청채권자에게 청구금액이 배당되고, 배당잉여금 3,936,548원은 소유자에게 지급된다. 앞 순위 가등기는 인수되는 권리이나 말소등기신청이 가능하다.

공유물분할경매와 가등기

신청채권자(갑)는 공유물분할사건의 확정판결을 받아 그 판결정본에 기하여 이 사건 (2021타경59**) 안산시 단원구 신길동 소재, 농지 2044㎡에 대한 임의경매신청을 하였다. 등기사항전부증명서상 권리는 아래와 같다.

구분	지분이전(갑) 2010. 4. 8.	가등기(김○○) 2021. 5. 12.	임의경매(갑) 2021. 9. 23.	근저당(병) 2021. 11. 11.
채권금액	지분 681.4/2044	매매예약	공유물분할	100,000,000
교부금	2009타경577**	'갑' 지분	152,000,000	'갑' 지분
인수 여부		소멸		소멸

매각물건명세서에서 '매각허가에 의하여 소멸되지 아니하는 것' 란에 "김○○ 지분 전부 이전청구권가등기(2021. 5. 12. 등기)는 말소되지 않고 매수인이 인수함. 만약 가등기된 매매예약이 완결되는 경우에는 매수인이 소유권을 상실할 수 있음"을 공시하였다. 한편, 신청채권자는 전 경매사건(2009타경577**호)에서 이 사건 나○○ 지분(681.4/2044)을 매수(2021. 5. 12.)하였다. 그 후 그의 지분소유권에 관한 가등기를 경료해 주고, 이 사건 경매신청을 한 다음 병에게 근저당권설정등기를 경료(2021. 11. 11.)해 주었다. 3차 매각기일에 매각되었다(감정가 273,896,000원, 매각가 155,000,000원, 매각가율 56.59%). 배분할 금액 152,000,000원.

(해설) **매각대금 교부, 가등기 소멸**

대금분할을 명한 공유물분할 확정판결의 효력은 민사소송법 제218조 제1항이 정한 변론종결 후의 승계인에 해당하는 가등기권자에게 미치므로, 특별한 사정이 없는 한 위 가등기상의 권리는 매수인이 매각대금을 완납함으로써 소멸한다(대법원 2021. 3. 11. 선고 2020다253836 판결). 공유물분할경매사건에서 가등기는 말소기준권리(2021. 9. 23. 임의

경매)보다 앞 순위이지만 소멸된다. 매각대금 1억5,500만원은 집행비용에 배당한 후 배당잔여금은 공유자에게 교부한다.

사례 7 **담보가등기의 성격불분명**

신청채권자(정)는 임차권자(석○○)의 임대차보증금채권을 승계하여 서울시 동작구 상도동 소재, 이 사건(2021타경10**) 다세대주택(토지 27.695㎡, 건물 35.88㎡)을 강제경매 신청 하였다. 등기사항전부증명서상 권리는 아래와 같다.

구분	담보가등기(갑) 2018. 11. 16.	압류(을) 2019. 8. 1.	주택임차권(석○○) 전입: 2018. 5. 17. 확정: 2018. 4. 19.	강제경매(정) 2021. 6. 14.
채권금액	대물반환예약	교부청구액	164,000,000	177,645,698
우선변제권			163,000,000	
인수 여부	인수		1,000,000	

매각물건명세서의 '매각허가에 의하여 소멸되지 아니하는 것' 란에 "갑구 순위번호 5번 소유권이전담보가등기(2018. 11. 16.)가 담보가등기인지 순위보전가등기인지 권리신고가 없으므로 위 가등기는 말소되지 않고 매수인에게 인수됨. 만약 가등기된 매매예약이 완결되는 경우에는 매수인이 소유권을 상실할 수 있음. 매수인에게 대항할 수 있는 을구 순위번호 7번 임차권등기(2020. 7. 3. 등기) 있음(임대차보증금 등 등기사항증명서 참고). 배당에서 보증금 전액이 변제되지 아니하면 잔액을 매수인이 인수함"을 공시하고 매각절차를 진행하였다. 3차 매각기일에 매각(감정가 240,000,000원, 매각가 166,540,000원, 매각가율 69.39%)되어 배당할 금액은 163,000,000원이다.

우선순위배당, 가등기 인수, 미배당보증금 인수

담보가등기는 가등기권자가 신청채권자이거나 배당요구를 한 경우에 말소기준권리가 되며 매각으로 소멸한다. 주택임차권자가 신청채권자이므로 말소기준권리는 압류(2019. 8. 1.)가 된다. 매각물건명세서에서는 가등기가 담보가등기인지 순위보전가등기인지 알 수 없다는 공시를 하였다. ① 가등기담보법 제15조에 해당하는 가등기는 담보채권의 유효여부, 채권변제 여부에 불구하고 낙찰로 인하여 말소된다. 심리결과 순위보전가등기가 아닌 담보가등기라면 비록 담보채권이 아직 변제되지 않았다고 하더라도 낙찰자로서는 가등기권자의 채권을 변제해야 하는 등의 아무런 부담 없이 가등기를 말소할 수 있다. 사례의 담보가등기는 말소등기신청이 가능하다. ② 주택임차권등기(2020. 7. 3. 등기)는 우선변제요건을 갖추었다. 1억6,300만원은 임차인에게 배당되고 미배당보증금 100만원은 인수된다.

사례 8 후순위 가등기

신청채권자(갑)가 담보권의 실행으로 이 사건(2021타경91**) 구미시 고아읍 소재, 아파트(대지권 30.703㎡, 건물 59.95㎡)에 대한 임의경매신청을 하였다. 등기사항전부증명서상 권리는 아래와 같다.

구분	근저당(갑) 2013. 2. 15.	가등기(을) 2014. 6. 16.	가압류(병) 2019. 3. 11.	임의경매(갑) 2021. 3. 8.
채권금액	19,000,000	매매예약	18,075,903	15,998,536
우선순위	19,000,000		18,075,903	
인수 여부		소멸		

이 사건 물건 소유자 조○○가 전입되어 있으며 점유자를 특정할 수 없다. 매각물건명세서에는 "가등기(2014. 6. 16. 등기)는 말소되지 않고 매수인이 인수함. 만약 가등기된 매매예약이 완결되는 경우에는 매수인이 소유권을 상실하게 됨. 배당요구종기(2021. 6.

9.)"를 공시하였다. 2차 매각기일에 매각(감정가 48,000,000원, 매각가 48,033,000원, 매각가율 100.07%)되어 배당할 금액은 46,000,000원이다.

⟮ 해설 ⟯ **우선순위배당, 가등기 소멸**

　소유권이전청구권가등기(2014. 6. 16. 등기)는 근저당보다 뒤에 등기되었고, 그 후순위로 가압류등기가 있다. 저당권설정등기와 가등기담보권의 배당순위는 그 등기의 선후에 의한다(가등기담보법 제13조). ① 가등기는 말소기준권리(2013. 2. 15. 근저당)보다 뒤에 등기되었으므로 매각으로 소멸한다. 가등기가 매각에 의하여 소멸하는 근저당권 등 타물권이나 가압류의 등기보다 후에 경료된 경우에는 매수인에게 대항할 수 없고 대금납부 후 가등기를 말소하게 되므로(대법원 1988. 4. 28. 87마1169 결정) 경매의 개시나 진행을 방해할 사유가 되지 않는다. ② 매각물건명세서에는 소유자가 전입되어 있는 것으로 공시하였으나 점유자를 특정하지 않아 대항력의 요건에 하자가 있으므로 이를 고려하지 않았다. 등기사항전부증명서상 압류채권 모두 만족된다. 배당잉여금 8,924,097원은 소유자에게 지급된다.

⟮ 사례 9 ⟯ **제척기간 경과로 인한 가등기**

- -

　신청채권자(정)가 채무자에 대한 양수금사건의 집행력 있는 지급명령정본에 기해 이 사건(2021타경10**) 창원시 마산합포구 진동면 소재, 농지 151㎡를 강제경매신청 하였다. 등기사항전부증명서상 권리는 아래와 같다.

구분	소유권이전(갑) 2007. 3. 12.	가등기(을) 2007. 3. 12.	가처분(병) 2021. 4. 21.	강제경매(정) 2021. 7. 30.
채권금액	2006타경164**	매매예약	시효만료에 따른 가등기말소청구	155,308,078
우선순위				12,800,000
인수 여부		인수/소멸	인수	

매각물건명세서의 '매각허가에 의하여 소멸되지 아니하는 것' 란에 "갑구 순위 8번 소유권이전청구권가등기(2007. 3. 12. 등기)는 말소되지 않고 매수인이 인수함. 만약 가등기된 매매예약이 완결되는 경우에는 매수인이 소유권을 상실하게 됨"을 공시하였다. 5차 매각기일에 매각(감정가 34,428,000원, 매각가 14,780,000원, 매각가율 42.93%)되어 배당할 금액은 12,800,000원이다.

해설 우선순위배당, 가등기 소멸, 가처분 인수

부동산 관련 가등기는 통상적으로 '매매예약'을 원인으로 한다. 예비적인 조치이기 때문에 민법에서는 예약완결권을 행사할 수 있는 제척기간을 두고 있다. 매매예약가등기는 제척기간에 속하므로 설정일로부터 무조건 10년이 지나면 소멸한다. 매매계약가등기는 소멸시효에 속하므로 중간에 가등기권자가 권리의 행사를 위한 소송이나, 압류, 가처분 등의 행위가 있었다면 이때로부터 다시 10년이라는 소멸시효가 생기는 것이다.

본 사례의 가등기(매매예약일 2007. 3. 12.)는 제척기간 10년이 도과하였다. 향후 재판과정에서 예약완결권행사 이후 가등기권자가 가등기의무자를 상대로 소유권이전등기판결을 받은 사실이 있다거나 예약완결권행사를 통해 매매계약이 체결되고 공증을 한 매매계약서 제출로 입증될 가능성이 있기 때문에 재판결과에 대한 예측이 쉽지 않다. 본 사례는 가등기말소청구의 소가 진행 중이므로 대법원 사건검색을 통해서 진행과정은 확인이 가능하다. 말소기준권리는 강제경매기입등기(2021. 7. 30.)이다. 말소기준권리보다 앞서는 가처분, 가등기는 인수된다.

사례 10 근저당권 가등기

신청채권자는 체납한 관리비를 지급받기 위한 본안에 승소, 집행력 있는 판결에 기해 이 사건(2021타경88**) 대구시 서구 정림동 소재, 아파트(토지 미등기감정가격 포함, 건물 42.92㎡)에 대한 강제경매를 신청하였다. 전입세대열람결과 전입자(공○○, 2013. 5. 16. 전입)는 배당요구를 하지 않았고 확정일자 미상으로 조사되었다. 감정평가서에 의하면 본건은 집합건축물대장상 미등재된 건물이며 등기사항전부증명서에 대지권이 등재되지 아니한 상태로 본건 구분건물의 소유자가 대지사용권을 취득하지 못하였고 대지권이 없는 수분양자들은 토지 대지권 확보를 위한 소송 진행 중이며, 구분소유건물은 구분건물과 대지사용권이 일체성을 가지며 또한 구분건물과 토지를 일체로 하여 일반적으로 분양 및 거래가 되는바, 적정한 면적의 대지권이 이전취득 되는 것을 전제로 평가하였다고 보고하였다. 등기사항전부증명서상 권리는 아래와 같다.

등기사항전부증명서(집합건물)(요약)

순위	접수일	권리종류	권리자	채권금액(원)	비고
을1	1987. 1. 16.	근저당가등기	국민은행	300,000,000	
갑1	1993. 12. 17.	소유권이전	양○○		매매
을2	1997. 1. 16.	근저당	손○○	26,000,000	말소기준권리
갑2	1997. 10. 25.	가압류	현대○○㈜	31,815,168	
갑3	2000. 1. 26.	가압류	서울보증보험㈜	2,955,348	
갑4	2009. 7. 7.	압류	대전광역시 서구		
갑5	2021. 11. 16.	강제경매	○○대표회의	11,419,370	2021타경88**

매각물건명세서에는 '매각허가에 의하여 소멸되지 아니하는 것' 란에 "을구 1번 근저당권설정가등기는 매각으로 인하여 말소되지 아니함(다만 가등기권자에 대한 사실조회 회신에 의하면, 가등기는 현재 유효하지 않다고 하므로 매각시 별도의 절차로 말소해야 함)"을 공시하고 매각절차를 진행한 결과 5차 매각기일에 매각되었다(감정가 55,000,000원, 매각가 36,940,000원, 매각가율 67.16%). 실제 배당할 금액 34,900,000원이다.

(해설) **우선순위배당·안분배당, 가등기 소멸**

등기사항전부증명서상 가등기(1987. 1. 16.)는 인수된다. 다만 사실조회회신결과 가등기는 유효하지 않으므로 매수인이 별도로 말소등기절차를 진행해야 한다. 체납관리비의 경우 사용자부담이 원칙이나 사용자가 납부하지 않은 경우 공용부분 관리비는 매수인에게 승계된다(대법원, 2001다8677 전원합의체). 배당재단 3,490만원은 선순위 근저당권자에게 2,600만원 전액을 배당하고, 후순위 채권자들은 배당잔여액에 대한 채권금액의 비율로 평등배당을 받는다. 주민등록전입자는 배당요구를 하지 않았다.

사례 11 선순위가등기와 근저당권

근저당권부 질권자(을)는 담보권의 실행으로 인천광역시 강화군 강화읍 소재, 이 사건(2019타경52**) 다세대주택(대지권 69.7㎡, 건물 60.52㎡)에 대한 임의경매를 신청하였다. 현황조사보고서상 소유자 본인과 가족이 이 건 부동산을 점유·사용하며 임차인은 없다. 가등기권자는 가등기말소동의서와 배당금교부신청서를 제출(2020. 7. 30.)하였다. 매각결과 2차 매각기일에 매각되었다(감정가 108,000,000원, 매각가 79,500,262원, 매각가율 73.61%) 배당예상금액 77,000,000원. 등기사항전부증명서상 권리는 아래와 같다.

구분	가등기(신○○) 2019. 6. 19. 접수: 17513호	근저당(신○○) 2019. 6. 19. 접수: 17514호	저당권부 질권(을) 2019. 6. 19. 접수: 17515호	임의경매(을) 2019. 12. 17.
채권금액	매매예약	90,000,000	60,000,000	63,921,534
우선순위		17,000,000	60,000,000	
인수 여부	소멸			

해설 우선순위배당, 가등기 소멸

가등기보다 후순위로 마쳐진 근저당권실행을 위한 경매절차에서 매각허가결정에 따라 매각대금이 완납된 경우에도 선순위인 가등기는 소멸하지 않고 존속하는 것이 원칙이다. ① 가등기권자는 근저당권자와 동일인(신○○, **1225-*)으로 추정된다. 가등기권자는 배당금을 지급받고 소멸된다. ② 질권자는 경매신청권이 있지만, 피담보채권의 범위에서만

배당연습

배당을 받는다. 6,000만원을 근저당권자보다 우선순위로 배당받는다. 질권은 원본, 이자, 위약금, 질권실행의 비용, 질물 보존의 비용 및 채무불이행 또는 질물의 하자로 인한 손해배상의 채권을 담보한다(민법 제333조, 제334조). ③ 근저당권자에게는 질권자에게 지급된 배당금을 공제한 잔액 1,700만원을 배당한다.

사례 12 **제척기간이 도과한 가등기**

- -

신청채권자(병)가 채무자에 대한 양수금사건의 지급명령정본에 기해 이 사건 (2020타경50**) 전라남도 진도군 의신면 소재, 임야 50381㎡에 대한 강제경매신청을 하였다. 매각물건명세서의 '매각허가에 의하여 소멸되지 아니하는 것' 란에 "갑구 순위 2번 소유권이전청구권 가등기(1995. 8. 11. 등기)는 말소되지 않고 매수인이 인수함. 신청채권자가 가등기말소화해권고결정문을 제출함"을 공시하고 매각절차를 진행하였다. 매각결과 3차 매각기일에 매각되었다(감정가 72,179,700원, 매각가 42,120,000원, 매각가율 58.35%). 배당할 금액 40,000,000원. 등기사항전부증명서상 권리는 아래와 같다.

구분	가등기(갑) 1995. 8. 11.	압류(을) 2012. 1. 3.	가등기가처분(병) 2019. 4. 10.	강제경매(병) 2020. 1. 8.
채권금액	매매예약	교부청구액	제척기간도과원인 가등기말소청구	249,842,908
우선순위				40,000,000
인수 여부	소멸		소멸	

해설 **우선순위배당, 가등기 인수, 가처분 인수**

본 사례의 가등기(매매예약일 1995. 8. 11.)는 제척기간 10년이 도과하였다. 신청채권자는 가등기권자(갑)를 상대로 가등기처분금지가처분(2019. 4. 10.)을 한 후 가등기말소를 구하는 소송에서 화해권고결정이 확정되었다(2019. 11. 5.). 말소기준권리는 강제경매기입등기(2020. 1. 8.)이다. 말소기준권리보다 앞서는 가처분, 가등기는 위 판결서의 제출로 입증이 가능하므로 말소등기신청이 가능하다.

제6장

전세권과
공유물지분의 배당

전세권과 배당 사례

1. 의의

　전세권은 전세금을 지급하고 타인의 부동산을 점유하여 그 부동산의 용도에 좇아 사용·수익하며 그 부동산 전부에 대하여 후순위 권리자 기타 채권자보다 전세금의 우선변제를 받을 권리를 내용으로 하는 물권이지만, 임대차는 당사자 일방이 상대방에게 목적물을 사용·수익하게 할 것을 약정하고 상대방이 이에 대하여 차임을 지급할 것을 약정함으로써 그 효력이 발생하는 채권계약으로서, 주택임차인이 주택임대차보호법 제3조 제1항의 대항요건을 갖추거나 민법 제621조의 규정에 의한 주택임대차등기를 마치더라도 채권계약이라는 기본적인 성질에 변함이 없다(대법원 2007. 6. 28. 선고 2004다69741 판결).

　주택임대차보호법에 의한 주택임대차등기는 주민등록일자, 점유개시일자, 확정일자 등을 공시한다. 전세권등기는 대항요건을 등기사항으로 공시하지 않기 때문에 전세권등기로는 대항요건을 갖춘 사실을 알 수 없다.

2. 전세권의 소멸과 인수

가. 배당원칙과 대항력

　1) 민사집행법 제91조 제3항은 "전세권은 저당권·압류채권·가압류채권에 대항할 수 없는 경우에는 매각으로 소멸된다."라고 규정하고, 같은 조 제4항은 "제3항의 경우 외의 전세권은 매수인이 인수한다. 다만 전세권자가 배당요구를 하면 매각으로 소멸된다."라

고 규정하고 있고, 이는 저당권 등에 대항할 수 없는 전세권과 달리 최선순위 전세권은 오로지 전세권자의 배당요구에 의하여만 소멸되고, 전세권자가 배당요구를 하지 않는 한 매수인에게 인수되며, 배당요구를 하면 존속기간에 상관없이 소멸한다. 이는 전세금을 경매절차에서 반환한다는 취지임이 명백하다.

2) 주택임차인이 그 지위를 강화하고자 별도로 전세권설정등기를 마치더라도 주택임대차보호법상 임차인으로서 우선변제를 받을 수 있는 권리와 전세권자로서 우선변제를 받을 수 있는 권리는 근거규정 및 성립요건을 달리하는 별개의 권리라고 할 것인 점 등에 비추어 보면, 주택임대차보호법상 임차인으로서의 지위와 전세권자로서의 지위를 함께 가지고 있는 자가 그중 임차인으로서의 지위에 기하여 경매법원에 배당요구를 하였다면 배당요구를 하지 아니한 전세권에 관하여는 배당요구가 있는 것으로 볼 수 없다(대법원 2010. 6. 24. 선고 2009다40790 판결).

3) 임차인의 보호를 위한 주택임대차보호법 제3조 제1항, 제2항, 제3조의2 제1항, 제2항, 제4조 제2항, 제8조 제1항, 제2항 규정들의 취지에 비추어, 위 규정의 요건을 갖춘 임차인은 임차주택의 양수인에게 대항하여 보증금의 반환을 받을 때까지 임대차관계의 존속을 주장할 수 있는 권리와 보증금에 관하여 임차주택의 가액으로부터 우선변제를 받을 수 있는 권리를 겸유하고 있다고 해석되고, 이 두 가지 권리 중 하나를 선택하여 행사할 수 있다(대법원 1993. 12. 24. 선고 93다39676 판결).

4) 주택임차인으로서의 우선변제를 받을 수 있는 권리와 전세권자로서 우선변제를 받을 수 있는 권리는 근거규정 및 성립요건을 달리하는 별개의 것이므로, 주택임대차보호법상 대항력을 갖춘 임차인이 임차주택에 관하여 전세권설정등기를 경료하였다거나 전세권자로서 배당절차에 참가하여 전세금의 일부에 대하여 우선변제를 받은 사유만으로는 변제받지 못한 나머지 보증금에 기한 대항력행사에 어떤 장애가 있다고 볼 수 없다(대법원 1993. 12. 24. 선고 93다39676 판결).

5) 최선순위 전세권자로서 배당요구를 하여 전세권이 매각으로 소멸되었다 하더라도 변제받지 못한 나머지 보증금에 기하여 대항력을 행사할 수 있고, 그 범위 내에서 임차주택의 매수인은 임대인의 지위를 승계한 것으로 본다(대법원 2010. 7. 26. 자 2010마900 결

정). 주택임차인이 그 지위를 강화하고자 별도로 전세권설정등기를 마쳤더라도 주택임차인이 주택임대차보호법 제3조 제1항의 대항요건을 상실하면 이미 취득한 주택임대차보호법상의 대항력 및 우선변제권을 상실한다(대법원 2007. 6. 28. 선고 2004다69741 판결).

6) 전세권에 대한 배당원칙은 지상권, 지역권, 전세권 및 등기된 임차권은 저당권, 압류채권, 가압류채권에 대항할 수 없는 것은 매각으로 소멸하고, 대항할 수 있는 경우에만 매각으로 소멸하지 않고 매수인이 인수하되, 위의 용익물권 중 전세권은 저당권 등에 대항할 수 있더라도 전세권자가 배당요구 한 경우에는 보증금의 일부를 배당받지 못한 경우에도 매각으로 소멸된다(민사집행법 제91조 제3항, 제4항). 전세권이 소멸하는 경우에 전세권자와 저당권자 또는 가등기담보권자 사이의 배당순위는 그 등기의 선후에 의하여 결정된다. 다만 저당권의 목적이 된 부동산을 위하여 전세권자가 지출한 필요비와 유익비는 집행비용 다음 순위의 우선변제권이 인정된다.

나. 전세권자의 배당요구와 말소기준권리의 관계

본래 전세권은 민사집행법 제91조에 의하여 절차법적사유로 소멸하는 경우와 존속기간만료 등의 실체법적인 사유로 소멸하는 경우가 있다. 전세권에는 법정갱신제도를 두고 있고, 전세권이 소멸하는 때에는 우선변제를 받을 권리가 있다. 존속기간 만료로 전세권의 우선변제를 청구하지 아니한 즉 최선순위 전세권은 전세금의 우선변제권만으로도 저당권 등에 대항할 수 있다. 전세권이 등기된 시기에 따라 경매절차에서 처리유형이 나누어진다. 결국 주택임대차보호법상 대항요건을 갖추지 않은 선순위 전세권이 배당요구 한 경우와 후순위 전세권은 매각으로 소멸한다. 선순위 전세권이라도 배당요구를 하지 않아 매각으로 소멸하지 않는 전세권은 배당에서 제외되고 이 경우는 용익물건으로 보아야 할 것이므로 최우선변제권의 현행법을 적용하는 말소기준권리가 될 수 없다.

전세권이 말소기준권리가 되기 위해서는 ① 전세권의 기간이 만료되어야 한다. 즉 전세권의 일반적인 존속기간이 만료되는 경우와 전세권자의 배당요구(합의에 의한 계약해지로 봄)에는 매각으로 소멸한다. ② 부동산의 전부에 대한 전세권이어야 한다. ③ 전세금의 회수 여부와 무관하다. 배당요구 하였다는 것은 용익물권적 성질은 없어지고, 담보물권적 성질만 가지게 되어 전세권이 저당권 등과 같이 말소기준권리가 되는 것이다.

전세권이 언제 종료되었는지, 전세권의 목적물이 건물인지 토지인지에 상관없이 최선순위 전세권은 오로지 전세권자의 배당요구에 의해서만 소멸되고, 전세권자가 배당요구하지 않는 한 전세권은 매수인에게 인수되며, 반대로 배당요구를 하면 전세권의 존속기간이 언제든지 상관없이 전세권은 소멸한다(대법원 2010. 6. 24. 선고 2009다40790 판결). 이로써 경매절차에서는 매각물건명세서에 적힌 배당요구사실의 유무만을 보고도 전세금의 인수 여부를 판단할 수 있다.

3. 전세권의 설정

가. 전세권의 존속기간

전세권의 기간이 정해져 있고 존속기간이 만료로 소멸하였을 경우 전세권에 설정된 저당권의 효력은 소멸되고, 전세보증금반환채권에 대하여는 물상대위를 인정한다. 전세권등기이므로 말소기준권리가 된다(대법원 2008. 4. 10. 선고 2005다47663 판결).

전세권의 존속기간이 만료되면 전세권의 용익물권적 권능은 전세권설정등기의 말소 없이도 당연히 소멸하고 담보물권적권능의 범위 내에서 전세금의 반환시까지 그 전세권설정등기의 효력은 존속하고 있다. 현행 민사집행법 제91조 제4항은 말소기준권리보다 선순위전세권자가 제1회 매각기일 이전에 배당요구를 하면 전세권이 소멸하는 것으로 규정하고 있다(대법원 2000. 2. 25. 선고 98다50869 판결).

전세권에 대하여 저당권이 설정되어 있는데 전세권이 기간만료로 종료된 경우 전세금반환채권에 대한 제3자의 압류 등이 없는 한 전세권설정자는 전세권자에 대하여만 전세권반환의무를 부담한다(대법원 1995. 9. 18. 자 98마684 결정, 대법원 1999. 9. 17. 98다31301 판결).

나. 건물 전부에 설정된 전세권

건물 전부에 설정된 전세권은 전세권의 효력이 건물 전부에 미치기 때문에 전세권으로 임의경매를 신청할 수 있다. 집합건물의 경우 전유부분에 설정된 전세권은 대지권에 효력이 미치기 때문에 건물의 매각대금 전부에서 우선변제를 받을 수 있다. 단독주택의 경우 토지분의 낙찰대금에서 우선변제를 받을 수 없다. 건물에 대하여만 전세권을 설정했기 때문이다.

다. 건물 일부에 설정된 전세권

1) 건물 일부를 목적으로 하는 전세권은 그 목적물인 건물 부분에 한하여 그 효력이 미치므로, 건물 중 일부(2층 부분)를 목적으로 하는 전세권이 임차인이 대항력을 취득하기 이전에 설정되었다가 매각으로 인하여 소멸하였다고 하더라도, 임차인의 임차권이 전세권의 목적물로 되어 있지 않은 주택 부분(1층의 일부)을 그 목적물로 하고 있었던 이상 매각으로 인하여 소멸한다고 볼 수는 없다(대법원 1997. 8. 22. 선고 96다53628 판결).

2) 건물의 일부를 목적으로 하는 전세권은 그 목적물인 건물 부분에 한하여 그 효력이 미치므로 건물 중 일부를 목적으로 한 전세권이 경락으로 인하여 소멸한다고 하더라도 그 전세권보다 나중에 설정된 전세권이 건물의 다른 부분을 목적물로 하고 있었던 경우에는 그와 같은 사정만으로는 아직 존속기간이 남아 있는 후순위의 전세권까지 경락으로 인하여 함께 소멸한다고 볼 수 없다(대법원 2000. 2. 25. 선고 98다50869 판결).

3) 건물 일부에 대하여 전세권이 설정되어 있는 경우 그 전세권자는 민법 제303조 제1항, 제318조의 규정에 의하여 그 건물 전부에 대하여 후순위 권리자 기타 채권자보다 전세금의 우선변제를 받을 권리가 있고, 전세권설정자가 전세금의 반환을 지체한 때에는 전세권의 목적물의 경매를 청구할 수 있다 할 것이나, 전세권의 목적물이 아닌 나머지 건물 부분에 대하여는 우선변제권은 별론으로 하고 경매신청권은 없다(대법원 1992. 3. 10. 자 91마257 결정). 따라서 보증금을 반환받지 못한 전세권자는 전세보증금반환의 집행권원에 기해 토지 및 건물 전부에 대하여 강제경매를 신청한 후 건물 부분의 매각대금에서 배당받아야 한다.

4) 집합건물이 되기 전의 상태에서 건물 일부만에 관하여 전세권이 설정되었다가 그 건물이 집합건물로 된 후 그 전세권이 구분건물의 전유부분 만에 관한 전세권으로 이기된

경우, 그 전세권의 효력은 그 대지권에까지 미치는 것이고, 위 집합건물에 관하여 경매가 실행된 경우 대지권의 환가대금에 대한 배당순위에 있어서, 위 전세권이 대지사용권이 성립하기 전의 토지에 관하여 이미 설정된 저당권보다 우선한다고 할 수는 없다(대법원 2002. 6. 14. 선고 2001다68389 판결).

4. 전세금의 회수

가. 전세금을 지급받을 수 있는 방법

전세권이 존속기간의 만료나 합의해지 등으로 종료하면, 최선순위 전세권자의 채권자는 전세권이 설정된 부동산에 대한 경매절차에서 채권자대위권에 기하거나 전세금반환채권에 대하여 압류 및 추심명령을 받은 다음 추심권한에 기하여 자기 이름으로 전세권에 대한 배당요구를 할 수 있다. 이때에는 채권자대위권행사의 요건을 갖추었다거나 전세금반환채권에 대하여 압류 및 추심명령을 받았다는 점과 아울러 전세권이 존속기간의 만료 등으로 종료하였다는 점에 관한 소명자료를 배당요구의 종기까지 제출하여야 한다(대법원 2015. 11. 17. 선고 2014다10694 판결).

나. 전세권에 저당권을 설정한 경우 배당받을 자

전세권에 대하여 저당권이 설정된 경우 그 저당권의 목적물은 물권인 전세권 자체이지 전세금반환채권은 그 목적물이 아니고, 전세권이 기간만료로 종료된 경우 전세권은 전세권설정등기의 말소등기 없이도 당연히 소멸하고, 저당권의 목적물인 전세권이 소멸하면 저당권도 당연히 소멸하는 것이므로 전세권을 목적으로 한 저당권자는 담보물권자임에도 권리행사 방법이 없게 된다. 저당권의 목적물인 전세권에 갈음하여 존속하는 것으로 볼 수 있는 전세금반환채권에 대하여 압류 및 추심명령 또는 전부명령을 받거나 제3자가 전세금반환채권에 대하여 실시한 강제집행절차에서 배당요구를 하는 등의 방법으로 자신의 권리를 행사하여 비로소 전세권설정자에 대해 전세금의 지급을 구할 수 있게 된다(대법원 1999. 9. 17. 선고 98다31301 판결).

전세권을 목적으로 한 저당권이 설정된 경우에도 전세권이 기간만료로 소멸되면 전세권설정자는 전세금반환채권에 대한 제3자의 압류 등이 없는 한 전세권자에 대하여만 전세금반환의무를 부담한다(대법원 1995. 9. 18. 자 95마684 결정, 대법원 1999. 9. 17. 선고 98다31301 판결).

다. 전세금 반환청구권 분리양도와 양수인에 대한 배당가부

전세권이 효력을 발생하기 위해서는 전세권등기와 피담보채권이 존재하여야 한다. 전세보증금반환채권이 타인에게 양도되는 순간 더 이상 담보채권이 아닌 일반채권에 불과하고 양수채권자가 배당절차에 참가하기 위해서는 집행권원을 가져야만 가능하고, 전세권등기만으로는 이미 피담보채권이 이전되었으므로 더 이상 담보되는 채권이 존재하지 않아 담보물권으로서의 효력도 상실하고 피담보채권이 존재하지 않아 배당받을 수도 없고 매수인에게 인수되는 권리도 없다(대법원 1999. 2. 5. 선고 97다33997 판결).

전세권의 처분이 따르지 않는 전세금반환채권만의 분리양도가 이루어진 경우에는 양수인은 유효하게 전세금반환채권을 양수하였다고 할 것이고, 그로 인하여 전세금반환채권을 담보하는 물권으로서의 전세권마저 소멸된 이상 그 전세권에 관하여 가압류부기등기가 경료되었다고 하더라도 아무런 효력이 없다.

라. 전세권자의 경매신청

전세권자의 전세목적물인도의무 및 전세권설정등기말소의무와 전세권설정자의 전세금반환의무가 동시이행의 관계에 있으므로, 전세권자인 채권자가 전세목적물에 대한 경매를 신청하려면 우선 전세권설정자에 대하여 전세목적물의 인도의무 및 전세권설정등기말소의무의 이행제공을 하여 전세권설정자를 이행지체에 빠뜨려야 한다(대법원 1977. 4. 13. 자 77마60 결정).

5. 전세권과 임차인의 우선변제권

선순위 전세권자이면서 대항력의 요건을 갖춘 임차인은 전세권자로서 우선변제를 받을 수 있는 권리와 주택임차인으로서 우선변제를 받을 수 있는 권리를 겸하고(대법원 1993. 12. 24. 선고 93다39676 판결), 전세권자가 임차권자와 동일인인 경우 임차권과 전세권이 중첩적 관계에 있을 때 두 가지 권리 중 선택적 행사를 할 수 있다. 전세권자의 지위로 배당요구 하였다면 전세권은 말소기준권리로 소멸하지만 보증금의 일부를 변제받지 못한 경우 임차인의 지위에서 낙찰자에게 대항할 수 있고, 임차인의 지위로 배당요구 하였다면 배당요구를 하지 아니한 전세권은 선순위이기 때문에 낙찰자에게 인수된다. 그 범위 내에서 낙찰자는 임대인의 지위를 승계한 것으로 보아야 한다(대법원 2010. 7. 26. 자 2010마900 결정).

배당요구를 하지 아니한 전세권에 관하여는 배당요구가 있는 것으로 볼 수 없다(대법원 2010. 6. 24. 선고 2009다40790 판결). 하나의 건물 수익자가 두 개의 권리, 즉 전세권과 임차권을 가지고 있을 경우 하나의 사용수익권에 대한 소멸통고는 실질적으로 전부에 대한 소멸통고인바, 임차권에 기한 배당요구는 실질적으로 전세권에 대한 소멸통고로 볼 수 있을 것인데, 판례는 임차권에 기한 배당요구는 전세권에 기한 배당요구로 인정하지 않아 전세권은 그대로 인수되는 것으로 판단하였다(대법원 2010. 6. 24. 선고 2009다40790 판결). 전세권자로서 배당절차에 참가하여 전세금의 일부에 대하여 우선변제를 받은 사유만으로는 변제받지 못한 나머지 보증금에 기한 대항력 행사에 어떤 장애가 있다고 볼 수 없다.

예컨대, 전세권설정등기가 확정일자보다 빠른 경우 우선순위인 전세권자로서 배당요구 하였다면 배당에 참여하고 전세권등기는 말소된다. 임차인으로서의 대항력도 상실하므로 전세권으로서 전액 변제받지 못한 금액은 매수인에게 인수되지 않는다. 임차인이 대항요건을 갖추기 전에 임차인의 지위를 강화하기 위하여 전세권설정등기를 한 경우 후순위 임차인의 지위와 관련하여 전세권과 임차권은 그 성립요건과 효력, 소멸 등을 달리하므로 임차인의 대항요건을 확인해야 한다. 임차보증금반환채권은 임대인의 채권이 발생하는 것을 해제조건으로 하여 발생하는 것으로 조건부 장래채권이다. 주택임대차보호법상 임대차종료 후에도 임차인이 대항력을 유지하고 있는 경우에는 임차보증금반환채권이 유사담보물권으로서의 권능을 가지게 된다. 매각물건명세서에는 '대항력과 우선변제권이 있는 임차인이 배당요구 하였으나 보증금 전액에 관하여 배당받지 못하는 경우 배당받지 못한 잔액이 매수인에게 인수되게 됨을 주의하시기 바랍니다.'라는 문구를 기재한다.

6. 전세권자의 강제경매신청이 배당요구인지 여부

전세권에 기한 임의경매를 신청하지 않고 전세권설정자를 상대로 전세금반환청구소송의 집행권원을 얻어 강제경매를 신청하면 전세금반환채권에 대한 집행권원에 따른 채권에 대하여 배당기일까지의 이자를 계산하여 변제받을 수 있다. 임차인이 보증금회수를 위하여 전세권에 기한 임의경매를 신청할 수 있겠으나 전세권이 경매로 소멸되면 전세금 전액을 배당받지 못하는 경우에 나머지 금액은 채무자의 책임재산이 없어 회수가 곤란할 수 있고, 대상 부동산에 전입신고를 하지 않아 대항요건을 갖추지 않은 경우에는 판결을 받아 강제경매를 신청할 수 있다.

이에 관한 사례로 부산지방법원 2014타경567**호 강제경매신청사건은 매각물건명세서에 '전세권을 낙찰자가 인수해야 한다'는 기재를 하였다. 위 법원은 전세권자에게 배당요구종기까지 배당요구를 할 것인지에 대하여 최고하였으나, 전세권자는 배당요구를 하지 않았다. 최고가매수인이 전세권을 인수해야 한다는 매각물건명세서의 기재내용에 관한 이의를 제기하였고, 최선순위 전세권은 오로지 전세권자의 배당요구에 의해서만 소멸되는지에 관한 판단이 문제가 되었다. 위 법원은 매각허가결정여부에 판단을 하면서 별도의 집행권원을 얻어 강제경매를 신청하였지만 이는 최선순위 전세권에 대한 전세금을 돌려받기 위한 것으로, 최선순위 전세권과 신청채권의 그 원인채권이 같고 전세금을 변제받고자 하는 목적 또한 같으므로 강제경매신청을 최선순위 전세권자가 배당을 요구한 것으로 판단한 것이다. 즉 이 사건 경매법원은 경매절차상의 하자를 이유로 매각허가결정을 취소하면서 위 사건에서 낙찰자가 납부한 매수보증금을 돌려주고 새 매각 결정을 하여 '최선순위 전세권은 소멸된다.'는 취지내용의 기재를 하고 이후의 경매절차를 진행하였다.

7. 매각 사례와 배당

사례 1 전세권자의 임의경매신청

임차인(갑)이 전세금을 반환받기 위하여 전세권에 기해 수원시 장안구 파장동 소재, 이 사건(2022타경59**) 오피스텔(대지권 23.148㎡, 건물 82.962㎡)에 대한 임의경매신청을 하였다. 임차인은 전세권설정등기(2022. 3. 17.)를 마쳤다(전세금 200,000,000원, 존속기간 2018. 5. 3.~2022. 5. 3.). 등기사항전부증명서(집합건물)상 권리는 다음과 같다.

구분	전세권(갑) 2022. 3. 17.	가압류(을) 2022. 4. 22.	임의경매(갑) 2022. 5. 13.
채권금액	200,000,000	200,000,000	200,000,000
우선순위	200,000,000	7,000,000	

임차인은 대항력(2018. 4. 27. 전입)과 확정일자(2018. 4. 18.)를 갖추었고, 배당요구신청서를 제출(2022. 5. 26.)하였다. 매각물건명세서에는 "매수인에게 대항할 수 있는 임차인이 있으며, 보증금 전액이 변제되지 아니하면 잔액을 매수인이 인수함. 배당요구종기일(2022. 7. 27.)"을 공시하고 매각절차를 진행하였다. 3차 매각기일에 매각되었다(감정가 251,000,000원, 매각가 210,020,000원, 매각가율 83.67%). 배당할 금액 207,000,000원.

해설 우선순위배당, 전세권 소멸

전세권설정자가 전세금의 반환을 지체한 때에는 전세권자는 목적물의 경매를 신청할 수 있고, 후순위 권리자 기타 채권자보다 전세금의 우선변제를 받을 권리가 있다. 주택에 관하여 최선순위로 전세권설정등기를 마치고 등기부상 새로운 이해관계인이 없는 상태에서 전세권설정계약과 계약당사자, 계약목적물 및 보증금(전세금액) 등에 있어서 동일성이 인정되는 임대차계약을 체결하여 주택임대차보호법상 대항요건을 갖추었다면, 전세권자로서의 지위와 주택임대차보호법상 대항력을 갖춘 임차인으로서의 지위를 함께 가지게 된다. 이러한 경우 전세권과 더불어 주택임대차보호법상의 대항력을 갖추는 것은 자신의 지위를 강화하기 위한 것이어서 전세권이 매각으로 소멸되었다 하더라도 변제받지 못한 나머지 보증금에 기하여 대항력을 행사할 수 있다(대법원 2010. 7. 26. 자 2010마900 결정). 본 사례는 전세기간이 종료(2022. 5. 3.)한 후에 경매신청(2022. 5. 13.) 하였다. 대항력 있는 임차인으로서, 자신의 지위를 강화하기 위하여 설정(2022. 3. 17.)한 전세권이다. ① 말소기준권리는 전세권등기가 된다. 전세권자는 2억원을 배당받고 전세권은 소멸된다. ② 배당잔여금 700만원은 가압류권자에게 배당된다.

사례 2 배당요구 하지 않은 최선순위 전세권

신청채권자(을)는 보증채무금을 지급받기 위하여 가압류의 본 압류로의 이행으로 이 사건(2021타경99**) 안동시 풍산읍 소재, 아파트(대지권 49.23㎡, 건물 84.92㎡)에 대한 강제경매신청 하였다. 7차 매각기일에 매각되었다(감정가 170,000,000원, 매각가 40,000,000원, 매각가율 23.53%). 배당할 금액 37,000,000원, 등기사항전부증명서상 권리는 아래와 같다.

구분	전세권(갑) 2017. 9. 11.	가압류(을) 2020. 5. 26.	강제경매(을) 2021. 6. 4.
채권금액	70,000,000	30,209,269	33,919,446
안분배당		17,429,680	19,570,320
인수 여부	70,000,000		

전입세대열람결과 전세권자(전입일 미상)와 김○○가 전입(2017. 9. 18.)되어 있다. 김○○는 전세권자의 전 배우자로 조사되었다. 전세권자는 집행법원으로부터 임차인통지서를 수령하였으나 아무런 반응도 하지 않았다. 전세권자는 배당요구신청서를 제출하지 않았다. 매각물건명세서의 '매각허가에 의하여 소멸되지 아니하는 것' 란에 "전세권등기

(2017. 9. 11. 등기)는 말소되지 않고 매수인에게 인수됨"을 공시하였다.

안분배당, 전세권 인수

배당요구를 하지 아니한 전세권은 매각으로 소멸하지 않고 매수인에게 인수된다. 신청 채권은 본 압류로 이행한 동일성이 인정되는 채권으로 배당할 금액 3,700만원은 신청채권 자에게 청구금액과 이자 등의 합계액을 배당하고 잉여금은 소유자에게 반환된다. 가압류 채권과 압류채권이 별개의 채권이면 위 표와 같이 채권금액을 기준으로 안분배당을 한다.

사례 3 **최선순위 전세권자의 강제경매신청**

전세권자(갑)가 임대차보증금에 관한 본안소송에서 승소, 확정판결을 받아 이를 집행 권원으로 이 사건(2022타경33**) 경남 진주시 하대동 소재, 아파트(대지권 21.12㎡, 건 물 59.89㎡)에 대한 강제경매신청을 하면서 위 사건 소송비용에 관한 집행권원을 얻어서 1,539,220원을 청구금액에 포함하였다. 등기사항전부증명서(집합건물)상 권리는 다음과 같다.

구분	전세권(갑) 2015. 7. 9.	압류(을) 2020. 3. 3.	강제경매(갑) 2022. 5. 18.	압류(병) 2022. 6. 14.
채권금액	95,000,000	교부청구액	126,539,220	교부청구액
우선변제권			95,000,000	
우선순위			27,000,000	
인수 여부	인수			

임차인은 전세권등기(2015. 7. 9. 등기, 전세금 95,000,000원, 존속기간 2015. 7. 9.~2017. 7 8.)를 마쳤고, 대항력(2015. 7. 14. 전입)과 확정일자(2015. 7. 9.)를 갖추고 보증금(전세 금 95,000,000원과 2017. 10. 6. 증액한 30,000,000원)에 관한 배당요구신청서를 채권자의

지위에서 제출(2022. 5. 18.)하였다. 증액된 보증금도 확정일자(2017. 11. 13.)를 받았다. 매각물건명세서의 '매각허가에 의하여 소멸되지 아니하는 것' 란에 "전세권설정등기(2015. 7. 9. 등기)는 말소되지 않고 매수인에게 인수됨. 배당요구종기(2022. 7. 27.)"를 공시하였다. 2차 매각기일에 매각되었다(감정가 148,000,000원, 매각가 125,000,000원, 매각가율 84.46%). 신청채권자가 채권상계신청서를 제출하였다. 실제 배당할 금액 122,000,000원.

(해설) **우선순위배당, 전세금 인수**

선순위 전세권자이면서 대항력의 요건을 갖춘 임차인은 전세권자로서 우선변제를 받을 수 있는 권리와 주택임차인으로서 우선변제를 받을 수 있는 권리를 겸하고 있다(대법원 1993. 12. 24. 선고 93다39676 판결). 임차인의 지위로 배당요구 하였다면 배당요구를 하지 아니한 전세권은 선순위이기 때문에 낙찰자에게 인수된다. 그 범위 내에서 낙찰자는 임대인의 지위를 승계한 것으로 보아야 한다(대법원 2010. 7. 26. 자 2010마900 결정).

본 사례는 전세기간이 경과한 최선순위 전세권자 겸 주택임차인이 전세권을 실행하지 않고 확정판결을 받아 강제경매신청 하였다. 말소기준권리는 압류(을)등기(2020. 3. 3.)가 된다. 임차인은 채권자의 지위에서 배당요구신청서를 제출하였다. 전세권자로서 배당요구 한 것인지는 확인되지 않는다. 전세권자의 지위에서 배당요구 하지 않은 경우에는 전세권은 인수된다. 법원도 인수주의를 취하고 있다. ① 전세금 9,500만원은 확정일자부 임차인으로 우선배당 받는다. 증액한 보증금의 확정일자가 말소기준권리보다 앞서므로 배당잔여금 2,700만원을 우선순위로 배당받고 300만원은 인수된다. ② 배당요구 하지 않은 전세권은 매수인에게 인수된다. 본 사례는 채권상계신청을 하였으므로 신청채권자가 매수인이다. 따라서 전세권은 혼동으로 매수인이 말소처리하게 될 것이다. ③ 소송비용 1,539,220원은 미수채권이 된다. 선순위 압류(을)는 조세채권자가 교부청구 하지 않더라도 체납세액을 조사하여 우선배당 하므로 이로 인하여 매수인의 미수채권이 증가할 수 있다.

신청채권자(정)는 채무자에 대한 집행력 있는 지급명령정본으로 이 사건(2021타경 30**) 대구시 달서구 용산동 소재, 근린주택(토지 213㎡, 건물 358.5㎡)에 대한 강제경매를 신청하였다. 이 사건 건물은 3층 근린주택이며 1층을 양분하여 전세권을 설정한 우측은 공실이고, 좌측은 탁○○이 점유한다. 탁○○은 대항력(2015. 2. 26. 사업자등록)을 갖추고, 보증금(보증금 5,000,000원, 월세 280,000원)에 대한 배당요구신청서를 제출(2021. 4. 23.)한 상가임차인이다. 최선순위 전세권자(1998. 5. 7. 등기, 전세금 30,000,000원, 1층 점포 남쪽 53㎡, 존속기간 1998. 4. 10.~2000. 4. 10., 사업자등록 미상, 확정일자 미상)는 배당요구 하지 않았다. 소유자 겸 채무자가 2층을 점유하며 3층에 거주한다. 등기사항전부증명서(건물)상 권리와 상가임차인 정보는 아래와 같다.

구분	전세권(갑) 1998. 5. 7.	가압류(을) 2019. 9. 20.	가압류(병) 2020. 9. 16.	강제경매(정) 2021. 2. 5.	임차인(탁○○) 2015. 2. 26.
채권금액	30,000,000	15,272,393	170,000,000	5,656,220	5,000,000
소액보증금					5,000,000
안분배당		15,272,393	170,000,000	5,656,220	
인수 여부	30,000,000				

매각물건명세서에는 '매각허가에 의하여 소멸되지 아니하는 것' 란에 "전세권등기는 말소되지 않고 매수인에게 인수됨. 배당요구종기(2021. 5. 10.)"를 공시하였다. 3차 매각기일에 매각되었다(감정가 600,276,600원, 매각가 400,199,000원, 매각가율 66.67%). 배당할 금액 396,000,000원.

(**해설**) **최우선순위배당·안분배당, 전세금 인수**

말소기준권리는 을의 가압류(2019. 9. 20.)가 된다. ① 전세권자는 존속기간이 경과하였으나 배당요구 하지 않았다. 전세권은 소멸되지 않고 전세금 3,000만원은 매수인에게 인수된다. ② 상가소액임차인에 해당되는 탁○○에게 최우선순위로 500만원이 배당된다. ③ 배당잔여금 3억9,100만원은 후순위 채권자 을, 병, 정의 채권금액을 모두 변제하고, 남은 배당잉여금 200,071,387원은 소유자에게 지급된다.

사례 5 **전세권의 인수주의와 소멸주의**

전세권자(갑)는 전세권에 기하지 않고, 채무자에 대한 전세금반환사건의 집행력 있는 판결정본에 기해 부산광역시 금정구 구서동 소재, 이 사건(2014타경56**) 아파트(대지권 9.68㎡, 건물 41.1㎡)에 대한 강제경매신청을 하였다. 매각물건명세서에는 '매각허가에 의하여 소멸되지 아니하는 것' 란에 "을구 순위 9번 전세권설정등기(2005. 10. 21. 제 28745호 60,000,000원)는 말소되지 않고 매수인에게 인수됨"을 공시하고 매각절차를 진행하였다. 임차인의 전입일자는 미상이며, 확정일자(2005. 10. 21.)를 받았다. 등기사항 전부증명서상 권리(요약)는 다음과 같다.

구분	전세권(갑) 2005. 10. 21.	가압류(을) 2007. 3. 5.	압류(병) 2008. 1. 28.	압류(정) 2013. 5. 20.	강제경매(갑) 2014. 3. 13.
채권금액	60,000,000	279,357,974	교부청구액	교부청구액	60,000,000
우선변제권	60,000,000				
안분배당		3,000,000			
인수 여부	소멸				

매각결과, 3차 매각기일에 A가 낙찰받았으나(74.7%) 매각대금을 미납하여 재매각에 부쳐져 6차 매각기일에 B에게 매각되었는데 법원은 경매절차상 하자를 이유로 매각허가결정을 취소하면서 새 매각 결정을 하여 "최선순위 전세권은 소멸된다."는 취지의 내용을 기재하고 이후의 경매절차를 진행하였다. 신청채권자도 전세권에 대하여 배당요구를 한다는 의견서를 제출(2015. 4. 7.)하였다. 8차 매각기일에 매각되었다(감정가 76,000,000원,

매각가 65,180,000원, 매각가율 85.76%). 실제 배당할 금액 63,000,000원.

해설 **우선순위배당, 전세권의 인수주의와 재판부의 재량**

본 사례는 매각물건명세서의 '매각허가에 의하여 소멸되지 아니하는 것' 란에 "전세권설정등기(2005. 10. 21. 제28745호 금 6,000만원)는 말소되지 않고 매수인에게 인수됨"이라고 기재하여 경매절차를 진행한 인수주의가 쟁점이다. 이후 매각절차에서 A가 최고가매수인으로 결정되었으나 최선순위 전세권을 인수해야 한다는 매각물건명세서의 내용과 자신이 분석한 권리관계가 일치하지 않음에 따라 대금지급기한까지 대금을 지급하지 않아 재매각절차가 진행되었다. 재매각절차에서는 B가 최고가매수인으로 결정되었는데, B는 "전세권자의 이 사건 경매신청은 최선순위 전세권자로서 배당요구를 한 것으로 보아야 하므로 최선순위 전세권을 매수인이 인수해야 한다는 매각물건명세서의 기재는 경매법원의 착오에 의한 중대한 하자다"고 하면서, 최선순위 전세권은 매수인이 인수할 수 없다며 경매법원의 경매절차에 잘못이 있다고 이의를 제기하였다. 법원은 최선순위 전세권과 동일한 채권에 대한 집행권원을 취득하여 강제경매를 신청한 경우에도 최선순위 전세권을 매수인이 인수해야 한다는 결론에 이르게 되어 최선순위 전세권을 매수인이 인수해야 한다는 매각물건명세서의 기재를 하게 된 것이나 B의 주장에 대하여 법원이 검토한 결론은 경매절차상의 하자를 이유로 매각허가결정을 취소하면서 A와 B가 납부한 매수보증금을 각각 돌려주고 새 매각 결정을 하여 "최선순위 전세권은 소멸된다"는 취지의 내용을 기재하고 이후의 경매절차를 진행하였다. '권리관계에 중대한 변동'이 발생하는, 즉 전세권이 매각허가에 의하여 소멸하는 것으로 공시하고 매각절차를 진행하였다(신청채권자가 판결에 기하여 소정의 이자를 청구했을 것으로 추정된다). 말소기준권리는 전세권(2005. 10. 21.)이 된다. ① 임차인에게 6,000만원이 배당된다. 매수인에게 인수되는 보증금은 없다. ② 배당잔여금 300만원은 신청채권자의 이자채권과 가압류권자의 청구금액을 기준으로 안분배당을 한다. 본 사례에서는 신청채권자의 이자채권금액이 확인되지 않아서 배당잔여금을 가압류권자에게 배당되는 것으로 분석하였다.

신청채권자가 채무자에 대한 계약이행청구사건의 본안소송에서 승소, 확정판결을 받아 이를 집행권원으로 이 사건(2019타경10**) 서울시 양천구 목동 소재, 다가구주택(토지 167.8㎡, 건물 250.75㎡)을 강제경매신청 하였다. 현황조사결과 임차인 수 3명, 보증금합계 280,000,000원, 월세 합계 800,000원이다. ① 전세권자 박○○(전입일 미상, 확정일자 미상, 2018. 3. 30. 전세권등기, 전세금 50,000,000원, 1층 76.86㎡ 전부, 존속기간 2018. 3. 30.~2019. 3. 30.)는 배당요구를 하지 않았다. ② 임차인 이○○(보증금 50,000,000원, 2018. 5. 5. 전입, 확정일자 미상)는 배당요구를 하지 않았다. ③ 임차인 한○○(보증금 180,000,000원, 2016. 10. 5. 전입, 확정일자 2016. 10. 25.)은 배당요구신청서를 제출(2019 9. 11.)하였다. 매각물건명세서에는 "매수인에게 대항할 수 있는 임차인이 있으며, 보증금 전액이 변제되지 아니하면 미배당보증금은 매수인에게 인수됨. 배당요구종기(2019. 11. 28.)"를 공시하였다. 3차 매각기일에 매각되었다(감정가 1,172,549,140원, 매각가 995,000,000원, 매각가율 84.86%). 배당할 금액 988,000,000원. 전세권자는 배당요구종기 이후 배당금교부신청서를 제출(2021. 12. 21.)하였다. 신청채권자의 청구금액은 329,681,027원이며 2019. 8. 29. 경매개시결정등기가 기입되었다. 등기사항전부증명서상 권리(요약)와 임차인은 아래와 같다.

구분	전세권(박○○) 2018. 3. 30.	근저당(갑) 2019. 3. 12.	근저당(을) 2019. 3. 15.	임차인(한○○) 2016. 10. 5.	임차인(이○○) 2018. 5. 5.
채권금액	50,000,000	576,000,000	1,690,000,000	180,000,000	50,000,000
우선변제권				180,000,000	
우선순위		576,000,000	232,000,000		
인수 여부	50,000,000				50,000,000

민사집행법 제91조 제3항은 "전세권은 저당권·압류채권·가압류채권에 대항할 수 없는 경우에는 매각으로 소멸된다"고 규정하고, 같은 조 제4항은 "제3항의 경우 외의 전세권은 매수인이 인수한다. 다만 전세권자가 배당요구를 하면 매각으로 소멸된다"고 규정하고 있다. 전세권이 소멸하는 경우는 대항요건을 갖추지 않은 선순위 전세권이 배당요구를 한 경우와 후순위 전세권이다. 말소기준권리는 근저당(2019. 3. 12.)이다. ① 배당요구를 한 임차인 한○○는 확정일자부임차인으로 우선변제권에 의해 1억8,000만원 전액을 배당받는다. ② 배당요구 하지 않은 임차인 이○○는 전입일(2018. 5. 5.)이 말소기준권리보다 앞서므로 매수인에게 대항력이 있다. ③ 배당요구 하지 않은 전세권자 박○○의 전세금 5,000만원은 매수인에게 인수된다. ④ 배당잔여금은 저당권성립의 선·후에 따라 갑에게 5억7,600만원, 을에게 2억3,200만원을 각 배당한다.

사례 7　전세권 근저당

신청채권자(을)는 대여금을 지급받기 위하여 전세권근저당권의 실행으로 부산광역시 금정구 서동 소재, 이 사건(2019타경10**) 아파트(대지권 27.771㎡, 건물 59.935㎡)에 대한 임의경매를 신청하였다. 전세권설정등기는 을구 순위번호 5에 기입되어 있고(전세권설정, 접수 제17223호, 전세금 130,000,000원, 존속기간 2018. 6. 30.~2020. 6. 29.), 전세권근저당은 을구 순위번호 5-2에 기입되어 있다(5번 전세권근저당권설정, 접수 제17224호, 채권최고액 130,000,000원). 해당 주소에는 전세권자가 전입되어 있다. 2차 매각기일에 매각되었다(감정가 125,000,000원, 매각가 120,110,000원, 매각가율 96.09%). 배당할 금액 117,000,000원. 등기사항전부증명서상 권리는 아래와 같다.

구분	전세권(갑) 2018. 7. 3.	전세권근저당(을) 2018. 7. 3.	임의경매(을) 2019. 3. 27
채권금액	130,000,000	130,000,000	104,000,000
우선순위		117,000,000	

(해설) **우선순위배당, 전세권의 양도**

전세권은 용익물권이면서 담보물권이므로 담보로 제공될 수 있다. 전세권의 담보제공은 전세권을 목적으로 한 저당권의 설정을 의미한다. 전세권에는 용익물권적권능과 담보물권적권능의 양자가 있다. 전세권의 소멸사유로 소멸하는 것은 전자이고, 전세권등기는 담보물권적 권능의 범위 내에서 전세금을 반환받을 때까지 그 효력이 존속한다. 따라서 전세금반환채권을 양도하면 전세권도 그 수반성에 따라 양수인에게 같이 이전되는 것이 원칙이다. 전세금반환채권만을 전세권과 분리하여 확정적으로 양도하는 것은 허용되지 않는 것이고, 다만 전세권 존속 중에는 장래에 그 전세권이 소멸하는 경우에 전세금반환채권이 발생하는 것을 조건으로 그 장래의 조건부 채권을 양도할 수 있을 뿐이다. 담보물권적권능만 남은 전세권도 전세금반환채권과 함께 제3자에게 양도할 수 있지만, 소정의 확정일자 있는 증서에 의한 채권양도절차를 거치지 않는 한 전세금반환채권의 압류·전부채권자 등 제3자에게 양도사실로써 대항할 수 없다. 부동산의 사용·수익을 목적으로 하는 권리는 권리질권의 목적이 될 수 없으므로 전세권에 관해 질권설정은 할 수 없다. 신청채권자는 전세권의 존속기간 중에 경매신청을 하였다.

전세권(접수 제17223호)에 근저당을 설정(접수 제17224호)하는 것이므로 전세권등기에 부기하는 방법으로 저당권을 설정하였다. 전세권에 대한 경매기입등기는 을구에 등기된다. 감정인은 전세권의 가치를 1억2,500만원으로 평가하였다. 층별 효용성에서 열세로 보았다. 전세권자가 신청채권자(을)에게 담보를 제공한 것이므로 전세권자에게는 배당되지 않는다.

신청채권자(을)가 근저당권의 실행으로 서울특별시 종로구 창성동 소재, 이 사건(2017타경35**) 다세대주택(대지권 43.366㎡, 건물 78.87㎡)에 대한 임의경매신청을 하였다. 등기사항전부증명서(집합건물)상 권리는 다음과 같다.

구분	전세권(문○○) 2012. 6. 29.	근저당(을) 2016. 9. 23. 접수: 40232.	근저당(병) 2016. 9. 23. 접수: 40233	임의경매(을) 2017. 3. 28.	주택임차권(문○○) 전입: 2012. 6. 28. 확정: 2012. 6. 28.
채권금액	320,000,000	109,500,000	100,000,000	109,500,000	330,000,000
우선변제권	320,000,000				
우선순위		109,500,000	56,500,000		10,000,000
인수 여부	소멸				

임차인(문○○)은 대항력(2012. 6. 28. 전입)과 확정일자(1차 확정일자 2012. 6. 28., 2차 확정일자 2014. 4. 22.)를 갖추었고, 전세권등기(2022. 6. 29. 등기, 전세금 320,000,000원, 존속기간: ~2014. 6. 28.)를 마쳤으며, 배당요구신청서를 제출(2017. 6. 7.)하였다. 보증금(330,000,000원, 2014. 4. 21. 증액한 10,000,000원을 포함)에 관하여 임차권등기(2017. 10. 18.)도 마쳤다. 임차인은 전세금 320,000,000원을 지급받기 위하여 전세권의 실행으로 이중경매(2017타경937**)를 신청하였다. 매각물건명세서에는 '매각허가에 의하여 소멸되지 아니하는 것' 란에 "전세권설정등기(2012. 6. 29. 등기)는 말소되지 않고 매수인에게 인수됨. 배당요구종기(2017. 6. 19.)"를 공시하고 매각절차를 진행하였다. 2차 매각기일에 매각되었다(감정가 546,000,000원, 매각가 501,000,000원, 매각가율 91.76%). 배당할 금액 496,000,000원.

전세권자가 주택임대차보호법상의 우선변제요건도 갖춘 경우에는 위 법에 의한 보호도 받게 된다(대법원 1993. 12. 24. 93다39676 판결). 따라서 전세권등기일자로는 매각으로 소멸하는 것처럼 보이는 전세권이라도 위 법 소정의 대항요건을 갖춘 것으로서는 최우선순위인 경우에는 임차권자로서 저당권 등에 대항할 수 있다(대법원 1993. 11. 23. 93다10552, 10568 판결). 또한 집합건물이 아닌 지상 건물과 그 부지 중 건물에만 전세권설정등기를 한 경우라도 전세권자가 주택임대차보호법상 우선변제권의 요건을 갖춘 경우에는 그 부지의 매각대금에서도 배당을 받을 수 있게 되는 경우도 있고 나아가 전세권설정계약서에 날인된 등기소의 일부인도 확정일자로 보아야 하므로(대법원 2002. 11. 8. 선고 2001다51725 판결), 부지의 매각대금에 대한 배당순위도 전세권등기일 기준으로 판단하여야 하는 경우가 있음을 유의하여야 한다. 저당권과 전세권 및 등기된 임차권의 배당순위는 그 등기의 선후에 의한다.

전세권자(문○○)는 권리신고 및 배당요구신청서를 모 사건의 배당요구종기 내에 제출(2017. 6. 7.)하고, 임차권등기(2017. 10. 18.)를 마친 다음 모 사건 배당요구종기 후에 이중경매를 신청하였다. 최선순위 전세권자로서 배당요구 하였으므로 전세권은 소멸되지만, 매수인에게 대항할 수 있는 임차인이므로 미배당보증금은 매수인에게 인수된다. ① 임차인은 전세권자의 지위에서 3억2,000만원을 우선순위로 배당받는다. 증액된 보증금은 확정일자가 말소기준권리보다 앞서므로 신청채권자보다 우선하여 1,000만원을 배당받는다. ② 을과 병은 저당권설정일(2016. 9. 23.)은 같고 접수번호는 을이 앞선다(을 40232호, 병 40233호). 설정등기일이 같은 날인 경우 동구에서 한 등기는 순위번호에 의하므로 배당잔여금 1억6,600만원은 을에게 1억950만원, 병에게 5,650만원을 각 배당한다.

신청채권자(병)는 채무자의 신용카드이용대금에 관한 집행력 있는 지급명령정본에 기해 용인시 기흥구 공세동 소재, 이 사건(2019타경27**) 다세대주택(대지권 37.095㎡, 건물 60.57㎡)에 대한 강제경매를 신청하였다. 대한주택공사(갑)는 전세권설정등기(2007. 7. 12. 등기, 전세금 48,000,000원, 존속기간 2007. 7. 12.~2009. 7. 11.)를 경료하였다. 임차인 한국토지주택공사(입주자 임○○, 2007. 7. 24. 전입, 확정일자 2013. 5. 9.)는 권리신고(2019. 7. 24.)는 하였으나 배당요구는 하지 않았다. 임차인의 보증금 68,000,000원 중 20,000,000원은 증액되었다(2017. 4. 6. 증액, 확정일자 2017. 4. 6.). 위 전세권의 존속기간은 변경등기 되었다(2013. 5. 24. 등기, 존속기간 2007. 7. 12.~2015. 5. 6.). 등기사항전부증명서상 권리는 아래와 같다.

구분	전세권(갑) 2007. 7. 12.	가압류(을) 2019. 6. 19.	강제경매(병) 2019. 12. 6.	임차인(갑) 전입: 2007. 7. 24.
채권금액	48,000,000	15,228,600	9,289,464	68,000,000
안분배당		15,228,600	9,289,464	
인수 여부	48,000,000			20,000,000

매각물건명세서에는 '매각허가에 의하여 소멸되지 아니하는 것' 란에 "전세권설정등기(2007. 7. 12. 제165320호)는 말소되지 않고 매수인에게 인수됨. 대항력 있는 임차인의 보증금 전액을 매수인이 인수함. 배당요구종기(2020. 2. 20.)"를 공시하였다. 5차, 7차 매각기일에 각 매각되었으나 최고가매수인이 대금을 미납하여 재매각한 결과 12차 매각기일에 매각되었다(감정가 105,000,000원, 매각가 20,237,000원, 매각가율 19.27%). 배당할 금액은 전 경매보증금 9,871,100원 포함 28,000,000원.

우선순위배당, 미배당보증금 인수

최선순위 전세권자로서의 지위와 주택임대차보호법상 대항력을 갖춘 임차인으로서의 지위를 함께 가지고 있는 사람이 전세권자로서 배당요구를 하여 전세권이 매각으로 소멸되었다 하더라도 변제받지 못한 나머지 보증금에 기하여 대항력을 행사할 수 있고, 그 범위 내에서 임차주택의 매수인은 임대인의 지위를 승계한 것으로 보아야 한다(대법원 2010. 7. 26. 자 2010마900 결정). ① 전세권에 대하여 배당요구 하지 않았으므로 전세권은 매수인에게 인수된다. ② 한국토지주택공사의 입주자가 전입(2007. 7. 24.)하여 점유하고 있는 대항력 있는 임차인이다. 권리신고만 하고 배당요구 하지 않았으므로 증액한 보증금 2,000만원은 매수인에게 인수된다. ③ 배당할 금액 2,800만원은 후순위 가압류권자와 신청채권자에게 채권금액을 기준으로 안분하여 각 배당되고, 배당잉여금 3,481,936원은 소유자에게 지급된다.

사례 10 법인이 선정한 입주자와 전세권

신청채권자(병)가 채무자에 대한 대여금사건의 집행력 있는 지급명령정본에 기해 울산시 남구 신정동에 소재, 이 사건(2021타경10**) 아파트(대지권 미등기, 감정가격 포함, 건물 61.98㎡)에 관하여 강제경매신청을 하고, 제3의 채권자(정)가 이중경매신청(2021타경481**)을 하였다. 전세권설정등기는 2010. 10. 28. 경료되었다(전세권자 한국토지주택공사(갑), 전세금 55,000,000원, 존속기간 2010. 11. 10.~2012. 11. 9.). 등기사항전부증명서(집합건물)상 권리는 아래와 같다.

구분	전세권(갑) 2010. 10. 28.	가압류(을) 2020. 5. 4.	강제경매(병) 2021. 3. 10.	강제경매(정) 2021. 5. 14.	압류(무) 2022. 3. 4.
채권금액	55,000,000	15,966,935	2,045,762	28,997,958	교부신청액
안분배당		11,887,580	1,523,090	21,589,330	
인수 여부	55,000,000				

전입세대열람결과 세대주(류○○)가 전입(2010. 11. 9. 전입)되어 있다. 전세권자는 배당요구종기(2021. 5. 31.) 내에 배당요구 하지 않았다. 5차 매각기일에 매각(32.48%)되었으나 최고가매수인의 대금미납으로 재매각에 부쳐져 6차 매각기일에 매각되었다(감정가 117,000,000원, 매각가 34,200,000원, 매각가율 29.23%). 배당할 금액은 35,000,000원(전경매보증금 2,089,200원 포함).

해설 **안분배당, 전세권 인수**

전세임대주택을 지원하는 한국토지주택공사가 주택을 임차한 후 그 법인이 선정한 입주자가 그 주택을 인도받고 주민등록을 마친 사건이다. 임차인의 지위를 강화하기 위하여 임차인이 대항력을 취득하기 전에 전세권을 설정(2010. 10. 28. 등기)한 이후 대항력(2010. 11. 9. 전입)을 취득하였다. 이중경매사건이므로 경매절차는 먼저 경매신청 한 병의 사건번호에 의해 진행된다. 말소기준권리는 을의 가압류(2020. 5. 4.)가 된다. ① 전세권자(갑)는 배당요구를 하지 않았으므로 전세금 5,500만원 전액은 매수인에게 인수된다. ② 배당할 금액 3,500만원은 가압류권자와 2명의 신청채권자에게 채권액을 기준으로 안분배당 한다.

사례 11 **전세권과 주택임차인의 지위 겸유**

신청채권자(갑)는 담보권실행으로 경기도 포천시 영북면 소재, 이 사건(2022타경75**)주택(대지 142㎡, 건물 82.05㎡)에 대한 임의경매신청을 하였다. 해당 주소에는 윤○○가 2019. 5. 20. 전입신고를 마치고 거주하며, 확정일자는 미상이나 보증금 40,000,000원에 대한 권리신고 및 배당요구신청서를 주택임대차계약서를 첨부하여 제출(2022. 7. 27.)하였다. 등기사항전부증명서상 권리는 아래와 같다.

구분	근저당(갑) 2015. 5. 6.	가압류(을) 2016. 8. 1.	전세권(임ㅇㅇ) 2017. 3. 27.	가압류(정) 2021. 6. 10.	임의경매(갑) 2022. 5. 17.
채권금액	16,900,000	3,185,722	40,000,000	12,519,459	20,281,759
우선순위	16,900,000		15,000,000		
안분배당		3,063,100	24,036,990		
인수 여부			소멸		

전세권자(임ㅇㅇ)는 전세금 40,000,000원(존속기간 2017. 3. 28.~2027. 3. 28.)에 관한 전세권등기(2017. 3. 27.)를 마쳤다. 전세권자(임)는 주민등록 전입자 윤ㅇㅇ의 남편이다. 매각물건명세서에는 "매수인에게 대항할 수 있는 임차인이 있으며, 보증금이 전액 변제되지 아니하면 잔액을 매수인이 인수함. 배당요구종기(2022. 7. 27.)"를 공시하고 매각절차를 진행하였다. 2차 매각기일에 매각되었다(감정가 66,662,250원, 매각가 61,000,000원, 매각가율 91.51%). 배당할 금액 59,000,000원.

(해설) **우선순위배당, 전세권 소멸**

본 사례의 전세권자는 임차인의 지위에서 권리신고 및 배당요구신청서를 제출하였다. ① 근저당권자에게 1,690만원을 우선순위로 배당한다. ② 최초의 담보권설정기준 소액임차인의 범위는 4,500만원 이하 1,500만원이다. 임차인의 보증금 4,000만원은 이에 해당된다. 임차권자로서 배당요구 하였으므로 소액보증금 1,500만원은 최우선순위로 배당된다. ③ 전세권은 말소기준권리보다 뒤에 등기되어 소멸된다. ④ 배당잔여금 2,710만원은 앞순위 가압류채권과 전세금잔액 2,500만원에 비례하여 안분배당 된다. ⑤ 미배당보증금 963,010원은 매수인에게 인수되지 않는다.

신청채권자 ㈜에이○○는 근저당권의 실행으로 이 사건(2019타경46**) 구리시 교문동 소재, 다가구주택(토지 397㎡, 건물 609.745㎡)에 대한 임의경매신청을 하였다. 전세권자와 배당을 요구한 임차인 4명의 임차보증금내역은 아래와 같다.

임차인 현황

임차인	전입일	권리종류	점유부분	채권금액(원)	비고
박○○	2015. 11. 12.	전세권	2층 일부	200,000,000	종기: 2017. 10. 5.
					배당요구: 없음
김○○	2015. 12. 3.	전세권	302호	150,000,000	종기: 2017. 10. 5.
					배당요구: 2019. 5. 24.
㈜에이○○	2017. 3. 24.	전세권	4층 전부	200,000,000	종기: 2018. 3. 24.
					신청채권자
우○○	2013. 3. 21.	임차권	101호	120,000,000	확정일자: 미상
					배당요구: 없음
권○○	2015. 6. 9.	임차권	201호	130,000,000	확정일자: 2015. 5. 28.
					배당요구: 2019. 4. 22.
백○○	2015. 9. 1.	임차권	301호	150,000,000	확정일자: 2015. 9. 1.
					배당요구: 2019. 4. 8.
송○○	2018. 11. 20.	임차권	401호	250,000,000	확정일자: 2019. 4. 16.
					배당요구: 2019. 5. 7.
합계				1,200,000,000	

매각물건명세서에는 '매각허가에 의하여 소멸되지 아니하는 것'란에 "전세권설정등기 (2015. 11. 12. 등기)는 말소되지 않고 매수인에게 인수됨. 매수인에게 대항할 수 있는 임차인 있으며, 보증금이 전액 변제되지 아니하면 잔액을 매수인이 인수함. 배당요구종기 (2019. 6. 3.)"를 공시하였다. 임차인 9명 중 배당을 요구한 임차인은 전세권자 302호 김○○와 확정일자부임차인 3명이다. 임차인 2명은 전입세대열람내역서에 등재되어 있으나

점유부분 및 확정일자와 보증금 미상이다. 전입세대열람결과 우○○(101호), 권○○(201호), 설○○(202호), 백○○(301호), 김○○(302호), 송○○(401호)이 등재되어 있고, 101호 우○○는 배당요구 없이 권리신고만 하였다. 김○○으로부터 공사대금 259,000,000원의 유치권신고서가 제출(2019. 6. 3.)되었다. 이에 대하여 신청채권자는 유치권배제신청서를 제출(2019. 9. 2.)하였다. 매각결과 2차 매각기일에 매각되었다. 매각가율이 54.18%이다(감정가 1,343,217,600원, 매각가 727,700,000원). 배당할 금액은 721,000,000원이다. 등기사항전부증명서(건물)상 권리(요약)는 다음과 같다.

등기사항전부증명서(건물)

순위	접수일	점유부분	권리종류	권리자	채권금액(원)	존속기간
을13	2015. 11. 12.	2층 일부	전세권	박○○	200,000,000	2015. 10. 6. ~2017. 10. 5.
을14	2015. 12. 3.	302호	전세권	김○○	150,000,000	~2017. 10. 5.
을17	2017. 3. 24.	4층 전부	전세권	㈜에이○○	200,000,000	2017. 3. 24. ~2018. 3. 24.
을18	2017. 3. 24.		근저당	㈜에이○○	300,000,000	
을19	2017. 11. 23.		근저당	김○○	36,000,000	
갑16	2018. 11. 20.		압류	구리시		
갑17	2019. 3. 14.		임의경매	㈜에이○○	290,345,200	

(해설) **우선순위배당, 전세권과 우변변제권**

전세권이 먼저 설정되고 후에 저당권이 설정된 경우, 저당권자가 경매신청 하더라도 그당시 전세권의 기간이 만료하지 않는 한 전세권은 소멸하지 않는다. 전세권자의 용익물권은 보호되어야 하기 때문이다. 다만 이 경우에도 전세권자는 담보권자로서 배당받을 수 있고, 이때는 그 설정등기의 선후에 따라 우선변제가 이루어진다. 최선순위의 전세권은 전세권자의 배당요구에 의하여만 소멸되고, 전세권자가 배당요구를 하지 않는 한 매수인에게 인수되며, 반대로 배당요구를 하면 존속기간에 상관없이 소멸한다. 앞의 사례 5와 같이 집행법원이 '최선순위 전세권은 소멸된다.'는 취지의 내용을 공시하고 매각절차가 진행되기도 한다.

말소기준권리는 근저당(2017. 3. 24.)이다. 예상배당표는 0순위 집행비용, 2순위 당해세, 3순위 확정일자부임차인(201호 권○○ 1억3,000만원, 301호 백○○ 1억5,000만원), 전세권자(302호 김○○ 1억5,000만원, 전세권자 4층 ㈜에이○○ 2억원, 저당권자 ㈜에이○○ 9,100만원)에게 각 배당한다.

가. 전세권

전세권자가 배당요구를 하면 전세권이 소멸되고 배당요구를 하지 않으면 전세권은 인수된다(민사집행법 제91조 제4항). 전세권자 3명 중 배당요구를 한 김○○(302호, 1억5천만원)와 ㈜에이○○(4층 전부 2억원)에게는 전세금이 각 지급되고, 배당요구를 하지 않은 최선순위 전세권(2015. 11. 12. 등기, 박○○, 전세금 2억원)은 매수인에게 인수된다.

나. 확정일자부 우선변제권

임차인 4명 중 대항요건과 확정일자를 갖추고 확정일자부임차인의 지위로 우선변제권을 행사한 201호(권○○ 1억3,000만원), 301호(백○○ 1억5,000만원)에게 각 보증금이 배당되고, 확정일자가 늦은 401호(송○○ 2억5천만원) 전입자는 배당잔여금이 없어 배당받지 못하였다.

다. 대항력

확정일자를 갖추지 못하였으나 대항요건(2013. 3. 21.)을 갖춘 101호(우○○ 보증금 1억2,000만원) 전입자와 확정일자를 갖춘 401호(송○○ 2억5천만원) 전입자의 각 미배당보증금은 매수인에게 인수된다. 결국 전세금 2억원과 미배당보증금 3억7천만원은 매수인에게 인수된다.

공유물의 지분매각과 배당 사례

제1항 공유지분권과 우선매수청구권

1. 의의

1) 공유지분을 경매하는 경우에는 채권자의 채권을 위하여 채무자의 지분에 대한 경매개시 결정이 있음을 등기부에 기입하고 다른 공유자에게 그 경매개시결정이 있다는 것을 통지하여 야 한다. 다만, 상당한 이유가 있는 때에는 통지하지 아니할 수 있다(민사집행법 제139조 제1 항). 최저매각가격은 공유물 전부의 평가액을 기본으로 채무자의 지분에 관하여 정하여야 한 다. 다만, 그와 같은 방법으로 정확한 가치를 평가하기 어렵거나 그 평가에 부당하게 많은 비 용이 드는 등 특별한 사정이 있는 경우에는 그러하지 아니하다(민사집행법 제139조 제2항).

2) 근저당권의 준공유자들이 각자의 공유지분을 미리 특정하여 근저당권설정등기를 마 쳤다면 그들은 처음부터 그 지분의 비율로 근저당권을 준공유하는 것이 되고, 이러한 경 우 다른 특별한 사정이 없는 한 준공유자들 사이에는 각기 그 지분비율에 따라 변제받기 로 하는 약정이 있었다고 봄이 상당하므로, 그 근저당권의 실행으로 인한 경매절차에서 배당을 하는 경매법원으로서는 배당시점에서의 준공유자 각자의 채권액의 비율에 따라 안분하여 배당할 것이 아니라 각자의 지분비율에 따라 안분하여 배당해야 하며, 어느 준 공유자의 실제 채권액이 위 지분비율에 따른 배당액보다 적어 잔여액이 발생하게 되면 이 를 다른 준공유자들에게 그 지분비율에 따라 다시 안분하는 방법으로 배당해야 한다(대

법원 2008. 3. 13. 선고 2006다31887 판결).

   3) 공유자 사이에 공유물을 사용·수익할 구체적인 방법을 정하는 것은 공유물의 관리에 관한 사항으로서 공유자의 지분의 과반수로써 결정하여야 할 것이고, 과반수 지분의 공유자는 다른 공유자와 사이에 미리 공유물의 관리방법에 관한 협의가 없었다 하더라도 공유물의 관리에 관한 사항을 단독으로 결정할 수 있으므로, 과반수 지분의 공유자가 그 공유물의 특정부분을 배타적으로 사용·수익하기로 정하는 것은 공유물의 관리방법으로서 적법하다(대법원 2002. 5. 14. 선고 2002다9738 판결). 다만 과반수 지분의 공유자는 그로 말미암아 다른 공유자들 중 지분은 있으나 사용·수익은 전혀 하고 있지 아니함으로써 손해를 입고 있는 자에 대하여는 그자의 지분에 상응하는 임료 상당의 부당이득을 하고 있다고 보아야 한다(대법원 2021. 7. 8. 선고 2018다286642). 왜냐하면 모든 공유자는 공유물 전부를 지분의 비율로 사용·수익할 수 있기 때문이다(대법원 2014. 2. 27. 선고 2011다42430 판결).

2. 민사집행법 제140조 공유자의 우선매수권

   공유물지분을 경매하는 경우에는 공유자는 우선매수권을 가진다. 공유자는 매각기일까지 보증을 제공하고 최고매수신고가격과 같은 가격으로 채무자의 지분을 우선매수 하겠다는 신고를 할 수 있는데(민사집행법 제140조 제1항), 이 경우 법원은 최고가매수신고가 있더라도 그 공유자에게 매각을 허가하여야 한다(제2항). 이를 '공유자의 우선매수권'이라 한다. 공유자가 우선매수신고를 한 경우에는 최고가매수신고인을 차순위매수신고인으로 본다(제3항). 공유지분매각으로 인해 새로운 사람이 공유자가 되는 것보다는 기존의 공유자에게 우선권을 부여하여 매수기회를 주는 것이 합리적이라는 데 그 취지가 있다(대법원 2006. 3. 13. 자 2005마1078 결정).

> **민사집행법 제140조(공유자의 우선매수권)**
> ① 공유자는 매각기일까지 제113조에 따른 보증을 제공하고 최고매수신고가격과 같은 가격으로 채무자의 지분을 우선매수하겠다는 신고를 할 수 있다.

② 제1항의 경우에 법원은 최고가매수신고가 있더라도 그 공유자에게 매각을 허가하여야 한다.

③ 여러 사람의 공유자가 우선매수 하겠다는 신고를 하고 제2항의 절차를 마친 때에는 특별한 협의가 없으면 공유지분의 비율에 따라 채무자의 지분을 매수하게 한다.

④ 제1항의 규정에 따라 공유자가 우선매수신고를 한 경우에는 최고가매수신고인을 제114조의 차순위매수신고인으로 본다.

민사집행법 제114조(차순위매수신고)

① 최고가매수신고인 외의 매수신고인은 매각기일을 마칠 때까지 집행관에게 최고가매수신고인이 대금지급기한까지 그 의무를 이행하지 아니하면 자기의 매수신고에 대하여 매각을 허가하여 달라는 취지의 신고(이하 "차순위매수신고"라 한다)를 할 수 있다.

② 차순위매수신고는 그 신고액이 최고가매수신고액에서 그 보증액을 뺀 금액을 넘는 때에만 할 수 있다.

가. 우선매수권 행사

(1) 신고의 시기와 방법

공유자의 우선매수신고는 집행관이 매각기일을 종결한다는 고지를 하기 전까지 행사할 수 있다(민사집행규칙 제76조 제1항). 즉 집행관이 최고가매수신고인의 이름과 가격을 호창하고 경매의 종결을 선언하기 전까지 우선매수신고 및 보증의 제공을 할 수 있다고 한다. 입찰이 마감되었다고 해도 집행관이 매각기일을 종결한다고 고지하기 전이면 공유자우선매수신고를 할 수 있다는 뜻이다(대법원 2004. 10. 14. 자 2004마581 결정). 이와 같은 공유자의 우선매수청구권은 일단 최고가매수신고인이 결정된 후에 공유자에게 그 가격으로 낙찰받을 수 있는 기회를 부여하는 제도이기 때문이다.

한편, 우선매수신고서만을 제출하거나 최고가입찰자가 제공한 입찰보증금에 미달하는 금액의 보증을 제공한 경우에도 입찰기일에 입찰법정에서 집행관은 최고가입찰자와 그 입찰가격을 호창하고 입찰의 종결선언을 하기 전에 그 우선매수신고자의 출석 여부를 확인한 다음, 최고가입찰자의 입찰가격으로 매수할 의사가 있는지 여부를 확인하여 즉시 입찰보증금을 제공 또는 추가제공 하도록 하는 등으로 그 최고입찰가격으로 매수할 기회를 주어야 한다(대법원 2002. 6. 17. 자 2002마234 결정, 2004. 10. 14. 자 2004마581 결정). 경매실무에서는 매각종료를 선언하기 전에 공유자가 손을 들고 우선매수청구권을 행사하겠다고 소리쳐서 행사하기도 한다. 이때 공유자임을 증명하는 서류, 즉 부동산 등기사항전부증명서와 신분증 및 10%의 보증금을 제출하여야 한다. 따라서 입찰가격만 공란으로 두고 미리 입찰표를 작성하여 보증금을 동봉해서 기다리고 있어야 우선매수청구의 절차를 신속하게 진행할 수 있다.

민사집행법 제140조 제2항의 우선매수권을 행사할 수 있는 공유자의 범위에 대하여 아무런 제한규정이 없으므로, 경매개시결정 이후에 공유자가 된 경우에도 우선매수권을 행사할 수 있다. 다만 경매개시결정의 등기 이후에 채무자인 공유자의 지분을 취득한 제3취득자는 압류의 처분제한효에 저촉되는 공유지분에 해당되므로 우선매수권을 행사할 수 있는 공유자가 아니라고 할 것이다. 또한 일괄매각 부동산 중 일부 부동산에 대한 공유자로서 특별한 사정이 없는 경우와 경매신청을 받은 당해 공유자도 우선매수권을 행사할 수 없다(대법원 2008. 7. 8. 자 2008마683,694 결정).

(2) 행사방법

공유자가 우선매수청구권을 행사하기 위해서는 통상적으로 매각기일에 출석한다. 하지만 신고 시기에 법적으로 제한이 없으므로 공유자가 매각기일 전에 미리 집행관 또는 집행법원에 입찰보증금을 제공하고 최고매수신고가격과 같은 가격으로 우선매수청구권을 행사하겠다고 신고할 수도 있다(대법원 2002. 6. 17. 자 2002마234 결정). 이 경우 집행법원은 매각물건명세서에 우선매수신고서가 제출되었음을 기재한다. 매각기일로부터 7일 이내에 제출된 경우 경매법정에서 집행관이 구두로 고지하며 매각물건명세서에서 그 기재를 확인할 수 있다.

우선매수신고서가 제출된 경우 신청채권자는 본인의 채권을 모두 회수할 목적으로 제3자를 내세워서 높은 입찰가격을 제시하고 공유자에게 우선매수신고자에게 낙찰되도록 유도하기도 한다. 공유자가 그 가격으로 신고하지 않으면 최고가매수신고를 한 입찰자에게 낙찰된다.

(3) 매각기일 전에 매수신고 한 경우

공유자가 입찰기일에도 참석하여 입찰표를 제출하였고 다른 최고가를 쓴 사람에게 낙찰되었다고 하면 공유자우선매수청구권을 행사하거나 차순위매수신고인의 지위를 포기하고 보증금을 돌려받을 수 있다. 공유자가 매각기일 전에 보증금을 제공하지 아니한 채 우선매수청구권을 행사하겠다고 신고한 경우 매각기일을 종결한다는 고지를 하기 전까지 보증을 제공하면 우선매수권을 행사할 수 있다.

공유자가 최고가입찰자라면 즉 자신을 제외한 차순위 입찰가격을 쓴 사람의 가격으로 우선매수청구권을 행사하겠다고 주장할 수 없다. 반면 다른 입찰참여자가 없어 유찰이 된 경우에는 최저매각가격을 최고가매수가격으로 보아 우선매수를 인정한다. 새 매각절차에서 그 전의 최저가보다 낮은 가격으로 낙찰된다는 보장도 없고 공유자가 최저로 매수하는 것이 경제적이기 때문에 '유찰처리' 하지 않는 것이다.

(4) 우선매수신고 횟수 제한

공유자가 우선매수신고만 해 놓고 막상 유찰되자 보증금을 납부하지 않은 경우 매각의 적정한 실시를 방해한 사람에 해당하므로 매각불허가사유가 된다. 공유지분을 매각하는 부동산이 공유자의 우선매수청구권(민사집행법 제140조) 행사에 따른 매수신고가 매수보증금 미납으로 실효되는 경우에는, 그 공유자는 해당 부동산의 다음 매각기일에서는 우선매수의 효력을 상실하여 재차 우선매수를 청구할 수 없다. 경매실무상 공유자우선매수신고는 1회에 한하고 있다. 공유자우선매수신고를 제한 없이 받아주는 경우 경매진행이 방해되는 등 악용한 사례가 있기 때문이다.

한편, 기존의 공유지분소유자가 공유물의 지분경매에 관한 경매기일과 경락기일을 통지받지 못한 경우에는 이해관계인으로서 그 절차상 하자를 이유로 항고할 수 있다(대법원 1998. 3. 4. 자 97마962 결정). 따라서 법원은 다른 지분권자에게 경매진행사실에 대한 송달이 되었는지 문건송달내역을 확인하여야 한다.

(5) 우선매수신고 행사제한

공유물분할판결에 기하여 공유물 전부를 경매에 붙여 그 매득금을 분배하기 위한 환가의 경우에는 공유물의 지분경매에 있어 다른 공유자에 대한 경매신청통지와 다른 공유자의 우선매수청구권을 규정한 민사소송법 제649조, 제650조는 적용이 없다(대법원 1991. 12. 16. 자 91마239 결정).

우선매수신고를 한 공유지분권자가 매각기일에 매각보증금을 제공하지 않았거나 낙찰 후 매각잔금을 납부하지 않은 경우에도 제한된다. 공유자가 여러 차례 우선매수신고만을 하여 일반인들이 매수신고를 꺼릴 만한 상황을 만들어 놓은 뒤, 다른 매수신고인이 없을 때는 보증금을 납부하지 않는 방법으로 유찰이 되게 하였다가 다른 매수신고인이 나타나면 보증금을 납부하여 자신에게 매각을 허가하도록 하는 것이 민사집행법 제121조, 제108조 제2호의 '최고가매수신고인이 매각의 적정한 실시를 방해한 사람'에 해당되는 매각 불허가사유가 된다(대법원 2011. 8. 26. 자 2008마637 결정).

(6) 우선매수권 행사의 효과

공유자의 우선매수청구권 행사가 적법한 경우 법원은 그 공유자에게 매각을 허가하여야 하고, 최고가매수신고인은 차순위매수신고인으로 본다. 공유자의 우선매수신고에 따라 차순위매수신고인이 되는 경우 그 매수신고인은 집행관이 종결한다는 고지를 하기 전까지 차순위매수신고인의 지위를 포기할 수 있다. 최고가매수신고인이 차순위매수신고인의 지위를 포기한 때에는 집행관은 매각기일조서에 그 취지를 적어야 한다.

나. 우선매수자의 보증금 동시납부

공유자가 입찰기일 이전에 집행법원 또는 집행관에게 공유자우선매수신고서를 제출하는 방식으로 우선매수신고를 한 경우에도 반드시 이와 동시에 입찰보증금을 집행관에게 제공하여야만 적법한 우선매수신고를 한 것으로 볼 것은 아니다. 즉 공유자가 우선매수신고서를 제출한 경우, 입찰기일에 입찰법정에서 집행관은 최고가입찰자와 그 입찰가격을 알려 입찰의 종결선언을 하기 전에 우선매수신고자의 출석 여부를 확인한 후, 최고가 입찰자의 입찰가격으로 매수할 의사가 있는지 여부를 확인하고 즉시 입찰보증금을 제공 또는 추가제공 하도록 하는 등으로 그 최고입찰가격으로 매수할 기회를 주어야 한다.

만약 집행관이 위와 같은 절차를 이행하지 아니하거나 소홀히 하여 매각기일에서 사전에 우선매수신고를 한 공유자를 호명하여 출석을 확인하고 보증의 제공 등 후속절차를 이행할 수 있는 기회를 부여하지 아니하였다면, 이는 이해관계인의 이익이 침해되거나 매각절차의 공정성을 해칠 우려가 있는 중대한 절차위반이 되기 때문에 민사집행법 제121조 7호에서 규정하는 '경매절차에 그 밖의 중대한 잘못이 있는 때'에 해당된다. 따라서 이 경우 우선매수청구를 한 공유자가 이의신청을 하면 매각이 불허될 수 있다.

다. 일괄매각에서 공유자의 우선매수청구권

일괄매각의 경우 여러 개의 부동산을 동시에 매각하는데 그중 일부 부동산에만 공유자로 등재되어 있는 자가 매각부동산 전체에 대해 공유자의 우선매수청구권을 행사할 수 있는지 여부가 문제된다. 학설이 나뉘나 판례의 태도는 소극적이다. 집행법원이 여러 개의 부동산을 일괄매각 하기로 결정한 경우, 집행법원이 일괄매각결정을 유지하는 이상 매각대상 부동산중 일부의 공유자는 특별한 사정이 없는 한 매각부동산 전체에 대해 공유자의 우선매수권을 행사할 수 없다(대법원 2006. 3. 13. 자 2005마 1078결정).

제2항 공유자의 공유물분할

1. 의의

공유자는 공유물의 분할을 청구할 수 있으며(민법 제268조 제1항) 공유물의 분할은 자유이다. 분할청구권은 형성권이므로 공유관계가 존속하는 한 언제든지 행사할 수 있고,

그 행사에 의하여 각 공유자 사이에는 구체적으로 분할을 실현할 법률관계가 발생한다.

공유물분할의 소는 형성의 소로서 공유자 상호 간의 지분의 교환 또는 매매를 통하여 공유의 객체를 단독소유권의 대상으로 하여 그 객체에 대한 공유관계를 해소하는 것을 말하므로, 법원은 공유물분할을 청구하는 자가 구하는 방법에 구애받지 아니하고 자유로운 재량에 따라 공유관계나 그 객체인 물건의 제반 상황에 따라 공유자의 지분비율에 따른 합리적인 분할을 하면 된다(대법원 2004. 10. 14. 선고 2004다30583 판결). 현금청산을 위한 경매이므로 '형식적 경매'라고도 한다.

공유물분할청구소송은 원고가 구하는 방법에 구애되지 않고 법원재량이 작용하기 때문에 실제로 내 마음대로 되지 않는다. 결국 나에게 유리하든 불리하든 재판결과는 피해를 최소화하는 방법과 방향성에서 결정될 것이다. 민법 제269조 제2항은 재판상 분할에 관하여 '현물분할'과 '경매에 의한 대금분할'을 규정하고 있다. 공유지분분할은 본인이 가진 소유권에 대한 정당한 권리를 행사하는 행위이다.

2. 당사자

소송목적이 공동소송인 모두에게 합일적으로 확정되어야 할 경우의 공동소송을 필수적 공동소송이라 한다(민사소송법 제67조). 단독소송이 허용되지 아니하고 반드시 전원이 공동소송을 하여야 비로소 당사자 적격이 인정된다. 공유지분을 가진 일방이 분할을 제기하면, 나머지 지분소유자들은 모두 공동 피고가 된다. 공유자 중 일부가 제외된 분할은 무효가 된다. 기본적으로 분할청구를 받은 공유자는 이에 응해야 할 의무가 있다.

> **판례** 금전채권자가 자신의 채권을 보전하기 위하여 채무자가 보유한 부동산에 관한 공유물분할청구권을 대위 행사할 수 있는지 여부(원칙적 소극) 및 이는 채무자의 공유지분이 다른 공유자들의 공유지분과 함께 근저당권을 공동으로 담보하고 있고, 근저당권의 피담보채권이 채무자의 공유지분 가치를 초과하여 채무자의 공유지분만을 경매하면 남을 가망이 없어 민사집행법 제102조에 따라 경매절차가 취소될 수밖에 없는 반면, 공유물분할의

방법으로 공유부동산 전부를 경매하면 민법 제368조 제1항에 따라 각 공유지분의 경매대가에 비례해서 공동근저당권의 피담보채권을 분담하게 되어 채무자의 공유지분 경매대가에서 근저당권의 피담보채권 분담액을 변제하고 남을 가망이 있는 경우에도 마찬가지인지 여부(적극)

채권자가 자신의 금전채권을 보전하기 위하여 채무자를 대위하여 부동산에 관한 공유물분할청구권을 행사하는 것은, 책임재산의 보전과 직접적인 관련이 없어 채권의 현실적 이행을 유효·적절하게 확보하기 위하여 필요하다고 보기 어렵고 채무자의 자유로운 재산관리행위에 대한 부당한 간섭이 되므로 보전의 필요성을 인정할 수 없다. 또한 특정 분할 방법을 전제하고 있지 않은 공유물분할청구권의 성격 등에 비추어 볼 때 그 대위행사를 허용하면 여러 법적 문제들이 발생한다. 따라서 극히 예외적인 경우가 아니라면 금전채권자는 부동산에 관한 공유물분할청구권을 대위 행사할 수 없다고 보아야 한다. 이는 채무자의 공유지분이 다른 공유자들의 공유지분과 함께 근저당권을 공동으로 담보하고 있고, 근저당권의 피담보채권이 채무자의 공유지분가치를 초과하여 채무자의 공유지분만을 경매하면 남을 가망이 없어 민사집행법 제102조에 따라 경매절차가 취소될 수밖에 없는 반면, 공유물분할의 방법으로 공유부동산 전부를 경매하면 민법 제368조 제1항에 따라 각 공유지분의 경매대가에 비례해서 공동근저당권의 피담보채권을 분담하게 되어 채무자의 공유지분 경매대가에서 근저당권의 피담보채권 분담액을 변제하고 남을 가망이 있는 경우에도 마찬가지이다(대법원 2020. 5. 21. 선고 2018다879 전원합의체 판결).

3. 분할방법

가. 합의에 의한 분할

합의에 의한 분할방법은 현금분할, 대금분할, 가액배상 등이 있다. 합의를 통해 갈등 없이 각각의 지분을 지정하고 포기하는 절차를 거치기 때문에 방법에 특별한 제한이 없다.

분쟁을 피하기 위해서 공유물분할을 원하는 사람도 있고, 법적인 절차를 통해서 확실하게 해결하는 것도 좋지만 소송비용이나 그에 걸리는 시간을 부담스럽다고 느끼는 사람도 많다. 서로 의견을 합의하여 원하는 만큼 지분을 나눠 가지는 방식이다. 일단 모든 소유자들이 최소한 한 번 이상은 모여서 협의하면서 분쟁이 일어나지 않는다면 평화롭고 효율적인 방법이다.

나. 재판에 의한 분할

누군가는 현금이 필요하니 매매를, 가장 많은 지분을 갖고 있는 공유자는 위치선정에 우선권을 가지는 것을 요구하는 상황이 펼쳐지며 공유자들끼리 합의가 되지 않으면 갈등이 깊어지게 되고 법률의 힘에 의하게 된다. 재판에 의한 분할의 경우 현물분할이 원칙이다. 예외적으로 경매에 의한 대금분할을 고려할 수 있다.

(1) 현물분할(원칙)

공유물의 분할은 공유자 간에 협의가 이루어지는 경우에는 그 방법을 선택할 수 있으나 협의가 이루어지지 아니하여 재판에 의해 공유물을 분할하는 경우에는 법원은 현물로 분할하는 것이 원칙이다. 현물로 분할할 수 없거나 현물로 분할하게 되면 현저히 그 가액이 감손될 염려가 있는 때에 비로소 물건의 경매를 명하여 대금분할을 할 수 있는 것이므로, 위와 같은 사정이 없는 한 법원은 각 공유자의 지분비율에 따라 공유물을 현물 그대로 수 개의 물건으로 분할하고 분할된 물건에 대하여 각 공유자의 단독소유권을 인정하는 판결을 하여야 한다. 현물분할판결이 확정되면 분할된 부분에 대하여는 등기 없이도 소유권을 취득하나, 이를 처분하려면 지적법상 분필절차를 밟고 분필등기를 하여야 한다. 물리적으로 분할이 가능한 토지에 많이 이용된다. 건물이거나 물리적으로 나눌 수 없는 경우에는 쓸 수 없다.

(2) 경매에 의한 대금분할(예외)

현물분할이 불가능한 경우도 있다. 낙찰자가 공유물분할의 소를 제기하였으나 현물로 분할할 수 없거나 분할로 인하여 현저히 그 가액이 감손될 염려가 있는 때에는 법원은 물건의 경매를 명할 수 있다. 이러한 경우에 법원에서 경매로 매각한 다음 그 매각대금을 지분에 해당하는 금액대로 분할하는 방법이다.

원고가 경매에 의한 대금분할을 구하는 경우, "별지목록 기재의 부동산을 경매하고, 그 매각대금에서 경매비용을 공제한 나머지 금액을 별지목록 기재의 공유지분에 따라 원고와 피고에게 각 배당한다."라는 형식의 청구를 하게 된다. 이에 대한 판결주문은 "별지목록 기재의 부동산을 경매에 부쳐 그 매각대금에서 선순위채권과 경매비용을 공제한 나머지 금액을 원고 및 피고에게 별지목록 기재의 공유지분비율로 분배한다."라는 형식의 판결을 하게 된다.

(3) 가액배상

공유관계의 발생원인과 공유지분의 비율 및 분할된 경우의 경제적 가치, 분할 방법에 관한 공유자의 희망 등의 사정을 종합적으로 고려하여 당해 공유물을 특정한 자에게 취득시키는 것이 상당하다고 인정되고, 다른 공유자에게는 그 지분의 가격을 취득시키는 것이 공유자 간의 실질적인 공평을 해치지 않는다고 인정되는 특별한 사정이 있는 때에는 공유물을 공유자 중의 1인의 단독 소유 또는 수인의 공유로 하되 현물을 소유하게 되는 공유자로 하여금 다른 공유자에 대하여 그 지분의 적정하고도 합리적인 가격을 배상시키는 방법에 의한 분할도 현물분할의 하나로 허용된다(대법원 2004. 10. 14. 선고 2004다30583 판결).

만일 그러한 방법이 허용되지 않는다고 한다면 특히 구분건물의 대상이 되지 않는 건물의 공유자가 분할을 원하는 경우에는 그 지분이 합리적으로 평가되고, 상대방 공유자가 그 대금을 지불할 능력이 있어 대금분할보다는 가격배상에 의한 분할방법이 더 공평한 방법이 될 수 있는 때에도 항상 경매에 의한 대금분할을 명하여야 하는 불합리한 결과가 생기기 때문이다.

다. 항변사유

공유물분할의 소의 상대방은 민법 제268조 제1항에 따라 분할하지 아니하기로 하였다는 약정이 있다. 즉 분할금지의 항변을 할 수 있다. 만일 계약을 시행할 당시에 소송을 제기할 수 없다는 특약으로 명시되어 있다면 이행이 되지 않는다. 참고로 분할금지기간을 정하지 아니하거나 5년을 초과한 경우에는 그 기간은 5년으로 보는 것이 일반적이다. 이 기간은 갱신할 수 있다.

제3항 매각 사례와 배당

사례 1 대지

신청채권자(병)가 채무자를 상대로 본안소송에서 승소, 확정판결을 받아 이를 집행권원으로 이 사건(2022타경54**) 오산시 궐동 소재, 대지(면적 1374㎡ 중 우○○ 지분 1/8, 건물은 제외)에 대한 강제경매신청을 하였다. 현 토지소유자는 피상속인으로부터 이 사건 토지를 상속받았다. 등기사항전부증명서(토지)상 권리는 아래와 같다.

구분	근저당(갑) 2020. 7. 6.	가압류(을) 2021. 12. 14.	강제경매(병) 2022. 3. 8.	비고
채권금액	100,000,000	5,612,616	37,082,101	우○○ 지분 1/8
우선/안분	100,000,000	5,612,616	37,082,101	합 142,694,717

임차인 9명의 임차보증금 합계 62,000,000원, 월세 합계 2,750,000원이나 배당요구는 하지 않았다. 주택임차인과 상가임차인 9명이 거주 또는 입점해 있는 건부지이다. 매각물건명세서에서 "제시외 건물 매각 제외로 인한 법정지상권 성립여지 있음, 공유자우선매수권 행사제한 있음"을 공시하였다. 매각결과 1차 매각기일에 매각되었다(감정가 233,580,000원, 매각가 235,000,000원, 매각가율 100.61%). 배당할 금액 186,000,000원.

해설 우선순위배당, 법정지상권 성립여지 있음

말소기준권리는 갑의 근저당(2020. 7. 6.)이 된다. 상속받기 이전에 피상속인이 지상 건물을 건축하였다면 법정지상권이 성립될 여지가 있다. 건축물관리대장열람결과 토지에 대한 근저당권 설정시에 건물(1973년 증축)이 있었다. ① 배당을 요구한 임차인이 없으므로 배당할 금액은 채권자들에게 우선순위에 따라 채권자에게 배당되고, ② 배당잉여금(47,305,283원)은 소유자에게 지급된다. 법정지상권 성립을 전제로 부동산의 입지와 희소성을 감안한 토지에 대한 투자로 보인다. 조달자금에 대한 이자는 지료에 의한 납부가 가능할 것이다.

사례 2 **도로**

신청채권자(을)가 채무자를 상대로 본안소송에서 승소, 확정판결을 받아 이를 집행권원으로 이 사건(2019타경31**) 인천시 부평구 일신동 소재, 도로 514㎡ 중 이○○ 지분 1/3에 대한 강제경매신청을 하였다. 등기사항전부증명서(토지)상 권리는 아래와 같다.

구분	소유권(갑) 2016. 6. 27.	강제경매(을) 2019. 10. 17.	비고
채권금액	이○○ 지분 1/3	43,530,219	상속 지분 각 1/3
우선순위		29,000,000	

매각결과 4차 매각기일에 매각(34.3%)되었으나 최고가매수인이 대금을 미납하였다. 재매각에 부쳐져 7차 매각기일에 매각되었다(감정가 128,326,170원, 매각가 27,000,000원, 매각가율 21.04%). 배당할 금액 29,000,000원(전 경매보증금 4,401,600원 포함). 단독주택과 다세대주택이 혼재한 주거지역의 부정형토지이다.

해설 **우선순위배당**

말소기준권리는 강제경매기입등기(2019. 10. 17.)가 된다. 현황 도로에 이용 중이다. 향후 이 지역의 개발가능성을 감안한 투자로 보인다. 도로의 경우 개발가능성이 있는 지역은 장기투자대상으로 유망하다.

사례 3 · 대지

신청채권자(병)가 채무자를 상대로 본안소송에서 승소, 확정판결을 받아 이를 집행권원으로 이 사건(2022타경23**) 부산시 중구 영주동 소재, 제시외 건물의 부지로 이용 중인 대지 436.1㎡ 중 채무자 지분 43㎡(건물제외)에 대한 강제경매신청을 하였다. 박○○(전입일 2011. 12. 29.), 손○○(1991. 9. 10. 전입) 2세대가 전입되어 있으며 점유자로 조사되었다. 손○○은 공유자이고, 박○○은 권리신고가 없다. 근저당권자는 채권계산서를 제출하였다. 이에 신청채권자는 근저당권자 갑에 대한 배당배제신청서를 제출(2023. 1. 10.)하였다. 매각물건명세서에는 "법정지상권 성립 여부 불분명함, 공유자우선매수신고는 1회에 한함"을 공시하고 매각절차를 진행하였다. 1차 매각기일에 매각되었다(감정가 39,130,000원, 매각가 43,510,000원, 매각가율 111.19%). 배당할 금액 41,500,000원. 등기사항전부증명서상 권리는 아래와 같다.

구분	근저당(갑) 1990. 1. 12.	압류(을) 1995. 12. 27.	강제경매(병) 2022. 6. 22.	비고
채권금액	30,000,000	교부청구액	21,869,168	박○○ 지분 430/4361
우선순위	30,000,000		11,500,000	

해설 · 우선순위배당, 법정지상권 성립여지 있음

말소기준권리는 갑의 근저당(1990. 1. 12.)이 된다. 배당할 금액은 채권자들에게 우선순위에 따라 배당된다. 매각한 면적으로 보면 장·단기투자가능 물건이다.

임야

신청채권자(을)가 채무자를 상대로 본안소송에서 승소, 확정판결을 받아 이를 집행권
원으로 이 사건(2022타경34**) 경기도 여주시 북내면 소재, 임야 160760㎡ 중 박○○ 지분
4282/160760에 대한 강제경매를 신청하였다. 등기사항전부증명서(토지)상 권리는 아래
와 같다.

구분	한○○ 지분 이전(갑) 1998. 3. 9.	가압류(을) 1999. 9. 17.	강제경매(을) 2022. 7. 20.
채권금액	박○○ 지분 4282/160760	17,539,628	721,030,137
안분배당		356,220	14,643,780

4차 매각기일에 매각되었다(감정가 51,384,000원, 매각가 17,700,000원, 매각가율
34.45%). 본건 임지상에 분묘 수기가 소재하며 일부 종교시설물(불상 등)이 소재하는 것
으로 조사되었다. 배당할 금액 15,000,000원.

해설 안분배당

말소기준권리는 을의 가압류(1999. 9. 17.)가 되며 이후의 권리는 매각으로 소멸된다.
신청채권자는 가압류를 본 압류로 이행하지 않고, 별도의 채권에 관한 판결에 기해 강제
경매신청을 하였다. 배당금은 청구채권을 기준으로 가압류채권과 확정판결을 받은 신청
채권자의 채권금액을 동순위로 파악하여 안분배당 한다.

사례 5 근린주택

신청채권자(갑)가 근저당권의 실행으로 이 사건(2022타경57**) 대전시 대덕구 송촌동
소재, 근린주택(토지 344.15㎡ 중 342.7㎡ 전부와 다른 1필지 1.45㎡ 중 공유자 김○○ 지

분 329/658, 건물 전부)에 대한 임의경매를 신청하였다. 등기사항전부증명서(건물)상 권리는 아래와 같다.

구분	근저당(갑) 2019. 10. 17.	압류(을) 2020. 7. 23.	근저당(갑) 2021. 7. 21.	가압류(병) 2021. 11. 10.	임의경매(갑) 2022. 1. 24.
채권금액	720,000,000	교부청구액	240,000,000	18,867,219	607,319,330
우선순위	715,000,000				

현황조사서에는 임차인 12명, 보증금 합계 725,000,000원, 월세 합계 2,300,000원이다. 매각물건명세서에는 임차인 12명과 그들 중 임차인 양○○(2021. 9. 13. 전입, 확정일자 2021. 9. 13., 보증금 10,000,000원/월세 400,000원)과 이○○(2021. 9. 24. 전입, 확정일자 2021. 9. 18., 보증금 15,000,000원/월세 300,000원)는 배당요구를 한 것으로 기재되어 있다. 이들 2명은 최우선변제권에 해당하고, 나머지 10명은 대항력이 없는 것으로 분석되었다. 3차 매각기일에 매각되었다(감정가 1,013,301,470원, 매각가 748,779,999원, 매각가율 73.9%). 배당할 금액 740,000,000원.

해설 우선순위배당

말소기준권리는 갑의 근저당(2019. 10. 17.)이 된다. 소액임차인의 범위는 최초담보물권이 설정된 시점(2019. 10. 17.) 기준으로 소액임차인의 현행법 적용 여부를 판단한다. ① 대전광역시 대덕구의 담보권설정일 기준 주택소액임차인의 범위와 우선변제 되는 보증금은 6,000만원 이하 2,000만원이다. 이에 해당하는 임차인 2명에게 보증금 2,500만원(양○○ 1,000만원, 이○○ 1,500만원) 전부를 배당하고, ② 배당잔여금 7억1,500만원은 근저당권자에게 배당된다. 일부 지분(1.45㎡)이 매각가에 미치는 영향은 미미할 것이며, 투자금은 전세보증금으로 회수가 가능하다.

신청채권자(갑)가 채무자를 상대로 본안소송에서 승소, 확정판결을 받아 이를 집행권원으로 이 사건(2021타경18**) 서울시 용산구 이촌동 소재, 아파트(대지권 44.313㎡, 건물 114.74㎡ 중 김○○ 지분 1/5)에 대한 강제경매신청을 하였다. 매각결과 1차 매각기일에 매각되었다(감정가 400,000,000원, 매각가 400,000,000원, 매각가율 100%). 공유자가 우선매수청구권을 행사하였다. 등기사항전부증명서(집합건물)상 권리는 아래와 같다.

구분	강제경매(갑) 2021. 7. 12.	압류(을) 2021. 7. 20.	가압류(병) 2021. 9. 14.	비고
채권금액	600,000,000	657,006,582	1,282,595,114	김○○ 지분 1/5
안분배당	93,273,740	102,138,870	199,387,390	

현황조사서에는 채무자 겸 소유자의 자녀가 전입되어 있다는 기재가 있다. 을과 병은 배당요구종기(2021. 9. 27.) 이내에 배당요구신청서를 제출하였다(을 2021. 9. 9. 제출, 병 2021. 8. 19. 제출). 배당할 금액 394,800,000원.

해설 **안분배당**

첫 경매개시결정 이후 가압류한 채권자는 배당요구종기일까지 배당요구 하여야 배당을 받을 수 있다. 배당받을 금액은 가압류의 청구금액 내에서 원금과 이자 및 비용이다. 말소기준권리는 강제경매(2021. 7. 12.)가 되며 후순위 권리는 매각으로 소멸된다. 협의분할에 의해 상속받은 아파트에 관한 토지 및 건물 지분 1/5분을 매각한 사건이다. 임차인관계는 문제가 되지 않는다. 을과 병은 배당요구종기 이전에 압류 및 가압류를 하였다. 배당금은 안분배당공식을 이용하여 채권자별로 각 채권금액을 기준으로 배당금을 산정한다. ① 갑에게 배당금 93,273,735원[=394,800,000원×(600,000,000원/2,539,621,696원)], ② 같은 방법으로 산정한 을의 배당금 102,138,872원, ③ 병의 배당금 199,387,394원을 동순위로 보아 각 안분배당을 한다.

사례 7 **주택**

신청채권자(을)가 윤○○ 지분에 대한 근저당권의 실행으로 서울시 동작구 흑석동 소재, 이 사건(2021타경11**) 주택(대지 136㎡, 건물 66.79㎡ 중 윤○○ 지분 1/2)에 대한 임의경매신청을 하였다. 등기사항전부증명서상 권리는 아래와 같다.

구분	근저당(갑) 2005. 8. 23.	근저당(갑) 2014. 7. 28.	근저당(을) 2021. 9. 1. 윤○○ 지분	임의경매(을) 2021. 12. 24. 윤○○ 지분
채권금액	32,400,000	36,000,000	345,000,000	240,296,438
우선순위	32,400,000	36,000,000	210,600,000	

인근은 단독주택 및 공동주택 등이 소재하는 기존 주택지대이다. 본건 토지는 일부 도로 및 옹벽으로 이용 중이며, 현황조사서에는 박○○(1988. 3. 16. 전입)이 조사되었다. 점유자 박○○는 1/2 지분의 공유자로 보고되었다. 매각물건명세서에는 "전체 지분에 설정된 근저당은 매각지분 외 부분에 대해서는 말소되지 아니함"을 공시하였다. 3차 매각기일에 매각되었다(감정 401,101,000원, 매각가 283,678,000원, 매각가율 70.72%). 배당할 금액 279,000,000원.

(**해설**) **우선순위배당**

말소기준권리는 갑의 근저당(2005. 8. 23.)이 되며 이후의 권리는 매각으로 소멸된다. 감정평가보고서에 의하면 감정평가액 401,101,000원 중 건물가격은 1,320,000원이다. 1985. 6. 28. 사용승인 되었으며, 인근은 단독주택 및 공동주택 등이 소재하는 기존 주택지대의 대지이다. 실질적으로 대지에 대한 투자이다. 배당할 금액은 채권자들에게 저당권설정일의 선·후에 따라 배당순위가 정해진다. 을이 배당받지 못한 1억3,500만원은 미수채권이 된다.

신청채권자(을)는 채무자를 상대로 확정판결을 받아 이를 집행권원으로 천안시 서북구 성환읍 소재, 이 사건(2022타경10**) 주택(토지 208㎡ 건물 80.86㎡) 중 공유자 진○삼 지분 2/13에 대한 강제경매를 신청하였다. 등기사항전부증명서상 권리는 아래와 같다.

구분	소유권이전(갑) 2021. 2. 24.	강제경매(을) 2022. 4. 21.	가압류(병) 2022. 6. 22.	비고
채권금액	상속	50,000,000	75,531,107	진○삼 지분 2/13
안분배당		4,222,060	6,377,940	

확정일자 미상의 전입자 김○자(1968. 10. 20. 전입)가 조사되었다. 김○자는 공유자 6명(김○자 3/13, 진○안 2/13, 진○국 2/13, 진○애 2/13, 진○삼 2/13, 진○석 2/13) 중 1명이다. 매각결과 1차 매각기일에 매각되었다(감정가 10,916,250원, 매각가 11,897,000원, 매각가율 108.98%). 배당할 금액 10,600,000원.

해설   안분배당

인근은 단독주택 및 공동주택 등이 소재하는 기존 주택지대의 대지이다. 매각대금은 가압류권자와 경매신청권자에게 채권금액을 기준으로 안분배당을 한다. 주민등록전입자인 공유자는 임차인이 아니다. 실질적으로 단기차익을 기대한 소액의 지분투자로 보인다.

사례 9   공유자의 우선매수청구권

신청채권자(무)는 채무자를 상대로 본안에서 승소, 확정판결을 받아 이를 집행권원으로 이 사건(2020타경22**) 제주시 일도이동 소재, 근린주택(토지 188.8㎡, 건물 83.11㎡ 중 채무자 김○○ 지분 1/3)에 대한 강제경매신청을 하였다. 현황조사서상 전입세대주 및 임차인은 조사일(2020. 4. 7.) 현재 고○○과 채무자 김○○이 전입세대주로 각 등록되어 있고, 상가임대차현황서에는 고○○이 임차인으로 등록(임대차기간, 보증금 없이 차임 30만원)되어 있다. 고○○은 채무자 김○○의 배우자이다. 매각결과 3차 매각기일에 매각되었다(감정가 162,806,180원, 매각가 96,590,000원, 매각가율 59.32%). 공유자가 우선매수청구권을 행사하였다. 배당할 금액 93,500,000원. 등기사항전부증명서(건물)상 권리는 아래와 같다.

구분	근저당(갑) 2015. 9. 1.	압류(을) 2017. 9. 13.	가압류(병) 2018. 8. 6.	가압류(정) 2019. 8. 30.	강제경매(무) 2020. 3. 30.
채권금액	75,000,000	교부청구액	31,803,013	7,663,876	13,330,728
순위/안분	75,000,000		11,143,600	2,685,380	4,671,020

(해설) **우선순위배당·안분배당**

① 근저당권자(갑)에게 우선순위로 채권최고액을 배당하고, 배당잔여금 1,850만원은 후순위 가압류권자들에게 채권액을 기준으로 안분배당 한다. ② 채권자별 배당금은 각 채권금액을 기준으로 안분배당공식을 이용하여 산정한다. 병의 배당금은 11,143,604원[=18,500,000원×(31,803,013원/52,797,617원)], 같은 방법으로 산정된 정의 배당금 2,685,381원, ③ 무의 배당금 4,671,015원이 산정되었다. ④ 을의 조세채권이 법정기일에서 가압류권자보다 앞서는 경우 우선변제권이 있다.

사례 10 **공유자의 우선매수청구권**

신청권자(갑)는 근저당권실행으로 이 사건(2021타경31**) 경기도 광주시 오포읍 소재, 다세대주택(대지권 142.34㎡, 건물 84.55㎡ 중 윤○○ 지분 1/2)에 대한 임의경매신청을 하였다. 등기사항전부증명서상 권리는 아래와 같다.

구분	근저당(갑) 2017. 10. 13.	지분이전(을) 2020. 7. 1.	지분이전(병) 2021. 3. 15.	임의경매(갑) 2021. 5. 27.
채권금액	239,000,000	공매, 지분 1/2	110,000,000	221,993,150
우선순위	98,000,000			

집행관의 현황조사결과 채무자와 공유자가 거주하는 것으로 조사되었다. 한편 신청채권자는 이 사건 지분(1/2)을 공매시장에서 1억1,659만원(감정가 2억원)으로 매수(2020. 6. 14.)하였다. 그 후 을은 병과의 사이에 그의 지분을 110,000,000원으로 거래하였다. 매각결과 3차 매각기일에 매각되었다(감정가 175,000,000원, 매각가 101,170,000원, 매각가율 57.81%). 배분할 금액 98,000,000원.

해설) 매각대금배분

재판에 의한 공유물분할은 현물분할에 의한 방법이 원칙이나, 현물분할이 불가능하거나 그것이 형식상 가능하다고 하더라도 그로 인하여 현저히 가격이 감손될 염려가 있을 때에는 공유물의 경매를 명하여 대금을 분할하는 이른바 대금분할에 의한다(대법원 2002. 4. 12. 선고 2002다4580 판결).

다세대주택은 현실적으로 현물분할이 어렵고, 현물분할이 이루어질 경우 그 가격이 현저히 감손될 염려가 있다. 매각대금에서 집행비용을 공제한 나머지 금액을 공유지분비율로 분배하는 것이 공평하고 합리적인 방법이라고 법원은 판단할 것이다. 말소기준권리는 갑의 근저당(2017. 10. 13.)이 되며 그 후의 권리는 모두 소멸된다. 매각대금은 공유자에게 그 지분비율에 따라 교부될 것이다. 아파트에 대한 지분투자가 수익성을 가져다주는지를 생각해 보게 하는 사례이다.

신청채권자(병)는 대금분할을 명한 공유물분할 확정판결을 받아 이를 집행권원으로 이 사건(2022타경52**) 서울시 은평구 신사동 소재, 아파트(대지권 42.55㎡, 건물 63.53㎡)에 대한 임의경매를 신청하였다. 등기사항전부증명서상 권리는 아래와 같다.

구분	소유권이전(갑) 1997. 12. 8.	소유권이전(을) 2018. 8. 17.	가처분(병) 2018. 9. 10.	소유권이전(병) 2021. 9. 3.	임의경매(병) 2022. 5. 18.
채권금액	증여	유증		유류분반환, 1/6	공유물분할
교부금					390,000,000

주민등록열람결과 확정일자 미상의 전입자 김○○(1992. 12. 8. 전입)는 '거주불명'으로 등록(2022. 6. 29.)되었음이 조사되었다, 김○○는 배당요구를 하지 않았다. 매각물건명세서에 "김○○는 전입일상 대항력이 있으므로, 보증금 있는 임차인일 경우 인수여지 있음. 배당요구종기(2022. 7. 29.)"의 기재가 있다. 4차 매각기일에 매각되었다(감정가 706,800,000원, 매각가 394,603,400원, 매각가율 55.83%). 배당할 금액 390,000,000원이다.

해설 **매각대금 배분**

수증자(을)가 유증을 원인으로 이 사건 부동산에 관한 소유권을 이전(2018. 8. 17.)하였다. 이에 병은 유류분반환을 이유로 가처분하였고, 1/6 지분을 이전받은 후 공유물분할의 소를 제기, 확정판결을 받아 이를 집행권원으로 경매신청 하였다. ① 대금청산을 위한 매각이므로 매각가에서 집행비용을 배당한 후 배분할 금액 3억9,000만원은 지분소유자에게 지분비율에 따라 교부된다. ② 가처분등기는 그 목적이 달성되었으므로 소멸된다.

신청채권자(을)가 근저당권 실행으로 이 사건(2022타경18**) 부산광역시 사상구 모라동 소재, 주택(3필지의 토지 1256.3㎡ 중 지분 123.16㎡와 1필지의 지상 건물 135.96㎡ 전부)에 대한 임의경매를 신청하였다. 등기사항전부증명서(건물)상 권리는 아래와 같다.

구분	근저당(갑) 2013. 4. 19.	근저당(을) 2020. 2. 6.	압류(병) 2021. 3. 16.	임의경매(을) 2022. 6. 24.
채권금액	45,500,000	24,000,000	압류	34,494,870
우선순위	45,500,000	24,000,000		

현황조사서에는 임차인 17명이 보고되었으나 보증금 미상이며, 위 토지는 임차인 17명이 주거용으로 점유하는 것으로 보고되었다. 매각물건명세서에는 "임차인 김○○(2016. 12. 1. 전입, 확정일자 미상, 보증금 미상) 외 16명의 주민등록이 전입세대로 조사되었으나 배당요구 및 권리신고가 없으므로 임대차현황은 알 수 없고, 전입세대확인서상 이○○ 외 11명이 보고 되었음. 전입자 남○○, 최상○, 최일○는 전입일상 대항력이 있으므로 보증금 있는 임차인일 경우 인수여지가 있음. 지상 건축물로 인하여 법정지상권 성립여지 있음"을 공시하였다. 매각결과 7차 매각기일에 매각되었다(감정가 265,641,820원, 매각가 89,000,000원, 매각가율 33.95%). 배당할 금액 85,000,000원.

(**해설**) **우선순위배당**

말소기준권리는 갑의 근저당(2013. 4. 19.)이 된다. 소액임차인의 범위는 최초담보물권이 설정된 시점(2013. 4. 19.) 기준으로 소액임차인의 현행법 적용여부를 판단한다. ① 부산광역시 사상구의 담보권설정일 기준 주택소액임차인의 범위와 우선변제 되는 보증금은 5,500만원 이하 1,900만원이다. 이에 해당하는지 여부는 권리신고가 없으므로 알 수 없다. ② 배당할 금액은 근저당권자에게 순위배당 한 후 배당잔여금 1,550만원은 교부청구 한 압류권자에게 순위배당 하고, 잉여금은 소유자에게 지급된다. ③ 대항력 있는 전입자 3명 중 정당한 임차인으로 인정되는 경우 미배당보증금은 매수인에게 인수될 여지가 있다.

사례 13 농지

신청채권자(을)가 채무자를 상대로 본안소송에서 승소, 지급명령을 받아 이를 집행권원으로 이 사건(2021타경56**(1)) 경기도 광주시 도척면 소재, 농지 2필지와 도로 1필지 면적 2093㎡ 중 523.25㎡(연○○의 지분 1/4)에 대한 강제경매를 신청하였다. 등기사항전부증명서(농지)상 권리는 아래와 같다.

구분	지분 1/4 이전(갑) 2013. 2. 7.	가압류(을) 2020. 8. 21.	가압류(병) 2021. 3. 18.	강제경매(을) 2021. 8. 4.
채권금액	협의분할상속 1/4	70,950,000	88,524,417	78,759,669
안분배당			26,670,981	23,729,019

이 사건 물건은 도척면 행정복지센터 근거리에 위치하며, 노폭 3~4미터의 도로에 접한다. 주변은 단독주택, 소규모 공장, 농경지, 임야 및 근린생활시설이 혼재하는 지역이다. 매각물건명세서의 비고란에는 "공유자우선매수신고는 1회에 한하여 행사할 수 있음과 농지는 농지취득자격증명의 제출을 요하며 미제출시 보증금이 반환되지 않음"을 공시하였다. 매각결과 3차 매각기일에 매각되었다(감정가 105,719,500원, 매각가 53,000,000원, 매각가율 50.13%). 배당할 금액 50,400,000원.

해설 안분배당

말소기준권리는 을의 가압류(2020. 8. 21.)가 되며 이후의 권리는 매각으로 소멸된다. 신청채권자는 가압류를 본 압류로 이행하지 않고, 별도의 채권에 관한 판결에 기해 강제경매신청을 하였다. 배당금은 청구채권을 기준으로 가압류채권과 확정판결을 받은 신청채권자의 채권금액을 동순위로 파악하여 안분배당 하였다.

이 사건은 도로 15㎡를 사이에 두고 농지 215.25㎡와 293㎡로 양분된 부정형의 토지 3 필지의 지분을 일괄매각 하였다. 농지는 노폭 3~4 미터의 도로에 접하며, 매각대상 도로를 1/4 지분으로 취득할 수 있으므로 진입도로는 확보할 수 있으나 부정형토지이다. 따라서 농지의 용도로 이용하다가 인접한 농지 소유자에게 매각부동산의 지분을 매각하여 수익을 실현하거나 인접한 농지의 추가 매입을 통해서 토지의 이용가치를 높일 수 있다. 다만 지분소유권자로서 농지분할의 최소면적 제한과 농지전용에는 한계가 있을 것으로 보인다.

사례 14 지분경매와 임차인의 대항력

신청채권자(병)가 양수금사건의 집행력 있는 판결정본에 기해 이 사건(2022타경59**) 부산광역시 금정구 서동 소재, 주택의 권○○ 지분(토지 36㎡ 중 지분 18㎡와 건물 96.27 ㎡ 중 48.135㎡)에 대한 강제경매를 신청하였다. 등기사항전부증명서(건물)상 권리는 아래와 같다.

구분	주택임차권(갑) 전입: 2006. 4. 28. 확정: 2000. 5. 8.	소유권이전(을) 2022. 11. 17.	강제경매(병) 2022. 11. 28.	가압류(정) 2023. 1. 31.
채권금액	15,000,000	권○○ 지분 1/2	10,400,454	11,032,697
우선순위	15,000,000		10,400,454	11,032,697

현황조사서에는 임차인 3명이 보고되었다. 주택임차권등기권자(2006. 2. 16. 등기) 이후 2006. 3. 27. 전출한 김○○는 2층 전부에 대한 대항력 있는 소액임차인으로 2023. 1. 6. 배당요구신청서를 제출하였다. 1층 전부를 점유하는 박○○(2002. 6. 17. 전입, 확정일자 2013. 11. 11., 배당요구 2022. 12. 13., 보증금 10,000,000원), 배당요구를 하지 않은 주거용 2층 점유자 박○○는 1층 거주자의 딸로 2층 점유자와 월세 100,000원으로 구두계약

하였으며 전입일자 및 보증금 미상이다. 매각물건명세서에는 "매수인에게 대항할 수 있는 임차인이 있으며, 보증금 전액이 변제되지 아니하면 잔액을 매수인이 인수함"의 기재가 있다. 매각결과 5차 매각기일에 매각되었다(감정가 103,179,000원, 매각가 66,220,000원, 매각가율 64.18%). 배당할 금액 64,000,000원. 배당기일 2023. 12. 19.

해설 우선순위배당

말소기준권리는 병의 강제경매기입등기가 된다. ① 주택소액임차인 김○○, 박○○에게 보증금 1,500만원, 1,000만원을 각 배당한다. ② 신청채권자와 가압류권자에게 청구채권을 동순위로 각 안분배당 한다. ③ 배당잉여금 15,063,849원을 소유자에게 지급된다.

임차인이 전입한 주거용부동산의 지분매각사례는 많지 않다. 특별한 경우가 아니라면 일반적으로 지분소유건물을 임차하지 않을 것이다. 공유물 중 2분의 1이 경매되는 경우 소액임차인에게는 보증금 전액을 기준으로 소액임차인 해당여부를 판단한다. 소액임차인의 최우선변제금 지급기준이 되는 담보권이 없으므로 배당시점을 기준으로 판단한다. 부산광역시의 소액보증금 범위는 8,500만원 이하 2,800만원이므로 위와 같이 배당한다. 매수인이 대항력 있는 임차인의 미배당보증금을 인수하게 되는 경우 자기지분비율만큼 인수하지만 임차인 입장에서 보면 보증금 전액을 지급해야 인도청구를 할 수 있게 된다. 공동임대인의 보증금 반환채무는 불가분채권이기 때문이다. 다만 다른 공유자가 부담한 2분의 1 부분에 대하여는 다른 공유자에 대하여 구상권을 행사할 수 있다.

사례 15 다가구주택

신청채권자(정)가 대여금사건의 집행력 있는 판결정본에 기해 이 사건(2022타경30**) 대구광역시 서구 비산동 소재, 3층 다가구주택의 정○○ 지분과 조진○ 지분(토지 126㎡ 중 지분 90㎡와 건물 206.32㎡ 중 147.2㎡)에 대한 강제경매를 신청하였다. 등기사항전부증명서(건물)상 권리는 아래와 같다.

구분	소유권보존(갑) 1994. 3. 17.	소유권이전 2019. 8. 16.	강제경매(정) 2023. 1. 16.	임차인(성○○) 전입: 2017. 11. 28.
채권금액	조○○	정○○ 지분 3/7, 조종○ 지분 2/7, 조진○ 지분 2/7,	23,644,891	60,000,000
최우선순위				28,000,000
우선순위			23,644,891	32,000,000
인수 여부				10,000,000

현황조사서에는 2층과 3층에 다른 공유자가 거주하며, 임차인 성○○[2017. 11. 28. 전입, 확정일자 2017. 11. 28., 배당요구 2022. 2. 4., 보증금 70,000,000원(현황서상 60,000,000원, 10,000,000원을 2019. 12. 1. 증액, 증액된 부분은 확정일자 없음)]는 1층을 점유하며 거주한다. 매각물건명세서에는 "최선순위설정일자(토지등기부 2021. 11. 24. 압류, 건물등기부 2023. 1. 6.)와 배당요구종기 2023. 4. 17., 공유자우선매수신고는 1회에 한함. 매수인에게 대항할 수 있는 임차인이 있으며, 보증금이 전액 변제되지 아니하면 잔액을 매수인이 인수함"의 기재가 있다. 물건처리내역서에 공유자 이○○과 양○○이 각 공유자우선매수신고서를 제출하였다. 매각결과 3차 매각기일에 매각되었다(감정가 107,100,000원, 매각가 91,070,000원, 공유자우선매수, 매각가율 85%). 배당할 금액 88,000,000원. 배당기일 2024. 2. 6.

(해설) **최우선순위배당**

공유물지분 5/7을 매각하는 지분경매물건이다. 매수인이 취득한 지분은 과반수 이상이다. 임차인이 대항력을 갖는 경우 인도명령을 청구할 수 없다. 임차인의 미배당보증금은 매수인이 인수해야 한다. 민법 제547조 제1항은 "당사자의 일방 또는 쌍방이 수인인 경우에는 계약의 해지나 해제는 그 전원으로부터 또는 전원에 대하여 하여야 한다."라고 규정하고 있으므로, 여러 사람이 공동임대인으로서 임차인과 사이에 하나의 임대차계약을 체결한 경우에는 민법 제547조 제1항의 적용을 배제하는 특약이 있다는 등의 특별한 사정이 없는 한 공동임대인 전원의 해지의 의사표시에 의하여 임대차계약 전부를 해지하여야 한다. 이러한 법리는 임대차계약의 체결 당시부터 공동임대인이었던 경우뿐만 아니라 임대차목적물 중 일부가 양도되어 그에 관한 임대인의 지위가 승계됨으로써 공동임대인으로 되는 경우에도 마찬가지로 적용된다(대법원 2015. 10. 29. 선고 2012다5537 판결). 따라서 대항력 있는 임차인의 보증금반환의무와 부동산인도의무는 동시이행의 관계에 있다. 본건은 다른 공유자가 우선매수권을 행사하였다. 말소기준권리는 병의 강제경매기입등기가 된다. 소액임차인의 최우선변제금 지급기준이 되는 담보권이 없으므로 배당시점을 기준으로 판단한다. ① 대구광역시의 소액보증금 범위는 8,500만원 이하 2,800만원이므로 주택소액임차인 성○○에게 최우선순위로 2,800만원을 배당한다. ② 성○○는 확정일자부임차인이므로 우선순위로 3,200만원을 배당한다. ③ 신청채권자에게 청구채권을 배당하고 배당잉여금이 있으면 소유자에게 지급된다. ④ 증액된 보증금 1,000만원은 대항력은 있으나 확정일자가 없으므로 매수인에게 인수된다.

사례 16 임야

신청채권자(을)가 근저당권에 기해 이 사건(2022타경18**) 강원도 평창군 용평면 소재, 임야 51필지(토지 95938㎡ 중 지분 95241.73㎡, 일부 농지 포함)에 대한 임의경매를 신청하였다. 등기사항전부증명서(토지)상 권리는 아래와 같다.

구분	소유권이전(갑) 2010. 5. 6.	근저당(을) 2019. 8. 16.	가압류(병) 2021. 8. 2.	임의경매(을) 2023. 1. 16.
채권금액	임의경매	595,400,000	196,000,000	280,820,847
우선순위	2009타경44**	160,000,000		

현황조사서에는 점유관계는 알 수 없으며, 대상 토지 대부분은 맹지이고, 일부 임야는 전으로 이용 중이거나 공부상 '전'이나 진입로로 보이는 토지가 있다고 보고되었다. 매각물건명세서에는 "분묘소재 여부는 별도의 확인을 요하며, 농지는 농지취득자격증명이 필요하며 미제출시 보증금 몰수, 원상회복명령 가능성이 있음, 공부상 전이나 현황 도로인

토지, 공부상 임야이나, 현황 전 등으로 이용 중, 일부 토지가 '사도'로 농지전용허가가 있음" 등의 내용이 공시되었다. 한편, 이 사건 토지는 2009타경44***호 선행사건(토지면적 107,103.73㎡)에서 2010. 3. 13. 11억1천만원에 매각되었다. 매각결과 5차 매각기일에 매각되었다(감정가 652,965,870원, 매각가 171,700,000원, 매각가율 26.3%). 배당할 금액 160,000,000원. 배당기일 2024. 2. 28.

해설 **우선순위배당**

공유물지분경매의 부동산유형의 장점은 토지에 있다. 이 사건 임야는 선행사건의 매각가격(10,363원/㎡)과 비교하면 5차 최저매각가격(5,441원/㎡)은 50% 저감되었다. 51필지의 토지가 일단지를 구성하며 인접한 토지 등은 농지로 이용 중이다. 지적도상 맹지이지만 분할된 면적은 기획부동산에서 필지별로 분양하기 위하여 분할한 것으로 보인다. 감정가격대비 저가이고, 선행사건의 낙찰가격 대비 저가라는 이유는 입찰에 참가하는 하나의 요인이 되지만 부동산은 다양한 가격형성요인이 작용한다. 이용가치 등 투자목적을 고려하지 않고 응찰하는 것이 올바른 투자인지 생각해 보게 하는 물건이다. 본 사건에서 배당할 금액은 신청채권자에게 배당되며, 매수자가 인수하는 권리는 없다.

제7장

인수할 수 있는 권리 등

유치권과 매각 사례

1. 의의

유치권은 채권자가 어느 물건에 대한 채권을 가지고 있을 때 그 물건을 점유하는 경우에, 그 채권변제를 받을 때까지 물건의 유치 즉 인도를 거절하는 것을 통해 채권의 변제를 간접적으로 담보하는 물권이다. 예컨대, 타인의 물건을 수선한 자가 그 보수를 받을 때까지 그 물건의 인도를 거절하고, 임차인이 임차물에 지출한 비용을 상환받을 때까지 임차물의 명도를 거절하며, 유가증권의 수취인이 그 임치에 대한 보수를 받을 때까지 유가증권의 교부를 거절하면서 각각 이를 유치하는 경우와 같다.

2. 유치권의 법적성질

민사집행법 제91조 제3항이 '지상권·지역권·전세권 및 등기된 임차권은 저당권·압류채권·가압류채권에 대항할 수 없는 경우에는 매각으로 소멸된다.'라고 규정하고 있는 것과는 달리, 같은 조 제5항은 '매수인은 유치권자에게 그 유치권으로 담보하는 채권을 변제할 책임이 있다.'라고 규정하고 있으므로, 유치권은 특별한 사정이 없는 한 그 성립시기에 관계없이 경매절차에서 매각으로 인하여 소멸하지 않는다. 여기서 '변제할 책임이 있다'는 의미는 부동산상의 부담을 승계한다는 취지로서 인적채무까지 인수한다는 취지는 아니므로, 유치권자는 경락인에 대하여 그 피담보채권의 변제가 있을 때까지 유치목적물인 부동산의 인도를 거절할 수 있을 뿐이고 그 피담보채권의 변제를 청구할 수는 없다(대법원 1996. 8. 23. 선고 95다8713 판결). 다만 집행절차의 법적안정성을 보장할 목적으로 부동산에 관하여 경매개시결정등기가 된 뒤에 비로소 부동산의 점유를 이전받거나 피담보채권이 발생하여 유치권을 취득한 경우에는 경매절차의 매수인에 대하여 유치권을 행사할 수 없다.

3. 성립요건

가. 목적물

유치권의 목적이 될 수 있는 것은 물건(동산, 부동산)과 유가증권이다. 부동산유치권이나 유가증권은 등기나 배서가 필요치 않다. 유치권은 점유를 요소로 하는 법률의 규정에 의해 성립하는 물권이기 때문이다.

나. 타인의 의미

유치권의 목적이 되는 것은 타인의 물건 또는 유가증권이다. 유치권은 타물권이기 때문에 자기의 물건에는 인정되지 않는다. 그 물건이 채무자 이외의 제3자의 소유에 속하는 것도 무방하다.

다. 유치권의 피담보채권

(1) 목적물과 채권 간의 견련관계

채권자가 자기채권의 변제를 받을 때까지 채무자의 물건을 유치하는 것이 정당화되기 위해서는 그 채권과 목적물 간에 강한 관련성이 있어야 한다. 민법은 이를 '그 물건(또는 유가증권)에 관하여 생긴 채권'이라고 표현한다.

1) 채권이 목적물 자체로부터 발생한 경우

목적물에 지출한 비용상환청구권(필요비, 유익비), 예컨대, 임차인이 임차물에 지출한 비용상환청구권, 수급인의 공사목적물에 대한 보수청구권, 유가증권의 유상수치로 인한 보수청구권, 타인의 동물로부터 공격을 받아 피해를 입은 경우의 손해배상청구권 등이 이에 속한다.

그러나 임대차계약이 종료하면 임차인의 임차보증금반환청구권과 임대인의 임차물반환청구권이 발생하고, 이것은 임대차의 종료라는 동일한 법률관계에서 발생하였음에도 임차인은 임차보증금의 변제를 받을 때까지 임차물에 유치권을 취득하지 못한다는 것이 판례의 입장이다. 이는 임차보증금반환청구권은 그 건물에 관하여 생긴 채권이 아니라는 것을 그 논거로 든다(대법원 1976. 5. 11. 선고 75다1305 판결).

2) 동일한 법률관계나 동일한 사실관계

예컨대, 매매계약에 의한 급부가 이행된 뒤 그 계약이 취소된 경우에 매수인의 매매대금반환청구권과 매도인의 매매목적물의 반환청구권(동일한 법률관계), 우연히 신발을 바꿔 신고 간 경우에 상호 간의 물건반환청구권(동일한 사실관계)은 상대방의 물건에 대해 유치권을 취득한 것으로 해석된다.

> **판례** 민법 제320조 제1항에 정한 유치권의 피담보채권인 '그 물건에 관하여 생긴 채권'의 범위 및 민법 제321조에 정한 유치권의 불가분성이 그 목적물이 분할 가능하거나 수 개의 물건인 경우에도 적용되는지 여부(적극)
>
> 민법 제320조 제1항에서 '그 물건에 관하여 생긴 채권'은 유치권제도 본래의 취지인 공평의 원칙에 특별히 반하지 않는 한 채권이 목적물 자체로부터 발생한 경우는 물론이고 채권이 목적물의 반환청구권과 동일한 법률관계나 사실관계로부터 발생한 경우도 포함하고, 한편 민법 제321조는 "유치권자는 채권전부의 변제를 받을 때까지 유치물 전부에 대하여 그 권리를 행사할 수 있다"고 규정하고 있으므로, 유치물은 그 각 부분으로써 피담보채권의 전부를 담보하며, 이와 같은 유치권의 불가분성은 그 목적물이 분할 가능하거나 수 개의 물건인 경우에도 적용된다(대법원 2007. 9. 7. 2005다16942 판결).

(2) 그 밖의 요건

1) 채권의 존재

건물의 임차인이 임대차관계 종료시에는 건물을 원상으로 복구하여 임대인에게 명도하기로 약정한 것은 건물에 지출한 각종 유익비 또는 필요비의 상환청구권을 미리 포기하기로 한 취지의 특약이라고 볼 수 있어, 임차인은 유치권을 주장할 수 없다(대법원 1975. 4. 22. 선고 73다2010 판결).

2) 변제기의 도래

채권의 변제기가 도래하지 않은 동안은 유치권은 성립하지 않는다. 다른 담보물권의 경우에는 변제기 도래가 담보권 실행요건이나 유치권에서는 성립요건이다. 만일 변제기 전에 유치권을 인정한다면 변제기 전에 채무이행을 강제하는 결과가 되기 때문이다. 유익비상환청구권에 관하여 법원이 상당한 상환기간을 허락하여 주었다면 채권자는 유치권을 상실하게 된다. 변제기가 정해지지 않은 채권(예컨대, 불법행위로 인한 손해배상청구채권)의 경우에는 채권의 발생과 동시에 유치권이 성립한다.

라. 목적물의 적법한 점유

1) 유치권은 채권과 관련이 있는 물건을 점유하는 때에 성립하므로, 목적물의 점유는 유치권의 요소이다. 점유 여부는 물건에 대한 사실상의 지배에 의해 결정되며, 점유는 직접점유이든 간접점유이든 상관없다.

2) 점유라고 함은 물건이 사회통념상 그 사람의 사실적 지배에 속한다고 보여지는 객관적 관계에 있는 것을 말하고 사실상의 지배가 있다고 하기 위하여는 반드시 물건을 물리적, 현실적으로 지배하는 것만을 의미하는 것이 아니고 물건과 사람과의 시간적, 공간적 관계와 본권관계, 타인지배의 배제가능성 등을 고려하여 사회관념에 따라 합목적적으로 판단하여야 한다(대법원 1996. 8. 23. 선고 95다8713 판결).

3) 유치권자는 타인의 물건이나 유가증권을 점유하고 있어야 하고 그 점유는 계속되어야 한다. 유치권은 점유하고 있는 동안에만 인정되는 권리이다. 유치권자의 그 점유는 불

법점유로 인한 것이 아니어야 한다. 불법으로 점유를 취득한 자에게까지 유치권을 인정하면서 그 채권을 보호할 필요나 이유가 없기 때문이다. 예컨대, 타인의 물건을 훔치거나 횡령한 자가 그 물건을 수선하여도 그 채권을 위한 유치권은 성립하지 않는다. 건물의 존재로 불법점유를 당하고 있는 토지소유자는 건물점유자에게 그 철거를 구할 수 있고, 그 유치권으로 토지소유자에게 대항할 수 없다.

마. 특약의 부존재

당사자 사이에 유치권의 발생을 배제하는 특약이 없어야 한다. 유치권의 사전 또는 사후에 이를 포기하는 특약은 유효하다.

1) 유치권은 법정담보물권이기는 하나 채권자의 이익보호를 위한 채권담보의 수단에 불과하므로 이를 포기하는 특약은 유효하고, 유치권을 사전에 포기한 경우 다른 법정요건이 모두 충족되더라도 유치권이 발생하지 않는 것과 마찬가지로 유치권을 사후에 포기하는 경우 곧바로 유치권은 소멸한다. 그리고 유치권 포기로 인한 유치권의 소멸은 유치권 포기의 의사표시의 상대방뿐 아니라 그 이외의 사람도 주장할 수 있다(대법원 2016. 5. 12. 선고 2014다52087 판결).

2) 건물의 임차인이 임대차관계 종료시에는 건물을 원상으로 복구하여 임대인에게 명도하기로 약정한 것은 건물에 지출한 각종 유익비 또는 필요비의 상환청구권을 미리 포기하는 취지의 특약이라고 볼 수 있어 임차인은 유치권을 주장할 수 없다(대법원 1975. 4. 22. 선고 73다2010 판결).

4. 유치권의 효력

가. 유치권자의 권리

(1) 목적물을 유치

유치권자는 그의 채권의 변제를 받을 때까지 물건을 유치(인도를 거절하고 목적물의 점유를 계속하는 것)할 수 있다. 유치권은 물권이기 때문에 모든 사람에게 주장할 수 있으며, 채무자뿐만 아니라 목적물의 양수인 또는 경락인에 대하여도 채권의 변제가 있을 때까지 목적물의 인도를 거절할 수 있다.

(2) 재판상의 문제

유치권의 목적물에 대하여 원고가 목적물인도청구의 소송을 제기한 경우, 피고가 유치권을 주장하여 그 인도를 거절한다면 법원은 상환급부판결을 하게 된다.

(3) 경매와 간이변제충당

유치권자는 채권의 변제를 받기 위하여 유치물을 경매할 수는 있으나 우선변제권은 없다. 유치권에 의한 경매는 담보권실행을 위한 경매의 예에 따른다. 유치권자는 정당한 이유가 있는 때(목적물의 가치가 적어서 경매에 부치는 것이 부적당한 경우)에 감정인의 평가에 의하여 유치물을 직접 변제에 충당할 것을 법원에 청구할 수 있다. 이 경우 유치권자는 미리 채무자에게 통지하여야 한다.

(4) 과실수취권

유치권자는 유치물에서 생긴 과실을 수취하여 이를 다른 채권자보다 먼저 그 채권의 변제에 충당할 수 있다. 과실에는 천연과실뿐 아니라 법정과실도 있다. 과실은 먼저 이자에 충당하고 그 나머지가 있으면 원물에 충당한다. 그 과실이 금전이 아닌 때에는 경매해야 한다.

(5) 유치물 사용권

유치권자는 채무자의 승낙 없이는 유치물을 사용하지 못한다. 그러나 유치물의 보존에 필요한 범위 내에서 유치물을 사용할 수 있다. 공사대금채권에 기하여 유치권을 행사하는 자가 스스로 유치물인 주택에 거주하며 사용하는 것은 특별한 사정이 없는 한 유치물인 주택의 보존에 도움이 되는 행위로서 유치물의 보존에 필요한 사용에 해당한다고 할 것이다. 그리고 유치권자가 유치물의 보존에 필요한 사용을 한 경우에도 특별한 사정이 없는 한 차임에 상당한 이득을 소유자에게 반환할 의무가 있다(대법원 2009. 9. 24. 선고 2009다40684 판결).

(6) 비용상환청구권

유치권자는 유치물에 관하여 필요비를 지출한 때에는 소유자에게 상환을 청구할 수 있고, 유익비를 지출한 때에는 그 유치물의 가액의 증가가 현존하는 경우에 한하여 소유자의 선택에 좇아 그 지출한 금액이나 또는 증가액의 상환을 청구할 수 있다. 그러나 법원이 상환기간을 허용한 경우에는 유치권을 주장할 수 없다.

민법 제626조 제2항에서 임대인의 상환의무를 규정하고 있는 유익비란 임차인이 임차물의 객관적 가치를 증가시키기 위하여 투입한 비용을 말하는 것이므로, 임차인이 임차건물부분에서 간이음식점을 경영하기 위하여 부착시킨 시설물에 불과한 간판은 건물부분의 객관적 가치를 증가시키기 위한 것이라고 보기 어려울 뿐만 아니라, 그로 인한 가액의 증가가 현존하는 것도 아니어서 그 간판설치비를 유익비라 할 수 없다(대법원 1994. 9. 30. 선고 94다20389, 20396 판결).

(7) 별제권

채무자가 파산한 경우 유치권자는 별제권을 갖는다. 한편, 임대차보증금반환채권은 임대차목적물의 환가액의 한도 내에서 우선변제권을 가지는 것으로서 별제권부채권과 유사한 성격을 가지는 것이므로 우선적 개인회생채권으로 취급하기보다는 별제권에 준하여 취급되어야 한다(부산지방법원 2014. 4. 30. 선고 2013나18469 판결).

나. 유치권자의 의무

유치권자는 선량한 관리자의 주의로 유치한 물건을 점유하여야 한다. 유치권자는 채무자의 승낙 없이 유치한 물건을 사용, 대여 또는 담보로 제공하지 못한다. 유치권자가 위의 의무를 위반하면 채무자는 유치권의 소멸을 청구할 수 있다.

5. 유치권의 소멸

가. 물권 및 담보물권에 공통된 소멸사유

1) 유치권은 목적물의 멸실, 토지수용, 혼동, 포기(물권) 등에 의해서 소멸하고, 피담보 채권의 소멸(담보물권)에 의하여 소멸한다. 유치권은 소멸시효에 걸리지 않는다.

2) 피고의 아버지인 소외 1이 회사에 대한 채권을 확보하기 위하여 회사 소유의 부동산을 피고로 하여금 점유·사용하게 하고 있다가 아무 조건 없이 위 부동산을 명도해 주기로 약정하였다면 이는 유치권자가 유치권을 포기한 것이라고 할 것이므로 그 약정된 명도기일 이후의 점유는 위 소외 1로서도 적법한 권원 없는 점유이다(대법원 1980. 7. 22. 선고 80다1174 판결).

3) 유치권은 법정담보물권이기는 하나 채권자의 이익보호를 위한 채권담보의 수단에 불과하므로 이를 포기하는 특약은 유효하고, 유치권을 사전에 포기한 경우 다른 법정요건이 모두 충족되더라도 유치권이 발생하지 않는 것과 마찬가지로 유치권을 사후에 포기한 경우 곧바로 유치권은 소멸한다. 그리고 유치권 포기로 인한 유치권의 소멸은 유치권 포기의 의사표시의 상대방뿐 아니라 그 이외의 사람도 주장할 수 있다(대법원 2016. 5. 12. 선고 2014다52087 판결).

나. 유치권특유의 소멸사유

1) 유치권자가 그의 선관주의의무를 위반한 경우, 채무자는 유치권의 소멸을 청구할 수 있고, 이 청구가 있으면 유치권은 소멸한다.

2) 채무자는 상당한 다른 담보를 제공하고 유치권의 소멸을 청구할 수 있다. 상당한 담보를 제공하는 한 담보의 종류에는 제한이 없으며, 물적 담보든 인적담보든 무방하다.

3) 유치권은 점유의 상실로 소멸한다. 유치권에서 목적물의 점유는 성립 및 존속요건이므로 점유를 상실하면 유치권도 소멸한다. 유치권자가 점유를 침탈당한 경우에는 점유를 회수한 때에는 점유를 상실하지 않은 것으로 되며, 유치권은 소멸하지 않는다. 점유회수의 소는 점유를 침탈당한 날로부터 1년 이내에 행사하여야 한다.

4) 유치권의 행사는 채권의 행사가 아니기 때문에 채권의 소멸시효의 진행에 영향을 미치지 아니한다.

6. 경매절차에서 유치권에 관한 문제

가. 경매절차에서 유치권

1) 유치권에 의한 경매가 소멸주의를 원칙으로 하여 진행되는 이상 강제경매나 담보권실행을 위한 경매의 경우와 같이 목적부동산 위의 부담을 소멸시키는 것이므로 집행법원이 달리 매각조건변경결정을 통하여 목적부동산 위의 부담을 소멸시키지 않고 매수인으로 하여금 인수하도록 정하지 않은 이상 집행법원으로서는 매각기일 공고나 매각물건명세서에 목적부동산 위의 부담이 소멸하지 않고 매수인이 이를 인수하게 된다는 취지를 기재할 필요 없다(대법원 2011. 6. 15. 자 2010마1059 결정).

2) 경매절차에서 나타나는 유치권은 신축건물이나 개축건물에서 미지급된 공사대금이 원인이 되어 공사업자가 유치권을 행사하는 경우이거나 상가건물이나 주택에서 임차인이 해당 물건의 보존(필요비)과 개량(유익비)을 위해 지출한 비용을 근거로 행사하는 경우가 대부분이다.

나. 유치권이 신고된 경매사건

1) 매각기일 이전에 유치권신고를 하면 유치권을 주장하는 자에게 그 점유개시 시기, 피담보채권 등을 소명하도록 하고 있다. 집행법원에서는 그에 대한 실체관계를 조사하지 않고 매각물건명세서에 '유치권 성립여지 있음', '성립 여부는 불분명함'으로 기재한다.

2) 매각기일로부터 매각허가기일 전까지 유치권신고서가 접수된 경우, 유치권이 성립할 여지가 전혀 없다는 것이 명백하지 않는 한 매각물건명세서 작성에 중대한 하자가 있는 것으로 보아 매각을 불허가하고 새 매각을 실시한다.

3) 매각허가일로부터 매각허가여부 확정 전까지 유치권신고서가 접수된 경우, 최고가 매수신고인으로부터 매각허가에 대한 이의신청 또는 매각허가결정에 대한 항고를 받아

매각허가결정을 취소하고 새 매각을 실시한다.

4) 매각허가결정 확정 후부터 대금지급 전까지 유치권신고서가 접수된 경우, 매각허가결정의 취소신청을 받아 매각허가결정을 취소하고 새 매각을 실시한다. 대금지급 후부터 배당실시 전까지 유치권신고서가 접수된 경우, 최고가매수신고인이 민법 제575조 제1항에 따른 담보책임을 묻는 경우에 한하여 매각허가결정을 취소한다.

5) 부동산임의경매절차에서 매수신고인이 당해 부동산에 관하여 유치권이 존재하지 않는 것으로 알고 매수신청을 하여 이미 최고가매수신고인으로 정하여 졌음에도 그 이후 매각결정기일까지 사이에 유치권의 신고가 있을 뿐만 아니라 그 유치권이 성립될 여지가 없음이 명백하지 아니한 경우, 집행법원으로서는 장차 매수신고인이 인수할 매각부동산에 관한 권리의 부담이 현저히 증가하여 민사집행법 제121조 제6호가 규정하는 이의 사유가 발생된 것으로 보아 이해관계인의 이의 또는 직권으로 매각을 허가하지 아니하는 결정을 하는 것이 상당하다(대법원 2005. 8. 8. 자 2005마643 결정, 대법원 2007. 5. 15. 자 2007마128 결정).

다. 입찰희망자가 검토해야 할 사항

(1) 매각물건의 정보 확인

a) 매각물건명세서 확인: 유치권의 존재와 내용은 집행관의 현황조사보고서와 매각물건명세서에 기재된다. 따라서 부동산 현황조사서를 열람하고 점유자와 점유권원을 확인해야 한다. 현황조사서에 없는 유치권이 후에 신고되어 있다면 압류 이후 취득한 것으로 매수인에게 대항할 수 없다(대법원 2005. 8. 19. 선고 2005다22688 판결).

b) 감정평가보고서 열람: 총공사대금과 피담보채권을 비교하여 공사대금과 실제 공사결과의 균형을 검토하고 허위일 가능성을 의심해야 한다. 유치권은 타물권인 점에 비추어 볼 때 수급인의 재료와 노력으로 건축되었고 독립한 건물에 해당하는 기성부분은 수급인의 소유라 할 것이므로 수급인은 공사대금을 지급받을 때까지 이에 대하여 유치권을 가질 수 없다(대법원 1993. 3. 26. 선고 91다14116 판결).

c) 문건접수 처리내역서 확인: 유치권신고가 있는 경우에, 유치권자가 점유하고 있는지

조사해야 한다. 점유를 상실하였는지(대법원 1966. 6. 7. 선고 66다600,601 판결), 압류 후에 점유를 취득하였는지, 채무자가 과다한 채무를 부담하고 있다는 사실을 알고도 대규모 수선이나 증축공사 등을 시행하였는지 파악한다(대전고등법원 2004. 1. 15. 선고 2002나5475 판결).

d) 등기사항전부증명서 확인: 부동산경매절차가 개시될 가능성을 충분히 인식하고서도 그 부동산의 개조에 관한 도급공사를 체결한 후 이에 따른 공사를 시행한 자가 공사대금채권에 기초하여 매수자에 대하여 유치권을 주장하는 것은 신의칙에 반하여 허용되지 않는다.

(2) 유치권과 수급공사

유치권은 그 목적물에 관하여 생긴 채권이 변제기에 있는 경우에 비로소 성립하고(민법 제320조), 한편 채무자 소유의 부동산에 경매개시결정의 기입등기가 마쳐져 압류의 효력이 발생한 후에 유치권을 취득한 경우에는 그로써 부동산에 관한 경매절차의 매수인에게 대항할 수 없다. 따라서 채무자 소유의 건물에 관하여 증·개축 등 공사를 도급받은 수급인이 경매개시결정의 기입등기가 마쳐지기 전에 채무자로부터 건물의 점유를 이전받았다 하더라도 경매개시결정의 기입등기가 마쳐져 압류의 효력이 발생한 후에 공사를 완공하여 공사대금채권을 취득함으로써 그때 비로소 유치권이 성립한 경우에는, 수급인은 유치권을 내세워 경매절차의 매수인에게 대항할 수 없다(대법원 2013. 6. 27. 선고 2011다50165 판결).

라. 유치권의 성립을 인정한 사례

1) 다세대주택의 창호 등의 공사를 완성한 하수급인이 공사대금채권 잔액을 변제받기 위하여 위 다세대주택 중 한 세대를 점유하여 유치권을 행사하는 경우, 그 유치권은 위 한 세대에 대하여 시행한 공사대금만이 아니라 다세대주택 전체에 대하여 시행한 공사대금채권의 잔액 전부를 피담보채권으로 하여 성립한다(대법원 2007. 9. 7. 2005다16942 판결).

2) 유치권자의 점유하에 있는 유치물의 소유자가 변동하더라도 유치권자의 점유는 유치물에 대한 보존행위로서 하는 것이므로 적법하고 그 소유자변동 후 유치권자가 유치물

에 관하여 새로이 유익비를 지급하여 그 가격의 증가가 현존하는 경우에는 이 유익비에 대하여도 유치권을 행사할 수 있다(대법원 1972. 1. 31. 선고 71다2414 판결).

3) 동시이행의 항변권 또는 유익비상환청구권에 의한 유치권을 행사하여 가옥을 사용·수익한 경우에는 임료상당의 금원을 부당이득한 것으로 본다(대법원 1963. 7. 11. 선고 63다235 판결).

마. 유치권의 성립을 부정한 사례

1) 유치권의 성립요건이자 존속요건인 점유는 직접점유이든 간접점유이든 관계가 없으나, 다만 유치권은 목적물을 유치함으로써 채무자의 변제를 간접적으로 강제하는 것을 본체적 효력으로 하는 권리인 점에 비추어, 그 직접점유자가 채무자인 경우에는 유치권의 요건으로서의 점유에 해당하지 않는다(수급인이 공사대금채권자로서 채무자의 직접점유를 통하여 공사한 건물을 간접점유한 사안임)(대법원 2008. 4. 11. 2007다27236 판결).

2) 임대차계약에서 "임차인은 임대인의 승인하에 개축 또는 변조할 수 있으나 부동산의 반환기일 전에 임차인의 부담으로 원상 복구키로 한다"라고 약정한 경우, 이는 임차인이 임차목적물에 지출한 각종 유익비의 상환청구권을 미리 포기하기로 한 취지의 특약이라고 봄이 상당하다(대법원 1995. 6. 30. 선고 95다12927 판결).

3) 임대인과 임차인 사이에 건물명도시 권리금을 반환하기로 하는 약정이 있었다 하더라도 그와 같은 권리금반환청구권은 건물에 관하여 생긴 채권이라 할 수 없으므로 그와 같은 채권을 가지고 건물에 대한 유치권을 행사할 수 없다(대법원 1994. 10. 14. 선고 93다62119 판결).

4) 채무자 소유의 부동산에 경매개시결정의 기입등기가 경료되어 압류의 효력이 발생한 후에 부동산의 점유를 이전받아 유치권을 취득한 채권자가 그 기입등기의 경료사실을 과실 없이 알지 못하였다는 사정을 내세워 그 유치권으로 경매절차의 매수인에게 대항할 수 없고, 이 경우 위 부동산에 경매개시결정의 기입등기가 경료되어 있음을 채권자가 알았는지 여부 또는 이를 알지 못한 것에 관하여 과실이 있는지 여부 등은 채권자가 그 유치권을 매수인에게 대항할 수 없다는 결론에 아무런 영향을 미치지 못한다(대법원 2006. 8.

25. 선고 2006다22050).

5) 유치권자는 채무자의 승낙이 없는 이상 그 목적물을 타에 임대할 수 있는 처분권한이 없으므로, 유치권자의 그러한 임대행위는 소유자의 처분권한을 침해하는 것으로서 소유자에게 그 임대의 효력을 주장할 수 없고, 따라서 소유자의 동의 없이 유치권자로부터 유치권의 목적물을 임차한 자의 점유는 구 민사소송법(2002. 1. 26. 법률 제6626호로 전문 개정되기 전의 것) 제647조 제1항 단서에서 규정하는 '경락인에게 대항할 수 있는 권원'에 기한 것이라고 볼 수 없다(대법원 2002. 11. 27. 자 2002마3516 결정).

바. 유치권자의 배당순위

민법 제322조 제1항에 의하여 실시되는 유치권에 의한 경매도 강제경매나 담보권실행을 위한 경매와 마찬가지로 목적부동산 위의 부담을 소멸시키는 것을 법정매각조건으로 하여 실시되고 우선채권자뿐만 아니라 일반채권자의 배당요구도 허용되며, 유치권자는 일반채권자와 동일한 순위로 배당받을 수 있다고 봄이 상당하다. 다만 집행법원은 부동산 위의 이해관계를 살펴 위와 같은 법정매각조건과는 달리 매각조건변경결정을 통하여 목적부동산 위의 부담을 소멸시키지 않고 매수인으로 하여금 인수하도록 정할 수 있다(대법원 2011. 6. 15. 자 2010마1059 결정).

사. 유치권의 부존재 확인

민사집행법 제268조에 의하여 담보권의 실행을 위한 경매절차에 준용되는 같은 법 제91조 제5항에 의하면 유치권자는 경락인에 대하여 피담보채권의 변제를 청구할 수는 없지만 자신의 피담보채권이 변제될 때까지 유치목적물인 부동산의 인도를 거절할 수 있어 경매절차의 입찰인들은 낙찰 후 유치권자로부터 경매목적물을 쉽게 인도받을 수 없다는 점을 고려하여 입찰하게 되고 그에 따라 경매목적 부동산이 그만큼 낮은 가격에 낙찰될 우려가 있다. 이와 같이 저가낙찰로 인해 경매를 신청한 근저당권자의 배당액이 줄어들거나 경매목적물 가액과 비교하여 거액의 유치권 신고로 매각 자체가 불가능하게 될 위험은 경매절차에서 근저당권자의 법률상 지위를 불안정하게 하는 것이므로 위 불안을 제거하는 근저당권자의 이익을 단순한 사실상·경제상의 이익이라고 볼 수는 없다. 따라서 근저당권자는 유치권 신고를 한 사람을 상대로 유치권 전부의 부존재뿐만 아니라 경매절차에서 유치권을 내세워 대항할 수 있는 범위를 초과하는 유치권의 부존재 확인을 구할 법률상 이익이 있고, 심리결과 유치권 신고를 한 사람이 유치권의 피담보채권으로 주장하는 금액의 일부만이 경매절차에서 유치권으로 대항할 수 있는 것으로 인정되는 경우에는 법원은 특별한 사정이 없는 한 그 유치권 부분에 대하여 일부패소의 판결을 하여야 한다. 유치권 부존재 확인소송에서 유치권의 요건사실인 유치권의 목적물과 견련관계 있는 채권의 존재에 대해서는 피고가 주장·증명하여야 한다(대법원 2016. 3. 10. 선고 2013다99409 판결).

7. 유치권에 의한 경매

1) 유치권에 의한 경매에도 채권자와 채무자의 존재를 전제로 하고 채권의 실현·만족을 위한 경매를 상정하고 있는 점, 반면에 인수주의를 취할 경우 필요하다고 보이는 목적부동산 위의 부담의 존부 및 내용을 조사·확정하는 절차에 대하여 아무런 규정이 없고 인수되는 부담의 범위를 제한하는 규정도 두지 않아, 유치권에 의한 경매를 인수주의를 원칙으로 진행하면 매수인의 법적 지위가 매우 불안정한 상태에 놓이게 되는 점, 인수되는 부담의 범위를 어떻게 설정하느냐에 따라 인수주의를 취하는 것이 오히려 유치권자에게 불리해질 수 있는 점 등을 함께 고려하면, 유치권에 의한 경매도 강제경매나 담보권실행을 위한 경매와 마찬가지로 목적부동산 위의 부담을 소멸시키는 것을 법정매각조건으로 하여 실시되고 우선채권자뿐만 아니라 일반채권자의 배당요구도 허용되며, 유치권자는 일반채권자와 동일한 순위로 배당을 받을 수 있다고 보아야 한다. 다만 집행법원은 부동산 위의 이해관계를 살펴 위와 같은 법정매각조건과는 달리 매각조건변경결정을 통하여 목적부동산 위의 부담을 소멸시키지 않고 매수인으로 하여금 인수하도록 정할 수 있다(대법원 2011. 6. 15. 자 2010마1059 결정).

2) 집행법원이 목적부동산 위의 부담이 소멸하지 않고 매수인에게 이를 인수시키기로

하는 변경결정을 하지 않은 이상 그러한 취지를 매각기일 공고나 매각물건명세서에 기재하는 등으로 매수신청인 등에게 고지하여야만 하는 것이 아님에도 유치권에 의한 경매가 인수주의로 진행됨을 전제로 위와 같이 매각을 불허한 집행법원의 판단을 그대로 유지한 원심결정에는 유치권에 의한 경매에 관한 법리오해의 위법이 있다(대법원 2011. 6. 15. 자 2010마1059 결정).

판례 **사실상 최우선순위 담보권인 유치권제도의 취지와 한계**

우리 법에서 유치권제도는 무엇보다도 권리자에게 그 목적인 물건을 유치하여 계속 점유할 수 있는 대세적 권능을 인정한다(민법 제320조 제1항, 민사집행법 제91조 제5항 등 참조). 그리하여 소유권 등에 기하여 목적물을 인도받고자 하는 사람(물건의 점유는 대부분의 경우에 그 사용수익가치를 실현하는 전제가 된다)은 유치권자가 가지는 그 피담보채권을 만족시키는 등으로 유치권이 소멸하지 아니하는 한 그 인도를 받을 수 없으므로 실제로는 그 변제를 강요당하는 셈이 된다. 그와 같이하여 유치권은 유치권자의 그 채권의 만족을 간접적으로 확보하려는 것이다. 그런데 우리 법상 저당권 등의 부동산담보권은 이른바 비점유담보로서 그 권리자가 목적물을 점유함이 없이 설정되고 유지될 수 있고 실제로도 저당권자 등이 목적물을 점유하는 일은 매우 드물다. 따라서 어떠한 부동산에 저당권 또는 근저당권과 같이 담보권이 설정된 경우에도 그 설정 후에 제3자가 그 목적물을 점유함으로써 그 위에 유치권을 취득하게 될 수 있다. 이와 같이 저당권 등의 설정 후에 유치권이 성립한 경우에도 마찬가지로 유치권자는 그 저당권의 실행절차에서 목적물을 매수한 사람을 포함하여 목적물의 소유자 기타 권리자에 대하여 위와 같은 대세적인 인도거절권능을 행사할 수 있다. 따라서 부동산유치권은 대부분의 경우에 사실상 최우선순위의 담보권으로서 작용하여, 유치권자는 자신의 채권을 목적물의 교환가치로부터 일반채권자는 물론 저당권자 등에 대하여도 그 성립의 선후를 불문하여 우선적으로 자기 채권의 만족을 얻을 수 있게 된다. 이렇게 되면 유치권의 성립 전에 저당권 등 담보를 설정받고 신용을 제공한 사람으로서는 목적물의 담보가치가 자신이 애초 예상·계산하였던 것과는 달리 현저히 하락하는 경우가 발생할 수 있다. 이와 같이 유치권제도는 "시간에서 앞선 사람은 권리에서도 앞선다"

는 일반적 법원칙의 예외로 인정되는 것으로서, 특히 부동산담보거래에 일정한 부담을 주는 것을 감수하면서 마련된 것이다. 유치권은 목적물의 소유자와 채권자와의 사이의 계약에 의하여 설정되는 것이 아니라 법이 정하는 일정한 객관적 요건(민법 제320조 제1항, 상법 제58조, 제91조, 제111조, 제120조, 제147조 등 참조)을 갖춤으로써 발생하는 이른바 법정담보물권이다. 법이 유치권제도를 마련하여 위와 같은 거래상의 부담을 감수하는 것은 유치권에 의하여 우선적으로 만족을 확보하여 주려는 그 피담보채권에 특별한 보호가치가 있다는 것에 바탕을 둔 것으로서, 그러한 보호가치는 예컨대, 민법 제320조 이하의 민사유치권의 경우에는 객관적으로 점유자의 채권과 그 목적물 사이에 특수한 관계(민법 제320조 제1항의 문언에 의하면 "그 물건에 관한 생긴 채권"일 것, 즉 이른바 '물건과 채권과의 견련관계'가 있는 것)가 있는 것에서 인정된다. 나아가 상법 제58조에서 정하는 상사유치권은 단지 상인 간의 상행위에 기하여 채권을 가지는 사람이 채무자와의 상행위(그 상행위가 채권 발생의 원인이 된 상행위일 것이 요구되지 아니한다)에 기하여 채무자 소유의 물건을 점유하는 것만으로 바로 성립하는 것으로서, 피담보채권의 보호가치라는 측면에서 보면 위와 같이 목적물과 피담보채권 사이의 이른바 견련관계를 요구하는 민사유치권보다 그 인정범위가 현저하게 광범위하다. 이상과 같은 사정을 고려하여 보면, 유치권제도와 관련하여서는 거래당사자가 유치권을 자신의 이익을 위하여 고의적으로 작출함으로써 앞서 본 유치권의 최우선순위 담보권으로서의 지위를 부당하게 이용하고 전체 담보권질서에 관한 법의 구상을 왜곡할 위험이 내재한다. 이러한 위험에 대처하여, 개별 사안의 구체적인 사정을 종합적으로 고려할 때 신의성실의 원칙에 반한다고 평가되는 유치권제도 남용의 유치권 행사는 이를 허용하여서는 안 될 것이다(대법원 2011. 12. 22. 선고 2011다84298 판결).

8. 매각 사례와 배당

사례 1 **유치권신고와 유치권배제신청**

신청채권자(을)는 집행력 있는 판결정본에 기해 이 사건(2021타경78**) 인천광역시 미추홀구 학익동 소재, 근린상가(대지권미등기, 건물 71.98㎡, 건물만 매각)에 대한 강제경매신청을 하였다. 채무자 겸 소유자 회사가 이 사건 부동산을 점유하고 있으며 임대차관계는 없다는 현황조사보고서가 제출되었다. 감정평가보고서에는 "본건 현장조사시에 '유치권 행사 중'이라는 부착물이 설치되어 있는바 경매진행시 참고하시기 바람"이라는 기재가 있다. 등기부(집합건물)상 권리는(요약)은 아래와 같다.

구분	가등기(갑) 2019. 9. 20.	가압류(을) 2019. 10. 22.	가압류(갑) 2021. 3. 10.	강제경매(을) 2021. 5. 11.
채권금액	매매예약	3,660,500,000	6,615,493,151	100,000,000
안분배당		33,514,620	60,569,800	915,580
인수 여부	소멸			

매각물건명세서 비고란에 "유치권행사 중 안내물이 설치되어 있음. 농업회사법인 ○○㈜ 유치권신고서 제출(2021. 11. 2.). 유치권자 황○○ 유치권신고서 제출(2022. 2. 14.). 유치권자 황○○ 유치권신고서 및 배제의견서 제출(2022. 2. 14.). 유치권여지 있음. 담보가등기권자의 가등기말소동의서 제출(2021. 10. 21.)됨. 배당요구종기(2021. 7. 23.)"를 공시하고 경매절차를 진행하였다. 매각결과 5차 매각기일에 매각되었다(감정가 261,220,000원, 매각가 89,799,000원, 매각가율 34%). 배당할 금액 95,000,000원(전 경매보증금 8,959,900원 포함).

안분배당, 가등기 소멸

타인의 물건을 점유한 자가 유치권을 가지려면, 점유자의 채권과 점유의 목적물 사이의 견련관계 즉, 채권이 목적물 자체로부터 발생하거나, 채권이 목적물의 반환청구권과 동일한 법률관계 또는 사실관계로부터 발생한 경우여야 하는 것인데(대법원 2007. 9. 7. 선고 2005다16942 판결 등), 경매절차 진행 중에는 사건의 실체를 확인할 수 없으므로 매각물건명세서에 '유치권 성립여지 있음'을 기재하고 경매절차를 진행한다. 그 기재는 유치권 신고 있음을 입찰예정자들에게 고지하는 것에 불과하고, 유치권은 목적물의 소유자와 채권자의 계약에 의하여 설정되는 것이 아니라 법이 정하는 일정한 객관적 요건을 갖춤으로써 대세적 권능을 인정하는 이른바 법정담보물권이어서 유치권배제의견서가 집행법원의 판단에 영향을 주지는 못할 것이다. ① 선순위 가등기권자가 담보가등기말소동의서를 제출하였으므로 가등기는 소멸된다. ② 배당할 금액은 가압류채권자와 신청채권자에게 채권액을 기준으로 안분비례에 의해 평등배당을 한다.

공사대금채권

신청채권자(을)는 근저당권의 실행으로 이 사건(2020타경55**), 이천시 장호원읍 소재, 다세대주택(대지권 미등기, 건물 1154.64㎡)에 대한 임의경매신청을 하였다. 경매개시결정의 등기촉탁으로 인하여 2020. 11. 2. 건물에 관한 소유권보존등기가 경료된 건물이다. 등기사항전부증명서상 권리는 아래와 같다.

구분	소유권보존(갑) 2020. 11. 2.	임의경매(을) 2020. 11. 2.	가압류(병) 2021. 3. 10.
채권금액	임의경매개시결정등기 촉탁으로	1,502,607,690	934,000,000
안분배당		705,482,140	438,517,860

매각물건명세서 비고란에 "장○○으로부터 공사대금 12억원의 유치권신고서가 제출

(2021. 1. 29.)되었으나 그 성립 여부는 불분명함. 신청채권자 ○○새마을금고가 장○○의 유치권신고에 대하여 유치권배제신청서를 접수(2021. 10. 8.)함. ㈜○○로부터 공사대금 9,100만원의 유치권신고서가 제출(2021. 11. 4.)되었으나 그 성립 여부는 불분명함. 일부 토지에 대한 소관청(장호원읍)의 사실조회결과 토지현황은 농지전용허가를 득하였으며, 농지취득자격증명을 발급받지 않고 취득이 가능하다는 회신이 있다"는 공시를 하고 경매절차를 진행하였다. 5차 매각기일에 매각되었다(감정가 32억7,800만원, 매각가 11억5,500만원, 매각가율 35%). 배당할 금액 11억4,400만원.

(해설) **안분배당**

집행법원은 매각기일 이전에 유치권신고서가 접수되면 유치권을 주장하는 자에게 그 점유개시시기, 피담보채권 등을 소명하도록 하고 있다. 집행법원에서는 그에 대한 실체관계를 조사하지 않고 매각물건명세서에 '유치권 성립여지 있음', '성립 여부는 불분명함' 등과 같은 기재를 하고 매각절차를 진행한다. 유치권의 성립요건을 충족시킬 때 유치권은 효력을 발생하고 매수자가 그 부담을 승계해야 한다. 유치권은 소유자, 매수인, 낙찰자 등 누구에게나 주장할 수 있기 때문에 이 사건과 같이 수차례 유찰이 되고 감정가 대비 저가(매각가율 35%)에 매각된다. 배당할 금액 11억4,400만원은 신청채권자와 가압류채권자에게 채권금액을 기준으로 안분배당 한다.

사례 3 **공사대금채권**

신청채권자(갑)가 근저당권실행으로 이 사건(2022타경31**) 전라북도 김제시 황산면 소재, 숙박시설(토지 2428㎡, 건물 2037.72㎡)에 대한 임의경매신청을 하였다. 5차 매각기일에 매각되었다(감정가 1,715,682,400원, 매각가 686,272,800원, 매각가율 40%). 등기사항전부증명서상 권리는 아래와 같다.

구분	근저당(갑) 2016. 3. 24.	전세권(을) 2017. 8. 17.	근저당(병) 2021. 9. 1.	임의경매(갑) 2022. 3. 15.
채권금액	1,440,000,000	300,000,000	65,000,000	1,110,225,150
우선순위	677,000,000			
인수 여부		소멸		

상가임대차현황서에는 확정일자 미상의 나인○○㈜이 등재(사업자등록 2021. 11. 9.) 되고, 확정일자 미상의 이○나(2020. 5. 20. 전입)가 등록되어 있다. 매각물건명세서에는 "전입자 이○하가 등재되어 있으니 그 점유관계는 별도의 확인을 요함. 이○하는 이 사건 물건의 전세권자로 등기됨."이라고 기재되어 있으며 비고란에는 "㈜○○철강으로부터 공사대금채권 200,000,000원을 위하여 유치권 신고가 있으나 그 성립 여부는 불분명함. 채권자 ○○새마을금고 유치권배제신청서 제출(2022. 6. 21.). 배당요구종기(2022. 6. 14.)"의 기재가 있다. 이○나는 보증금(300,000,000원, 월세 6,500,000원)에 대한 배당요구 신청서를 제출(2022. 5. 31.)하였으나 나인○○㈜는 배당요구 하지 않았다. 배당할 금액 677,000,000원.

해설 **우선순위배당, 후순위 전세권 소멸**

유치권의 성립요건은 유치권의 원인채권이 경매되는 물건의 가치 증가나 보존에 기여한 변제기가 지난 채권(주로 공사대금채권)이어야 하고 채권회수를 위하여 점유하고 있어야 한다. 입찰희망자가 유치권 성립 여부와 피담보채권을 확인한다는 것이 쉬운 일은 아니다. 집행관의 현황조사보고서와 매각물건명세서, 감정평가서에 의해서 유치권 신고 내역서를 검토하고 이를 기초로 이해관계자 탐문과 현장조사 등의 방법으로 유치권의 성립 여부에 대한 판단을 하는 정도일 것이다. ① 전세권은 말소기준권리(2016. 3. 24. 근저당)보다 뒤서서 소멸된다. ② 배당할 금액은 신청채권자에게 배당된다.

유치권에 의한 형식적 경매

신청채권자(갑)는 공사대금채권을 피담보채권으로 하는 유치권을 주장하면서 이 사건 (2021타경11**) 화성시 마도면 소재, 주택(건물 165.92㎡, 건물만 매각)에 대한 임의경매 신청을 하였다. 등기사항전부증명서상의 권리는 아래와 같다.

구분	소유권이전 2016. 12. 5.	임의경매(갑) 2021. 11. 22.
채권금액	협의분할에 의한 상속	187,677,740
교부금		88,000,000

공사가 중단된 후 장기간 방치된 건물이라는 현황조사보고서와 "신청채권자의 '유치권 점유 중' 표지가 건물 외벽에 있음"의 기재를 하고 경매절차를 진행하였다. 한편 신청채권자(갑)는 이 사건 부동산에 관한 전 매각사건(2013타경689**)에서 공사대금 187,677,740원의 유치권신고"를 하였다. 등기사항전부증명서(건물)의 표제부에 "건축법상 사용승인을 받지 않았고 임의경매개시결정의 촉탁으로 인하여 2015. 7. 9. 등기"의 기재가 있다. 1차 매각기일에 매각되었다(감정가 85,746,800원, 매각가 90,000,000원, 매각가율 105%). 실제 배당할 금액은 88,000,000원.

(해설) 매각대금의 교부

민사집행법상의 경매에는 채권자가 자기채권의 만족을 얻기 위하여 실행한다는 의미에서 강제경매와 담보권실행을 위한 경매를 '실질적 경매'라 하고, 이에 대응하여 재산의 가격보존 또는 정리를 하기 위한 경매를 '형식적 경매'라고 한다. 유치권경매는 형식적 경매에 속한다. 유치권에는 경매신청권은 있으나 우선변제권은 없으므로, 경매신청의 목적은 피담보채권의 강제적인 실현이 아니라 그 물건을 채무변제시까지 무작정 보관하고 있어야 한다는 부담에서 해방되기 위하여 유치권자에게 부여된 현금화권을 행사하는 것이기 때문에 현행법은 유치권에 의한 경매의 성질은 현금화를 위한 경매의 일종으로 규율하고 있다. 형식적 경매는 담보권실행을 위한 경매절차의 예에 따라 실시된다. 예에 따라 실시된다 함은 담보권실행을 위한 경매에 관한 제 규정을 모두 그대로 적용한다는 것이 아니라 사항의 성질에 따라 다소의 변용을 가하면서 이들 절차를 이용해서 경매를 실시한다는 의미이다.

형식적 경매 신청인은 현금화된 금전의 교부는 받지만 배당을 받아야 할 채권자에는 해당하지 않는다. 유치권자는 이후 매각대금 위에 유치권을 행사할 수 있고, 교부받은 매각대금과 자기의 채권을 대등액에서 상계할 수 있다고 해석되므로 실질상으로 우선변제 받는 것과 다름없다. 신청채권자는 변제금을 교부받는다.

사례 5 유치권에 의한 형식적 경매와 인수주의

신청채권자(을)는 공사대금채권을 피담보채권으로 하는 유치권을 주장하면서 이 사건(2008타경11**) 군산시 해망동 소재 근린상가 4층 401호(대지권 275.08㎡, 건물 798.66㎡)에 대한 임의경매신청을 하였다. 매각물건명세서에는 "유치권에 의한 경매로서 근저당 등 부동산상의 부담은 말소되지 않고 매수인에게 인수됨"으로 기재하고 경매절차를 진행하였다. 전입세대는 없으며 임대차현황서에 등재된 사업자등록은 없다. 한편, 신청채권자는 9차 매각기일에 매각(감정가 750,000,000원, 매각가 134,100,000원, 매각가율 17.88%)된 전 매각사건(2005타경108**)의 유치권자이다. 전 경매사건의 공동근저당권자 등 권리는 아래와 같다.

구분	근저당(갑) 2002. 4. 25.	근저당(을) 2002. 6. 8.	가압류(을) 2002. 7. 16.	임의경매(을) 2005. 6. 3.
채권금액	5,600,000,000	560,000,000	1,185,000,000	469,255,950

전 경매사건의 유치권자가 경매신청 한 본 사건은 7차 매각기일에 매각되었다(감정가 670,000,000원, 매각가 185,800,000원, 매각가율 27.73%).

구분	소유권이전(갑) 2008. 4. 14.	임의경매(을) 2008. 10. 16.
채권금액	김○○	1,405,000,0000
비고	2005타경108**	2008타경117**

해설) 인수주의에 따른 유치권경매에서 배당이의 불허

소멸주의에 따른 경매절차에서는 우선채권자나 일반채권자의 배당요구와 배당을 인정하므로 그 절차에서 작성된 배당표에 대하여 배당이의의 소를 제기하는 것이 허용되지만, 인수주의에 따른 경매절차에서는 배당요구와 배당이 인정되지 아니하고 배당이의의 소도 허용되지 아니한다(대법원 2014. 1. 23. 선고 2011다83691 판결).

(1) 사건의 경위

이 사건의 쟁점은 유치권경매에서 소멸주의와 인수주의에 관한 특별매각조건에 있다. 유치권자가 경매신청 한 이 사건은 매각되어 배당기일에 매각대금 185,800,000원과 매각대금이자를 합한 금액에서 집행비용을 공제한 나머지 금액을 신청채권자에게 전부 교부하는 내용의 교부표를 작성하였으나, 전 소유자들이 위 배당기일에 출석하여 피고에 대한 위 교부액 전액에 대하여 배당이의서를 제출하였다.

(2) 판결요지

소멸주의를 취할 것인지, 아니면 매수인이 목적부동산 위의 부담을 인수하는 이른바 인수주의를 취할 것인지 여부는 경매의 목적이 채권의 회수에 있는가 또는 단순한 환가에 있는가에 따라 논리 필연적으로 도출되는 것이 아니라, 경매의 취지와 목적 및 성질, 경매가 근거하는 실체법의 취지, 경매를 둘러싼 채권자와 채무자, 소유자 및 매수인 등의 이해관계 등을 종합하여 결정하여야 한다(대법원 2009. 10. 29. 선고 2006다37908 판결 참조). 민법 제322조 제1항에 '유치권자는 채권의 변제를 받기 위하여 유치물을 경매할 수 있다'라고 규정하고 있고, 유치권에 의한 경매에도 채권자와 채무자의 존재를 전제로 하고 채권의 실현·만족을 위한 경매를 상정하고 있는 점, 반면에 인수주의를 취할 경우 필요하다고 보이는 목적부동산 위의 부담의 존부와 내용을 조사·확정하는 절차에 대하여 아무런 규정이 없고 인수되는 부담의 범위를 제한하는 규정도 두지 않아, 유치권에 의한 경매를 인수주의를 원칙으로 진행하면 매수인의 법적지위가 매우 불안정한 상태에 놓이게 되는 점, 인수되는 부담의 범위를 어떻게 설정하느냐에 따라 인수주의를 취하는 것이 오히려 유치권자에게 불리해질 수 있는 점 등을 함께 고려하면, 유치권에 의한 경매도 강제경매나 담보권실행을 위한 경매와 마찬가지로 목적부동산 위의 부담을 소멸시키는 것을 법정매각조건으로 하여 실시되고 우선채권자뿐만 아니라 일반채권자의 배당요구도 허용되며, 유치권자는 일반채권자와 동일한 순위로 배당을 받을 수 있다고 봄이 상당하다. 다만 집행법원은 부동산 위의 이해관계를 살펴 위와 같은 법정매각조건과는 달리 매각조건변경결정을 통하여 목적부동산 위의 부담을 소멸시키지 않고 매수인으로 하여금 인수하도록 정할 수 있다(대법원 2011. 6. 15. 자 2010마1059 결정 참조). 소멸주의에 따른 경매절차에서는 우선채권자나 일반채권자의 배당요구와 배당을 인정하므로 그 절차에서 작성된 배당표에 대하여 배당이의의 소를 제기하는 것이 허용되지만, 인수주의에 따른 경매절차에서는 배당요구와 배당이 인정되지 아니하고 배당이의의 소도 허용되지 아니한다(대법원 2014. 1. 23. 선고 2011다83691 판결).

법정지상권과 매각 사례

1. 의의

1) 우리 법제는 토지와 그 지상 건물을 각각 별개의 독립된 부동산으로 취급하고 있으므로, 동일인 소유이던 토지와 그 지상 건물이 매매 등으로 인하여 각각 소유자를 달리하게 되었을 때 토지소유자와 건물소유자 사이에 대지의 사용관계에 관하여 별다른 약정이 없는 이상 일정한 범위에서 건물의 가치가 유지될 수 있도록 조치할 필요가 있다. 관습법상 법정지상권은 바로 이러한 상황에서 건물의 철거로 인한 사회경제적 손실을 방지할 공익상의 필요에 의해 인정되는 것이다.

2) 건물소유자의 관습에 의한 법정지상권은 특별한 사정이 없는 한 그 건물을 사용하는 데 일반적으로 필요한 범위라고 인정되는 범위 내의 대지에 한하여 인정된다(대법원 1966. 12. 20. 선고 66다1844 판결). 대지소유자의 승낙을 얻어 지은 건물을 매수한 자는 법정지상권을 취득할 수 없다(대법원 1971. 12. 28. 선고 71다 2124 판결). 매각물건명세서에 "법정지상권 성립여지 있음, 성립 여부는 불분명함"으로 표시되는 경매물건은 토지만의 입찰을 대상으로 한다. 경매에서 매수인이 인수해야 하는 용익물권은 주로 관습법상 법정지상권이다.

3) 법정지상권은 유치권과 달리 집행법원이 건물소유자에게 법정지상권의 신고를 최고하지 않는다. 따라서 입찰희망자는 토지와 건물의 등기사항전부증명서, 건축물관리대장, 건축허가서 등의 확인 및 현장조사를 통하여 토지와 건물의 소유권을 파악하여 토지상의 건물점유자에 대한 조사와 법정지상권의 성립 여부를 판단하여야 한다.

2. 민법 제366조의 법정지상권

민법 제366조의 법정지상권이 성립하려면 저당권의 설정 당시 저당권의 목적이 되는 토지 위에 건물이 존재하고 있어야 하고, 저당권설정 당시에 건물이 존재하였던 이상, 후에 건물이 개축·증축되는 경우는 물론이요 건물이 멸실되거나 철거된 후 재축·신축되는 경우에도 법정지상권이 성립하는 데 지장이 없으며, 이 경우 신건물과 구건물 사이에 동일성이 있을 것을 요하지 아니하고, 다만 그 법정지상권의 내용인 존속기간, 범위 등이 구건물을 기준으로 하여 그 이용에 일반적으로 필요한 범위로 제한된다 할 것이다(대법원 1997. 1. 21. 선고 96다40080 판결).

3. 관습법상 법정지상권

가. 의의

법정지상권이 성립하는 경우로서 법률(민법과 민사특별법)에 정한 것은 네 가지이다. 민법 제305조 제1항(건물의 전세권과 법정지상권), 민법 제366조(저당권의 실행에 의한 법정지상권), 가등기담보 등에 관한 법률 제10조(법정지상권), 임목에 관한 법률 제6조(법정지상권) 등이 그것이다. 이것 외에도 관습에 의한 법정지상권이 성립하는 것이 판례의 입장이다.

민법 제185조는 "물권은 법률 또는 관습법에 의하는 외에는 임의로 창설하지 못한다."라고 규정함으로써 관습법에 의한 물권의 창설을 인정하고 있다. 관습법에 의하여 법정지상권이라는 제한물권을 인정하는 이상 토지소유자는 건물을 사용하는 데 일반적으로 필요하다고 인정되는 범위에서 소유권 행사를 제한받을 수밖에 없다.

나. 성립요건

토지와 건물이 동일한 소유자에 속하였다가 건물 또는 토지가 매각, 기타의 원인으로 인하여 양자의 소유자가 다르게 될 때에는 특히 그 건물을 철거한다는 조건이 없는 이상 건물소유자는 토지소유자에 대하여 그 건물을 위한 관습상의 법정지상권을 취득한다.

(1) 토지와 건물의 동일인 소유

관습상 법정지상권이 성립하려면 토지와 그 지상 건물이 애초부터 원시적으로 동일인의 소유에 속하였을 필요는 없고, 그 소유권이 유효하게 변동될 당시에 동일인이 토지와 그 지상 건물을 소유하였던 것으로 족하다(대법원 2012. 10. 18. 선고 2010다52140 전원합의체 판결). 동일인 소유에 속하는 한 그 건물은 건물로서의 요건을 갖추고 있는 이상 무허가건물이거나 미등기건물이거나를 가리지 않는다(대법원 1988. 4. 12. 선고 87다카2404 판결). 토지에 저당권을 설정할 당시 그 지상에 건물이 존재하였고 그 양자가 동일인의 소유였다가 그 후 저당권의 실행으로 토지가 낙찰되기 전에 건물이 제3자에게 양도된 경우, 건물을 양수한 제3자가 법정지상권을 취득한다(대법원 1999. 11. 23. 선고 99다52602 판결).

(2) 매매 기타의 원인에 의한 소유권의 분리

매매(대물변제, 증여, 공유물분할, 귀속재산 불하, 국세징수법에 의한 공매) 등의 이유로 토지, 건물의 소유자가 달라져야 한다. 단, 저당권 실행에 의한 경매는 민법 제366조 법정지상권을 적용한다. 소유자가 다르게 된 원인에는 ① 당사자의 의사에 의해 토지와 건물 중 어느 하나만을 매매·증여함으로써 소유자가 다르게 된 경우(대법원 1962. 4. 18. 선고 4294 판결), ② 당사자의 의사에 의하지 않은 것으로서 강제경매, 공매처분에 의한 경우(대법원 1970. 9. 26. 선고 70다 1457 판결)가 있다.

(3) 철거약정의 부존재

법정지상권 배제특약 또는 건물철거에 대한 특약이 없어야 한다. 건물철거특약이 있으면 지상권을 인정할 이유가 없다. 합의가 없을 때라야 토지와 건물의 소유자가 달라진 경우에도 건물소유자로 하여금 그 건물의 소유를 위하여 토지를 계속 사용케 하려는 묵시적 합의가 있는 것으로 볼 수 있기 때문이다.

(4) 등기

관습상의 법정지상권은 관습법에 의한 부동산에 관한 물권의 취득이므로 등기를 필요로 하지 아니하고 지상권취득의 효력이 발생하는 것이며 이 관습상 지상권은 물권으로서의 효력에 의하여 이를 취득할 당시의 토지소유자나 이로부터 소유권을 전득한 제3자에게 대하여도 등기 없이 위 지상권을 주장할 수 있다(대법원 1984. 9. 11. 선고 83다카2245 판결). 다만 이를 처분할 때에는 법정지상권에 기해 지상권등기를 한 후 이전등기 하여야 한다.

다. 효력

관습상 법정지상권은 관습법에 의하여 당연히 성립하는 점을 제외하고는 보통의 지상권과 다름이 없다. 따라서 민법의 지상권에 관한 규정을 준용할 것이다(대법원 1968. 8. 30. 선고 68다1029 판결).

(1) 토지사용권

건물소유자의 관습에 의한 법정지상권은 특별한 사정이 없는 한 그 건물을 사용하는 데 일반적으로 필요한 범위라고 인정되는 범위 내의 대지에 한하여 인정된다. 법정지상권이 미치는 범위는 그 건물의 기지만에 한하는 것은 아니며 지상 건물이 창고인 경우에는 그 본래의 용도인 창고로 사용하는 데 일반적으로 필요한 그 둘레의 기지에 미친다(대법원 1977. 7. 26. 선고 77다921 판결). 인접 토지 상호간의 이용 조절이 필요하다. 지상권의 행사에 방해당하고 있거나 방해할 염려가 있을 경우에 방해제거, 예방청구권이 인정된다. 지상권의 목적에 의한 제한을 받아 그 범위를 넘어서는 사용은 할 수 없고, 영구적으로 손해를 끼치는 행위는 할 수 없다.

(2) 존속기간

관습법상 법정지상권에는 특별한 사정이 없는 한 민법의 지상권에 관한 규정이 준용되므로, 당사자 사이에 관습법상 법정지상권의 존속기간에 대하여 따로 정하지 않은 때에는 그 존속기간은 민법 제281조 제1항에 의하여 민법 제280조 제1항 각호에 규정된 기간이 된다. 이에 따라 견고한 건물의 소유를 목적으로 하는 법정지상권의 존속기간은 30년이 되고(민법 제280조 제1항 제1호), 그 밖의 건물은 15년이 되는 등(민법 제280조 제1항 제2호) 관습법상 법정지상권은 일정기간 동안만 존속한다. 존속기간이 만료된 경우에 갱신청구권과 매수청구권이 인정된다.

(3) 지료의 지급

민법 제366조 등에 따라 법정지상권이 성립하면 지상권자는 '지상권 성립시부터' 토지 소유자에게 지료를 지급하여야 한다. 민법 제366조 단서의 규정에 의하여 법정지상권의 경우 그 지료는 당사자의 협의나 법원에 의하여 결정하도록 되어 있다. 법정지상권 또는 관습에 의한 지상권이 발생하였을 경우에 토지의 소유자가 지료를 청구함에 있어서 지료를 확정하는 재판이 있기 전에는 지료의 지급을 소구할 수 없는 것은 아니고, 법원에서 상당한 지료를 결정할 것을 전제로 하여 바로 그 급부를 구하는 청구를 할 수 있다(대법원 2003. 12. 26. 선고 2002다61934 판결). 법정지상권에 관한 지료가 결정된 바 없다면 법정지상권자가 지료를 지급하지 아니하였다고 하더라도 지료지급을 지체한 것으로는 볼 수 없으므로 법정지상권자가 2년 이상의 지료를 지급하지 아니하였음을 이유로 하는 토지소유자의 지상권 소멸청구는 이유가 없다(대법원 1994. 12. 2. 선고 93다52297 판결). 지료 증감청구권에 관한 민법 제286조의 규정에 비추어 볼 때, 특정 기간에 대한 지료가 법원에 의하여 결정되었다면 당해 당사자 사이에서는 그 후 위 민법규정에 의한 지료증감의 효과가 새로 발생하는 등의 특별한 사정이 없는 한 그 후의 기간에 대한 지료 역시 종전 기간에 대한 지료와 같은 액수로 결정된 것이라고 보아야 한다(대법원 2003. 12. 26. 선고 2002다61934 판결).

라. 지상권의 처분

지상권의 존속기간 내에서는 양도하거나 그 토지를 임대할 수 있다. 지상물을 이전하면 지상권도 당연히 이전된다. 지상권 위에 저당권을 설정할 수 있다. 건물의 소유자가 건물과 지상권 중 어느 하나만 처분하는 것도 가능하다(대법원 2001. 12. 27. 선고 2000다1976 판결).

(1) 지상권의 이전

관습법상 지상권의 이전도 법률행위에 의한 이전이므로 건물 양도계약과 지상권 양도에 관한 합의와 등기가 있어야 한다. 건물양수인이 대상 건물을 경매받은 것이라면 경매에는 등기가 필요하지 않으므로 관습법상 법정지상권은 등기 없이 당연히 취득된다. 양수인은 관습법상 지상권자를 대위하여 지상권설정등기를 한 다음에 자신에게 이전등기할 것을 청구할 수 있다.

(2) 토지소유자의 양수인에 대한 건물철거청구

1) 건물철거는 그 소유권의 종국적 처분에 해당하는 사실행위이므로 원칙으로는 그 소유자에게만 그 철거처분권이 있으나 미등기건물을 그 소유권의 원시취득자로부터 양도받아 점유 중에 있는 자는 비록 소유권취득등기를 하지 못하였다고 하더라도 그 권리의 범위 내에서는 점유 중인 건물을 법률상 또는 사실상 처분할 수 있는 지위에 있으므로 그 건물의 존재로 불법점유를 당하고 있는 토지소유자는 위와 같은 건물점유자에게 그 철거를 구할 수 있다(대법원 1989. 2. 14. 선고 87다카3073 판결).

2) 법정지상권을 가진 건물소유자로부터 건물을 양수하면서 법정지상권까지 양도받기로 한 자는 채권자대위의 법리에 따라 전 건물소유자 및 대지소유자에 대하여 차례로 지상권의 설정등기 및 이전등기절차이행을 구할 수 있다 할 것이므로 이러한 법정지상권을 취득할 지위에 있는 자에 대하여 대지소유자가 소유권에 기하여 건물철거를 구함은 지상권의 부담을 용인하고 그 설정등기절차를 이행할 의무가 있는 자가 그 권리자를 상대로 한 청구라 할 것이어서 신의성실의 원칙상 허용될 수 없다(대법원 1985. 4. 9. 선고 84다카1131, 1132 전원합의체판결).

3) 건물소유자가 건물의 소유를 위한 법정지상권을 취득하기에 앞서 건물을 양도한 경우에도 특별한 사정이 없는 한 건물과 함께 장차 취득하게 될 법정지상권도 함께 양도하기로 하였다고 보지 못할 바 아니므로, 건물 양수인은 채권자대위의 법리에 따라 양도인 및 그로부터 그 토지를 매수한 대지소유자에 대하여 차례로 지상권설정등기 및 그 이전등기절차의 이행을 구할 수 있고, 법정지상권을 취득할 지위에 있는 건물양수인에 대하여

대지소유자가 건물의 철거를 구하는 것은 지상권의 부담을 용인하고 지상권설정등기절차를 이행할 의무가 있는 자가 그 권리자를 상대로 한 것이어서 신의성실의 원칙상 허용될 수 없다(대법원 1996. 3. 26. 선고 95다45545, 45552, 45569 판결).

4) 관습에 의한 법정지상권이 있는 건물의 경락인은 경매시에 경락 후 건물을 철거하는 등의 매각조건 아래 경매되었다는 등 특별한 사정이 없는 한 건물의 경락취득과 함께 그 지상권도 당연히 취득하였다고 할 것이므로 그 지상권으로써 토지소유권을 전득한 자에게 대항할 수 있다(대법원 1991. 6. 28. 90다16214 판결).

(3) 불법행위책임, 부당이득반환청구

토지소유자는 건물양수인에게 불법행위에 기한 손해배상을 청구할 수 없다. 다만 지료가 결정되기 전까지 차임상당의 부당이득반환의무는 있다고 본다. 법정지상권이 있는 건물의 양수인으로서 장차 법정지상권을 취득할 지위에 있어 대지소유자의 건물철거나 대지인도청구를 거부할 수 있는 지위에 있는 자라고 할지라도 그 대지의 점거·사용으로 얻은 실질적 이득은 이로 인하여 대지소유자에게 손해를 끼치는 한에 있어서는 부당이득으로 이를 대지소유자에게 반환할 의무가 있다(대법원 1995. 9. 15. 선고 94다61144 판결).

법정지상권자라 할지라도 대지소유자에게 지료를 지급할 의무는 있는 것이고, 법정지상권이 있는 건물의 양수인으로서 장차 법정지상권을 취득할 지위에 있어 대지소유자의 건물철거나 대지인도청구를 거부할 수 있다 하더라도 그 대지를 점유·사용함으로 인하여 얻은 이득은 부당이득으로서 대지소유자에게 반환할 의무가 있다(대법원 1997. 12. 26. 선고 96다34665 판결).

마. 법정지상권의 소멸
(1) 지상권의 소멸사유

토지의 멸실, 존속기간의 만료, 혼동, 지상권에 우선하는 저당권 실행으로 인한 경매, 토지수용

(2) 지상권설정자의 소멸청구

2년 이상의 지료를 지급하지 아니한 때 지상권설정자(토지소유자)가 소멸을 청구할 수 있다.

(3) 지상권의 포기

지상권자가 지상권을 포기하고 지상권자로서의 의무를 면할 수 있다. 다만 지상권 포기로 지상권설정자에게 손해가 발생한 때에는 그 손해를 배상하여야 한다.

(4) 약정소멸사유의 발생

지상권 소멸사유를 약정할 수 있다. 단 지상권자에게 불리한 약정은 무효이다.

바. 동일성 여부에 대한 판단시기

1) 최선순위 근저당이나 가압류 당시에 건물의 소유자는 토지소유자와 일치하여야 한다. 저당권이 설정되지 않은 물건에도 법정지상권이 성립될 수 있다. 강제경매를 위한 압류나 그 압류에 선행한 가압류가 있기 이전에 저당권이 설정되어 있다가 그 후 강제경매로 인해 그 저당권이 소멸하는 경우에는, 그 저당권설정 당시를 기준으로 토지와 그 지상 건물이 동일인에게 속하였는지에 따라 관습상 법정지상권의 성립 여부를 판단하여야 한다(대법원 2013. 4. 11. 선고 2009다62059 판결).

2) 경매의 목적이 된 부동산의 소유권을 취득하는 매각대금 완납시가 아니라 그 압류의 효력이 발생하는 때를 기준으로 하여 토지와 그 지상 건물이 동일인에게 속하였는지 판단하여야 한다. 가압류가 있고 그것이 본 압류로 이행되어 경매절차가 진행된 경우에는 애초 가압류가 효력을 발생한 때를 기준으로 토지와 그 지상 건물이 동일인에게 속하였는지 판단하여야 한다(대법원 2012. 10. 18. 선고 2010다52140 전원합의체 판결).

3) 강제경매로 인하여 관습상의 법정지상권을 취득하기 위하여서는 강제경매를 위하여 압류(가압류)가 있는 때로부터 경락에 이르는 기간 중 계속하여 그 토지 및 지상 건물이 소유자를 같이하고 있음을 요하는 것이 아니고 경락 당시에 동일한 소유자에게 속하면 족

하다(대법원 1971. 9. 28. 선고 71다1631 판결).

> **판례** 강제경매의 목적이 된 토지 또는 그 지상 건물의 소유권이 강제경매로 인하여 그 절차상 매수인에게 이전된 경우, 건물 소유를 위한 관습상 법정지상권의 성립 요건인 '토지와 그 지상 건물이 동일인 소유에 속하였는지'를 판단하는 기준 시기(=압류 또는 가압류의 효력 발생 시)
>
> 강제경매의 목적이 된 토지 또는 그 지상 건물의 소유권이 강제경매로 인하여 그 절차상의 매수인에게 이전된 경우에 건물의 소유를 위한 관습상 법정지상권이 성립하는가 하는 문제에 있어서는 그 매수인이 소유권을 취득하는 매각대금의 완납시가 아니라 그 압류의 효력이 발생하는 때를 기준으로 하여 토지와 그 지상 건물이 동일인에 속하였는지가 판단되어야 한다. 강제경매개시결정의 기입등기가 이루어져 압류의 효력이 발생한 후에 경매목적물의 소유권을 취득한 이른바 제3취득자는 그의 권리를 경매절차상 매수인에게 대항하지 못하고, 나아가 그 명의로 경료된 소유권이전등기는 매수인이 인수하지 아니하는 부동산의 부담에 관한 기입에 해당하므로(민사집행법 제144조 제1항 제2호 참조) 매각대금이 완납되면 직권으로 그 말소가 촉탁되어야 하는 것이어서, 결국 매각대금 완납 당시 소유자가 누구인지는 이 문제 맥락에서 별다른 의미를 가질 수 없다는 점 등을 고려하여 보면 더욱 그러하다. 한편 강제경매개시결정 이전에 가압류가 있는 경우에는, 그 가압류가 강제경매개시결정으로 인하여 본 압류로 이행되어 가압류집행이 본 집행에 포섭됨으로써 당초부터 본집행이 있었던 것과 같은 효력이 있다. 따라서 경매의 목적이 된 부동산에 대하여 가압류가 있고 그것이 본 압류로 이행되어 경매절차가 진행된 경우에는, 애초 가압류가 효력을 발생하는 때를 기준으로 토지와 그 지상 건물이 동일인에 속하였는지를 판단하여야 한다(대법원 2012. 10. 18. 선고 2010다52140 전원합의체 판결).

사. 건물철거 및 토지인도 등 청구의 소

법정지상권이 성립하는 경우에는 매수인이 차임 2기의 연체가 있어야 법정지상권의 소멸을 청구하는 소를 제기할 수 있다.

아. 건축 중인 건물과 견고한 건물

민법 제280조 제1항은 지상권의 최단 존속기간을 석조, 석회조, 연와조 또는 이와 유사한 견고한 건물의 소유를 목적으로 하는 때에는 30년, 그 이외의 건물의 소유를 목적으로 하는 때에는 15년으로 규정하고 있다. 위 제1호가 정하는 견고한 건물인지의 여부는 그 건물이 갖고 있는 물리적·화학적 외력 또는 화재에 대한 대항력 및 건물해체의 난이도 등을 종합하여 판단하여야 한다(대법원 1997. 1. 21. 선고 96다40080 판결).

민법 제366조에 의한 법정지상권은 ① 토지에 관한 저당권설정 당시 그 지상에 건물이 건축 중이었던 경우, 사회 관념상 독립된 건물로 볼 수 있는 정도에 이르지 않았다 하더라도 건물의 규모, 종류가 외형상 예상할 수 있는 정도까지 건축이 진전되었고, 그 후 경매절차에서 매수인이 매각대금을 다 낼 때까지 최소한의 기둥과 지붕 그리고 주벽이 이루어지는 등 독립된 부동산으로 건물의 요건을 갖춘 경우에는 법정지상권이 성립하며(대법원 2011. 1. 13. 선고 2010다67159 판결), ② 저당권설정 당시에 건축되어 있던 지상 건물을 철거한 다음 건물을 신축하거나 재건축한 경우에는, 토지에만 저당권을 설정한 때에는 구건물을 기준으로 하여 그 이용에 일반적으로 필요한 범위 내에서 성립하고(대법원 1991. 4. 26. 선고 90다19985 판결), ③ 민법 제366조 소정의 법정지상권이 성립하려면 저당권의 설정 당시 저당권의 목적이 되는 토지 위에 건물이 존재할 경우이어야 하는바, 저당권설정 당시 건물이 존재한 이상 그 이후 건물을 개축, 증축하는 경우는 물론이고 건물이 멸실되거나 철거된 후 재축, 신축하는 경우에도 법정지상권이 성립한다 할 것이고, 이 경우 법정지상권의 내용인 존속기간, 범위 등은 구건물을 기준으로 하여 그 이용에 일반적으로 필요한 범위 내로 제한되는 것이다(대법원 1990. 7. 10. 선고 90다카6399 판결).

> **판례** 가설건축물에 관하여 민법 제366조의 법정지상권이 성립하는지 여부(원칙적 소극) 및 이는 동일인의 소유에 속하던 토지와 건물의 소유자가 달라지게 된 시점에는 해당 건물이 독립된 부동산으로서 건물의 요건을 갖추었으나 그 후 해당 건물이 철거되고 가설건축물 등 독립된 건물이라고 볼 수 없는 지상물이 건축된 경우에도 마찬가지인지 여부(적극)
>
> 민법에서 정한 법정지상권제도는 동일인의 소유에 속하던 토지와 건물이 경매 등의 원인

으로 인하여 양자의 소유자가 다르게 된 때에 남아 있는 건물의 가치 유지라는 사회경제적 요청에 따라 건물의 소유자를 위하여 발생하는 것이다. 따라서 법정지상권이 성립하려면 해당 건물이 독립된 부동산으로서 건물의 요건을 갖추고 있어야 하고, 독립된 부동산으로서 건물은 토지에 정착되어 있어야 한다(민법 제99조 제1항). 그러나 가설건축물은 일시 사용을 위해 건축되는 구조물로서 설치 당시부터 일정한 기간이 지난 후 철거가 예정되어 있어 일반적으로 토지에 정착되어 있다고 볼 수 없다. 따라서 가설건축물은 특별한 사정이 없는 한 독립된 부동산으로서 건물의 요건을 갖추지 못하여 법정지상권이 성립하지 않는다고 보아야 한다(대법원 2021. 10. 28. 선고 2020다224821 판결 참조). 이는 동일인의 소유에 속하던 토지와 건물의 소유자가 달라지게 된 시점에는 해당 건물이 독립된 부동산으로서 건물의 요건을 갖추었으나 그 후 해당 건물이 철거되고 가설건축물 등 독립된 건물이라고 볼 수 없는 지상물이 건축된 경우에도 마찬가지이다(대법원 2022. 2. 10. 선고 2016다262635, 262642 판결).

4. 미등기건물과 법정지상권

1) 민법 제366조의 법정지상권이나 관습상의 법정지상권은 토지와 그 지상 건물이 동일인의 소유로 있다가 그중 하나가 저당권의 실행이나 매매 등으로 그 소유자가 달라진 경우에 그 건물소유자에게 인정되는 것이므로 대지에 관한 근저당권설정등기시나 갑이 그 소유권을 경락 취득한 당시에 을이 위 대지에 대하여는 소유권을 취득하였으나 그 지상 건물에 대하여는 미등기건물이어서 그 소유권을 취득하지 못하였다면 을은 갑에 대하여 위 대지에 관한 민법 제366조의 법정지상권이나 그 밖에 관습상의 법정지상권을 취득할 수 없다(대법원 1987. 12. 8. 선고 87다카869 판결).

2) 토지에 관한 저당권을 설정할 당시 이미 토지상에 건물이 존재하여야 한다. 이 경우 건물은 등기된 건물이 아니어도 무방하다. 미등기건물이 있는 대지만이 경매되는 경우 법정지상권을 취득한다. 그러나 대지와 미등기건물을 일괄매수 한 후 대지만 소유권이전등기를 한 후 그 대지에 설정된 저당권의 실행으로 대지소유자가 다르게 된 경우 법정지

상권은 성립하지 않는다. 미등기인 건물을 처분할 수 있는 권리는 있을지언정 소유권은 가지고 있지 아니하므로 대지와 건물이 동일인의 소유에 속한 것이라고 볼 수 없어 법정지상권이 발생할 여지가 없다(대법원 1989. 2. 14. 선고 88다카2592 판결).

3) 민법 제366조의 법정지상권은 저당권설정 당시에 동일인의 소유에 속하는 토지와 건물이 저당권의 실행에 의한 경매로 인하여 각기 다른 사람의 소유에 속하게 된 경우에 건물의 소유를 위하여 인정되는 것이므로, 미등기건물을 그 대지와 함께 매수한 사람이 그 대지에 관하여만 소유권이전등기를 넘겨받고 건물에 대하여는 그 등기를 이전받지 못하고 있다가, 대지에 대하여 저당권을 설정하고 그 저당권의 실행으로 대지가 경매되어 다른 사람의 소유로 된 경우에는, 그 저당권의 설정 당시에 이미 대지와 건물이 각각 다른 사람의 소유에 속하고 있었으므로 법정지상권이 성립될 여지가 없다(대법원 2002. 6. 20. 선고 2002다9660 전원합의체 판결).

4) 미등기 무허가건물의 양수인이라도 그 소유권이전등기를 경료하지 않는 한 그 건물의 소유권을 취득할 수 없고, 소유권에 준하는 관습상의 물권이 있다고도 할 수 없으며, 현행법상 사실상의 소유권이라고 하는 포괄적인 권리 또는 법률상의 지위를 인정하기도 어렵다(대법원 2006. 10. 27. 선고 2006다49000 판결).

5. 공유지분과 법정지상권

1) 토지의 공유자 중의 1인이 공유토지 위에 건물을 소유하고 있다가 토지지분만을 전매함으로써 단순히 토지공유자의 1인에 대하여 관습상의 법정지상권이 성립된 것으로 볼 사유가 발생하였다고 하더라도 당해 토지 자체에 관하여 건물의 소유를 위한 관습상의 법정지상권이 성립된 것으로 보게 된다면 이는 마치 토지공유자의 1인으로 하여금 다른 공유자의 지분에 대하여서까지 지상권설정의 처분행위를 허용하는 셈이 되어 부당하다 할 것이므로 위와 같은 경우에 있어서는 당해 토지에 관하여 건물의 소유를 위한 관습상의 법정지상권이 성립될 수 없다(대법원 1987 .6. 23. 선고 86다카2188 판결).

2) 건물공유자의 1인이 그 건물의 부지인 토지를 단독으로 소유하면서 그 토지에 관하

여만 저당권을 설정하였다가 위 저당권에 의한 경매로 인하여 토지의 소유자가 달라진 경우에도, 위 토지소유자는 자기뿐만 아니라 다른 건물공유자들을 위하여도 위 토지의 이용을 인정하고 있었다고 할 것인 점, 저당권자로서도 저당권설정 당시 법정지상권의 부담을 예상할 수 있었으므로 불측의 손해를 입는 것이 아닌 점, 건물의 철거로 인한 사회경제적 손실을 방지할 공익상의 필요성도 인정되는 점 등에 비추어 위 건물공유자들은 민법 제366조에 의하여 토지 전부에 관하여 건물의 존속을 위한 법정지상권을 취득한다고 보아야 한다(대법원 2011. 1. 13. 선고 2010다67159 판결).

3) 토지공유자의 한 사람이 다른 공유자의 지분 과반수의 동의를 얻어 건물을 건축한 후 토지와 건물의 소유자가 달라진 경우 토지에 관하여 관습법상의 법정지상권이 성립되는 것으로 보게 되면 이는 토지공유자의 1인으로 하여금 자신의 지분을 제외한 다른 공유자의 지분에 대하여서까지 지상권설정의 처분행위를 허용하는 셈이 되어 부당하다. 그리고 이러한 법리는 민법 제366조의 법정지상권의 경우에도 마찬가지로 적용되고, 나아가 토지와 건물 모두가 각각 공유에 속한 경우에 토지에 관한 공유자 일부의 지분만을 목적으로 하는 근저당권이 설정되었다가 경매로 인하여 그 지분을 제3자가 취득하게 된 경우에도 마찬가지로 적용된다(대법원 2014. 9. 4. 선고 2011다73038, 73045 판결).

판례 법정지상권 관련 판례들

① 동일한 소유자에 속하는 대지와 그 지상 건물이 매매에 의하여 각기 소유자가 달라지게 된 경우에는 특히 건물을 철거한다는 조건이 없는 한 건물소유자는 대지 위에 건물을 위한 관습상의 법정지상권을 취득하는 것이고, 한편 건물 소유를 위하여 법정지상권을 취득한 자로부터 경매에 의하여 건물의 소유권을 이전받은 경락인은 경락 후 건물을 철거한다는 등의 매각조건하에서 경매되는 경우 등 특별한 사정이 없는 한 건물의 경락취득과 함께 위 지상권도 당연히 취득한다. 이러한 법리는 압류, 가압류나 체납처분압류 등 처분제한의 등기가 된 건물에 관하여 그에 저촉되는 소유권이전등기를 마친 사람이 건물의 소유자로서 관습상의 법정지상권을 취득한 후 경매 또는 공매절차에서 건물이 매각되는 경우에도 마찬가지로 적용된다(대법원 2014. 9. 4. 선고 2011다13463 판결). ② 토지와 건물을 함

께 소유하던 토지·건물의 소유자가 건물에 대하여 전세권을 설정하여 주었는데 그 후 토지가 타인에게 경락 되어 민법 제305조 제1항에 의한 법정지상권을 취득한 상태에서 다시 건물을 타인에게 양도한 경우, 그 건물을 양수하여 소유권을 취득한 자는 특별한 사정이 없는 한 법정지상권을 취득할 지위를 가지게 되고, 다른 한편으로는 전세권 관계도 이전받게 되는바, 민법 제304조 등에 비추어 건물 양수인이 토지소유자와의 관계에서 전세권자의 동의 없이 법정지상권을 취득할 지위를 소멸시켰다고 하더라도, 그 건물 양수인은 물론 토지소유자도 그 사유를 들어 전세권자에게 대항할 수 없다(대법원 2007. 8. 24. 선고 2006다14684 판결). ③ 토지에 관하여 저당권이 설정될 당시 그 지상에 토지소유자에 의한 건물의 건축이 개시되기 이전이었다면, 건물이 없는 토지에 관하여 저당권이 설정될 당시 근저당권자가 토지소유자에 의한 건물의 건축에 동의하였다고 하더라도 그러한 사정은 주관적 사항이고 공시할 수도 없는 것이어서 토지를 낙찰받는 제3자로서는 알 수 없는 것이므로 그와 같은 사정을 들어 법정지상권의 성립을 인정한다면 토지 소유권을 취득하려는 제3자의 법적 안정성을 해하는 등 법률관계가 매우 불명확하게 되므로 법정지상권이 성립되지 않는다(대법원 2003. 9. 5. 선고 2003다26051 판결). ④ 나대지상에 환매특약의 등기가 마쳐진 상태에서 대지소유자가 그 지상에 건물을 신축하였다면, 대지소유자는 그 신축 당시부터 환매권 행사에 따라 환매권자에게 환매특약 등기 당시의 권리관계 그대로의 토지 소유권을 이전하여 줄 잠재적 의무를 부담한다고 볼 수 있으므로, 통상의 대지소유자로서는 그 건물이 장차 철거되어야 하는 운명에 처하게 될 것임을 예상하면서도 그 건물을 건축하였다고 볼 수 있고, 환매권자가 환매기간 내에 적법하게 환매권을 행사하면 환매특약의 등기 후에 마쳐진 제3자의 근저당권 등 이미 유효하게 성립한 제한물권조차 소멸하므로, 특별한 사정이 없는 한 환매권의 행사에 따라 토지와 건물의 소유자가 달라진 경우 그 건물을 위한 관습상의 법정지상권은 애초부터 생기지 않는다(대법원 2010. 11. 25. 선고 2010두16431 판결). ⑤ 건물 없는 토지에 저당권이 설정된 후 저당권설정자가 그 위에 건물을 건축하였다가 담보권의 실행을 위한 경매절차에서 경매로 인하여 그 토지와 지상 건물이 소유자를 달리하였을 경우에는, 민법 제366조의 법정지상권이 인정되지 아니할 뿐만 아니라 관습상의 법정지상권도 인정되지 아니한다(대법원 1995. 12. 11. 자 95마1262 결정). ⑥ 동일인 소유의 토지와 그 지상 건물에 관하여 공동저당권이 설정된 후 그 건물이 철거되고 다른 건물이 신축된 경우, 저당물의 경매로 인하여 토지와 신축건물이 서로 다른 소유자에게 속하게 되면 민법 제366조 소정의 법정지상권이 성립하지 않는다(대법원 2003. 12. 18. 선고 98다43601 전원합의체 판결).

판례 **동일인 소유이던 토지와 지상 건물이 매매 등으로 각각 소유자를 달리하게 되었을 때 건물철거 특약이 없는 한 건물소유자가 법정지상권을 취득한다는 관습법이 현재에도 여전히 법적 규범으로서 효력을 유지하고 있는지 여부(적극)**

[다수의견] 동일인 소유이던 토지와 그 지상 건물이 매매 등으로 인하여 각각 소유자를 달리하게 되었을 때 그 건물철거 특약이 없는 한 건물소유자가 법정지상권을 취득한다는 관습법은 현재에도 그 법적 규범으로서의 효력을 여전히 유지하고 있다고 보아야 한다. 구체적인 이유는 아래와 같다.

① 민법 제185조는 "물권은 법률 또는 관습법에 의하는 외에는 임의로 창설하지 못한다."라고 규정함으로써 관습법에 의한 물권의 창설을 인정하고 있다. 관습법에 의하여 법정지상권이라는 제한물권을 인정하는 이상 토지소유자는 건물을 사용하는 데 일반적으로 필요하다고 인정되는 범위에서 소유권 행사를 제한받을 수밖에 없다. 따라서 관습법상 법정지상권을 인정하는 결과 토지 소유자가 일정한 범위에서 소유권 행사를 제한받는다는 사정은 관습법상 법정지상권의 성립을 부인하는 근거가 될 수 없다. ② 우리 법제는 토지와 그 지상 건물을 각각 별개의 독립된 부동산으로 취급하고 있으므로, 동일인 소유이던 토지와 그 지상 건물이 매매 등으로 인하여 각각 소유자를 달리하게 되었을 때 토지소유자와 건물소유자 사이에 대지의 사용관계에 관하여 별다른 약정이 없는 이상 일정한 범위에서 건물의 가치가 유지될 수 있도록 조치할 필요가 있다. 관습법상 법정지상권은 바로 이러한 상황에서 건물의 철거로 인한 사회경제적 손실을 방지할 공익상의 필요에 의해 인정되는 것이다. 민법 제305조의 법정지상권, 민법 제366조의 법정지상권, 「입목에 관한 법률」 제6조의 법정지상권, 가등기담보 등에 관한 법률 제10조의 법정지상권도 모두 동일인 소유이던 토지와 그 지상 건물이나 입목이 각각 일정한 사유에 의해 소유자를 달리하게 되었을 때 건물이

나 입목의 가치를 유지시키기 위해 마련된 제도이다. 판례는 동일인 소유이던 토지와 그 지상 건물이 매매 등으로 인하여 각각 소유자를 달리하게 되었을 때 건물소유자와 토지소유자 사이에 대지의 사용관계에 관하여 어떠한 약정이 있다면 이를 우선적으로 존중하므로, 관습법상 법정지상권은 당사자 사이에 아무런 약정이 없을 때 보충적으로 인정된다고 볼 수 있다. 이러한 점을 고려하면, 관습법상 법정지상권을 인정하는 것이 헌법을 최상위 규범으로 하는 전체 법질서에 부합하지 아니하거나 그 정당성과 합리성을 인정할 수 없다고 보기 어렵다. ③ 관습법상 법정지상권에는 특별한 사정이 없는 한 민법의 지상권에 관한 규정이 준용되므로, 당사자 사이에 관습법상 법정지상권의 존속기간에 대하여 따로 정하지 않은 때에는 그 존속기간은 민법 제281조 제1항에 의하여 민법 제280조 제1항 각호에 규정된 기간이 된다. 이에 따라 견고한 건물의 소유를 목적으로 하는 법정지상권의 존속기간은 30년이 되고(민법 제280조 제1항 제1호), 그 밖의 건물의 소유를 목적으로 하는 법정지상권의 존속기간은 15년이 되는 등(민법 제280조 제1항 제2호) 관습법상 법정지상권은 일정한 기간 동안만 존속한다. 토지소유자는 관습법상 법정지상권을 가진 건물소유자에 대하여 지료를 청구할 수 있는데, 그 지료를 확정하는 재판이 있기 전에도 지료의 지급을 소구할 수 있다. 이와 같이 관습법상 법정지상권을 인정하는 것에 대응하여 토지소유자를 보호하고 배려하는 장치도 함께 마련되어 있다. ④ 대법원이 관습법상 법정지상권을 관습법의 하나로 인정한 이래 오랜 기간이 지나는 동안 우리 사회에서 토지의 가치나 소유권 개념, 토지소유자의 권리의식 등에 상당한 변화가 있었다고 볼 수 있다. 그러나 그렇다고 보더라도 여전히 이에 못지않게 건물의 철거로 인한 사회경제적 손실을 방지할 공익상의 필요성이나 건물소유자 혹은 사용자의 이익을 보호할 필요성도 강조되고 있다. 관습법상 법정지상권에 관한 관습에 대하여 사회 구성원들의 법적 구속력에 대한 확신이 소멸하였다거나 그러한 관행이 본질적으로 변경되었다고 인정할 수 있는 자료도 찾아볼 수 없다.

[대법관 김재형의 반대의견] 동일인 소유이던 토지와 그 지상 건물이 매매 등으로 소유자가 달라질 때 법정지상권이라는 물권이 성립한다는 관습은 관습법으로서의 성립요건을 갖춘 것이라고 볼 수 없다. 설령 그러한 관습법이 성립하였다고 하더라도 현재에 이르러서는 사회 구성원들이 그러한 관행의 법적 구속력에 대하여 확신을 갖지 않게 되었고, 또한 헌법을

최상위 규범으로 하는 전체 법질서에 부합하지 않으므로, 법적 규범으로서 효력을 인정할 수 없다고 보아야 한다. 따라서 관습법상 법정지상권을 광범위하게 인정하고 있는 종래 판례는 폐기해야 한다(대법원 2022. 7. 21. 선고 2017다236749 전원합의체 판결).

6. 매각 사례

사례 1 가설건축물과 법정지상권

가설건축물이 소재하는 대지를 경매시장에서 취득한 원고가 가설건축물을 점유하는 피고들에게 토지의 인도와 지료를 청구한 하급심 사건의 판결이다(서울남부지방법원 2019. 5. 30. 선고 2018가합102714 판결). 원고는 현 소유자, 피고 1은 전 소유자, 피고 2, 3, 4는 점유자이다.

가. 토지 근저당설정과 가설건축물 설치

(1) 토지에 관한 근저당권설정

① 피고 1은 2003. 12. 26. 이 사건 토지 서울 금천구 ○○(주소 생략) 대 762.3㎡의 소유권을 취득하였다. ② 피고 1은 2014. 11. 4. 중소기업은행과 이 사건 토지에 관하여 근저당권 설정계약을 맺고 2014. 11. 11. 중소기업은행 앞으로 근저당권설정등기(이하 '이 사건 근저당권등기'라고 한다)를 마쳤다. ③ 피고 1은 근저당권등기를 할 당시 이 사건 토지를 담보제공 하면서 중소기업은행에 이 사건 창고를 임의처분하거나 철거하여도 이의를 제기하지 아니한다는 내용의 각서를 제출하였다. ④ 피고 2, 3, 4는 피고 1에게서 이 사건 창고 일부씩을 임차하여 점유하고 있다.

(2) 가설건축물의 설치

피고 1은 2014. 1. 14. 서울 금천구청에 가설건축물 축조신고를 마치고 이 사건 토지 중 건축면적 747.6㎡의 일반철골구조 임시창고를 축조하였다.

나. 2016타경84**호 토지매수

(1) 임의경매신청

① 중소기업은행에서 피고 1에 대한 근저당권부 채권을 양도받은 ○○유동화전문(유)는 이 사건 토지에 대하여 담보권실행을 위한 경매를 신청하였고, 법원은 2016. 7. 21. 경매개시결정(2016타경84**호)을 하였다.

② 서울남부지방법원 2016타경84**호 경매사건 정보

갑의 담보권실행으로 집행법원이 가설건축물을 위한 '법정지상권 성립여지 있음'을 공시하고 매각절차를 진행하였다. 매각결과 1차 매각기일에 매각되었다(감정가 2,736,657,000원, 매각가 2,300,000,000원, 매각가율 84.04%). 매각대금 23억원과 보증금 이자에서 집행비용을 공제한 전액은 근저당권자에게 배당하였다. 등기사항전부증명서(토지)상 권리(요약)는 아래와 같다.

구분	근저당(갑) 2014. 11. 11.	가압류(을) 2015. 5. 15.	가압류(병) 2015. 5. 15.	임의경매(갑) 2016. 7. 21.
채권금액	2,880,000,000	5,396,500,000	675,000,000	2,606,518,081
우선순위				2,285,000,000

(2) 원고들의 토지매수

원고들(8명)이 위 경매절차에서 사건 토지 747.6㎡를 각 1/8씩 지분매수하고, 2017. 11. 21. 소유권이전등기를 마쳤다.

다. 원고들의 토지인도 및 지료청구

(1) 철거 및 인도청구 판단

피고 1은 이 사건 창고를 소유하여, 나머지 피고들은 창고 일부씩을 점유하여 각 사용하고 있으므로, 정당한 점유사용 권한이 없다면 원고 등에게 피고 1은 이 사건 창고를 철거하여 인도하여야 하고, 나머지 피고들은 이 사건 창고에서 퇴거하여야 한다.

(2) 법정지상권 판단

① 법정지상권은 토지와 건물을 별개의 부동산으로 보는 우리 법제에서, 건물은 장기 간 존속이 일반적임에도 경매절차에서 건물소유자가 그 소유를 위한 토지이용권을 토지매수인과 교섭할 기회를 갖지 못하는 불합리한 상황을 고려하여 인정되는 것이 고, 법정지상권이 인정되는 경우 최단 15년의 토지이용권을 보장받게 된다(민법 제 280조, 제281조). 따라서 토지소유자가 장차 철거될 것을 예상하면서도 건물을 신축 하였다면 그 건물에 관하여는 법정지상권이 생기지 않는다고 봄이 타당하다(대법원 1994. 12. 22. 선고 94다41072 판결 등 참조).

② 피고 1은 2014. 1. 14. 이 사건 토지에 존치기간을 2018. 1. 8.로 정하여 가설건축물 (임시창고 및 임시사무실) 축조신고를 하고 이 사건 창고를 축조하였다. 건축법 제 20조 제3항은 가설건축물은 신고만으로 착공이 가능하다고 정하고 있다.

③ 이 사건 창고는 분리·해체가 가능한 철골구조물의 삼면에 얇은 패널로 된 벽을 세우 고 나머지 한 면은 개방하여 두었으며, 그 위에 철판지붕을 씌운 형태의 일반철골구 조 및 조립식 패널 구조물이다.

④ 피고 1은 이 사건 창고가 제한된 시기에 존치된 후 장차 철거되어야 하리라는 것을 알았거나 알 수 있었다.

(3) 부당이득 판단

피고 1은 원고 등 소유의 이 사건 토지를 점유권원 없이 점유·사용하고 있으므로, 원고 등에게 그 점유·사용에 따른 부당이득을 반환하여야 한다. 그 수액에 관하여 보건대, 감 정인 소외인의 감정결과에 의하면 이 사건 토지의 월 임료는 7,600,000원인 사실을 인정 할 수 있으므로, 피고 1이 이 사건 토지의 점유·사용에 따라 같은 금액의 부당이득을 얻 었다 할 것이다.

분묘기지권과 매각 사례

1. 의의

분묘기지권이란 타인의 토지에 분묘를 설치한 자가 분묘를 수호하고 봉제사하는 목적을 달성하는 데 필요한 범위 내에서 타인의 토지를 사용할 수 있는 권리를 의미한다(대법원 1993. 7. 16. 선고 93다210 판결). 관습법상의 물권으로서 지상권에 유사한 일종의 물권을 취득한 것으로 본다.

경매대상 토지에 분묘가 있는 경우 매각물건명세서에 "분묘기지권 성립여지 있음, 토지상에 분묘 ○기 있음, 분묘 수 기 있음, 분묘기지권의 성립 여부는 불분명함"으로 기재한다. 분묘가 소재하여 분묘기지권이 성립된다면 토지이용의 제한으로 유용성이 떨어지고 교환가치를 감소시킨다.

2. 성립요건

1) 다음 세 가지 중 어느 하나에 해당하여야 한다. ① 타인 소유의 토지에 토지소유자의 승낙을 얻어 그의 토지에 분묘를 설치한 때 성립한다(대법원 1962. 4. 26. 4294 민상451). ② 타인 소유의 토지에 소유자의 승낙 없이 분묘를 설치한 때에는 20년간 평온·공연하게 그 분묘의 기지를 점유함으로써 분묘기지권을 시효취득 한다(2001. 1. 12. 이전). 이 경우 분묘기지권을 시효취득 할 수 있는 자는 그 분묘를 소유할 수 있는 자에 한한다(대법원 1959. 4. 30. 4291 민상182). 단 2001. 1. 13. 장사 등에 관한 법률 및 동법 시행령이 제

정·공포되어 무연고분묘와 불법으로 설치된 분묘는 취득시효를 인정하지 않는다. ③ 자기소유의 토지에 분묘를 설치한 자가 그 분묘를 이장한다는 특약 없이 그 토지를 매매 등에 의하여 처분한 때이다(대법원 1955. 9. 29. 선고 4288민상210 판결). 분묘기지권의 성립요건을 갖춘 분묘는 분묘기지권이 성립되어 시·군·구청을 통한 개장절차 등이나 분묘굴이를 위한 민사소송 등의 대상이 되지 않는다.

「장사 등에 관한 법률」에 의하면 개인은 그 소유 토지에 분묘를 설치할 수 있는데, 이때는 그 묘지를 관할하는 시장 등에게 신고하여야 하고, 그 설치기간은 30년으로 한다. 반면, 토지소유자의 승낙 없이 당해 토지에 분묘를 설치한 자는 토지사용권 기타 분묘의 보존을 위한 권리를 주장할 수 없고, 토지소유자는 당해 분묘를 관할하는 시장 등의 허가를 받아 개장할 수 있다.

2) 분묘기지권을 취득하기 위해서는 그 전제로 '분묘'로서의 요건을 갖추어야 한다. 즉그 내부에 시신이 안장되어 있어야 하고, 그렇지 않은 예장의 경우에는 분묘라 할 수 없다(대법원 1976. 10. 26. 76다1359. 1360). 또 시신이 안장되어 있다 하더라도 외부에서 분묘의 존재를 인식할 수 있는 형태를 갖추고 있는 경우에 한하여 인정되고, 평장되어 있거나 암장되어 있어 객관적으로 인식할 수 있는 외형을 갖추고 있지 아니한 경우에는 인정되지 않으므로, 이러한 특성상 분묘기지권은 등기 없이 취득한다(대법원 1996. 6. 14. 선고 96다14036 판결). 분묘의 외형 자체가 공시방법으로서 기능을 한다.

3. 효력

가. 분묘의 소유를 위한 기지사용권

분묘기지권에는 그 효력이 미치는 지역의 범위 내라고 할지라도 기존의 분묘 외에 새로운 분묘를 설치할 권능은 포함되지 아니하는 것이므로, 부부 중 일방이 먼저 사망하여 이미 그 분묘가 설치되고 그 분묘기지권이 미치는 범위 내에서 그 후에 사망한 다른 일방을 단분 형태로 합장하여 분묘를 설치하는 것도 허용되지 않는다(대법원 2001. 8. 21. 선고 2001다28367 판결).

나. 분묘기지권의 범위

분묘기지권은 분묘의 기지 자체뿐만 아니라 그 분묘의 설치 목적인 분묘의 수호 및 제사에 필요한 범위 내에서 분묘의 기지 주위의 공지를 포함한 지역에까지 미친다(대법원 1994. 12. 23. 선고 94다15530 판결). 분묘의 부속시설인 비석 등 제구를 설치·관리할 권한은 분묘의 수호·관리권에 포함되어 원칙적으로 제사를 주재하는 자에게 있고(대법원 2000. 9. 26. 선고 99다14006 판결), 그 분묘를 다른 곳에 이장하면 그 분묘기지권은 소멸된다(대법원 2007. 6. 28. 선고 2007다16885 판결 등 참조). 그리고 분묘기지권에는 그 효력이 미치는 지역의 범위 내라고 할지라도 기존의 분묘 외에 새로운 분묘를 신설할 권능은 포함되지 아니한다(대법원 2001. 8. 21. 선고 2001다28367 판결).

다. 분묘기지권의 형태

묘지임을 인식할 수 있는 형태가 되어야 한다. 평장되어 있거나 암장되어 있는 경우에는 인정되지 않으며, 분묘기지권은 봉분 등 외부에서 분묘의 존재를 인식할 수 있는 형태를 갖추고 있는 경우에 한하여 인정된다. 분묘가 멸실된 경우라 하더라도 유골이 존재하여 분묘의 원상회복이 가능하여 일시적인 멸실에 불과하다면 분묘기지권은 소멸하지 않고 존속하고 있다고 해석함이 상당하다(대법원 2007. 6. 28. 선고 2005다44114 판결).

라. 분묘기지권의 존속기간

분묘기지권의 존속기간은 당사자 사이에 약정이 있으면 약정에 따르고, 당사자의 약정이 없는 경우에는 권리자가 분묘의 수호와 봉제사를 계속하는 한 그 분묘가 존속하고 있는 동안은 분묘기지권은 계속된다(대법원 1994. 8. 2. 선고 94다28970 판결). 장사 등에 관한 법률에서는 적법하게 설치된 분묘의 존속기간을 2001. 1. 13. 이후 최초 설치된 분묘는 15년으로 하고 이를 3회에 한해 연장할 수 있는 것으로 하고 있는데, 분묘기지권의 경우에도 이를 적용하여야 한다는 견해가 있다. 이러한 기간도 2016. 8. 30. 개정된 장사 등에 관한 법률 개정으로 2016. 8. 30. 이후 설치된 분묘는 최초 30년, 이후 1회 연장이 가능하여 최장 60년으로 변경되었다.

마. 지료

토지소유자의 승낙을 얻어 그 토지에 분묘를 설치한 경우 무상으로 보는 것이 타당하다. 자기소유의 토지에 분묘를 가지고 있던 자가 그 분묘를 이장한다는 특약이 없이 그 토지만을 처분하여 분묘기지권을 취득한 경우, 관습법상의 법정지상권의 법리를 유추 적용한 것이고, 지료를 지급해야 한다는 것이 통설 및 판례이다. 따라서 이 경우에는 분묘기지권자에게 분묘가 존속하는 기간에는 지료 청구가 가능하다.

취득시효로 분묘기지권을 취득한 경우에는 지료를 지급할 필요가 없다고 판시한 바 있으나(대법원 1995. 2. 28. 선고 94다37912 판결), 분묘기지권을 시효취득 하였다 하더라도 토지소유자에게 토지사용료를 청구하면 청구한 날로부터 지료를 지급하여야 한다고 판시하여 종래의 대법원 판결을 변경하였다(대법원 2021. 4. 29. 선고 2017다228007 판결).

[판례] 구 장사 등에 관한 법률의 시행일인 2001. 1. 13. 이전에 타인의 토지에 분묘를 설치하여 20년간 평온·공연하게 분묘의 기지를 점유함으로써 분묘기지권을 시효로 취득한 경우, 분묘기지권자는 토지소유자가 지료를 청구하면 그 청구한 날부터의 지료를 지급할 의무가 있는지 여부(적극)

[다수의견] 2000. 1. 12. 법률 제6158호로 전부 개정된 구 장사 등에 관한 법률(이하 '장사법'이라 한다)의 시행일인 2001. 1. 13. 이전에 타인의 토지에 분묘를 설치한 다음 20년간 평온·공연하게 분묘의 기지를 점유함으로써 분묘기지권을 시효로 취득하였더라도, 분묘기지권자는 토지소유자가 분묘기지에 관한 지료를 청구하면 그 청구한 날부터의 지료를 지급할 의무가 있다고 보아야 한다.

관습법으로 인정된 권리의 내용을 확정함에 있어서는 그 권리의 법적 성질과 인정 취지, 당사자 사이의 이익형량 및 전체 법질서와의 조화를 고려하여 합리적으로 판단하여야 한다.

취득시효형 분묘기지권은 당사자의 합의에 의하지 않고 성립하는 지상권 유사의 권리이고, 그로 인하여 토지 소유권이 사실상 영구적으로 제한될 수 있다. 따라서 시효로 분묘기지권을 취득한 사람은 일정한 범위에서 토지소유자에게 토지 사용의 대가를 지급할 의무를 부담한다고 보는 것이 형평에 부합한다.

취득시효형 분묘기지권이 관습법으로 인정되어 온 역사적·사회적 배경, 분묘를 둘러싸고 형성된 기존의 사실관계에 대한 당사자의 신뢰와 법적 안정성, 관습법상 권리로서의 분묘기지권의 특수성, 조리와 신의성실의 원칙 및 부동산의 계속적 용익관계에 관하여 이러한 가치를 구체화한 민법상 지료증감청구권 규정의 취지 등을 종합하여 볼 때, 시효로 분묘기지권을 취득한 사람은 토지소유자가 분묘기지에 관한 지료를 청구하면 그 청구한 날부터의 지료를 지급하여야 한다고 봄이 타당하다(대법원 2021. 4. 29. 선고 2017다228007 전원합의체 판결).

4. 분묘기지권의 소멸

지체된 지료가 법원의 확정판결 전후에 걸쳐 2년분 이상이 되는 경우에는 소멸청구가 가능하다. 이 경우 분묘기지권자가 판결확정 후 지료지급 청구를 받았음에도 지료지급을 지체한 경우에만 분묘기지권의 소멸을 청구할 수 있는 것은 아니다(대법원 2015. 7. 23. 선고 2015다206850 판결). 당사자 간의 합의가 없거나 법원의 판결이 없는 경우 지료를 청구할 수 없다. 분묘기지권은 무료로 사용이 가능하기 때문이다. 또한 분묘기지권에 우선하는 저당권의 실행에 의한 낙찰받은 매수자는 분묘의 이장을 청구하거나 분묘사용료의 청구가 가능하다.

5. 매각 사례

사례 1 **분묘기지권의 성립요건과 지료**

분묘가 소재하는 임야를 부동산경매시장에서 매수한 원고가 분묘를 수호하고 관리하는 피고에게 지료를 청구한 사건이다(수원지방법원 2016나58055 판결).

【주문】

1. 제1심 판결 중 아래에서 지급을 명하는 부분에 해당하는 원고들 패소 부분을 취소한다. 피고는 원고들에게 2015. 10. 29.부터 이천시(주소 생략) 임야 4,969㎡ 중 분묘기지 400 ㎡에 관한 피고의 점유 종료일 또는 원고들의 소유권 상실일까지 월 13,600원의 비율로 계산한 돈을 지급하라.

2. 원고들의 나머지 항소를 각 기각한다.

3. 소송 총비용 중 50%는 원고들이, 나머지는 피고가 각 부담한다.

4. 제1항의 금전 지급부분은 가집행할 수 있다.

1. 기초사실

가. 원고들은 이천시(주소 생략) 임야 4,969㎡(이하 '이 사건 임야'라 한다) 중 34/120 지분에 관한 수원지방법원 여주지원 2013타경60**호 임의경매절차에서 이 사건 임야 중 위 지분 상당을 매수하여 2014. 6. 25. 자 임의경매로 인한 매각을 원인으로 2014. 6. 30. 소유권 이전등기를 마쳤고, 이 사건 임야 중 34/120 지분에 관한 수원지방법원 여주지원 2013타경 60**호 경매절차에서 이 사건 임야 중 위 지분 상당을 매수하여 2014. 10. 10. 자 임의경매로 인한 매각을 원인으로 2014. 10. 21. 소유권이전등기를 마쳤다.

나. 이 사건 임야 중 400㎡ 지상에는 피고의 조부 망 소외 1의 분묘(이하 '이 사건 제1 분묘'라 한다), 피고의 부 소외 2의 분묘(이하 '이 사건 제 2분묘'라 하고, 위 각 분묘를 합쳐서 '이 사건 각 분묘'라 한다)가 설치되어 있고, 피고는 이 사건 각 분묘를 수호·관리하고 있다.

《2013타경60**호, 60**호 임의경매사건》

근저당권자는 2013타경60**호, 임야 4969㎡ 중 박○○ 지분(34/120)을 2014. 6. 25. 매수하고(매각가 41,120,000원), 2013타경60**호 임야 4969㎡ 중 8번 박○○ 지분(34/120)을 2014. 10. 10. 매수(매각가 51,100,000원)하였다. 위 사건에서 원고가 투자한 자금은 92,220,000원이다.

2. 당사자들의 주장

가. 원고들의 주장

피고는 원고들 소유인 이 사건 임야에 이 사건 각 분묘를 설치·관리하고 있으므로, 피고는 원고들에게, 이 사건 각 분묘 부분에 관한 원고들의 소유권 취득일 다음 날인 2014. 10. 17.부터 원고들의 소유권 상실일 또는 피고의 점유 종료일까지 지료를 지급할 의무가 있다.

나. 피고의 주장

피고는 이 사건 각 분묘에 관하여 분묘기지권을 시효취득 하였고, 피고에게 분묘기지권이 인정되는 이상 피고는 원고들에게 지료를 지급할 의무가 없다.

3. 판단

가. 분묘기지권자에게 지료지급의무가 있는지 여부

살피건대, ① 분묘기지권의 존속기간에 관하여는 대법원은 민법의 지상권에 관한 규정을 적용하지 않고, 특별한 사정이 없는 한 권리자가 분묘의 수호와 봉사를 계속하며 그 분묘가 존속하고 있는 동안 계속적으로 이를 인정하고 있는데(대법원 1994. 8. 26. 선고 94다28970 판결), 민법상 지상권에 있어서 지료의 지급이 그 요소는 아니어서 지료에 관한 약정이 없는 이상 지료의 지급을 구할 수 없다는 법리를 시효취득 한 분묘기지권의 경우에도 동일하게 적용하여 지료지급의무를 부인하는 것은 토지소유자에게 지나치게 가혹한 점, ② 관습상 법정지상권은 역시 지상권의 일종임에도, 법정지상권자에게 과거 이미 발생하였거나 또는 장래 발생한 지료 상당의 금원을 지급할 의무를 인정하고 있다는 점(대법원 1997.

12. 26. 선고 96다34665 판결 등 참조), ③ 토지소유자는 분묘기지권의 존재로 인하여 분묘가 존재하지 않는 나머지 토지 사용에 대해서도 많은 제약을 받게 되는 것이 현실인데, 위 분묘의 기지 부분에 대한 지료조차 지급받을 수 없다고 보는 것은 심히 부당한 점 등에 비추어 보면, 분묘기지권자는 적어도 토지소유자가 지료지급을 청구한 때로부터는 토지소유자에게 그 분묘 부분에 대한 지료를 지급할 의무가 있다고 하는 것이 상당하다. 따라서 피고는, 원고들이 이 사건 각 분묘 부분에 관한 지료를 지급할 것을 청구하는 내용의 이 사건 소장 부본이 피고에게 송달된 다음 날부터 원고들에게 지료 상당의 금원을 지급할 의무가 있다.

나. 지료의 액수

통상의 경우 토지의 지료는 그 토지의 임료 상당액이라고 할 것인바, 감정인 소외 3의 임료 감정결과에 의하면, 이천시(주소 생략) 임야 4,969㎡ 중 이 사건 각 분묘가 위치한 400㎡에 관한 2015. 10. 17.부터 2017. 2. 3.까지의 월 임료는 24,000원인 사실이 인정되고, 그 이후의 임료는 같은 액수일 것으로 추인된다. 따라서 피고는 원고들에게 이 사건 소장 부본 송달일 다음 날임이 기록상 명백한 2015. 10. 29.부터 이 사건 각 분묘 부분에 관한 원고들의 소유권상실일 또는 피고의 점유종료일까지 이 사건 각 분묘부분에 관한 월 임료 중 원고들의 지분비율에 상응하는 13,600원(=24,000원×68/120)의 비율로 계산한 돈을 지급할 의무가 있다.

4. 결론

그렇다면, 원고들의 청구는 위 인정범위 내에서 이유 있어 이를 각 인용하고, 나머지 청구는 이유 없어 이를 각 기각하여야 할 것인바, 제1심 판결은 이와 결론을 일부 달리하여 부당하므로, 원고들의 항소를 일부 받아들여 이를 취소하고 피고에게 위 금원의 지급을 명하며, 원고들의 나머지 항소를 각 기각하기로 하여, 주문과 같이 판결한다.

미등기건물과 매각 사례

1. 미등기건물의 강제경매신청

  1) 민사집행법 제81조 제1항 2호 단서, 제3항은 미등기건물의 강제경매신청서에는 그 건물이 채무자의 소유임을 증명할 서류, 그 건물의 지번·구조·면적을 증명할 서류 및 그 건물에 관한 건축허가 또는 건축신고를 증명할 서류를 붙이거나 그의 조사를 집행법원에 신청하도록 규정하고, 민사집행규칙 제42조 제2항은 민사집행법 제81조 제1항 2호 단서의 규정에 따라 채권자가 제출한 서류에 의하여 강제경매신청을 한 건물의 지번·구조·면적이 건축허가 또는 건축신고된 것과 동일하다고 인정되지 아니하는 때에는 법원은 강제경매신청을 각하하여야 한다고 규정하며, 민사집행규칙 제218조는 보전처분의 집행에 관하여는 특별한 규정이 없으면 강제집행에 관한 규정을 준용하도록 규정하고 있다. 위 규정들을 종합하여 보면, 완공되지 않아 소유권보존등기가 이루어지지 않았거나 사용승인을 받지 않은 건물이라고 하더라도 채무자의 소유로서 건물로서의 실질과 외관을 갖추고 그의 지번·구조·면적 등이 건축허가 또는 건축신고의 내용과 사회통념상 동일하다고 인정되는 경우에는 보전처분의 대상으로 삼을 수 있지만, 그에 이르지 못한 경우에는 보전처분의 대상이 될 수 없다(대법원 2009. 5. 19. 자 2009마406 결정, 대법원 2011. 6. 2. 자 2011마224 결정).

  2) 채권자가 미등기건물에 관하여 경매를 신청할 때에는 채무자 명의로 등기할 수 있음을 증명할 수 있는 서류 즉, 적법하게 건축허가나 건축신고를 마친 건물이 사용승인을 받지 못한 경우에만 부동산집행을 위한 보존등기를 할 수 있게 함으로써 경매를 가능하게

한 것이다. 채무자 소유의 건물이 완성되었지만 소유권보존등기만을 하지 않은 경우, 채권자는 소유자를 대위하여 소유권보존등기를 신청할 수 있고, 건물에 대한 보존등기가 경료하면 경매절차가 진행된다.

3) 미등기건물을 목적물에서 제외할 경우에는 그 취지를 명확히 하여 매수희망자들로 하여금 그 취지를 알 수 있도록 하여야 할 것이고, 그 경우에는 지상권의 개요를 기재하는 난에 경락으로 인하여 미등기건물을 위한 법정지상권이 생길 여지가 있음을 기재하여야 한다(대법원 1991. 12. 27. 자 91마608 결정).

2. 미등기건물 양수인의 건물의 부지 점유권

물건에 대한 점유란 사회관념상 어떤 사람의 사실적 지배에 있다고 보이는 객관적 관계를 말하는 것으로서 사실상의 지배가 있다고 하기 위해서는 반드시 물건을 물리적, 현실적으로 지배하는 것만을 의미하는 것이 아니고, 물건과 사람과의 시간적, 공간적 관계와 본권관계, 타인지배의 배제 가능성 등을 고려하여 사회통념에 따라 합목적적으로 판단하여야 하며(대법원 1999. 3. 23. 선고 98다58924 판결, 대법원 2005. 9. 30. 선고 2005다24677 판결), 사회통념상 건물은 그 부지를 떠나서는 존재할 수 없는 것이므로 건물의 부지가 된 토지는 그 건물의 소유자가 점유하는 것으로 볼 것이고, 이 경우 건물의 소유자가 현실적으로 건물이나 그 부지를 점거하고 있지 아니하고 있더라도 그 건물의 소유를 위하여 그 부지를 점유한다고 보아야 하며, 미등기건물을 양수하여 건물에 관한 사실상의 처분권을 보유하게 된 양수인은 건물부지 역시 아울러 점유하고 있다고 볼 수 있다(대법원 2008. 7. 10. 선고 2006다39157 판결).

3. 미등기주택 임차인의 우선변제권

1) 채권자의 대위신청에 의한 보존등기가 있기 전에 임차인과 건물소유자 사이에 임대차계약을 체결하는 경우 호수를 기재하지 않은 채 다세대주택 부지의 지번만으로 전입신

고 하는 경우에는, 지번만으로는 임차인이 특정주소를 가진 자로 등록되었다고 제3자가 인식할 수 없다. 제3자가 인식할 수 있도록 주소정정신고를 한 시점부터 대항력이 발생하므로 임차인은 후순위 권리자가 되고 임차인으로서 보호를 받지 못하게 된다.

2) 미등기주택의 임차인에게 대지환가대금의 우선변제권을 부정하면, 대지의 경매진행에 있어 편리한 것은 사실이다. 이 경우 경매법원에서는 대지상의 건축물관리대장이나, 건물등기부등본만을 확인한 후 진행하면 되고, 경매진행 중 미등기주택의 임차인들이 배당요구를 하더라도 매각물건명세서의 작성이나 배당시 고려할 필요가 없다. 그러나 위와 같은 경매절차상의 편리함을 이유로 주택임차인들을 보호하고자 하는 법의 근본 취지를 저버리는 것은 부당하다(서울고등법원 2004. 4. 27. 선고 2003나40653 판결).

3) 미등기주택의 임차인에게 우선변제권 인정 여부와 상관없이, 대지상에 미등기건물이 존재하는 경우에 경매법원은 현황조사와 감정 등을 통하여 임차인들을 파악한 후 사실상 이해관계인으로 취급하여 입찰기일 등의 통지를 하고 있으며, 배당요구가 있는 경우 입찰물건명세서에 기재한 후 진행하고, 응찰자들도 위와 같은 사정을 고려하여 낙찰가를 정하는 것이 현실이므로, 미등기주택의 우선변제권 인정여부에 따른 경매진행상의 편리여부는 실무상 큰 차이가 없다. 미등기주택의 경우에 소액임차인의 대지에 관한 우선변제권을 배제하는 규정에 해당한다고 볼 수 없다(대법원 2007. 6. 21. 선고 2004다26133 전원합의체 판결).

4) 건축 중인 주택을 임차하여 주민등록을 마친 임차인의 주민등록이 그 후 소유권보존등기가 경료되고 이를 바탕으로 저당권을 취득하여 등기부상 이해관계를 가지게 된 제3자에 대한 관계에서 임대차를 공시하는 효력이 있는지 여부는 그 제3자의 입장에서 보아 사회통념상 그 주민등록으로 당해 주택에 임차인이 주소 또는 거소를 가진 자로 등록되어 있다고 인식할 수 있는지 여부에 따라 판단하여야 한다(대법원 2008. 2. 14. 선고 2007다33224 판결).

5) 종전의 판례는 우선변제권의 요건으로서 소유권등기가 되지 아니한 임차주택에 있어서는 그 토지나 그 토지상의 지상 건물의 등기부 기재로써는 그 주택의 유무나 임차인의 유무 등 대지의 부담사항이 파악되지 않으므로 주택임대차보호법 제8조의 규정에 의

해 건물이나 토지의 경락대금에서 우선변제를 받기 위해서는 그 임대차의 목적물인 주택에 관하여 그 임대차 후에라도 소유권등기가 거쳐져 경매신청의 등기가 되는 경우이어야 한다(대법원 2001. 10. 30. 선고 2001다39657 판결). 그런데 이 판례는 그 후 전원합의체 판결에 의해 변경된다(대법원 2007. 6. 21. 2004다26133 판결). 그 요지는 미등기주택에도 주택임대차보호법이 적용되고, 또 그 대지에도 주택임차권의 효력이 미치며, 한편 위 규정은 경매신청인을 보호하기 위한 것이 아니라 소액보증금을 배당받을 목적으로 배당절차에 임박하여 가장임차인을 급조하는 등의 폐단을 방지하자는 데에 그 취지가 있는 것이어서, 따라서 미등기주택의 경우에는 대지에 대한 경매신청의 등기 전에 임차인이 대항요건을 갖추면 그 입법취지는 달성된 것으로 본 것이다.

4. 미완성 주택에 근저당권설정등기를 할 수 있는지 여부

입주자모집공고승인 후에 주택을 공급받는 자들을 보호하기 위하여 원칙적으로 그 승인 이전에 대지 및 주택에 관한 금지사항 부기등기를 마치도록 하고, 그 후에는 주택을 공급받는 자들의 동의가 없는 한 대지 및 주택에 관한 처분행위를 금지하는 한편, 처분금지의 대상이 되는 처분행위에 의한 물권변동의 효력과 압류·가압류·가처분 등의 효력을 부정하는 것이어서, 금지사항 부기등기가 이루어진 대지 및 주택에 관하여는 처분금지의 대상이 되는 처분행위를 원인으로 한 등기 또는 압류·가압류·가처분 등이 허용되지 아니한다(대법원 2004. 11. 26. 선고 2004다46649 판결).

법원이 집행관에 의한 현황조사를 거쳐 경매신청이 된 미등기건물이 경매의 대상이 되는 건물이라고 판단하여 강제경매개시결정을 하고 등기관에게 강제경매개시결정등기를 촉탁한 경우라도, 등기관으로서는 그 촉탁서 및 첨부서류에 의하여 등기요건에 합당한지 여부를 심사할 권한이 있고, 그 심사결과 등기요건에 합당하지 아니하면 강제경매개시결정등기의 촉탁을 각하하여야 한다(대법원 2008. 3. 27. 자 2006마920 결정).

5. 무잉여 여부에 관한 판단과 관련한 경매신청인들의 편리성

1) 구 민사소송법(2002. 1. 26. 법률 제6626호로 전면 개정되기 전의 것) 제608조 제1항은 "압류채권자의 채권에 우선하는 채권에 관한 부동산의 부담을 경락인에게 인수하게 하거나 매각대금으로 그 부담을 변제함에 부족 없음이 인정된 경우가 아니면 매각하지 못한다."고 규정하고 있는바, 이는 임차주택의 경매신청인이 그 부동산의 등기부 기재를 토대로 삼아 그 주택과 대지의 부담을 알아볼 수 있게 함으로써 매각의 가능성을 판단하여 경매진행 여부를 결정할 수 있도록 하려는 데 있다.

2) 위 규정과 관련하여, 미등기임차주택의 확정임차인에게 대지환가대금에 관한 우선변제권을 부정하는 경우에는 대지의 경매신청인은 대지상에 경매신청인의 채권보다 우선하는 권리나 부담사항이 있는지의 여부만 살펴보면 되므로 편리하다 할 것이다. 그러나 경매신청인의 무잉여 여부의 판단은 경매절차가 진행됨에 따라 수시로 변동되는 것이고, 금융기관이 신청하는 경매사건에서는 금융기관이 이미 대지상의 우선하는 권리나 부담 및 미등기주택의 임차인들의 권리 등에 관하여 대출 당시부터 이미 상당정도 파악된 상태이므로 무잉여 여부의 판단이 그리 어렵다고 보이지 아니한다는 점에서 경매신청인들의 무잉여 여부 판단의 편리가 법상 인정되는 주택임차인들의 보호보다 우월하다고 보기는 어렵다.

6. 미등기건물의 법정지상권 성립 여부

미등기건물이 존재하는 토지가 매각되는 경우에는 법정지상권이 성립할 여지가 있다. 건축 중인 토지에 저당권을 설정한 경우 일정한 경우에는 그 건물을 위한 법정지상권이 인정된다, 즉 토지에 저당권을 설정할 당시 지상에 건물이 건축 중이었고, 그것이 사회통념상 독립된 건물로 볼 수 있는 정도에 이르지 않았다 하더라도 건물의 규모, 종류가 외형상 예상할 수 있을 정도로 건축이 진전된 경우에는 법정지상권의 성립을 인정한다.

7. 매각 사례

사례 1 **대지에 관한 저당권 설정 당시에 이미 다세대주택이 존재**

본 사례는 미등기건물의 임차인과 대지에 관한 근저당권의 배당에 관한 사건이다(서울고등법원 2004. 4. 27. 선고 2003나40653 판결).

신청채권자(갑)는 근저당에 기해 경기도 광주군 퇴촌면 소재, 이 사건(2001타경17**) 대지(대지 846㎡, 건물은 매각 제외)에 관하여 임의경매신청을 하였다. 매각물건명세서에는 "제시 외 건물 매각 제외로 법정지상권 성립여지 있음"을 공시하였다. 6차 매각기일에 매각되었다(감정가 318,942,000원, 매각가 105,000,000원, 매각가율 32.92%). 배당예상금액 103,000,000. 등기사항전부증명서(토지)상 권리(요약) 및 임차인현황은 아래와 같다.

구분	근저당(갑) 1998. 10. 7.	임의경매(갑) 2001. 2. 10.	임차인(엄○○) 전입: 1997. 2. 27. 확정: 1997. 3. 8.	임차인(전○○) 전입: 1997. 3. 4. 확정: 1997. 3. 8.
채권금액	240,000,000	240,000,000	33,000,000	30,000,000
우선변제권			33,000,000	30,000,000
우선순위	40,000,000			

제시외 건물 입찰 제외(철근콘크리트조 4층 공동주택) 물건은 토지소유자 명의로 건축허가를 받아 지상 4층으로 여러 채의 다세대주택을 건축하면서 건물의 마무리공사를 제외한 대부분의 공사는 마쳤으나 아직 준공검사는 받지 않은 상태에서 임차인 5명(임차보증금 합계 68,000,000원)이 사전입주 하고, 그중 2명이 우선변제권을 갖추었다. 현황조사를 통하여 이 사건 대지상에는 4층 빌라가 신축되어 있고, 각 세대의 임차인들이 있음을 확인한 후 경매절차를 진행하였는데, 임차인 엄○○은 2001. 2. 14.에, 임차인 전○○은 2001. 2. 15.에 각각 배당요구신청서를 제출하였다.

① 임차인 엄○○(201호, 보증금 33,000,000원, 전입일자 1997. 2. 27., 확정일자 1997. 3. 8., 배당요구 2001. 2. 14.).

② 임차인 전○○(301호, 보증금 35,000,000원, 전입일자 1997. 3. 4., 확정일자 1997. 3. 8., 배당요구 2001. 2. 15.).

임차인들의 확정일자는 근저당보다 약 1년 6개월이 앞선다. 이 사건 다세대주택은 준공 전 사전입주 및 공사 미비로 준공허가를 득하지 못하여 매각기일까지도 미등기상태로 남아 있다. 집행법원은 배당기일(2002. 3. 19.)에 임차인들에게는 배당을 전혀 하지 아니한 채 근저당권자에게 위 대지의 매각대금과 보증금 이자에서 집행비용을 공제한 103,004,224원 전액을 배당하는 것으로 배당표를 작성하였고, 이에 임차인들은 위 배당부분 중 임차인들의 배당요구 금액에 관하여 배당이의를 제기하였다.

이 사건의 쟁점은 다세대주택이 미등기인 상태에서 각 해당 주택을 임차하여 주택임대차보호법 제3조 제1항의 대항요건 및 확정일자까지 갖춘 임차인들(원고들)이, 미등기인 위 다세대주택이 아닌 이 사건 대지에 관하여만 진행된 경매절차에서, 위 확정일자 후 이 사건 대지에 관하여 근저당권을 설정한 피고보다 이 사건 대지의 환가대금에서 우선하여 변제를 받을 수 있는지의 여부에 있다.

가. 주택임차인의 대지환가대금에 관한 우선변제권 행사 가부

① 주택임대차보호법 제3조2 제2항은 "제3조 제1항의 대항요건과 임대차계약증서상 확정일자를 갖춘 임차인은 민사집행법에 의한 경매 또는 국세징수법에 의한 공매시 임차주택(대지를 포함한다)의 환가대금에서 후순위 권리자 기타 채권자보다 우선하여 보증금을 변제받을 권리가 있다"고 규정하고 있고, 또한 주택임차인의 의사와는 관계없이 주택에 관하여는 경매가 신청되지 아니하고 그 부지인 대지만이 경매신청 된 경우 또는 주택과 대지가 시기를 달리하여 따로 경매되는 경우에도 대지의 환가대금에서 우선변제를 받을 수 있으므로(대법원 1999. 7. 23. 선고 99다25532 판결), 법 제3조 제1항의 대항요건과 확정일자를 갖춘 임차인(이하 '확정일자 임차인'이라 한다)은 임차주택의 환가대금뿐만 아니라 대지의 환가대금에서도 우선변제를 받을 수 있

고, 아울러 임차주택의 대지만에 관하여 진행된 경매절차에서 대지의 환가대금에서도 우선변제를 받을 수 있다고 할 것이다.

② 위와 같은 확정일자 임차인의 우선변제권이 임차주택이 미등기일 경우에도 인정되는지의 여부가 문제되는바, 법 제2조가 그 적용 범위에 관하여 "이 법은 주거용 건물(이하 '주택'이라 한다)의 전부 또는 일부의 임대차에 적용한다."라고 규정하고 있으므로 위 법은 대지를 제외한 건물 자체에 대하여만 적용이 있고, 나아가 법 제3조 제2항이 "민사집행법에 의한 경매 또는 국세징수법에 의한 공매시"라고 규정하고 있으므로 이는 임차주택이 등기가 된 후 경매되거나 공매될 것을 전제로 한 것이며, 또한 우선변제권은 대항력과 달리 경매 및 공매를 전제로 한 개념이므로, 임차주택이 미등기인 경우에는 기본적으로 경매나 공매가 될 수 없고, 따라서 미등기주택의 임차인에게는 우선변제권이 없으며, 임차주택에 관하여 우선변제권이 없는 이상 대지에 관하여도 우선변제권이 없다는 견해가 있다.

③ 그러나, 임차주택의 환가대금 및 주택가액에 건물뿐만 아니라 대지의 환가대금 및 가액도 포함된다고 규정하고 있는 법상의 각 규정과 법의 입법취지 및 통상적으로 건물의 임대차에는 당연히 그 부지부분의 이용을 수반하고 있는 점 등을 종합적으로 보면, 법 제2조가 적용 범위에 관하여 정한 '주거용 건물'의 임대차라 함은 임차목적물 중 건물의 용도가 점포나 사무실 등이 아닌 주거용인 경우의 임대차를 뜻하는 것일 뿐이지, 법의 적용 대상을 대지를 제외한 건물에만 한정하는 취지는 아니라 할 것이고, 따라서 위 '주거용 건물'의 의미는 건물뿐만 아니라 그 부지인 대지까지 포함한 보다 넓은 의미를 갖는다고 봄이 상당하므로 주택의 일부 또는 전부가 주거용 건물로 사용되는 한에 있어서는 그 건물뿐만 아니라 그 부지인 대지에 관하여도 법의 적용이 가능하다고 할 뿐만 아니라 위 '주거용 건물'은 사회통념상 건물이라고 판단되는 이상 본건물이건, 부속건물이건, 관할관청의 허가를 받은 건물이건 무허가건물이건, 등기가 된 건물이건 미등기건물이건 상관없다고 할 것이고, '주거용 건물'을 위와 같이 보는 이상, 법 제3조2 제2항의 규정 중의 '민사집행법에 의한 경매 또는 국세징수법에 의한 공매시'의 취지는 임차주택만이 아니라 대지가 민사집행법에 의한 경매

나 국세징수법에 의한 공매로 처분될 경우도 그 적용이 있는 것으로 볼 수 있으므로, 대지만에 관하여 경매가 진행된 경우에 미등기 주택의 확정일자임차인에게 대지환가대금의 우선변제권을 인정할 수 있다 할 것이다.

나. 임차인의 보호

① 사회보장적 견지에서 정책적으로 주택임차인을 보호하여 국민의 주거안정을 꾀하고자 하는 법의 입법취지에 비추어, 미등기 주택을 임차하는 경우에 확정임차인으로서는 주택은 미등기로 경매에 회부될 수 없다고 하더라도 대지만은 경매절차에 회부될 수 있고, 그 환가대금에서 법상 인정되는 우선변제권에 기하여 우선적으로 보증금을 회수할 수 있으리라고 기대한다고 봄이 상당하므로 나대지 상태에서 근저당권을 설정하고 그 후에 건축된 미등기건물의 확정임차인과는 달리 위와 같은 경우의 확정임차인에 대하여는 그 기대를 보호함이 타당하다. 또한, 위와 같은 경우 확정임차인이 대지의 환가대금에서 배당된 금원을 지급받기 위해서는 미등기 주택 소유자의 명도확인서가 필요하고, 따라서 확정임차인이 대지환가대금에서 우선적으로 변제받은 후 미등기주택에 계속 거주하는 것은 불가능하다고 할 것이므로 위와 같은 경우의 확정임차인에게 대지환가대금에 관한 우선변제권을 부여한다고 하여 확정임차인을 지나치게 보호하는 것이 아니라 할 것이다.

② 또한, 미등기주택의 확정임차인에게 대지환가대금에 대한 우선변제권을 부정하면, 자력이 없는 미등기주택의 소유자가 임차기간이 종료하였음에도 임차보증금의 반환을 지체하고 있는 경우, 확정임차인으로서는 임차보증금을 반환받을 방법이 전혀 없으므로, 위와 같은 경우의 확정임차인을 보호하기 위하여도 미등기주택의 확정임차인에게 대지환가대금에 대한 우선변제권을 인정할 필요가 있다.

다. 담보권자의 이익침해 여부

미등기주택의 확정임차인에게 대지환가대금에 관한 우선변제권이 부정된다면, 담보권자로서는 건축물대장이나 건물에 관한 등기부등본만을 조사하면 족하고, 현황을 살펴 미등기주택이 있는지 여부까지 조사할 필요가 없고, 배당시에도 예상치 못한 선순위 권리자가 나타날 염려가 없으므로 담보권자의 이익이 보호된다고 할 수 있다.

그러나 대지에 관한 담보권설정 당시 등기된 건물이 있는 경우에도 담보권자들은 현황조사 등이 확실하지 아니할 경우를 대비하여 담보가액을 평가하는 것이 현실이고, 또한 현황조사 당시에 파악되지 아니한 임차인들의 배당요구로 배당시 예상치 못한 손해를 입을 수도 있으며, 특히 금융기관 등 전문적인 여신기관에서는 대출을 함에 있어 대지소유자의 진술을 기초로 통상 감정기관 등을 통한 감정을 하게 되고, 그 같은 감정절차에서 대지의 현황에 대한 조사가 사실상 이루어져 담보가액의 산정 및 임차인들의 존재 여부를 고려하는 것이 현실이므로, 대지상에 건물이 일단 존재하는 경우 그 건물의 등기 여부에 따라 담보권자의 이익의 침해 여부가 사실상 크게 달라진다고 볼 수 없다. 더구나 이 사건의 경우처럼 피고가 이 사건 대지에 근저당권을 설정할 당시 이 사건 대지상에 미등기주택이 있음을 알고 있었고, 임차인들이 존재하리라는 사정을 충분히 알 수 있었던 경우에는 확정임차인들인 원고들에게 우선변제권을 인정한다고 하여 근저당권자인 피고의 이익을 지나치게 침해하였다고 볼 수 없다.

사례 2 · 미등기건물의 철거 및 인도청구

본 사례는 미등기건물이 있는 건물을 경락받은 매수인의 건물의 철거 및 토지의 인도청구와 임대료에 관한 사건이다(전주지방법원 2017. 5. 19. 선고 2016나663 판결).

신청채권자(병)는 근저당권의 실행으로 익산시 모현동 소재, 이 사건(2013타경 76**) 단독주택 부지로 이용 중인 대지(대지 573㎡, 건물은 매각 제외)에 관한 임의경매신청을 하였다. 매각결과 2차 매각기일에 매각되었다(감정가 68,760,000원, 매각가 54,000,000원, 매각가율 78.53%). 감정평가서에서는 제시외 건물을 감안하여 매각대상 토지의 감정가격을 68,760,000원으로 평가하였다(제시 외 건물 주택 등 98.6㎡, 8,220,600원). 등기사항전부증명서(토지)상 권리(요약)는 아래와 같다.

구분	소유권이전(갑) 2010. 7. 1.	소유권이전(을) 2010. 8. 23.	근저당(병) 2010. 8. 23.	임의경매(병) 2013. 7. 6.
채권금액	상속, 지분 각 1/7	증여	65,000,000	51,936,399
우선순위			54,000,000	
소멸			11,000,000	

이 사건 각 건물의 신축 이후 당심 변론종결일 현재까지 이 사건 토지 전부가 이 사건 각
물의 대지로 이용되고 있다. 전입세대 열람을 통하여 이 사건 대지상에는 미등기건물
있고, 채무자 겸 소유자 송○○ 세대주와 임차인 김○○의 주민등록(보증금 미상, 전입
자 2011. 1. 3., 확정일자 미상, 배당요구 없음)이 조사되었다. 매각물건명세서에는 "제
외 건물(주택 등)을 위하여 대지에 법정지상권 성립여지 있음"을 공시하였다.

이 사건의 쟁점은 미등기건물이 있는 대지를 경락받은 매수인이 이 사건 대지의 철거
인도청구와 부당이득청구가 가능한지에 있다. 병의 근저당(2010. 8. 23.)이 말소기
권리다. 임차인 김○○은 주민등록(전입일자 2011. 1. 3.)상 대항력이 없다. 매각대금
00만원과 보증금 이자에서 집행비용을 공제한 전액은 근저당권자에게 배당하였다.

가. 이 사건 토지와 각 건물의 소유권 변동

이 사건 대지와 지상 건물은 피상속인(소외 1)이 토지소유권을 가지고 있을 때 그 지상
건물을 신축하였는데, 미등기상태이다. 피상속인(소외 1)이 1994. 9. 30. 사망하자 그
우자(소외 2)와 상속인들이 2010. 7. 1. 협의분할을 원인으로 소유권이전등기를 마쳤
피고 1은 피상속인의 배우자로부터 2010. 8. 23. 증여를 받아 소유권이전등기를 마쳤
피상속인의 배우자가 사망하자 피고 1과 피고 2가 미등기건물을 공동상속 하였다.

나. 원고의 2013타경768** 사건 토지의 매수

원고는 위 사건 경매절차에서 토지(피고 1 소유)를 경락받아 2014. 2. 5. 소유권이전등
를 마쳤다.

다. 원고의 건물철거 및 토지인도 등 청구

토지를 매수한 원고는 1심에서 건물의 인도 및 부당이득금의 지급을 구하였다가, 당심에서 위 각 건물의 인도청구 부분을 철거청구로 변경하고, 부당이득지급청구 부분을 감축하였다.

(1) 철거 및 인도청구에 관한 판단

타인의 토지 위에 건립된 건물로 인하여 그 토지의 소유권이 침해되는 경우 그 건물을 철거할 의무가 있는 사람은 그 건물의 소유권자나 그 건물이 미등기건물일 때에는 이를 법률상·사실상 처분할 수 있는 사람이다(대법원 1987. 11. 24. 선고 87다카257, 258 판결). 또한 공유건물에 대한 공유자들의 건물철거의무는 그 성질상 불가분채무로서 공유자 각자가 건물 전체에 관하여 철거할 의무를 부담한다고 보아야 할 것이므로, 공유자들은 각자 그 지분의 한도 내에서 건물 전체에 관한 철거의무를 진다. 그리고 공유물의 철거에 관한 소송을 필요적 공동소송이라고는 할 수 없으므로, 토지소유자는 공유자 각자에 대하여 순차로 그 의무이행을 구하거나 또는 공유자 전원에 대하여 동시에 그 의무이행을 구할 수 있다.

위 법리에 비추어 이 사건을 보건대, 위 인정 사실을 종합하면, 특별한 사정이 없으므로 이 사건 토지 소유권에 기초한 방해배제청구를 하는 원고에게, 이 사건 각 건물의 법률상·사실상 처분권자인 피고들은 각 1/7의 공유지분 범위 내에서 이 사건 토지 위에 있는 이 사건 각 건물을 철거하고, 그 토지를 인도할 의무가 있다.

(2) 부당이득반환 청구에 관한 판단

위 인정 사실을 종합하면, 피고들은 이 사건 각 건물의 법률상·사실상 처분권자로서 법률상 원인 없이 이 사건 토지를 대지로 점유·사용하여 임대료 상당의 이익을 얻고, 이로 인하여 이 사건 토지의 소유자인 원고에게 같은 금액 상당의 손해를 입게 하였다 할 것이므로, 피고들은 그로 인한 부당이득을 반환할 의무가 있다. 따라서 특별한 사정이 없으므로 피고들은 원고에게 이 사건 토지에 대한 소유권 취득일 이후로서 원고가 구하는 2014.

5.부터 2015. 8. 31.까지의 1/7 지분에 따른 임대료 상당의 부당이득금 각 613,800원과 이에 대하여 2015. 9. 1. 자 이 사건 청구취지 및 청구원인 변경신청서 부본의 최종 송달 다음 날인 2015. 9. 19.부터 갚는 날까지 소송촉진 등에 관한 특례법이 정한 연 15%의 비율로 계산한 지연손해금을 지급하고, 2015. 9. 1.부터 이 사건 각 건물의 철거 및 토지의 인도 완료일까지 이 사건 토지의 1/7 지분에 따른 임대료로 추인되는 각 월 32,700원의 비율로 계산한 임대료 상당의 부당이득금을 각 지급할 의무가 있다.

(3) 피고들의 관습법상 법정지상권 주장에 대한 판단

동일인의 소유에 속하고 있던 토지와 그 지상 건물이 강제경매 또는 국세징수법에 의한 공매 등으로 인하여 소유자가 다르게 된 경우에는 그 건물을 철거한다는 특약이 없는 한 건물소유자는 토지소유자에 대하여 그 건물의 소유를 위한 관습상 법정지상권을 취득한다(대법원 2012. 10. 18. 선고 2010다52140 판결).

피고들의 주장과 같이 소외 2가 2010. 8. 23. 피고 1에게 이 사건 토지를 증여할 당시 이 사건 토지와 각 건물의 소유권이 동일인에게 속하였는지 살피건대, 이 사건 토지와 각 건물의 소유자였던 소외 1은 1994. 9. 30. 사망하였고, 이후 소외 2는 2010. 7. 1. 협의분할에 의한 상속을 원인으로 한 소유권이전등기를 마침으로써 이 사건 토지의 소유권을 취득하였으나, 미등기상태인 이 사건 각 건물에 대하여는 소유권이전등기를 마치지 못한 사실은 앞서 본 바와 같다. 위 인정 사실을 종합하면, 소외 2는 위 2010. 8. 23. 당시 이 사건 토지의 소유자이기는 하였으나, 이 사건 각 건물 전부의 소유자는 아니고 단지 상속지분에 따른 공유자에 불과하므로, 소외 2가 2010. 8. 23. 피고 1에게 이 사건 토지를 증여할 당시 이 사건 토지와 각 건물의 소유권이 동일인에게 속하였다고 볼 수 없다(대법원 2015. 3. 20. 선고 2014다81993 판결). 따라서 피고들의 항변은 더 나아가 살피지 않고 받아들이지 않는다.

배당연습

낙찰사례 분석과 해설

ⓒ 전종형, 2024

초판 1쇄 발행 2024년 7월 30일

지은이   전종형
펴낸이   이기봉
편집   좋은땅 편집팀
펴낸곳   도서출판 좋은땅
주소   서울특별시 마포구 양화로12길 26 지월드빌딩 (서교동 395-7)
전화   02)374-8616~7
팩스   02)374-8614
이메일   gworldbook@naver.com
홈페이지 www.g-world.co.kr

ISBN   979-11-388-3391-2 (03360)